KB187349

현대 사회와 자유

현대 사회와 자유

「그리스도교철학연구소 편」

철학과현실사

■ 편집자 서언

이 논문집은 그리스도교철학연구소가 지난 수년간 수행해온, '자유'를 주제로 한 연구 모임에서 발표된 논문들을 한 권의 책으로 묶은 것으로서, 『하이데거의 철학 사상』을 필두로 해서 『현대 무신론 연구』, 『현대 사회와 종교』, 『현대 사회와 평화』, 『현대 사회와 정의』에 이어서 본 연구소가 간행한 여섯 번째 저술이다. 어려운 여건 속에서 이 만한 성과를 이루게 하는 데 도움을 주신 여러분과 하느님의 섭리에 감사를 드린다.

해마다 봄, 가을 정기 연구 발표회에서 각각 두 편의 논문을 발표해온 셈이니, 자유를 주제로 해서 최초로 발표가 이루어진 것은 이미 4년여 가까이 된다. 우선 오랜 세월 동안 기다려 옥고를 건네주신 열한 분의 필자에게 진심으로 감사의 정과 더불어 죄스럽다는 말씀 전해드리며, 발표를 하시고도 다른 지면에 투고했거나 시기를 놓쳐 원고를 정리하지 못한 몇 분들에게도 미안한 마음 감출 길이 없다.

열한 분의 옥고를 그냥 늘어놓기가 어려워 편의상 몇 개의 장으로 묶어보았으나, 처음부터 체계적으로 기획된 것이 아니라 다소 부적합하고 무리한 분류가 있을까 염려스럽다. 자유에 대한 보다 깊은 철학적 사유를 담은 세 논문은 제1장 '자유의 철학적 기초'에, 대사회적 자유와 자유 의지로 대비되는 논문은 제2장 '사회적 자유·의지의 자유'에, 공동체주의 및 유학과의 관련 속에서 자유주의를 논한 두 편의 논문은 제4장 '자유주의의 전망과 한계'에 그리고 특정한 서양철학자의 자유관을 논한 글은 제3장 '서양철학에서의 자유'에 분류했다.

끝으로, 출판계의 어려운 여건에도 불구하고 철학적 성과의 소중함을 이해하고 번번이 출판을 쾌허해주신 '철학과현실사'에 감사를 드린다.

꽃마을에서, 황경식 적음

차 례

제Ⅲ장 / 서양철학에서의 자유

제Ⅳ장 / 자유주의의 전망과 한계

▣ 발 문

가톨릭 사상의 관점에서 본 자유의 의미

진 교 훈 (서울대 교수, 철학)

1. 자유 개념의 변천

자유라는 낱말은 동서(東西)를 막론하고 아득한 옛날부터 일상 언어로서 매우 다의적(多義的)으로 사용되어 왔다. 이 말은 시대와 장소와 분야에 따라, 특히 철학자들에 의해서 많은 개념의 변천을 가져왔다.

인간은 그의 행동 방식을 스스로 결정할 수 있다. 다시 말해서 인간은 자유롭게 행동할 수 있다. 인간은 소극적으로는 '…… 로부터의 자유', 즉 억압이나 지배로부터 해방되는 자유와, 적극적으로는 '…… 을 하는 자유', 즉 창조적인 자기 결정을 하는 자유라는 이중의 의미에서 자유롭게 행동할 수 있다.

자유라는 말은 흔히 심미적인 측면에서 표현의 자유라는 구호 아래 예술가들에 의해서, 또 법적 · 정치적 측면에서 인간의 기본권이라는 의미에서 인권 옹호론자들에 의해 잘 사용되고 있다. 그리고 종교적인 측면에서도 신앙의 자유와 자유 의지라는 말로서 사용되며, 20세기에 들어와서는 철학적 인간학에서 동물과 구별된다는 의미에서 자유는 인간의 본질과 특성을 드러낸다고 밝히면서부터 이 자유의 의미는 철학적 연구, 특히 윤리학의 근본 과제가 되고 있다.

동양에서는 두보(杜甫)가 「송객봉춘가자유(送客逢春可自由)」라고 읊은 시구(詩句)에서 자유(自由)라는 말이 처음 등장하는데, 이 말의 뜻은 방해가 없는 상태, 즉 '마음대로'라는 상태를 가리키는 소극적인 의미로 사용되었을 뿐이다. 동양 고전에서는 학자들이 자유의 의미를 논한 것을 찾아볼 수 없다. 거주 · 언론 · 집회 · 결사(結社) · 신앙 및 양심의 자유 등과 같은 법적 · 정치적 의미와, 인간의 본성으로서 자유에 대한 철학적 해석은 서양 근세 이후에 주로 활발히 논의되어 왔다.

우리나라에서는 서양 사상, 특히 가톨릭 사상이 전래되면서부터 자유에 대한 사상이 고취되기 시작했으나, 일제(日帝) 시대와 특히 광복 직후엔 방종과 비슷한 뜻으로 오해되기도 하였고, 요즘도 자유의 참된 의미를 모르고 방종과 혼동하여 사용하는 사람들이 많이 있다. 그래서 그리스도교철학연구소는 자유의 뜻을 올바르게 이해할 수 있는 길을 모색하기로 하고 자유의 의미를 폭넓게 고구(考究)한 후, 자유의 문제에 관심을 가진 분들에게 길잡이가 될 책을 펴내기로 했다.

2. 자유의 의미의 개관

자유의 개념은 철학사 전반에 걸쳐서 찾아보지 않으면 안 될 정도로 매우 복잡하고 다양하게 논구되어 있다. 이를 세 가지로 크게 나누어볼 수 있다. 첫째, 자유는 인간이 그의 환경과의 표면적 관계와 관련되며, 그가 원하는 것을 하는 데에서 소극적으로 할 수 있는 것과 적극적으로 할 수 있는 것을 의미한다. 둘째, 자유는 자기 자신과 자기의 행동과의 인간의 특정한 선천적 또는 유전적 관계를 의미한다. 인간의 행동은 그 관계에 의하여 무의도적인 행동과 구별된다. 즉, 자유는 특별한 의미에서 의욕할 수 있는 것으로 정의가 내려진다. 셋째, 자유는 인간학의 기본이 되며, 인간 자신이 달리 못하고 꼭 그렇게만 의욕하는 것의 원천이 된다. 즉, 자유는 자유 의지며, 의도적 자유이거나 초월적 자유다.

서양의 고대 철학에서는, 자유란 자유가 없는 노예에 대해서 자유인이 누리는 신분을 의미했으며, 또 운명이나 자연의 인과법칙, 외부로부터의 강제에 의한 구속을 받지 않는, 외적 자유를 주로 문제 삼았다. 교부철학 시대에서는 자유는 그리스철학의 전통과 성서의 가르침과의 조정에 의해 해석되었다. 「구약성서」는 야훼 하느님의 완전한 자유와 해방자로서의 하느님에 관해서 언급할 뿐, 인간의 자유 자체를 문제 삼지 않았다. 그러나 계명(誡命), 죄와 벌, 회개, 회두, 순명, 타락 등의 언급은 이미 인간의 결단의 자유, 자유의 경험을 전제로 하고 있다. 「신약성서」는, 「구약성서」의 자유에 대한 이해를 그대로 받아들이는데, 하느님의 자유의 역사(役事)가 예수에 의해서 완성된다고 말하며, 자유는 종말론의 대상이 된다. 자유에 관한 그리스사상이 「신 · 구약성서」에 어떤 영향을 미쳤는지는 분명하게 입증되지 못하고 있다. 단지 성서에서는 자유에 대하여 언급할 때, 철학적인 의미를 담은 αυτεζούσιον, ἐζουσια나, 자유의 적극적 의미를 담은 ἐκών, ἐκου σιος가 드물게 사용되고, 주로 자유의 소극적 의미를 담은 ἐλευθερία, ὑλεύθερος가 주로 사용되고 있다.

초대 그리스도교 사상은 자유를 두 개의 큰 흐름으로 나눠놓았으며 이 두 전통은 전 중세 사상을 규정해놓았다. 그 하나는 요하네스 스코투스 에리우제나(Johanes Scotus Eriugena : 810~877)로부터 니콜라 오 쿠사누스(Nikolaus von Kusanus : 1401~1464)에 이르는데, 동방 그리스도 교회의 신비신학에 큰 영향을 주었다. 여기서는 자유란 하느님의 인내에 의하여 '신적인 것'의 조건과 충족을 의미한다. 다른 흐름은 아우구스티노(Augustinus : 354~430)를 정점으로 하여 윌리엄 오캄(William Ockam : 1285~1345)에까지, 종내에는 마르틴 루터(Martin Luther : 1483~1546) 등의 개신교에 이르는데, 자연과 은총의 지양할 수 없는 변증법에서의 근본 긴장을 자유로 보았다.

중세에서는 대체로 교부들의 정신적 유산의 영향을 받아, 신학적 관점에서 자유가 논의되었다. 스콜라철학 말기에 들어와서 점차적으로 철학적, 윤리학적, 심리학적인 측면에서 자유 문제가 논의되었으나, 신학의 확고한 주장의 영향으로부터 벗어나지 못하였다. 개별적인 면에선 상이한 점들이 있었으나 전체적으로 신학의 확정을 준수하였다. 그 중요한 주장은, ① 자유의 개념을 발전시키는 자는 인간에게만 국한되는 것이 아니라 하느님, 천사, 성인에게까지 해당되며, ② 그리스도가 죄를 지을 수 없음은 그가 완전한 자유를 가지고 있기 때문이며, ③ 인간에겐 선행을 할 수 있는 능력이 주어지며 악을 행할 자유도 주어진다. ④ 의지의 자유란 이성의 올바른 실행에 대한 선택행위의 필연적 구속으로 말미암아 지양되지는 않는다. ⑤ 하느님 자신이 선택의 자유의 원천이다. 토마스 아퀴나스(Thomas Aquinas : 1225~1274)는 '외부의 강요로부터의 자유(libertas a coactione)'와 '내면적 필연성으로부터의 자유(libertas a necessitate)'

를 구별하고, 전자를 인간의 자유의 본질로 보았다. 자유의 문제에서도 이성이 우위에 있는지 아니면 의지가 우위에 있는지 하는 논쟁이 프란치스코회와 도미니코회 사이에서 벌어졌었다.

르네상스 시대에 들어와서 휴머니즘은 자유를 인간의 자기 원인성으로, 또 인간의 인격성의 발전이 방해되지 않는 상태로 이해하였다. 그러나 이러한 자유주의는 자연과학이 발달하면서 자연의 인과율에 대한 관찰이 점점 깊어지게 되자 점차로 퇴색하였다. 또한 칼빈(J. Calvin : 1509~1564)주의자들의 열광적인 예정설은 더욱 인간의 창조적 자유와 의도적 자유에 찬물을 끼얹었다.

근세의 독일철학자, 예컨대 독일관념론자, 생철학자들은 대체로 자유를 인간의 본질에 상응하는 것으로 보고, 자유 문제에 관심을 기울였다. 라이프니츠(Leibniz : 1646~1716)는 "자유는 이성에 의해서 많이 다루어질수록 점점 더 커지고, 열정(감정)에 의해서 다루어질수록 부자유가 더욱더 커진다"고 말하였다. 칸트(Kant)는 17~18세기의 자유의 논쟁을 일단 이론적으로 결합시켰다. 그는 심리적 자유 또는 비교적 자유와, 선험적 자유 또는 우주론적 오성(悟性)의 자유를 구분하였다. 그는 감성의 충동 욕구로부터의 의도적 독립을 소극적 자유로, 순수 이성의 능력으로서의 그 자체로 실천적인 것을 적극적 자유로 보았다. 칸트나 피히테(Fichte)에게서는 자유는 도덕 법칙의 도구로 된다. 선험적 관념론의 체계에서는 자의로서의 선험적 자유는 도덕 법칙과 마찬가지로 절대 의지의 현상이다. 독일관념론에서는 자유의 문제의 해결은 결정론과 비(非)결정론의 피안에 놓여 있다. "행위가 존재의 내적 필연성에 따른다면, 이것은 주어진 것이 아니라 근원적 행위며 따라서 자유롭다"고 셸링(Schelling)은 말하였다. 결국 관념론의 자유 개념은 헤겔(Hegel)

에 이르기까지 형식적 개념에 불과하였다.

이와 같은 형식적 자유의 개념에 대해 반박하면서 쇼펜하우어(Schopenhauer)와 니체(Nietzsche)는 행동의 자유란 존재하지 않는다고 주장하였다. 니체는 도덕의 전 역사는 자유 의지의 오류에 근거한다고까지 말하였다. 포이에르바하(Feuerbach)는 "자유 의지란 공허한 동어 반복에 불과하다"고까지 말하였다. 영국의 경험론자들은 자유의 개념을 행위의 자유로 환원시켜 버렸다. 그들에게선 자유는 바로 외부의 강제로부터 벗어나는 소극적 자유를 의미할 뿐인데, 홉스(Hobbes)는 육체가 움직일 때 물리적 제약(압력)을 받지 않는 것을 자유라고 했으며, "인간은 더욱 넓은 공간에서 활동할 수 있으면 있을수록 점점 더 자유롭다"고 말하였다. 홉스뿐만 아니라 영국의 경험론자들은 정치적인 면에서 주로 자유 문제에 관심을 가졌다.

스피노자(Spinoza)도 자유란 외부의 강제로부터의 자유로 이해했는데, 엄격히 말해서 하느님만이 자유로울 수 있다. 그에 의하면, 하느님은 그 자신의 본질의 필연성에 의해서만 존재하고 행동하기 때문에 하느님은 자유롭고 인간은 외부에서 오는 충동이나 욕망의 지배를 받기 때문에 자유롭지 않다. 그러나 불분명한 관념이 분명한 관념, 즉 합리적인 하느님 사랑으로 인도되면 인간도 스스로 자유로울 수 있다.

마르크스주의는 자유를 하나의 허구(虛構)로 보고, 인간은 경제적 사정과 계급 투쟁이 큰 역할을 하는 사회의 상황과 충동의 제약을 받으면서 행동하고 생각한다고 주장하였다. 하이데거(Heidegger)와 사르트르(Sartre)에게서는 자유는 철학의 근본 문제로 되는데, 자유는 인간의 어떤 특징이 아니라 모든 인간적인 본성에 선행하는, '실존'과 같은 의미를 가진 것이다. 하이데거는 존재자가 탈존(脫存)하는, 숨은 상태에서 밖으로 나오는 것, 현존재가 본래적인 완전한 존재가 될 수 있는 것을 자유라고 보았다. 아놀드 겔렌(Arnold Gehlen)은 실제적 자유와 자유 문제의 해결은 반복되는 필연성과 자기 자신을 자유의지로 긍정하면서 사변(思辨)을 지양하는 것이라고 말하였다. 그는 나의 의지의 규정은 나의 본질을 인정하는 것과 똑같은 것이며, "반성에 대한 반성이야말로 자유 그 자체다"라고도 말하였다. 최근엔 인간학자들이 자유를 인간의 근본 문제로 보고 이를 해명하려고 노력하고 있다. 막스 뮐러(Max Müller)는 그의 저서 『철학적 인간학』에서 자유를 인간의 본질로 보고, 이를 이해하는 데 온갖 노력을 기울이고 있다.[1)]

3. 현대 가톨릭 사상에서 본 자유의 의미

제2차 바티칸공의회(1962년 10월 11일~1965년 12월 8일)는 자유의 문제에 정면으로 다가섰다. 제2차 바티칸공의회의 문헌인 『사목헌장(*Gaudium et spes*)』은 '인간의 존엄성'을 다루고 있는 제1장의 17항에서 '자유의 우월성'을 적시하였다. 이 자유의 우월성을 담고 있는 17항의 요지는 "인간의 도덕 행위는 자유로운 것이어야 한다"는 것이다. 이 조항은 "인간은 오직 자유로서만 선을 지향할 수 있다"고 시작한다. 이어서 "현대인은 이 자유를 높이 평가하고 열심히 추구한다. 그러나 그들은 가끔 자유를 잘못 옹호한다. 자신을 즐겁게만 하는 일이라면 악이라도 무엇이나 다할 수 있다는 방종까지도 자유라고 옹호한다. 그러나 참된 자유는 인간 안에 새겨진 하느님의 모상을 말해주

---

1) 진교훈, 「자유」, 『한국가톨릭대사전』, 한국교회사연구소, 1985, pp.990-991. 참조.

는 표지인 것이다. 과연 하느님께서는 인간을 제 의사에 맡겨 두시기를"(「전도서」, 15장 14절 참조) 원하셨던 것이다. 그것은 인간이 자원(自願)으로 창조주를 찾아 창조주를 따르며 자유로이 완전하고 행복한 완성에 이르기를 원하셨기 때문이다. 그러므로 인간의 존엄성은 의식적 자유 선택에 의하여 행동하기를 요구한다. 즉, 맹목적 본능이나 순전히 외적 강박에 의하지 않고 인격적인 내적 동기에 의하여 움직이기를 요구한다. 인간이 사욕의 온갖 압박에서 자신을 해방시키고 자유로이 선을 선택하여 자신의 목적을 추구하며 유효 적절한 수단을 슬기롭게 마련할 때 인간은 이런 존엄성에 도달하는 것이다. 그러나 인간의 자유는 죄로 손상되었으므로 하느님의 은총에 힘입지 않고서는 하느님으로의 지향을 완전히 행동화할 수는 없다. 그리고 인간은 각기 행한 선악을 따라 하느님의 법정에서 일생에 대한 심판을 받아야 한다(「고린도 후서」, 5장 10절 참조).

이제 우리는 이 『사목헌장』에 적시된 자유의 의미를 스트라렌(H. van Straelen)과 하마(F. K. Hama) 및 레오 엘데르스(Leo Elders)가 공편(共編)한 『공의회문헌해설서』를 중심으로 좀더 자세히 살펴보기로 하자.[2] 현대인은 자유를 매우 강하게 의식하고 있으므로 이것이 현대인의 특징이라고도 말할 수 있다는 것이다. 규칙에 얽매이는 것을 싫어하는 젊은 사람들이 도덕률에서 벗어나고자 하는 태도 등에서 잘 나타나고 있다.

자유란 자신의 생활과 행동을 스스로 결정할 수 있는 것이며, 자유라는 표현으로써 도덕률로부터 완전한 해방과 독립을 가리키는 것이라고 그들은 주장한다. 그러나 그리스도교는 이와

---

2) Henricus van Straelen s.v.d., Franciscus K. Hama, Leo Elders s.v.d., *Constitutiones Decreta Declarationes Concil II Oecumenici Vaticani Secundi*, 현석호 옮김, 『제2차 바티칸공의회 문헌해설총서』(서울 : 성바오로출판사, 1982). 이하 『공의회문헌해설서』로 인용.

같은 의미의 자유를 부정한다. 자유로 말미암아 죄에로 유혹하는 내적, 외적인 영향으로부터 지배되지 않을 것을 가리킨다.[3)]

많은 현대인들은 자유란 자기 자신이 도덕률까지도 정하는 것이라고 잘못 생각하고 있다. 가령 사르트르(J. P. Sartre)는 인간 활동의 목적은 자유 추구 이외에 아무것도 아니라고 주장한다.[4)] 이와 같은 의미에서 자유는 인간을 자유롭게 하기는커녕 오히려 고독하게 하고 세계와 타인으로부터 고립되게 만든다. 그래서 인간은 좌절과 혐오에 휩싸이고 단순하고 무익한 감정에 빠지고 만다.

어떤 사람들은 인간의 행위가 본인의 무의식 안에서 생리학적(물리 · 화학적)으로 리비도에 의해 지배되고 있으므로 실제로 자유가 없다고 주장한다. 그러나 성욕이 어느 정도까지 우리의 판단에 영향을 미치고 있다는 것을 우리가 인정한다고 할지라도 인간은 본질적으로 자유로울 수 있다고 생각하지 않을 수 없다.

"참된 자유는 인간 안에 새겨진 하느님의 모상을 말해주는 표지인 것이다"를 스트라렌 등은 다음과 같이 해설하였다.[5)] 그리스도교의 관점에서 보면 인간의 자유는 원래 하느님으로부터 오는 것이다. 하느님의 모상대로 창조된 인간은 선을 향해 나아갈 결심을 하고 자신이 불리고 또 도달할 수 있는 영적 자유를 획득하지 않으면 안 된다.[6)]

"하느님께서는 인간을 제 의사에 맡겨두시기를 원하셨던 것

---

3) D. M. Peter, "Personne et personalisation", Divus Thomas (Piac), 1949, SS.164ff. 참조.

4) J. P. Sartre, *L'existentialisme est un humanisme* (Paris : EA, 1946), p.78, p.82 ; 또 *Etre et néant* (Paris : EA, 1943), pp.638-642. 참조.

5) 『공의회문헌해설서』, p.142.

6) A. Dondeyne, "Liberté et verite", *Liberté et vérité* (coll), Louvain, 1954, pp.39-70.참조.

이다"에 대해서 스트라렌은 다음과 같이 해설하였다. 하느님은 인간이 죄를 범할 것을 미리 알고 계셨다. 하느님은 전선(全善)하시므로 선을 바라시고 모든 것을 지배할 것을 알고 있는 우리들은 성 아우구스티누스와 성 토마스와 함께 하느님이 악을 허락한 것은 거기에서 선을 이끌어내시길 바라시기 때문이라고 말할 수밖에 없다.[7]

"인간이 자원으로 창조주를 찾아 창조주를 따르며 ……"라는 구절을 『공의회문헌해설서』는 다음과 같이 해설하였다. 어느 누구나 그리스도교 신자가 되도록 강요될 수는 없다(제2차 바티칸공의회문헌 『종교 자유에 관한 선언』, 1965, 제2장 참조). 왜냐 하면 복음을 받아들이도록 강요하는 것은 인간의 존엄성에 위배되기 때문이다.

"맹목적 본능"의 의미 : 인간의 행동은 본능에 의해 지배될 수도 있다. 따라서 유년 시절에 이 본능을 발달시키지 않으면 안 된다. 우리의 결단이 모두 본능적 충동으로 말미암아 좌우되는 것은 아니다. 물질계에 집착하면 할수록 인간은 물질적, 생리적 요인에 의해 영향을 받는다. 그러나 인간의 존엄성은 맹목적인 본능에 의하지 않고 인격적인 내적 동기에 의해 움직이기를 요구한다.

"사욕의 온갖 압박"의 의미 : 인간이 설사 모든 사욕의 압박으로부터 해방된다고 할지라도 인간은 결코 자유로운 상태에 있지 못한다. 왜냐 하면 정도의 차이만 있을 뿐 어느 정도 사욕에 사로 잡혀 있기 마련인 인간은 하느님과의 관계에 의해서만 비로소 자유롭게 되기 때문이다. 하느님께 자신을 종속시킬 때 사랑의 성령이 인간을 움직이고 인간은 하느님의 의지에 따라 행동할 수 있다. 이 자유의 씨앗이 은총을 통하여 그리스도교

---

7) 『공의회문헌해설서』, p.142. 참조.

신자에게 주어지고 하느님이 그 안에 현존한다.[8)]

"하느님의 법정"의 의미 :『사목헌장』은 사후(死後) 심판에 대해 말한다. 사후에 인간의 자기 인식은 자기 자신을 향하고 자기 자신을 통해 하느님에게 도달한다. 이 자기 자신은 자기 비판을 포함하고 모든 자신의 과거 행위가 있는 그대로 드러나고 그로 말미암아 자기 자신을 책망하고 또는 안식을 얻는다.[9)]

자유의 문제는 제2차 바티칸공의회 문헌이 공표된 이후에도 1984년의 해방신학의 일부 측면에 관한 신앙교리성훈령인 『자유의 전갈(*Libertatis Nuntius*)』, 1986년의 그리스도인의 자유와 해방에 관한 신앙교리성훈령인 『자유의 자각(*Libertatis Conscienta*)』, 1991년의 교황 요한 바오로 2세의 회칙인 『백주년(*Centisimus Annus*)』 등에서 다루어졌다. 그러나 가톨릭의 자유의 근본 취지를 알고 싶은 사람은 『사목헌장』 17항을 음미하는 것이 첩경일 것이다.

---

8) J. Danielou, *Le christien et le monde moderne*, 1966, ch.4. 참조. 『공의회문헌해설서』, p.143. 참조.
9) 아우구스티누스, 『신국론』, 20, 14, 『공의회문헌해설서』, pp.143-144. 참조.

제 I 장

자유의 철학적 기초

언어와 자유*

남 경 희(이화여대 철학과 교수)

1. 절대 권력자로서 언어

1) 말의 힘

자연 상태에서 인간은 유인원의 수준에 머물러 있었을 것이며, 이런 상태에서 인간의 행태는 동물들과 같이 생리적 기제에 의해 규제되었을 것이다. 그 생리적 기제는 거의 자극과 반응의 방식으로 움직였을 것이다. 세계의 모습은 그들에게는 단일하였을 것이고, 아마도 이런 단일성으로 하여 세계의 모습이라는 개념도 없었을 것이고 그에 대한 인지 개념이나 노력도 필요치 않았을 것이다. 인간의 신체는 그 단계에서는 외부의 자극에 대한 단순한 반응 기제에 불과하였다.

언어를 사용하면서부터 이런 생존의 양식은 완전히 변화하

---

* 그리스도교 철학연구소 간, 『현대 사회와 자유』 게재 원고.

게 된다. 이제 인간은 외계를 인식하려 노력하고 언어에 의해 그 결과를 규정하며[1] 이런 언어적 규정이 의사 소통의 공간에서 사물들의 객관적 모습으로 공인됨에 따라, 그 언어적 규정은 외계에 대해서 조형력(造形力)을 발휘하고, 우리 자신에 대해서는 **원초적 권력**으로 군림한다. 즉, 사물에 대해서는 그것들에 일정한 모습을 부여하고, 우리의 행위에 대해서는 그것을 일정한 방식으로 규제하면서 동시에 규정력으로서 인과적 힘을 발휘한다. 유인원의 단계에서 동물적 확실성으로 다가오던 것과는 달리, 언어로 규정되지 않은 대상들은 이제 무규정적이고 불확실한 존재일 것이고, 이들의 무규정성은 그들에 대해 어떤 태도를 취해야 하고 행위를 수행해야 하는 우리를 막막하게 한다. 일단 언어적 기제가 우리 삶의 중추를 장악한 이후, 우리는 자신과 세계에 대한 언어적 규정이 없이는 운신이 불가능해진다. 군맹무상(群盲憮象)이라 하지만, 외계를 더듬어서라도 인간의 방식으로 규정하려는 인간의 노력은, 인간의 신체적 장애마저도 막을 수 없는 본성적 경향이다. 인간에게 본성이라는 것이 있다면 그것은 외부 세계를 언어적으로라도 규정하려는 의지일 것이다.

인간의 행위는 동물들의 신체적 동작과는 달리 의도성을 지닌다. 그 의도가 행동의 본질이라고 할 수 있으며, 그런 점에서 인간의 행동은 신체적 사건이라기보다는 심적인 사건이다. 인간 행동의 본질을 구성하는 의도는 언어적으로 규정된 내용을 지니고 있어야 한다. 이런 인간의 행동을 외화하는 신체적 동작을 인과적으로 유발하는 것은 이 의도, 목적, 동기, 이유 등이다. 이런 지향적 요인들은 언어에 의해 규정되어야 그 정체성을 지닐 수 있으므로, 절대적으로 언어에 의존되어 있다. 인간

---

1) 아마도 언어적 규정이 인식의 활동보다 앞섰을 가능성도 있기는 하나.

의 행동은 본질적으로 심적이고[2] 언어 의존적이다.[3] 이런 의존 관계에 비추어 인간의 행동을 구성하는 동작의 인과적 원인은 언어라고 말할 수 있다.

능동적 행동에서만이 아니라 수동적 반응에서도 언어는 인간에게 인과력을 발휘한다. 인간은 외부 세계와 인과적 관계를 맺고 있다. 혹자는 인간이라는 현상은 세계를 지배하는 인과 계열의 일부일 뿐이라고 주장하기까지 한다. 그런데 인간의 삶에 언어가 개입하면서 언어는 이런 **인과의 관계를 특수하게 굴절시킨다**. 우리가 인과적으로 접하는 대상들이 어떻게 언어적으로 규정되느냐에 따라, 우리 인간은 한 '동일한' 대상에 대해서도 상이한 반응을 보인다. "장맛은 뚝배기"라고, 뚝배기에 담긴 된장국은 입맛을 돋우지만, 크리스털 볼에 담긴 된장국은 기이한 느낌만을 불러일으킨다. 이런 점에서 지극히 생리적인 현상이라고 여겨지는 식욕이라는 사태도 지극히 문화적이고 언어 의존적이라고 말할 수 잇다. 문화란 중첩적이고 복합적인 언어의 교직 또는 언어 게임이다.[4] 이런 사실은 상당히 많은 경우에 대상이나 사건 자체보다는 그 대상에 대한 언어적 규정이 특정의 인과적 힘을 인간에게 발휘함을 예증하고 있다.

위의 논제가 함의하는 바는 인간은 결국 **언어에 둘러싸여 있다**는 것이다. 외부 세계는 언어를 거쳐 인간에게 다가오며,

---

2) (비트겐슈타인의 『노트북』) *Notebooks 1914-1916*, Ed., by G. W. von Wright & G. E. M. Anscombe, Harper & Row, 1961, 76-79.

3) Wittgenstein, *Philosophical Investigations; Culture and Value*; D. Davidson, *Essays on Actions and Events*, Oxford Clarendon Pr., 1980, 특히 Essays 1-5.

이 문제에 관한 칸트와 헤겔의 차이는 규범의 성격에 관해 중요한 함축을 내포한다. 이에 관한 논의는 다음 참조: A. Wood, 'The Emptiness of the Moral Will', 460ff., *Monist*, 72 (1989).

4) Wittgenstein, *Philosophical Investigations; Culture and Value.*

인간은 언어적 규정성을 본질로 하는 행위를 통해 외부 대상에 다가간다. 외부 대상의 자극에 대해 행위 주체가 반응하기 전에 우선 자신의 반응 방식을 규정해야 하며, 그러기 위해서는 인간은 우선 그 대상이나 자극의 모습을 언어적으로 규정해야 한다. 그리고 인간이 외부 세계에 대해 어떤 행위를 취하려 할 경우에도 역시 자신의 행위의 모습을 규정해야 한다. 인간이 언어를 사용하기 이전에, 외계에 대한 인간의 반응 방식은 자동적으로 **몸의 결**에 맞추어 반사적으로 결정되었다. 더 정확히는 그 상태에서는 반사적 반응은 있었으나 행위는 없었다고 보아야 할 것이다. 인간이 **단순 반응체에서 행위 주체로 변모**하는 데에 결정적인 요인은 언어의 매개다.

2) 언어적 규정력의 강제성

이제 인간은 언어를 사용하여 세계를 접하게 되었다. 그런데 이 언어의 사용은 인간의 자유 의사로 선택할 수 있는 사항이 아니라 인간의 필연적 조건이다. 인간은 언어로 하여 자유를 얻게 되었고, 인간이 자유함은 언어의 사용 이후의 사태이므로 당연히 언어의 사용은 인간이 선택할 수 있는 바일 수 없다. 언어의 사용이 인간의 필연적 조건이라 함은, 우리는 언어를 통해 외부를 인식하고 언어를 통해 자신의 행위를 규정할 수밖에 없음을 의미한다. 언어의 사용이 인간적 삶의 조건이 아니었을 때, 즉 유인원적 단계에 있었을 때 인간의 신체는 직접적 확실성 속에서 외계에 반응하였을 것이다. 하지만 이제 언어적 기제를 통해서만 세계를 인식할 수 있고 자신이 만든 언어적 세계에 감싸여 있는 인간에게 외부 대상은, 언어적 규정이 그 외부 대상들의 모습을 조각해주지 않는 한, 완전한 무규정성과 무규정적 불확실성 속에 잠겨 있다. 우리의 언어는 이 무규정성을 해소하고 불확실성의 오리무중을 헤쳐나가기 위한 **인간의 제6감**이다.

인간에게 **언어는 대상을 규정하고 인식하는 유일한 방식**이다. 조금 전에 지적한 바와 같이, 인간이 언어 없는 유인원이었을 때, 외부 세계는 직접적 확실성의 세계였다. 그러나 인간이 언어를 사용하면서부터 그것은 이제 그와는 반대로 완전한 무규정성 또는 불확실성의 세계로 변하고 만다. 후각으로 세계를 대하던 동물에게 시각을 이식하여 시각이 그 후각을 대체하게 하거나 또는 그에 우선하는 인지 방식으로 강제한다면, 그 동물에게, 이전에는 분명한 모습을 지녔던 세계는 갑자기 캄캄한 암흑이 되어버릴 것이다. 서서히 새로운 인식 도구와 방식을 완전히 체화하고서야 — 만약 이런 체화가 가능하다고 해도 — 비로서 세계는 어떤 모습을, 그러나 이전과는 다른 모습으로 등장할 것이고, 그와 함께 그 존재는 자연의 존재 방식, 더 근원적으로는 자신의 생존 방식이나 본질마저도 바꿔야 할지 모를 일이다. 그것을 에너지, 기(氣), 무규정자(apeiron), 헤라클레이토스적 흐름(flux), 플라톤의 『티마이오스』 편에서의 수용자(hypodoche : receptacle 49 b, space : chora, matrix : ekmageion)[5] 등 무엇이라 부르건 간에, 인간의 주위에는 아마도 언어적으로는 규정되지 않고 규정할 수도 없는 어떤 힘이 있을 것이며, 그것이 인간의 신체에 영향을 미치고 있을 수 있다. 그러함에도 언어의 그물에 사로잡히지 않는 한, 그것은 그 정체를 알 수 없고, 따라서 인간이 자신의 신체와 언어를 척도로 하여 구축한 세계[6]에서는 **부재의 존재**일 뿐이다. "(Ex) Fx"는 의미 있는

---

5) 플라톤의 『티마이오스』 편 참조. 다른 곳에서는 이를 space : chora matrix : ekmageion 등으로 부른다.

문장이나, "(Ex)x"와 같은 표현은 문장이 아니다. 무어라 술어적으로 규정할 수 있는 것은 존재한다고 말할 수 있으나, 술어적으로 규정할 수 없는 것은 존재한다고도 말할 수 없으므로 행위의 대상도 아니다.

3) 말의 길과 자유

우리의 **개념들은 수로다.**[7] 대뇌의 전기 자극과 화학적 물질은 신경 섬유의 맥을 따라 전달될 것이다. 그러나 우리의 사고와 정서는, 더 일반적으로 우리의 의식은 그 개념들의 수로를 따라 흐른다. 우리의 의식에 대한 개념이라는 수로의 장악력은 폭압적이라 할 정도로 철저하다. 의식의 흐름은 개념들이 파놓은 수로를 벗어날 길이 없다. 물은 수로를 따라 흐를 수밖에 없다. 물의 흐름이 그 수로를 스스로는 벗어날 수 없으며, 범람하여 그 수로를 벗어나더라도 물은 어디로 흐를지를 몰라 사방으로 번져간다.

우리 의식에 대한 언어의 장악력은 폭압적이 아니라 자연스럽다. 우리의 정신은 자유로우며, 우리의 상상력은 자유분방하다고 한다. 하지만 정신이 아무것도 없는 허공을 자유 비상할 수 있는 것은 아니다. 그런 능력은 신의 창조력만이 발휘할 수 있다. 우리의 의식, 정신이란 아무 곳에서나 자유롭게 비상할 수 있는 것이 아니다. 상상의 나래도 개념의 길을 따라 난다. 상상 가능성의 한계는 유의미성의 기준이 정한 범위 안에 있다.[8]

---

6) 우리는 플라톤의 『티마이오스』 편에서 原匠人이 질료적 수용자에 형상의 옷을 입혀 세계를 제작하는 과정을 이와 같이 언어적 관점에서 해석할 수도 있다.

7) 비트겐슈타인, 『탐구』.

8) 이것이 비트겐슈타인의 전기와 후기 사상 모두에서의 주요 과제들 중의

그 한계를 벗어날 때 상상된 바는 무의미하게 된다. 상상의 한계 안에서만 그리고 그 한계 안에 있으므로 상상력은 자유로울 수 있다. 고통스러워하는 바위, 맛있는 삼각형과 같은 것들이 무의미한 상상이라고 할 수 있는 이유는, 그것들은 개념의 수로가 결정하는 상상의 한계를 벗어나 있기 때문이다. 언어를 통하지 않는 다른 사고의 길이 없으므로, **개념의 수로 이외에 사고가 흘러갈 길이 없으므로**, 우리는 오히려 **언어의 길(言路), 즉 개념의 수로를 따를 때 구속감을 느끼는 것이 아니라 오히려 자유를 느낀다**. 그 수로가 차단되거나 사고의 흐름이 그 수로를 벗어날 경우, 우리는 부자유와 강제를 느낀다. 언어의 혼란은 사고의 공황 상태다. 정신의 공황, 정신 질환의 본질은 언어의 혼란이다.

자유의 전형이 언론 자유에 있는 이유는 여기에 있다. **자유는 말의 논리, 말의 순리를 따르는 것**이다. 자유의 본질은 언론의 자유이므로, 언론 자유의 억제는 한 가지 자유만의 구속이 아니라 모든 자유의 부정이다. 공적인 언로는 차단이 가능하나 사적인 언로는 차단이 불가하다 생각할 수 있으나, 모든 언어는 공적이므로[9], 공적 언로의 차단은 바로 모든 언로의 부정, 자유의 부정이다.

우리의 사회 편입은 교육을 통해서 이루어지고, 교육은 본질적으로 그리고 전반적으로 우리 의식의 언어화 과정이다. 마치 스펀지가 물을 흡수하듯이, 모든 어린이는 말을 잘 듣는다. 아

하나다. 이런 점에서 전기와 후기의 사상은 연속적인 점이 있다. 필자, 「사실 세계의 존재론」, 한국분석철학회 편, 『비트겐슈타인의 이해』, 1985, 서광사 소재 ; 「자연 언어와 심신 문제」, 박영식 외 저, 『언어철학 연구』, 현암사, 1995. 소재.

9) 비트겐슈타인의 『탐구』에서의 사유 언어 불가론. 필자, 「사유 세계의 사유성과 객관적 존재의 거처」, 분석철학회 편, 『실재론과 관념론』, 1993.

이들이 떼를 쓰는 이유는 어른들이 요구하는 합리성이 그들 나름의 합리성과 어긋나기 때문이다. 아이들은 나름의 일관성이나 합리성을 추구한다. 어린이는 어른의 말을 자동적으로 의식화한다. 그 이유는 인간의 인식과 행동의 통제부가 언어적 구조를 갖추고 있기 때문이라 추정해볼 수 있다. 언어화의 과정은 오랫동안 알게 모르게 진행이 되고, 언어의 길은 대다수가 준수하는 길이며, 이런 이유로 해서 대개의 경우 언어의 힘은 외적인 힘으로 느껴지지 않는다. 언어의 길이, 개념의 수로가 더 이상 외적인 힘으로 느껴지지 않을 때, 그것은 자연스레 우리 삶과 의식의 일부가 된 것이다. 우리는 이제 언어의 순리를 따라 살고, 그것이 자연스러운 그리고 자유한 삶이다. 언어와 자유의 이런 본질적 관계로 하여, 언어의 길을 완전히 조작함이 가능하다면, 철저한 구속의 삶을 무애한 자유의 삶으로 여기는 환상을 완벽히 이식하는 것도 가능할 것이다. 의식의 조작이란 바로 이런 이식을 의미할 것이다.

4) 말의 힘은 자의적이고 절대적이다

말은 힘을, 구체적인 인과력을 발휘한다. 국가 권력이 힘을 발휘할 수 있는 이유는, 한편으로는 국가 권력이 그 실체에서 법의 힘이고, 법은 궁극적으로 언어라 말할 수 있으며, 다른 한편으로 인간이 언어적 존재, 언어의 힘에 의해 움직이는 존재이기 때문이다. 인간 통제부의 최상층부는 언어적 기제일 것이다. 국가 권력을 포함하여 일반적으로 인간의 믿음, 욕구, 의지 등에서 힘을 발휘하는 모든 것은 언어를 매개로 하여 힘을 발휘한다. 인간의 삶에서 인과적 힘을 발휘하는 것은 본질적으로 심적인 힘, 언어적 힘이다. 인간이 언어를 사용하는 존재인 한에서, 언어적 삶을 벗어날 수 없는 한에서, 말의 힘은 구체적이고 실질적이며 국가 권력의 힘도 이에 근거한다.

공유 언어를 사용하기 위한 합의는 일반적 계약과는 특이한 차이를 갖는다. 계약 결과 등장하는 공유 언어는 우리에 대해서 무조건적인 복종을 요구한다는 점에서 절대적이다. 이에 비해 언어 사용자인 우리 자신이나 언어에 의해 기술되는 세계는 언어에 대해 어떤 제약도 가할 수 없다. 이 관계를 예를 들어 살펴보자. 언어 사용자들이 특정의 어휘 '사과'가 사과를 지칭하는 것으로 사용키로 합의하였다고 해보자. 우리가 사과를 '사과'라고 할지 'apple'이라고 할지, 또 다른 제3의 이름을 부여할지는 전혀 자의적이다.[10] 이런 자의성은 인간이 언어를 좌지우지할 수 있음을, 언어가 우리에 대해 절대 권력의 리바이어던이라기보다는 우리가 언어에 대해 절대적 권력을 행사하고 있음을 증거하는 것으로 생각될 수 있다. 나아가 특정한 종류의 열매가 사과이므로 '사과'라 불리는 것이므로, 사물의 질서가 언어를 규정한다는 것이 일반적인 믿음이다.

(1) 이런 믿음들은 수정을 요한다. 사과와 '사과' 사이의 긴밀하고 객관적인 관계가 성립되기 전까지는 '사과'라는 표현은 어휘로서 역할을 할 수 없었다. 더 일반적으로 그 관계가 정립되기 이전에는 언어라는 것이 아직 존재하지도 않았다고 보아야 할 것이다. 그때 우리가 자의적이고 절대적인 권력을 행사할 대상이 있다면, 그것은 언어가 아니라 우리의 음성 정도일 것이다. 그런데 이제 사과와 '사과' 사이의 객관적인 관계가 정립되면, 그 다음부터는 우리는 항상 그 어떤 둥글고 빨간 열매를 '사과'라고 불러야 하므로, 대상과의 관계에서 언어가 우리의

10) 이름과 존재의 본질과의 관계에 대한 논의는 다음 참조 : 플라톤, 『크라틸로스』.

의식을 절대적으로 규제한다. 언어의 의미는 사유의 흐름이 흘러가고 말이 따라가는 수로다. 물이 수로를 따라 흐를 수밖에 없듯이, 우리의 의식은 언어의 의미가 인도하는 길을 따라 따라갈 수밖에 없다. 이런 점에서 언어가 우리의 의식에 행사하는 권력은 절대적이다. 언어를 벗어 던지는 것이 우리에게 그다지도 지난함은 불교의 참선이 잘 증거해주고 있다.

언어의 인간에 대한 규제력을 다른 측면에서도 확인할 수 있다. 우리는 외부 세계가 무엇이라 규정할 수 없는 불확실성이나 불가해성의 안개에 휩싸여 있을 때, 꼼짝하지 못한다. 대상의 불가해성은 우리를 얼어붙게 한다. 인간은 물론이거니와 인간 아닌 여타의 짐승들도 외부 세계의 모습을 나름대로 **인지 또는 인식하지 못하는 한** 꼼짝하지 못한다. 인간의 인식은, 적어도 의도적인 노력으로서의 인식은 언어적 제약 하에 있으므로, 외부 세계가 언어적으로 규정되지 않는 한, 우리는 그에 대해 어떤 명확한 행동도 취할 수 없다. 이런 점에서 언어는 우리의 의도적 행동의 수행에서 절대적 권력을 행사한다. 일반적으로 외부 세계로부터 독립해 있으면서 그 세계에 어떤 행동을 취해야 하는 모든 생명체에서 외부 세계의 인지나 인식은 절대 필수적이다. 왜냐 하면 인지나 인식을 통해서만이 그 생명체는 외부로 나아갈 수 있으며 그 외적 세계에서 생존할 수 있으므로.

(2) '사과'라 불리는 것이 사과이므로 '사과'라 불리며, '사과'라 불리는 그 어떤 것이 그 자체에서 빨강, 신맛, 둥금 등의 속성을 지니고 있으므로, '사과'라 불리고, '빨갛다', '둥글다'라고 기술된다고 사람들은 생각한다. 사과라 불리는 대상이 단 하나의 모습만을 지니고 있다면, 우리 언어의 의미는 그 사물의 단 하나의 규정적 모습이나 본질에 의해 규정될 것이다. 그러나 그 대상은 언어에 의해 다양한 모습을 지니고 있는 것으로 기

술되는데, 이런 다양성을 수용할 수 있는 가능성을 설명하기 위해서는, 그것은 **언어 이전에는 거의 무규정적인 것으로 존재한다**고 보아야 한다. 언어 주체가 자신의 기술의 관점과 관심을 그 무규정적인 대상에 투사하여 규정성을 부여하면서 그것은 어떤 모습을 가진 것이 되고, 그때서야 비로소 존재하는 것이 될 수 있다. 어떤 대상이 존재하고 그 존재는 어떤 모습의 것으로 인식하며, 인식된 바가 언어로 기술된다는, **통상적 믿음의 논리적 순서를 우리는 도치시켜야 한다**. 언어의 대상 규정력은 대상의 존재와 무에, 그리고 대상에 대한 우리의 인식에 대해 절대적 권력을 행사한다.

우리의 행위에 대해서는 어떠한가? 서양인들은 아직도 해초를 잘 먹지 않는다. 요즈음은 한국이나 일본의 식생활을 접하게 되면서 나아졌지만, 이전에는 해초를 독초로 여겼다고 한다. 해초를 독초로 규정하느냐 건강식으로 규정하느냐는 우리의 식생활에 결정적 영향력을 행사한다. 전자로 규정되는 경우, 서양인들은 먹을 것을 앞에 두고서도 굶어죽을 수 있다. 서양인들이 해초를 먹어보고서 체질적으로 이상을 일으켰으므로 그것을 독초라 규정하였을 것이라고 혹자는 논할 수 있다. 어떤 식물의 식용 여부는 그것을 언어적으로 어떻게 규정하느냐보다는 실제 먹어보아야 하는 측면이 없는 것은 아니다. 우리는 인간의 신체적 구조나 체질이라는 것이 어느 정도는 외부 대상에 대한 반응에서 고정적인 잣대의 역할을 한다는 점에 충분히 동의할 수도 있다. 그러나 그 어느 정도마저도 인간의 가공 능력에 의해 상당히 확장될 수 있으며, 가공 능력이란 본질적으로는 일종의 기술이고, 기술이란 질료적 대상에 **정교한 언어적 형상을 씌우는 과정**이라는 점을 유념할 필요가 있다.

'사과'라 불리는 것은 사과일 수도, 열매일 수도, 과육일 수도, 씨앗의 양분일 수도, 분자들의 집적체일 수도 있다. 우리가 그것에 '사과'라는 호칭을 부여하게 된 것은 우리의 관점에서 우리의 분류 체계를 배경으로 해서다. 그 어떤 것은 단지 우리가 그렇게 부르기로 합의하였으므로 그렇게 불리고 기술되는 것일 뿐이다. 그리고 그리 합의된 한에서, 그 대상은 항상 그 어느 경우에나 그리 불리고 그리 기술되어야 한다. 언어와 대상의 관계에서 권력을 쥔 쪽은 언어이고, 이 언어의 권력을 우리는 **의미** 또는 **규정력**이라고 한다. 그리고 이 언어의 권력의 지지 논거이자 언어의 권력을 탄생시키는 것은 바로 언어 사용자인 우리들 자신의 합의, 진정한 의미에서의 원초적 사회 계약이라고 필자가 규정한 합의다.

2. 언어 공간의 형성과 자유

1) 언어 · 자유 의식 · 자유

근대의 정치 철학자들은 두 관점에서 자연 상태를 자유의 상태라고 기술한다. 한편으로는 역사 속에서 인간들이 불합리하게 구속되어 있다는 판단 하에 이 부자유한 상황을 교정할 모델로서 자연 상태의 자연적 자유를 찾았고, 다른 한편으로는 정치 권력이 존재하는 한 어느 정도는 인간을 정당하게 구속할 수밖에 없음이 필연적이라면 정치적 권력의 한계와 범위 그리고 정당성의 근거가 마련되어야 할 것이며, 이런 한계를 설정해주는 것으로서의 자연적 자유를 논하게 된 것이다.

그런데 과연 인간은 자연 상태에서 자유로운가? 자연 상태의 그 어느 존재도 자유롭지 않다. 창공을 나는 독수리는 자유를 상징하지 않는다. 독수리는 단지 자연의 필연적 법칙의 지배를 받고 있을 뿐이다. 자연 상태론자들이 이런 오류를 범하는 이유는 자유의 본질을 오해하고 있기 때문이다. 인위적 구속으로부터의 해방만으로 자유를 획득할 수 있다면, 창공의 독수리는 과연 자유를 구가하고 있다고 말할 수 있으리라.

그러나 이런 자유의 규정이 과연 정당한 것인가? 자유를 저해한다고 볼 수 있는 인위적 구속에는 두 종류가 있다. 첫째는 정당한 이유가 없는 구속이고, 두 번째는 이유 있는 구속이다. 인간의 현실에는 정의만이 아니라 상당한 정도의 불의와 부정들이 혼재하고 있다. 이런 부정적 요소들은 부당한 구속의 원인이 된다. 자유를 이 첫 번째 의미의 구속, 즉 불의로부터의 해방으로 이해한다면, 자유란 정상 상태로의 복귀 이상이 아니다. 다른 한편으로 정치적 질서의 본질은 권력의 체계라고 할 수 있으니, 인간이 국가 속에서 사는 한 인간들은 자유의 구속, 그러나 이유 있는 구속 상태를 감수해야 한다. 불의한 억압은 물론 국가 권력의 정당한 구속마저도 자유의 결여라고 평가하며, 자유를 인위적 구속으로부터의 해방으로 정의한다면, 인간에게 가능한 자유란 자연 상태로 복귀하여 자연 법칙의 필연에 종속되는 일일 것이다. 이런 불합리한 결론은 자유의 개념의 두 가지 특성을 드러내준다. 첫째, 진정한 자유는 단순히 무엇으로부터의 해방만을 의미하지 않는다는 것이다. 그런 자유는 공허하다. 둘째, 보다 근원적으로 진정한 자유가 존재하기 위해서는 자유 의식의 형성되어 있어야 한다는 것이다.

인간이 자유롭기 위해서는 우선 자유 의식이 형성되어 있어야 한다. 자유 의식이 선행하지 않을 때, 그 자유는 맹목적이고

자의적이며 방황하는 상태일 뿐이다. 자유에서 자유 의식이 필수적인 이유는, 자유란 외적 구속의 부재이기도 하지만, 그에 앞서 그리고 그보다 중요하게는 **자유란 주체의 의식 상태** 또는 주체의 내면적 모습이기 때문이다. 자유는 이 내면성의 자유, 자유 의식으로부터 얻어진다. **자유롭다고 느낌**은 자유의 충분 조건은 아닐지 모르지만 **필수적인 조건**이다. 의미 있는 자유는 단순한 방황이 아니라 목적과 방향과 지향 가치가 있어야 할 터인데, 이런 목적과 방향은 자유 의식이 깨어날 때만이 비로소 규정 가능하다. 이 규정성의 조건은 **언어 능력이 자유에 본질적**임을 보여준다. 자유 의식이 없이 자유의 지향 방향이 규정 정립될 리 만무하다. 자유의 규정성, 자유의 행사 방향이 진정한 자유에서 필수적이라고 할진대, 진정한 자유는 소위 소극적 자유, 즉 외적 구속으로부터의 자유가 아니라 본질적으로 무엇을 할 수 있는 적극적 자유의 모습을 지니게 된다.

자유 의식의 상태에는 어떻게 이를 수 있는가? 자유 의식의 형성에서 필수적인 역할을 하는 것은 언어의 사용이다. 언어의 사용에 의해 비로소 자신의 타자와의 관계를 규정적으로 정립할 수 있으며, 자신의 내면적 모습에 확실하고 규정적인 모습을 부여할 수 있다. 언어의 사용을 통해서만이 자신이 무엇으로부터 자유롭지 못하며, 무엇을 하고 싶은지, 무엇을 할 수 있는지, 무엇을 하고자 하는지에 대한 명확하고 확정적인 기술이 가능할 것이기 때문이다. 그리고 자신의 욕구와 의지와 타자와의 관계 등을 언어적으로 명확히 규정할 수 있을 때, 구속과 해방의 개념도 형성될 수 있을 것이다. 자유 의식의 형성에 관여하는 것은 여러 가지 있을 수 있을 것이나 가장 중요하고 기초적인 역할을 하는 것은 언어다.

2) 자유와 필연의 양립 가능성

언어는 자유 의식을 형성하게 하는 이유는 자유의 실현까지도 가능하게 하는 근거이기 때문이다. 사람들은 논하기를, 우리가 몸담고 있는 물리적 인과 세계는 원인과 결과의 계열로서 빈틈이 없다고 주장한다. 이 자연 세계의 현상적 모습이야 언어에 의해 다양하게 그려질 수 있지만, 물리적 자연 그 자체는 빈틈없는 인과 연쇄에 의해 결정적으로 움직여 간다는 것이다. 이런 인과 결정적인 세계에서 자유란 당연히 있을 수 없을 것이다. 우리의 자유 의지는 물론 노동도 비집고 들어설 틈이 없으며, 들어설 수 있다 해도 그 인과 계열 속의 우리 자신이나 우리의 노동력은 그 인과 연쇄의 결과임을 면할 수 없다는 것이다.

데이빗슨과 같은 철학자는 이런 전통의 입장을 비판하면서 인과 결정론과 자유 의지는 공존이 가능하다는 논변을 펼친다. 그의 논변의 개요는 다음과 같다.[11] 그는 우리가 우리의 의도적 행위 또는 자유로운 행위에 대해 상세하고 정확하게 법칙적인 설명을 제공하는 것은 불가능하다고 본다. 그 이유는 심적 사건들이란 물리적 사건들과는 달리 엄격한 법칙에 의해 설명할 수 없기 때문이다. 그럼에도 우리는 우리의 의도적 행위와 같은 심적 사건을 어떤 방식으로건 설명해야 할 필요나 당위를 느끼게 되며, 여기서 **의도적 행위를 설명하는 인과적 힘으로서 행위의 자유**라는 개념을 도입하게 된다는 것이다. 이 논변에서 핵심적인 것은 심적 사건들의 무법칙성에 대한 그의 견해와 인과성의 개념이다. 그는 법칙적 설명과 인과적 설명을 구분하면서 우리가 행동을 포함한 모든 사건들에 관하여 엄격히

---

11) 데이빗슨.

법칙적인 설명을 제공할 수 있다면 구태여 원인의 개념을 언급할 필요가 없다고 논한다.[12] 데이빗슨의 해석에 따르면, **한 행위가 자유롭다는 주장**과 **그것이 원인을 갖는다는 주장**은 아무 논리적 상충 관계에 있는 것이 아니라는 것이다.[13] 그의 양립론의 핵심은 우리의 자유란 본질적으로 언어적 기술의 자유라는 점이다. 우리를 감싸고 있는 사건들을 존재론적으로는 하나의 모습을 지니고 있는 물리적 사건들일 것이나, 그 사건들에 대한 기술은 다양할 수 있다. 대표적으로 우리가 소위 심적 사건이라고 하는 것들은 물리적 사건에 대한 심리적 기술일 뿐이라는 것이다.

전통의 물리주의자들은 물론 데이빗슨까지도 물리적 세계 자체는 인과적 사건들의 빈틈없는 그리고 결정적인 진행이라고 본다. 원인이 있으면 결과가 생기는 것이고, 특정의 원인은 특정의 결과를 결정할 수밖에 없다. 물리적 세계 자체는 인과 결정적으로 필연적으로 움직여 간다. 나아가 전통주의자들은 물리적 세계가 인과율적으로 진행할 뿐 아니라, 인과 법칙적으로 움직인다고 본다. 그러나 이들의 주장은 인과율과 인과 법칙을 혼동하고 있다. 데이빗슨은 이 양자를 구분하여, 물리적

---

12) "인과성에 대한 불가피한 언급은 무지를 감추기 위한 것이다 ; 우리는 자세하고 엄격한 법칙들을 결여하고 있을 때, 원인의 개념에 호소할 수밖에 없다. 행위의 분석에서 원인성의 개념은 분석과 과학 사이의 거리를 줄여준다" ('Freedom to Act', 80, in D. Davidson, *Essays on Actions and Events*, Oxford Clarendon Pr., 1980).

13) 심적 사건의 무법칙성과 자유의 관계는 'Mental Events', 207, 225, in EAE.

데이빗슨의 자유론에 대한 논의는 다음 참조. Saarinen, Essa, 'Davidson and Sartre', 465ff. Johnston, M,, 'Why Having a Mind Matter', in Lepore E. & McLaughlin B. P,. eds., *Actions and Events*, Blackwell, 1985. Moya, C. J., *The Philosophy of Action*, 145ff, Polity Pr., 1990.

인과 법칙은 언어의 특색이지,14) 그 자체의 특색은 아니라고 부정한다. 반면 인과율은 물리적 세계 자체의 모습이라고 논한다.15) 물리적 세계가 인과적, 결정적, 필연적으로 움직이는 이유는 그 세계에 인과율이 존재하기 때문이라는 것이다. 하지만 물리적 세계를 언어적으로 기술할 경우, 그 세계는 인과 법칙적으로 움직이는 것일 수도 있지만, 그와는 달리 자유를 허용하는 목적론적 방식으로 운행하는 것일 수도 있다. 언어적으로 기술된 물리적 세계가 필연적이냐 자유로우냐는 그에 대한 **어떤 기술 방식을 채택하느냐**에 달려 있다. 인식의 확정성과 안정성을 위해 세계는 인과 필연적이라고 가정하고서 기술한다는 것이다. 다른 기술의 원리(비인과적, 목적적, 지향적인 기술 방식)를 택하여 사태를 기술할 경우, 그 사태는 더 이상 인과 결정적이 아니라 자유가 개입할 여지가 생긴다.

3) 인과율과 모순율

필자는 데이빗슨보다도 한 걸음 더 나아가고자 한다. 필자의 견해로는 인과 법칙은 물론 인과율까지도 언어의 소산이다. 인과율이란 생성 세계에 적용된 모순율에 불과하다.16) 모순율이란 a가 동시에 F이고 -F일 수 없다, a가 a면서 동시에 -a일 수 없다는 원리다. 존재론적으로 표현하면 a가 갑자기 소멸하거나 느닷없이 생성할 수는 없다는 것이다. 이 모순율을 생성 세계에 적용하면, 모든 사건들이나 사물들은 존재 원인에 의해 발생하고, 변화의 과정에서 다른 사건이나 사물을 결과로서 낳

---

14) 데이빗슨의 위의 책 ; 필자, 「지성과 우연적 필연」, 『희랍철학의 이해』, 종로서적, 1986, 소재.
15) 데이빗슨 ; 필자, 「존재, 인과성, 언어」 참조.
16) 필자, 「이성과 우연적 필연」 ; 「인과성, 언어, 존재」.

는다. 이 생성의 과정은 결정성이나 필연성이 있어야 하는데, 그 이유는 a라는 사물이 모든 것에서 나오며, 모든 것을 낳을 수 있다면, 그런 a는 허무에서도 나올 수 있으며, 허무 속으로 침몰할 수도 있을 것이기 때문이다.

여기에서 우리는 인과율은 모순율이 생성 세계에 적용된 것으로서 언어의 원리임에도, 왜 변화하는 물리적 세계 자체의 모습으로 간주되는지를 알 수 있다. 물리적 세계는 존재하고 인식되는 한에서 인과적으로 움직일 수밖에 없다. 비인과적으로 움직인다면, 그 물리적 세계는 언어적 인식의 대상이 될 수도 없거니와, 더 나아가 물리적 세계라는 하나의 동질적 세계로 존재할 수도 없다. 그리고 이 사실은 왜 모순율, 나아가 인과율이 언어적 기술의 기본적 원리일 수밖에 없는지를 알려준다. **변화하는 세계는 언어적으로 기술되는 한에서만 논의의 대상이 된다**. 그런데 언어적 기술이란 외계에 대한 일종의 인식 방식 또는 설명의 방식이거나 그 결과를 담은 것이다. 설명이란 주어진 사태를 원인이나 이유를 들어서 설명하는 것으로서 그 주어진 사태가 허무로부터 돌발적으로 등장하지 않았다는 믿음을 전제하는 것이다. 즉, 설명은 피설명 사태의 어떤 **연속성과 일관성에 대한 믿음을 전제**한다.17)

언어적 기술이나 설명의 내용, 나아가 인식의 내용이 세계 자체의 모습을 반영하는지의 여부는 알 수 없으나, 여하간 분명한 것은 그 언어적 기술, 설명, 인식은 인간이 이해할 수 있는 것이어야 하고, 인간 자신이 요구하는 기준을 충족시켜야 한다는 것이다. 이런 조건의 최소한이 정태적 기술의 경우는 모순배제율 그리고 인간의 행동이나 변화의 기술에서는 인과율이다.

모순율은 언어적 기술의 한 기본 원리다. 언어의 사용은 일

---

17) 필자, '언어의 정치 윤리적 함의', 『외국문학』.

관적이어야 한다. 예를 들면, a를 'F'라 했으면, 특별한 사유가 없는 한, 앞으로는 a를 'F'라 해야 한다. 그렇지 않으면, 'F'는 물론 'a'의 의미도 확정 고정될 수 없다. 언어 사용의 일관성은 언어의 의미가 갖추어야 할, 어느 정도의 확정성, 불변성과 고정성을 위한 필수적 조건이다. 이런 점에서 일관성의 원리는 언어를 언어이게 하는 필수적 조건, 언어의 본질에서 우러나오는 조건이다. 모순율은 바로 이 언어 사용에서의 일관성에 대한 요청을 법칙화한 것에 불과하다. 이 모순배제율이 준수되지 않으면, 언어는 언어로서 기능할 수 없다. 세계에 관한 규정적 기술은 물론, 타인과의 의사 소통도 불가능하다.

언어 사용에서의 일관성 원칙이나 모순율의 준수가 절대적으로 요청되는 이유는, 이 원리들을 통해서만이 **의미의 고정성과 확정성**이 확보된다고 방금 언급한 바 있다. 이 사실은 언어의 특성에 관해 매우 중요한 함의를 내포하고 있다. 우리가 한 대상 a를 'G'라 기술한다면, a 자체나 주변 여건들에 특별한 변화가 없는 한 a는 'G'로 규정되어 G의 모습으로 존재한다. 'G'의 의미가 고정되어 있다는 말은 'G'로 기술된 a의 모습이 불변적이라는 말과 통한다. 또는 'G'로 기술된 a의 측면의 모습이 불변적이라는 말이다. G와 공존할 수 없는 R을 a에 귀속시키고자 한다면, 시간의 변화를 도입하거나 여타의 변화 요인을 도입하여야 한다. 모든 것이 동일한 한 a는 G다.[18]

우리가 언어로 기술하는 경험계의 사물들은 시간의 흐름 속에 있다. 시간이라는 것을 무엇이라고 규정할지는 철학의 가장 어려운 문제 중의 하나이지만, 경험적 사물들이 시간의 흐름, 변화를 겪는다는 데에는 이의가 없을 것이다. 그런데 이런 시간 속에 존재하는 경험적 사물들을 언어적으로 기술한다는 지

18) 여기서 우리는 a : 사과, G : 초록, R : 빨강로 생각해볼 수 있다.

극히 일상적인 사태는 범상치 않은 함의를 내포하고 있다. 언어적 기술이란 말하자면 흐름과 변화 속에 있는 사물들에 대한 **수없이 많은 수의 스냅 사진을 찍어 보관하는 일**이다.[19] 즉, 유동체의 정지상을 찍는 일, 정지상을 찾아내는 일이다. 언어라는 것, 언어적 기술이라는 것이 의미의 고정성을 전제로 한다면, 언어적 서술에는 본질적으로 시간적 제한사를 붙일 수 없다. **언어는 비시간적, 초시간적이다**. 이것이 파르메니데스나 플라톤의 통찰이다. **원형적 언어의 시제는 무시간적 현재형**(timeless present)이다.[20] 스냅 사진 속에서는 시간의 흐름이 드러날 수 없다. 우리는 그것의 시간성을 그 사진의 뒷면에 날짜를 적어 기록함으로써, 간접적으로 그것에 시간성을 부여한다. 시간은 그 스냅 사진에 담긴 장면의 밖에 있다.

4) 언어 공간의 자율성

언어가 기술하는 세계란 무엇인가? 그것은 정지된 스냅 사진들이 모여 구성한 세계다. 한 장면이나 한 사건에 대해 우리는 무수히 많은 각도에서 다양한 종류의 카메라로, 그리고 멀고 긴 거리에서 수없이 많은 스냅 사진을 찍을 수 있다. 이 사진들의 앨범은 그 피사 대상인 사건이나 사태들 자체와는 전혀 다른 독자적 세계를 구성한다. 우리는 사진이라는 표현을 주의하여 사용할 필요가 있다. 한 사건이나 대상에 대해 찍을 수 있는

---

19) 변화하는 세계를 언어적으로 기술할 수 있기 위해서는 칸트의 감성과 오성이 관여해야 한다. 그런데 감성과 오성의 단계는 모두 인식 주관의 능력 행사이긴 하지만, 전자는 헤라클레이토스적 흐름 속에 몸을 담고 있음에 비해, 후자에서는 그 흐름 속에서 나와 있다.

20) G. E. L. Owen, 'Plato and Parmenides on the Timeless Present,' in A. P. D. Mourelatos ed., *The Presocratics*, New York : 1974.

장면의 다수성과 다양성을 감안할 때, 사진은 대상이나 사건의 모습을 반영하는 것이 아니라 그에 대한 허구이거나 서로 다른 대상의 모습을 담고 있을 수 있다는 것이다. 한 대상에 대한 최근접 촬영 모습과 원거리 촬영 모습은, 그 원래의 '한 대상'이라는 것도 어떤 거리에서 그리고 어떤 시각에서의 모습이라고 할진대는, 사실상 서로 다른 대상에 대한 사진이다. 마찬가지로 언어의 세계는 그것이 묘사하고 있다고 여겨지는 사건들의 세계와는 다른 **독자적 세계를 구성한다**. 여기서 제논의 역설이 성립하는 것이다.

필자는 위에서 '어느 정도의' 확정성과 불변성이라는 제한을 하였다. 후기 비트겐슈타인이 보여준 바와 같이, 언어의 의미는 동시에 어느 정도의 주변적인 애매 모호성과 유동성을 지니고 있을 수밖에 없기 때문이다. 이런 애매 모호성의 원인은, 언어의 의미라는 것이 플라톤의 형상이나 칸트적 범주와 같이 초월적으로 또는 선험적으로 주어져 있는 것이 아니라, 사용을 통해서 경험적으로 형성된다는 사실이다. 그리고 어휘의 의미가 유동적이어야지 그 어휘는 다양한 상황에서 여러 가지 용도로 쓰일 수 있는 도구의 역할을 할 수 있을 것이므로, 의미의 유동성은 당위다.

인과율을 모순율의 한 변용이라고 한다면, 인과율 역시 언어적 기술의 한 기본 원리일 것이다. 다시 말하면 인과율은 변화하는 세계를 언어로 기술하는 한에서 타당한 원리다. 세계 안의 변화에 대한 인식은 언어적 기술에 의존함에 주목한다면, 세계내 사건들의 생성이 그 자체에 있어 인과 결정적이고 필연적으로 이루어지면서 빈틈없이 진행한다는 믿음은 입증될 수 없는 주장이다. 그런 믿음은 오직 세계가 언어적으로 기술 설명되고 인식되는 한에서만 타당할 수 있는 명제다. 구체적인 예를 들어보자. 한 인과적 관계에 대한 기술 “a는 b의 원인이다”와 같은 명제를 보자. 원인 a는 결과 b에 시간적으로 선행한다. a와 b 사이에는 시간적 길이가 존재한다. 인과 관계를 기술하는 관점과 기술 방식에 따라, 인과 관계가 진행되는 시간의 길이는 길 수도 짧을 수도 있다. 여하간 원인과 결과 사이에는 시간적 연장성이 있다고 할 수 있으며, 그런 한에서 그 시간적 길이는 무한 분할이 가능하다.[21]

이런 구조를 지닌 인과 관계에 관해 우리는 두 가지를 지적할 수 있다. 첫째, 사건 a와 b의 모습은 언어적 기술구의 형태로 알려지므로 그 모습은 우리 언어적 인식자에게는 실질적으로는 결국 그 언어적 기술구에 담긴 모습일 것이다. 언어적 기술구 사이에는 결정적이고 필연적인 관계란 있을 수 없다. 모든 어휘와 어휘 사이의 관계는 우연적이다. 인과 관계가 한 언어적 기술구와 다른 언어적 기술구 사이의 관계로 표현되는 한, **모든 인과 관계는 본질적으로 우연적이다**. 진정한 필연성은 존재와 존재 사이의 내적이고 본질적 관계, 즉 형이상학적이고 존재론적인 필연성이어야 할 것이나 언어와 독립적인 존재란 우리에게는 무의미한 존재, 실질적으로는 허무다. 또 다른 종류의 필연성을 생각할 수 있다면, 그것은 어휘들에 우리의 의도가 배어들어 생성된 심리적(언어적) 필연성일 것이다.

둘째, 사건 a와 b를 기술하는 어귀는 사건 자체의 모습을 담고 있는 것이 아니라 우리가 특정의 관점, 특정의 관심을 가지고 선택한 기술구다. **모든 인식과 기술은 관점의존적이다**.[22] 논리적으로 관점 독립적이고 관심이 탈색된 인식이나 기술이란 존재할 수 없다. 절대적 인식자라는 것이 있다면 그에게는

---

21) (제논의 분할).
22) 필자, 「존재, 인과성, 언어」.

그의 절대성으로 하여 인식과 기술이 불필요하다.

언어적 기술자이자 인식자로서의 우리 인간은 사건 a와 b를 기술함에 있어 자유 의지적 함의가 담겨 있는 표현을 채택하여, a와 b 사이에 개입시킬 수 있다. 예를 들면, 하나의 동일한 사건을, "나의 손이 가스레인지의 스위치를 틀었고, 그러자 주전자가 100도로 가열되면서 물이 기화하였다"고 기술할 수도 있고, "나는 커피를 끓이기 위해 물주전자를 가스 불 위에 올려놓았다"고 기술할 수도 있다. 즉, 가열과 기화 간의 인과 관계에 관한 기계적 사건들의 전개로 기술할 수도, 나의 어떤 의도를 실현하는 합목적적 행위로 기술할 수도 있다. 이상의 논의에 비추어볼 때, 사태들의 계열이 빈틈없이 전개된다는 믿음은 세계 자체의 진행을 반영하는 것이 아니라 우리가 그것을 빈틈없는 사건의 전개로 기술하였기 때문일 뿐이다. 우리는 과거의 물활론적 세계 기술이나 목적론적 기술을 참작할 수 있다.

결국 자유란 인식자요 기술자(記述者)인 우리가 기술하기 나름이다. 빈틈없는 세계란 허구다. **자유란 기술할 수 있는 자유에서, 언어의 자유에서 나온다**. 자유와 자유 의식, 자유와 언어의 이런 본질적인 관계에 주목할 경우, 우리는 언어가 없는 침묵의 자연 상태에서는 자유가 있을 수 없음을 쉽사리 알 수 있다. 인간의 자연 상태를 특징지을 수 있는 가장 중요한 것은 인간이 언어를 아직 사용하지 않는다는 점이다. 인간적 인간과 자연적 인간, 인간과 야수를 구분하는 가장 명백하고 기초적인 차이는 언어의 사용 여부다.

5) 루소와 칸트 자유 개념의 문제점

인간의 자유는 평원에서 마음껏 달리는 표범의 질주와 같은 종류의 자유가 아니다. 사람들이 자연적 상태에서의 무제약적 자유라고 일컫는 바는 진정한 자유의 원형이기는커녕 오히려 자연에 의한 구속의 상태다. 자유란 주체의 확인이다. 이런 확인은 자율적이고 자발적인 활동을 통해 이루어진다. **자신의 존재와 삶에 대한 이 특별한 의식**을 우리는 **권리 의식**이라고 부를 수 있는데, 이 의식이 행동의 양태로 나타날 때 그것이 **자유**로 나타난다. 자유와 권리의 개념이 상호 통하는 이유는 여기에 있다.

확인할 주체가 아직 형성되지 않은 자연 상태에서는 당연히 자유도 존재할 수 없다. 주체 의식과 권리 의식의 형성은 자신과 주위에 대한 개념화를 선결 조건으로 하고, 그리고 개념은 언어를 필요로 한다. 말을 할 수 있는 존재자만이 자유를 누릴 수 있다. 그 이유는 자유란 오직 언어의 형태로 존재하기 때문이다. 언론의 자유는 여러 자유들 중의 하나가 아니라 바로 자유의 본질이요 다른 모든 자유의 가능 근거다. 맹목의 방황은 자유가 아니라 자유의 상실이다. 자유의 화살은 명확한 목표를 지향해야 한다. 단일하고 확정적인 하나의 과녁을 겨냥하고 있지는 않는다 해도 확실한 무엇을 추구하려는 목적 의식은 품고 있어야 자유한 존재일 수 있다. 언어는 자유를 위한 충분 조건은 아닐지 모르겠으나 필수적인 조건이다. 언어는 사회적 관계를 전제로 한다. 고로 자연적 자유란 존재하지 않는다.

루소는 자유에는 세 가지가 있다고 보았다. 자연적 자유, 정치적 자유 그리고 도덕적 자유가 그것이다. 첫 번째 자유는, 방금 지적한 바와 같이 자유의 개념에 어긋난다. 세 번째는 그것이 정치적 자유와 차원을 달리 하는 것이라면 존재하지 않는 추상적 자유이고, 두 번째의 자유만이 진정한 자유일 것이다. 존재하는 유일의 자유는 오직 공민적 자유이고 그것이 도덕적 자유다. 도덕적 자유는 선험적이거나 초월적 차원에서 새로이 계시되는 것이 아니다.

인간 삶의 한 중요한 이상은 자유라고 많은 사람들이 논하며 그 자유의 지평을 탐색한다. 자유의 이상은 현실에 대한 비판적 의식의 가장 중요한 소득이다. 루소와 칸트의 자유 개념은 모두 인간의 현실 조건에 대한 비판을 통해 등장했다. 그들의 개념들은 현실에 대한 반사실적 가정의 결과다. 루소는 이 부정적 현실에서 역사적 우연성을 사상하여 자연 상태의 모습을 기술하였고 이곳에서 인간은 원초적 자유인 자연적 자유를 누린다고 주장하였다. 그의 견해에 따르면 역사가 인간을 부자유하게 만든다는 것이다. 루소와는 반대로 칸트는 목적론적 사고를 하여, 이 부정적 현실에서 경험적 요인들을 사상하였다. 그는 인간의 경험적이고 우연적인 요인들, 신체적 요인들이 인간의 부자유와 구속의 원인이라고 보았다. 경험적 요인들의 사상을 통해 그는 선험적이고 예지적인 지평에서 인간의 자유, 즉 자율성을 확보하였다.

루소적 자유의 원형은 자연적 자유이고, 칸트적 자유의 원형은 선험적이고 윤리적인 자유다. 루소는 자유의 실현 상태를 과거의 자연 상태에서 구한다.[23] 우리는 자유롭게 태어났다. 그러나 도처에서 사슬에 매어 있다고 그는 설파한다. 그래서 루소는 자연으로 돌아가자고 주창하는 것이다. 숲 속의 자연 상

23) 루소의 자연 상태나 요순 시대, 에덴 동산, 황금 시대 등은 모두 과거에 있었다. 인간의 이상적 상태를 과거에서 찾는 이러한 경향의 동기는 무엇인가? 그것은 목적론적 이상이나 미래적 지향과는 달리, 그 이상의 상태가 전혀 허구, 소망적 사고의 결과가 아니라 여하간 존재하였던 상태라는 점이다. 목적론도 이 점에서는 유사하다. 미래의 목적은 가능성이나 씨앗의 형태로 과거에서부터 현재를 거쳐 미래에까지 존속한다. 시간의 흐름은 단지 이미 있는 가능성을 현실성으로 바꿀 뿐이다. 목적론적 세계관은 단지 정태적 세계관에 역동성만을 부여하였을 뿐 근본적인 차이는 없다.

태를 자유롭게 누비는 사자와 같이, 자연의 상태에서 인간은 자연적 자유를 누릴 수 있다는 것이다. 칸트는 루소와는 반대로 자유의 실현을 미래의 예지적 지평에서 구하면서 자유와 자율을 동치로 보고 있다. 그 자유의 법칙은 선험적 이성의 법칙이다.

그러나 루소와 칸트는 모두 자유의 언어 의존적 성격, 사회정치 의존적 성격을 간과하고 있다. 우리의 눈이 자연 언어의 눈이라는 사실을 루소는 보지 못하고 있다. 그 자유로운 사자는 진정한 자연 상태의 사자가 아니라 우리의 자연 언어가 함축하는 존재계의 일부로서의 자연 상태에서 거니는 사자다. 그러므로 실상 자유로운 것은 사자가 아니라 우리의 시선, **사자를 바라보는 인간의 시선**이다. 정확히 표현하면, 자유를 희구하는 우리의 시선이 그 사자에 투사되어, 그 사자가 자유로운 존재로 기술된 것뿐이다. 칸트의 통찰대로 과연 자유는 이성과 본질적인 관련이 있으되, 칸트의 선험적 이성이 존재할 선험적 공간은 철학적 추상의 진공일 뿐이므로, 자유를 보장하는 이성은 **자연 언어적 이성**이어야 할 것이다. 선험적 이성은 어디에도 없다. 선험적 이성의 연원이 되어야 할 선험의 세계는 정의상 경험이 불가능하므로, 인간에게는 허무의 세계이고 허공 속에는 아무것도 존재하지 않는다. 우리가 산과 강과 숲의 상황에서 향유한다고 하는 소위 '자연적 자유'는 사회적 삶의 일부이거나 그 연장 속에서 누릴 수 있는 자유이고, 도덕적 자유는 선험적 이성의 소재를 확인할 길이 없으므로 후견인이 없는 공허한 자유이거나 공민적 자유의 한 변형일 뿐이다. 루소는 자유가 있을 수 없는 곳에서 그리고 칸트는 자유가 불필요한 철학적 허공에서 자유의 원형을 찾았다. 이들에 의해 자유는 무인도로 유배되고, 그 결과 이들은 인간을 필연의 질서에 구속되어 해방될 길을 찾을 수 없다. 이들의 자유관에 따르면 인간은 결코 자유로울 수 없다.

3. 자유와 윤리 규범의 성격

1) 윤리적 규범과 기층의 언어

정치적 규범들이 특정의 체계 구성적이라는 점은 별도의 논의를 요하지 않는다. 그러나 윤리 규범까지도 그러한가? 전통적으로 윤리 규범들은 여러 다양한 정치 규범들의 원형으로서 후자와는 달리 보편적, 나아가 초월적이라고까지 여겨져 왔다. 과연 윤리 규범들까지도 특정 사회 구성적인가? 이에 대한 논의를 전개하기 전에 우리가 우선 유념할 것은, 사회란 정치 규범들만으로 구성되기에는 너무도 복잡하고 깊이를 지니고 있는 공간이라는 점이다.

이상과 같은 해석에 의하면 도덕적 규범은 사회의 상위를 점하는 규칙의 체계가 아니라 오히려 **그 사회의 기초**를 구성하는 기반적 규범이라고 말할 수 있다. 그리고 윤리 규범에 대한 우리의 새로운 해석에 의하면, 윤리의 영역이란 인간의 삶에서 하나의 부분이나 국면이라거나, 인간의 역사가 발전하고 의식의 수준이 올라가면 등장하게 되는 한 국면이라는 전통의 생각은 수정되어야 한다. 그것들은 많은 사람들이 오랫동안 삶을 영위하는 과정에서 **삶의 세계의 최근저**를 형성하게 된 것이다.

이런 위치로 하여 윤리 규범들은 우리들에게서 그리 멀리 있지 않다. 그것이 극소수의 성자들이나 도인들만이 접근할 수 있는 것이라면, 그 도덕의 규범은 인간을 위한 규범일 수 없을 것이다. 그런 것은 일부의 철학자들이 논하듯이, 그 자체의 가치를 위해서 또는 신의 영광을 위한 규범일 것이나, 그런 규범의 문제는 이제 그것은 인간에 의해 준수될 수 있는 것이 아니라는 점이다. 의미 있는 윤리 규범들은 인간 삶의 기초를 구성하는 기초적인 역할로 하여, 인간의 삶의 단계 초기에서부터 사회나 국가의 발생과 더불어 등장한다. 그런 것들은 사회의 기본 구조가 형성된 연후에 추가로 취득하게 되는 과외의 특징이 아니라, **기본 구조의 본질적 일부**를 구성한다. 그것이 없으면 사회나 국가의 기초가 정립될 수 없다. 그러므로 그것은 사회 계약의 최우선적 대상이다.

도덕법은 불문법적이다. 그 이유는 여기에 있다. 한 사회의 도덕법이 구태여 법적 조문으로 명문화되어 강제적 시행의 대상이 될 필요가 없는 이유는, 그것이 한 사회 체제의 기초가 될 만큼 거의 대부분의 사람들에 의해서 준수되고 있기 때문이다. 만약 이런 규범들의 체계가 구성원들에 의해 거듭 파기되고 매번 명시적으로 법조문화된 사법 체계에 의해 주지되어야 한다면, 그것은 그 사회의 기초를 구성하기에는 충분한 안정성을 지니고 있지 못한 것일 터다. 도덕법이 불문법적일 수 있는 까닭은 그것이 이와 같이 법에 의해 공지될 필요가 없는 것이거니와, 그렇다고 해서 인간의 선험적이고 생득적인 양심의 소리 또는 이성의 소리여서도 아니고, 강제될 필요가 없을 정도로 규범적 안정성을 지니고 있어 사회의 기초로서의 역할을 하고 있기 때문이다.

루소는 다른 사회계약론자들과는 달리 사회 계약의 성격과 도덕 규범의 원초성에 대한 깊은 통찰을 한 것으로 보인다. 그는 다른 학자들과는 달리, 외적 규제의 체계로서의 정치 권력적 질서보다는 도덕적 성격을 지니는 일반 의지나 공민 상태를 사회 계약의 대상으로 보았다. 사회 계약의 목표는 권력이나 조직의 탄생이 아니라 윤리적 규범 체계와 공민적 상태의 가동이다. 사회와 국가가 가동되기 위해서는 권력이나 조직에 앞서 윤리적 규범의 체계가 정립되어야 한다. **그것은 새로운 질서, 새로운 차원으로서 존재론적인 성격을 지닌다**. 도덕 규범들에 의해 이 질서가 전개된 연후에야 그리고 이 질서를 배경으로 해서 비로소 권력 기구와 조직이 들어설 수 있다. 이런 해석에 따르면, 도덕적 질서가 정치적 질서에 선행하여 기초를 제공하며, 이 점에서 루소는 윤리와 정치의 관계에 관한 전통의 견해를 따르고 있는 듯이 보인다. 하지만 전통의 입장과 중요한 차이점이 있는데, 그것은 윤리의 근원을 초월성, 선험성, 신성에서 구하지 않고, 인간들 사이의 계약이나 합의에서 구한다는 점이다. 필자의 해석에 따르면, 루소는 윤리를 인간화하면서도 여전히 정치를 윤리의 기초 위에 정초시킬 수 있다.

2) 규범의 절대성과 리바이어던

우리는 정치 윤리 규범의 근원성, 보편성, 일상성, 즉 일상인들의 전반적인 규범 준수의 경향을 다음과 같이 표현할 수 있다. 그것은 이들의 규범들이 마치 홉스적 리바이어던과 같이 그 근원에서부터, 그리고 원초적으로 인간의 삶을 장악하고 있기 때문이라고. 기본적 정치 규범들이나 도덕률은 우리의 삶을 대단히 포괄적으로 그리고 뿌리에서부터 근원적으로 장악하고 있다. **도덕의 체계는 권력자, 리바이어던이다**.[24] 리바이어던

24) 이는 나의 홉즈 해석과도 일관된다. 나의 해석에 의하면 사회 계약에 의한 완전 양도는 절대성을 이념을 낳는데, 이 절대성은 절대 군주로서라기보다는 절대적 정언 명령의 형태로 우리에게 다가온다고 해석한 바 있다.

으로서의 도덕률은 행위 주체의 위에 폭압적인 모습으로 군림하는 것이 아니라 인간의 내재율로서 우리 자신도 모르게 우리의 사고와 행동을 조종하고 있다. 도덕률은 보이지 않게 은밀하게 무의식 속에서 구사되어 타자의 힘이 아니라 자책감이나 양심의 소리로 위장하고 있다. 그러므로 그것은 더욱 무서운 권력이며 칼리큘라보다 더 강력하고 절대적인 힘을 발휘할 수 있는 것이다. 그것이 무서운 이유는 바로 자율성의 모습으로 위장하고 있기 때문이다. 절대 군주의 억압은 용수철과도 같이 튀어 오르는 반발을 유발하지만, 도덕률이 구사하는 권력은 '양심의 가책', '자책감'으로 위장하여 스스로 꾸짖고 질타하도록 조종한다. 뻐꾸기는 자신의 알을 남의 새 둥지에 몰래 낳아, 그 새로 하여금 자기 알을 부화하게 하고, 여기에서 부화된 새끼는 주인의 새끼 새를 몰아내고 주인 행세를 한다고 한다. 인간의 도덕률도 이와 비슷하다.

프로이트의 분석은 우리의 의식을 장악하고 있는 이 리바이어던의 모습을 드러내준다. 오이디푸스의 처참한 비극은 인간을 의식의 근저에서부터 장악하고 있는 규범들의 징벌에서 연유하는 것이었다. 오이디푸스가 피하려 했던 것은 운명이 아니라 인간의 운명인 바의 사회적 규범들의 체계였으므로, 그는 자신의 의도에 반하여 부친을 살해하고 자신의 어머니를 범하게 하는, 운명의 끈질긴 추적을 피할 길이 없었다. 의도야 여하간에 그 자신의 노력에도 불구하고, 아니 그 노력의 인과적 결과로서 그는 기존의 율법 체계에 모반을 꾀한 셈이 되고 만 것이다. 부친 살해와 근친 상간의 금지는 인간의 가장 원초적이고 지속적인 율법이다. 이런 금기를 위반한 오이디푸스에게 율법은 가혹하고 엄정하게 복수를 하였다. 인간은 인간의 세계를 둘러싸고 있는 운명의 필연적 질서를 벗어날 수도 없지만, 그 불가해성을 해소하고 격퇴하기 위해 구축한 율법의 체계가 가하는 질곡도 벗어날 수 없었다. 그가 이 중 어느 하나의 질서로부터라도 자유로울 수 있었다면 그의 그런 비극은 없었을 것이다. 그의 비극은 **이중의 질곡**에서 연유하는 것이었다.

3) 규범들은 삶의 궤도

정직과 같은 도덕적 의무는 **일상의 삶이 그를 따라 움직이는 궤도**다. 궤도란 이탈시 궤도 차의 운행에 문제가 생긴다. 이 문제 상황은 궤도 차나 궤도에서 생기는 경우도 없지는 않으나, 일반적으로는 제3의 연원에서 온다. 정상적인 상황에서 대부분의 사람들은 정직하고, 그래야만 일상의 삶이 궤도를 따라 굴러갈 수 있을 것이다. 정직이라는 도덕률은 그것이 우리의 일상적 삶이 순조롭게 굴러가게 하는 궤도다. 정직성이란 말의 질서를 유지시키는, 말을 존재할 수 있게 하는 기본적 원리다. 인간은 본질적으로 말을 사용해서 사는 존재다. 정직이라는 궤도의 붕괴는 말의 질서의 와해를, 그리고 이런 바벨의 도래는 인간적 삶의 종식을 결과한다.

궤도의 비유는 정치 윤리 규범이 우리에게 필연적이라는 시사를 한다. 이런 시사는, 정치 윤리 규범은 우리의 삶의 세계를 구성하며, 그 점에서 필연적이라는 논제와 일관적이다. 하지만 규범의 존재 자체는 우리의 선택에 달려 있는 것으로 이런 점에서 인간의 규범적 삶이 선택적이랄 수 있는 점이 있지 않을까? 그것들은 필연적으로 주어진 것이 아니라 주체적으로 자유의지에 의해 선택되고 정립되었다고 볼 수 있는 측면이 있을까? 인간은 과연 윤리 규범들을 준수하는 데에서도 필연의 법칙에 의해 결정되어 있는 존재인가? 삶의 조건과 주체의 욕망의 체계를 융화하여 구성한 것이 삶의 세계다. 그런데 인간은 언어를 사용하여 외부 세계를 규정하고 구성하므로, 인간의 주거 공간은 여타 동물의 경우와는 달리 수동적으로 외부로부터 주어지는 것이 아니라 주체적으로 구성된다고 보아야 할 것이다. 인간이 언어를 사용하기 시작한 이래, 이제 자연의 필연적 직접성은 더 이상 확실한 것으로 인지되지 않고 불확실한 것, 인간의 언어에 의해 규정되어야 제 모습을 가질 수 있는 것으로 여겨진다. 인간의 삶의 세계는 언어를 통해서 구성된다.

이제 인간은 세계의 모습을 자신의 언어로 규정해야 한다. 언어 이전의 유인원의 단계에서 인간은 주어진 세계에서 자연법칙이 이끄는 대로 생존하기만 하면 충분하였다. 스스로 세계의 모습을 규정하고 나아가 세계를 구축하며, 그 속에서의 새로운 행위의 방식을 정립해야 할 책임은 인간의 몫이 아니었다. 하지만 **언어 사용 이후, 세계의 모습은 불확실해지면서 무규정성의 상태로 후퇴하고**, 그와 함께 생존의 방식이나 행동의 방식도 이전과 같은 것일 수 없게 되었다. 인간은 세계의 규정적 모습을 구축하고 그 속에서의 삶과 행위의 방식을 자신의 언어로 창조하거나 무규정적이고 질료적인 상태의 세계를 조탁하여 **확실한 것으로 정립하여야 하는 책임**을 신으로부터 그리고 진화의 우연으로부터 떠안게 되었다. 인간이 내려야 할 최초의 결단은 주위 세계의 모습을 어떻게 언어적으로 규정할 것인가에 관한 결단이다.

인간과 외계 사이에는 언어가 매개되어 있다. 언어는 인간으로 하여금 동물적 확실성을 더 이상 자신의 확실성으로 수용치 못하게 하므로 **언어는 불확실성의 근원**이기는 하지만, 다른 한편으로 이 언어를 통해서만이 인간이 안주할 수 있는 세계의 모습이 만들어지는 것이므로 **인간적 확실성의 기초**이기도 하다. 데카르트의 코기토는 이런 이중적 성격을 지니고 있다. 인간은 자신의 언어에 의해서 적극적이고 주체적으로 자신의 세계를 구성해야 한다는 점에서 자유로운 존재다. 인간의 자유의 본질이자 근거는 언어다. 하지만 바로 **그런 이유에서 이 자유는 무제약적 절대적 자유가 될 수 없다**. 언어의 본성이란 제약성 또는 규정성이고 문맥 의존적이기 때문이다. 이런 특성에도 불구하고 그 언어가 부여해주는 그 자유를 자유라고 말할 수 있는 이유는, 그 상태가 자연 상태의 인과필연성과 대비되어 의미를 갖기 때문이다. 그러나 다른 한편으로 인간은 그 자유를 구사해 정립된 규범의 체계 안이나, 이를 구성 요인으로 하는 세계 안에서는 규범이라는 리바이어던의 절대 지배를 받는 필연적 존재다.[25] 인간은 언어를 사용함에 의해 자연 세계의 필연성으로부터 해방되었음에도, 그 대신 언어의 규제력, 나아가 정치 윤리 규범들의 틀 안에서 생존을 영위해야 한다는 점에서 역시 필연적 또는 결정적 존재이나, 이제 그 규범들의 내용을 자신의 언어로 자유로이 채울 수 있다는 점에서 자유로운 존재다.

4) 자유의 공간

규범들이 세계를 구성하며, 인간의 행로는 그 규칙을 궤도로 하여 움직이는 궤도 차와 같다면, 인간의 자유는 어디에서 찾을 것이며, 그 자유의 정체는 어떤 모습일까? 경기 규칙은 특정 경기의 구성에 절대 필수적이기는 하나 그것만으로는 충분하지 않다. 경기의 규칙들이 성안되어 있다고 실제의 경기가 벌어지는 것이 아님은 이론의 여기가 없다. 그 규칙들은 경기자

25) 홉즈의 말 참조: “자유와 필연성은 일치한다.” 『리바이어던』, 21장.

들로 하여금 실제의 구체적 경기를 하게 하기 위한 보조 장치다. 운동 선수들의 모든 구체적 움직임 하나 하나를 규제하는 그런 세부적 규칙이 있을 수도 없지만, 그런 것이 있어야 할 이유도 없다. 그런 것은 더 이상 운동 규칙일 수 없을 뿐 아니라, 나아가 운동을 불가능하게 구속하는 사슬이 될 것이기 때문이다. 경기 규칙들은 운동 선수를 구속하려는 데에 그 목적이 있다기보다는 그들이 자유롭게 운신하도록 하기 위해서 있는 것이다. 운동 경기는 규칙의 존재나 규칙의 준수 활동만이 아니라 운동 선수들의 자율적이고 능동적인 활동을 요구한다. 구체적인 경기가 전개되기 위해서는 운동 선수들이 그 규칙을 활용해 능동적으로 경기를 운영해야 한다.

마찬가지로 정치 윤리 규범은 우리의 삶의 영위에 그리고 우리 삶이 영위되는 세계의 구성에 있어 전제요 절대 필수적 조건이지만, 이 조건들의 충족만으로 우리의 삶이 영위되는 것은 아니다. 우리의 삶과 세계는 정치 윤리 규범만으로 구성되어 있는 것도, 이들을 궤도로 하여 자동적으로 움직이는 기계도 아니다. 주체적으로 행동하고 사유하고 발언해야만 우리의 구체적 삶이 이루어진다. 우리가 삶의 주체, 언어 주체, 인식 주체, 행위 주체로서 자유로이 말하고, 학습하고, 행동을 해야 구체적 삶이 영위된다. 그런데 규범이란 우리의 삶의 일거수 일투족을 모두 규제 인도하고 필연적으로 강제하지는 않는다. 인간 삶의 영위는 기계의 작동과는 다르다. 규범들이 우리의 삶의 큰 틀을 제공한다고 하더라도, 그 속에서 우리의 구체적 선택, 결단, 의지적 실천, 발언 등이 수행되어야 구체적 삶이 영위될 것이다.

우리는 우리의 자유로운 활동들과 이들을 위한 삶의 필연적인 궤도나 틀 사이의 관계를 다음과 같이 비유할 수 있을 것이다. 지구의 물과 공기가 뒤섞여 생명체를 만들어내고, 이 생명체들의 일부는 시간의 긴 과정을 거치며 다시 무생물로 돌아가 퇴적되며, 다른 생명체의 생존을 위한 새로운 대기와 자원과 환경을 구성한다. 마찬가지로 인간의 자연적 생존 과정에서 언어적 능력을 취득하게 되었고, 인간을 이를 사용하여 무수한 말들을 발화하여, 이 말들의 일부는 오랜 인간의 역사 과정을 거치며, 인간의 문화적이고 역사적인 생존의 틀로, 규범들로, 삶의 궤도로 굳어져 다른 새로운 말들의 생성을 위한 범주나 문법이나 규범을 제공한다.

이리하여 자연 상태를 벗어난 인간은 끝없이 언어를 생산하여 자신들의 새로운 거주지인 언어적 세계를 구축해간다. 모든 것은, 인간의 자연 상태의 필연성이 공급하는 구속이자 동시에 절대적 안정 상태에서 벗어나 언어를 사용할 수 있는 자유를 얻게 되면서 시작되었다. 이제 인간은 자연 상태로 회귀할 수 없으나 그렇다고 우리의 언어적 자유가 무한대로 향유될 수 있는 것도 아니다. 인간은 자신의 자연인 신체의 구속과 자연 상태의 제약을 완전히 벗어날 수는 없다. 인간은 언어를 사용하고 자연 상태의 결여를 극복하기 위해 국가를 건설하여도 결국은 자연의 일부로 살아간다. 여기서 적절한 언어의 절제는 필수적이다.

여하간에 인간 삶의 틀로 굳어진 범주나 문법 또는 규범들은 원래는 우리 자신의 자유로운 발화 행위의 소산이었으며, 인간이 자연 상태의 필연으로부터 벗어났음에 대한 표징이었던 것이나, 이제 인간 삶을 제약하는 고정적 틀로서 기능한다. 하지만 그것은 자연 상태의 필연적 법칙을 대신하여 인간 삶에 안정성을 마련해주며, 그리하여 새로운 언어와 이념과 가치를 창출할 자유의 좌표대를 제공한다.

정치 윤리 규범들이라는 것이 우리 삶의 세계의 틀이나 기반을 구성한다면, 그리고 그것은 우리가 운동 경기의 규칙과 같이 대부분의 경우 준수되는 것이라면, 그것은 우리 삶에 안정성을 제공하여, 운동 경기의 규칙과 같이 우리를 구속하기보다는 새롭고 창의적인 운신을 위한 안정된 공간을 제공하여 줄 것이다. 이런 자유에의 가능성에도 불구하고 역시 규범은 구속적 틀로서 **전반적으로는** 우리의 삶과 행동과 사고를 제약할 것이다.

전통적으로 기본적 윤리적 규범과 가치라는 것은 우리가 윤리적 결단을 통해 선택하는 것으로 여겨져 왔다. 인간의 자유는 본질적으로 윤리적 자유이고, 도덕적 규범의 존재는 인간이 자유할 수 있는 가능성을 증거하는 것으로 여겨져 왔다. 규범은 당위적 명령으로 우리에게 주어지며, 그것을 행할지 않을지는 우리 자유 의지의 선택에 달린 것이라는 것이 전통의 믿음이었다. 그러나 우리가 도달한 그림은 그와는 반대로, 정치 윤리 규범들이란 우리의 선택을 기다리기보다는 우리를 구속하여 우리로 하여금 대부분의 경우는 자신을 준수하게 하고 있는 틀과 같은 것이었다. 규범적 행위의 수행에서 개인은 주체라기보다는 오히려 객체에 가깝다. 이제 우리가 제안한 바와 같이 정치 윤리적 규범이란 우리 삶의 틀이요, 우리 삶의 세계를 구성하는 거의 필연적 사실이라고 한다면, 인간이 자유로운 선택을 할 수 있는 영역이란 거의 존재하지 않게 된다. 전통적으로 인간의 자유란 규범 선택의 자유였는데, 이제 그것들은 역으로 우리를 선택하고 있기 때문이다.

허공에서의 자유란 없다. 허공에서 적극적이고 능동적인 행위를 할 수 있는 그런 절대적 주체란 신 이외에는 없을 것이다.

주체는 타자로부터 독립적이고 어느 정도는 자기 원인적인 존재이기는 하나,[26] 자신이 서 있을 기반의 도움도 없이 허공 속에 서 있을 수 있는 능력은 인간의 한계를 넘어선다. 자유한 인간은 행위의 문맥이나 믿음의 문맥을 벗어나, 그리하여 행위의 동기나 목적 또는 믿음의 이유도 없이 행동하고 생각할 수 있는 그런 예측 불가의 돌발적 행위자가 아니다.[27] 신만이 허공을 걸어다닐 수 있으며, 청천에서 벽력을 내릴 수 있다. 인간이 걷기 위해서는 대지와의 마찰이 필요하다. 주체성과 그의 자유는 항상 어떤 좌표, 배경, 세계를 전제로 하고서만 의미 있다. 그리고 그의 주체성과 자유는 그의 배경과 세계의 성격에 의해 제약된다. 또는 보다 긍정적 표현을 사용하면, 그 배경과 세계의 성격에 의해서 실질성과 구체성을 부여받을 수 있다.

왜 그런가? 자유는 자유의 방향이 있어야 하며, 과녁이 있어야 한다. 그리고 이런 의도, 목적이나 행위의 방향 그리고 선택한 바의 존재 여부를 확인하고 정체성을 확인할 수 있기 위해서는 어떤 배경이 필수적이다. 허공으로 쏜 화살은 어디에도 가지 못하고 결국 땅 위로 추락하며, 허공에서의 주체의 몸부림은 인형의 허우적임에 불과하다. 이런 배경과 문맥을 구성하는 것이 정치 윤리 규범들에 의해 구축된 좌표대이고 우리 삶의 존재계다. 운동 선수들의 자유는 경기 규칙을 준수하는 한에서 보장되고 의미 있듯이, 인간의 행동과 믿음의 자유는 항상 어떤 규범들이 준수되는 한에서 그리고 준수된 그 규칙들로 구성된 세계 속에서만 보장되고 의미 있다.

---

26) 자기 원인성의 개념에 관해서는, 스피노자, 『에티카』, 1부.

27) 인간도, 인간의 행위도 인과율의 적용을 받는다. 그런데 인간의 행동에서 원인이 되는 것은 이유 또는 이성이다. 데이빗슨의 EAE 참조.

자유의 인간학적 의미

박 병 준(서강대 철학과 교수)

런던대의 철학 교수인 모리스 크랜스턴(Maurice Cranston)은 『자유 — 새로운 분석(*Freedom — A New Analysis*)』(1972)에서 자유의 개념과 의미를 원점으로 돌아가 일상적 언어와 철학사적 배경 아래서 분석적인 방법으로 규명하고 있는데, 그는 여기서 "의심할 근거가 없다면 의지의 자유라는 문제는 철학이 되지 않았을 것이고, 또한 믿어야 할 근거가 없다면 의지의 자유에 대해 글을 쓰는 것은 무의미할 것이다"[1]라고 말함으로써 자유의 문제에 대한 철학적 반성이 갖고 있는 고충을 우회적으로 표현한 적이 있다. 우리가 자유 문제를 논하면서 겪는 이러한 고충은 무엇보다도 자유 개념이 갖는 다의적 성격에 기인한다 하겠다. 자유는 실천적으로 그 쓰임과 의미 내용이 매우 다양하다. 우리는 "무엇을 할" 자유, 즉 선택 혹은 결단 혹은 의지의 자유를 말하기도 하고 "무엇으로부터"의 자유, 즉 외적 강제

1) M. 크랜스턴, 『자유란 무엇인가』, 황문수 옮김(문예출판사, 1995), p.182.

나 구속을 받지 않는 자립적 상태로서의 자유를 말하기도 한다. 또 어느 때는 자유를 특별히 제한된 의미 안에서 적극적으로 규정하여 이해하기도 한다. 예로 많은 철학자들은 자유를 이성을 가진 인간의 자기 본성으로의 합목적적 지향이나 실현이라 규정함으로써 "이성에 의한 지배"[2]로 이해하기도 한다. 이런 경우 "무엇으로의 자유"가 부각된다. 그러나 우리는 여기서 자유의 이런 상이한 용법을 일일이 살펴봄으로써 그 사전적 정의를 전반적으로 탐구한다거나 혹은 자유에 대해서 철학적으로 새로운 규정적 정의를 시도하려는 것은 아니다. 이 글에서 관심을 갖고자 하는 점은 철학적 주제로서의 자유에 대한 선행하는 지식을 바탕으로 그것의 인간학적 의미를 재탐구해보는 일이다. 이 글은 먼저 1) 자유가 안고 있는 철학적 문제점이 무엇인지 간략하게 기술하고, 2) 그 문제 해결의 대안으로 현상학적-해석학적-존재론적 측면을 고려한 인간학적 차원에서 자유를 고찰한 후, 3) 자연스럽게 그 결론으로서 자유의 인간학적 의미를 드러내고자 한다.

1. 자유의 문제

자유는 가능한가? 이 질문은 자유의 개념의 본질 탐구와 더불어 이미 오래 전부터 철학에서 제기되어오던 주된 물음이다. 자유에 관한 문제는 그 자체의 가능성에 대한 형이상학적 논의를 넘어서 인간의 본질을 규명하고 인간의 윤리적 행위의 토대를 마련하는 인간학적이며 윤리학적인 논의이기도 하다. 자유가 형이상학적으로 불가능하다 함은 인간이 본질적으로 자유

2) M. 크랜스턴, 같은 책, p.33.

롭지 못하다는 사실을 의미하며, 그럼으로써 인간의 행위에 대해서 책임을 묻는 윤리적 물음 역시 의미를 상실하게 된다는 것을 의미한다. 이렇게 철학 안에서 이론을 실천으로 매개하는 데 중요한 개념이기도 한 자유가 내재하고 있는 형이상학적 문제란 과연 무엇인가? 이 물음은 당연히 실천적 자유에 관한 물음이기보다는 그에 선행하여 그것을 기초해주는 이론적 자유의 가능성에 대한 형이상학적 물음일 것이다. 사실 우리가 생활하고 행동하는 일상 가운데 여러 제약과 구속이 존재함에도 불구하고 인간이 전적으로 자유롭지 못하다는 사실을 인정하기란 그리 쉽지가 않다. 인간은 실제로 자유로이 선택하고 결정하고 행위하기 때문에 그가 선택하고 결정하고 행위한 것에 대해서 책임지는 것을 회피할 수가 없다. 오늘날 우리는 그 어느 때보다도 개인적으로, 사회적으로, 국가적으로 자유를 부르짖고, 성취하며, 만끽한다. 비록 개인적이며 사회적인 여러 한계 조건 때문에 여러 제약된 상황 아래서 우리의 자유가 구속받고 있는 것은 사실이지만 우리는 그 구속이 자유를 완전히 소멸시킨다고 생각하지 않으며, 노력 여하에 따라서 이를 극복하여 얼마든지 자유를 쟁취할 수 있다고 생각한다. 또 어느 때는 역설적이지만 그런 제약과 구속 아래서도 마음 여하에 따라서 자유로움을 느낄 수 있다고 생각한다. 우리가 일상 가운데 그렇게 성취하기를 원하고 또 향유할 수 있다고 믿는 자유이건만 철학자들은 근본적으로 여전히 자유의 가능성에 대해 근원적인 물음을 던진다. 그렇다면 이 역설의 이유는 무엇 때문인가? 이것은 무엇보다도 철학자들의 눈에 자유가 우리들의 정신세계를 지배하는 또 다른 신념들과 논리적으로 모순되어 보인다는 사실에 기인한다. 여기서 자유에 대립하여 우리들의 정신세계를 지배하는 신념을 두 가지 차원에서 언급하고자 한다.

그 하나는 자연과학적 신념으로부터 오는 인과율의 법칙이요, 다른 하나는 신학적 신념으로부터 오는 세계에 대한 신의 절대적 예지다. 물론 이 두 신념의 본질은 결정론적인 성격을 띠고 자유의 실재를 위협한다. 이것은 넓게는 자유와 필연의 문제이기도 하다. 누가 모든 것이 결정되어 있다고 주장한다면 그것은 분명 모든 것이 필연성을 갖는다는 의미일 것이다. 그러나 다른 한편으로 보복 논증(Retorsion)[3]이 보여주듯 모든 것이 결정되어 있다고 합리적으로 주장할 수 있음은 이미 그 합리적 주장으로 인해서 그 어떤 결정론도 원천적으로 배제하는 자유를 전제하고 있는데, 이렇게 서로 대립되는 정신의 상반된 두 개념이 어떻게 그 이율배반을 극복할 수 있는가가 근본적으로는 자유가 안고 있는 철학적인 문제이기도 하다.

자유와 충돌하는 확고부동한 신념으로서 우리는 먼저 필연적인 인과율의 법칙에 의존한 경험과학적 사유를 들 수 있다. 경험과학이 지배하는 현대의 사유는 세계가 철저하게 인과론적 법칙의 지배에 놓여 있다는 것을 의심하지 않는다. 오늘날 자연과학이 신봉하는 인과 법칙은 그 근원이 아리스토텔레스의 형이상학에까지 소급될 만큼 그 역사와 내용이 뿌리깊다 하겠다. 간략히 말하자면 인과론적 법칙은 존재하는 모든 것이 원인과 결과의 필연적 관계로 맺어져 있으며, 그래서 세계의 모든 사실과 사태를 결정된 것, 즉 예측 가능한 것으로 환원시키려고 한다. 여기에 근거한 결정론은 특히 인간의 모든 사고와 행동이 외적인 원인이나 내적인 원인에 의하여 그 목표하는

3) 보복 논증에 대해서는 B. 바이스마르, 『존재론 — 일반적 존재론으로서의 형이상학』, 허재윤 옮김(서광사, 1990), p.45-51 참조. 보복 논증은 논증 과정에서 상대방의 논증을 상대방 자신에게 되돌림으로써 자기 논리의 정당성을 우회적으로 확보하는 방법으로, 형이상학자들이 형이상학을 반대하는 사람들의 논리를 물리치기 위해서 자주 사용하는 방법이기도 하다.

방향으로 움직이도록 필연적으로 결정되어 있다고 주장한다. 그런데 무엇의 원인을 파악하면 그것의 결과를 알 수 있다는 사실은 이미 그것으로 인간의 행동의 자유를 제약하게 만든다. 원인과 결과가 결정적으로 필연성을 갖고 있다고 한다면 애당초 인간이 스스로 자유로이 어떤 행위를 이끈다는 것 자체가 불가능해질 것이다. 칸트는 누구보다도 두 신념의 대립에서 발생하는 자유의 이율배반을 날카롭게 지적하고 나름대로 이것을 극복하려 노력한 바 있다.[4] 그에 따르면 세계란 어떤 통일적인 관계 안에서만 이해될 수 있는 것이다. 왜냐 하면 경험적 사실의 일관된 통일이 없다면 모든 현상은 그저 다의성만을 갖게 될 것이며 거기서 그 무엇의 본질을 파악하거나 개념을 산출하는 일이란 불가능하며, 이로 인해서 일종의 일관됨을 주장하는 보편적 학문이란 근원적으로 성립조차 할 수 없게 되기 때문이다. 세계의 모든 경험적 현상을 서로 엮어 통일시켜주는 법칙이 바로 인과 법칙이다. 그러나 사유의 법칙에 따라 인과 법칙은 항상 현상의 근원적인 원인을 상정하게끔 한다. 이미 아리스토텔레스가 지적한 바 있듯이 무엇이 또 다른 무엇으로 인하여 그 원인성을 갖고 있다면 원인의 무한적 소급을 마감하기 위해서 그 스스로는 원인을 갖지 않으면서도 모든 현상의 인과성을 근거해주는 그 무엇이 상정되어야 한다. 칸트는 이것을 현상들의 계열을 — 시간적으로가 아니라 원인적으로 — 최초로 또 스스로 개시한다는 의미에서 현상들의 계열의 "절대적인 첫 시초(absolut erster Anfang)"[5]로서의 "초월적 자유(transzendentale Freiheit)"[6]라고 명명한다. 초월적 자유란 그에 따르면 자연의 법

4) 칸트, 『순수이성비판』, B472-479.
5) 칸트, 『순수이성비판』, B478.
6) 칸트, 『순수이성비판』, B474.

칙에 따라서 진행하는 현상들의 계열을 스스로 시작하는 "원인의 절대적 자발성(eine absolute Spontaneität der Ursachen)"[7]이다. 그런데 이 자발성이 드러나는 곳이 다름아닌 "이성"이다. 이성은 자체로 자기로부터 작용을 시작하는 자발성의 이념을 산출한다.[8] 그렇다면 자연의 정립된 인과성과 사유의 귀결인 반정립으로서의 자유의 이율배반을 어떻게 극복할 수가 있는가? 칸트는 자연의 인과성과 그 인과성을 벗어나려는 자유의 이율배반을 자신의 초월철학의 인식론적 체계의 틀로부터 해결하려 노력한다. 그는 세계를 그 인식의 가능 영역에 따라서 현상과 물 자체로 나누었듯이 계열의 절대적 원인으로서의 초월적 자유를 현상을 넘어서 있는 것으로 본다. 이것은 자유가 오성의 범주를 넘어서 있다는 것, 그것이 인식의 대상이 아니라 다만 순수한 "초월적 이념"으로 주어져 있다는 것을 의미한다. 즉, 자유의 가능성에 대한 인식은 오성의 능력을 초월해 있어 다만 (실천)이성에 의해 전제될 뿐이다. 간략하여 말하자면 칸트는 세계를 현상과 물 자체로 나누고 인과 법칙을 전자에 그리고 자유를 후자에 귀속시킴으로서 자유가 안고 있는 이율배반을 피해가려 한다.

그런데 여기서 주목하고자 하는 점은 이성이 자유의 근거로 제시되고 있다는 점이다. 이성적 존재로서의 인간은 그 본질로 인해서 동물과는 달리 감성적 충동의 강제에서 벗어나 스스로 자기를 결정하고 처리하는 능력, 즉 자유를 가진 존재로 드러난다.[9] 결국 인간이 자유를 배제하는 자연의 현상에 얽매여 있지 않고 그것을 극복하여 자유로운 존재로 있을 수 있음은 초

7) 칸트, 『순수이성비판』, B474.
8) 칸트, 『순수이성비판』, B561.
9) 칸트, 『순수이성비판』, B562.

감각적이며 예지적인 순수 이성의 능력에 기인한다. 그러나 칸트의 방식대로 자유의 가능성을 모순 없이 생각할 수가 있다 하더라도 이성적 존재로서의 인간이 현상에 의존되어 있으면서도 현상을 넘어선다는 것이 실제로 무엇을 의미하는지는 모호하기 그지없다. 자유가 순수하게 예지계에 속함으로써 그것을 인식하는 일이 불가능한 한 자유의 본래적 의미를 아는 것 역시 불가능하지 않는가? 자유의 본래적 의미를 알지 못하고 과연 어떻게 행위를 수행함에 있어 그것의 자유로움을 이야기할 수가 있는가? 앎과 행위는 상호 교환적이어서 서로 분리될 수가 없는 하나의 통합된 인간의 근본 수행이지 않는가? 여러 의문이 제기됨에도 불구하고 칸트에게서 주목할 점은 현상의 시간적 제약성을 넘어 필연적으로 규정된 자연 원인의 영향력을 벗어나 현상의 계열을 스스로 시작하는 원인의 자발성으로서 자유가 드러나는 곳이 다름아닌 지성을 가진 인간, 더 정확하게는 바로 "초월적 주체"라는 점이다. 초월적 주체의 초월적 자유가 사실 칸트에게서는 인간 이성의 순수 이념으로 나가는 기반이 되는데,[10] 이렇게 자유의 근거를 이성적 주체의 자기 활동성으로부터 찾는 작업은 서구철학의 큰 주류며, 이것은 여전히 우리에게 자유를 이해하는 실마리를 제공한다.

자유와 충돌하는 또 다른 신념은 단연 서구 그리스도교 사상에 뿌리를 두고 있는 신학적 사유일 것이다. 여기서는 무엇보다도 자유가 인간학적이며 존재론적 차원에서 다루어지고 있다. 인간이 자유 의지를 갖는 존재로 자신의 행위에 책임을 지는 행위 주체가 된다는 사실과 절대적 존재인 하느님이 그 전

---

10) 칸트의 초월철학에서 이성이 현상계를 넘어 초감성적인 무제약자의 세계, 즉 형이상학적 개념의 세계로 넘어가는 데 있어서의 자유의 역할에 대하여 한자경, 『칸트와 초월철학 — 인간이란 무엇인가』(서광사, 1992), p.185 이하를 참조.

능한 능력으로써 세계를 철저하게 주관한다는 사실, 즉 모든 것이 신의 섭리 안에 예정되어 있다는 사실은 신의 전능성과 인간의 자유 의지가 서로 화해할 수 없는 이율배반적인 것으로 보여지게끔 만들기에 충분하다. 이러한 문제는 특별히 인간의 구원에 대한 하느님의 은총과 인간의 자유 의지에서 그 역할의 범위를 놓고 첨예하게 대립하였던 신학적이면서도 동시에 철학적인 난점이기도 하다. 하느님이 절대전능하고 선하다면 인간의 악행이 어디서 유래하는지에 대한 의문으로부터 인간의 자유 의지를 악의 근원으로 이끌어내는 성 아우구스티누스의 자유의지론은 잘 알려진 바 있다.[11] 그럼에도 불구하고 성 아우구스티누스 자신이 그의 『자유의지론(*De libero arbitrio*)』에서 에보디우스(Evodius)의 변을 통해 제기하는 논지는 신의 전능한 예지와 인간의 자유 의지 사이에서 발생하는 이율배반적 모습을 잘 지적하고 있다. "하느님이 모든 미래사를 예지 하시는데 필연에 의하지 않고 범죄 하는 일이 어떻게 가능하느냐는 의문 때문에 형언할 수 없는 혼란을 겪습니다. [중략] 인간이 범죄하리라는 것을 예지 하신 이상 하느님이 예지하시는 바가 이루어짐은 필연적이라는 것입니다. 그토록 불가피한 필연성이 등장하는 때에 무슨 수로 자유로운 의지가 존재한다는 말입니까?"[12] 신의 예지와 인간의 자유 의지 사이에 놓여 있는 이런 이율배반은 인간의 행위에 의미와 책임을 부여하기 위하여 하느님의 절대적 완전성을 손상시키지 않으면서도 이에 모순됨 없이 인간의 자유 의지를 온전히 확보하려던 중세의 철학자들에게는 한없이 곤혹스러운 문제이기도 하였다. 당시 누구보다도 이러한 문제에 천착하였던 성 아우구스티누스의 해결

11) 아우구스티누스, 『자유의지론』, 성염 역주(분도출판사, 1998).
12) 아우구스티누스, 같은 책, 277(3권, II. 4).

방법은 시간을 초월하는 신의 절대적 영원성 안에서 예지의 필연과 자유 의지를 하나로 통합하는 데 있다. 즉, 하느님 안에 있는 것들이 시간의 흐름 속에 있지 않고 영원한 것인 한 의지와 필연은 서로 상반될 수가 없다는 것이다. 부연하자면 하느님이 설정한 우주의 질서는 어떻게 돌아가야 할지 한 번 정해졌을 뿐이요, 새로운 의지로 조종되는 일은 결코 없다. 그러나 시간의 제약 속에 있는 인간의 조건에 적용할 때 의지와 필연은 상반되어 나타날 뿐이다. 우리의 의지가 행할 바를 영원성 안에서 하느님이 예지 하기는 하지만 이로 인해서 우리의 의지가 무엇을 원하는 일이 없어지는 것은 결코 아니라고 아우구스티누스는 역설한다.[13] 여기서 아우구스티누스는 절대자와 인간의 인식 범주를 구분함으로써 신의 예지와 인간의 자유 의지 사이에 놓인 모순을 극복하려 한다. 절대적 신 안에서 시간을 넘어서 일치를 이루는 앎(예지)과 (자유) 의지는 유한한 인간 안에서는 신의 예지를 고려할 때 필연성으로, 인간의 원하는 능력을 고려할 때 자유 의지로 부각되어 나타날 뿐이다. 이러한 논증이 있은 직후 아우구스티누스는 곧 이어서 자유 의지를 존재론적으로 선이기는 하지만 그 자체로 항상 선이어야 하는 본래적 의미의 위대한 선(magna bona)이 아닌 상대적 의미의 중간선(media bona)에 귀속시킴으로써 악을 배제하지 않는 인간의 자유 의지가 절대적 선으로서의 신의 예지 안에 수용될 수 있는 이유를 논증한다. 그러나 이런 논증에도 불구하고 여전히 제기되는 질문이 있는데, 즉 자유 의지가 선임에도 불구하고 이렇게 불완전 모습으로 인간에 나타나는 이유를 밝혀내는 일은 — 아우구스티누스 스스로가 고백하였듯이 — 그에게서는 역부족인 듯하다.[14]

13) 아우구스티누스, 같은 책, 281-293(3권, III. 6-IV. 11).

세계 안에서 드러나는 자유와 필연의 이율배반을 칸트는 인식론적 한계를 설정함으로써 극복하려 하고 아우구스티누스는 존재론적 위계 질서를 세움으로써 극복하려 한다. 그러나 세계는 근본적으로 인식론적으로나 존재론적으로 그 영역의 일부가 다른 일부의 것을 배제하는 배타성을 갖고 있지는 않다. 모든 것은 인식론적으로나 존재론적으로 하나의 통일된 지평 위에 있다. 우리는 이것을 무경계적이며 무조건적인 절대 지평으로서의 존재 지평이라고 한다. 존재하는 모든 것은 그것이 주제적이든 혹은 비주제적이든 인식될 수 있으며, 역으로 인식될 수 있는 것은 그것이 순수하게 경험적이든 혹은 순수하게 관념적이든 나름의 존재 방식으로 존재하는 것이다. 모든 것은 이런 절대적 존재 지평 아래 있으며, 인식 수행은 근원적으로 이 존재 지평 위에서 이루어진다. 자유의 인식 또한 그것이 어떤 실재인 한 예외일 수는 없다. 우리는 이제 이러한 자유가 실제로 어디로부터 근원적으로 인식되어 나오는지 탐구할 차례가 되었다.

2. 자유의 이해의 인간학적 접근

우리는 앞서 간략하게나마 철학의 역사 안에서 자유의 문제가 안고 있는 난점을 살펴보았다. 자유의 문제를 놓고 앞서 언급한 난점을 회피하여 일련의 철학자들은 자유와 필연 혹은 자유 의지와 신의 섭리 사이에 진정한 의미에서 그 어떤 대립이 있을 수 없다고 주장하기도 한다. 그들은 자유 의지의 문제를 단순히 사이비 문제(pseudo problem)로 환원시키려고 한다.[15]

14) 아우구스티누스, 같은 책, 251-267(2권, XVIII. 47-XX. 54).

이러한 시각의 이면에는 대부분 자유의 문제가 단지 언어상의 혼동에서 오는 문제일 뿐이라는 입장이 깔려 있다. 근세 영국 경험론의 흄이 그렇고 현대 비엔나학파의 슐릭이 그렇다. 여기서 자유의 본래적 대립 개념은 형이상학적 개념으로서의 필연성이나 인과성이 아니라 억압이나 속박으로 나타난다. 이러한 입장을 고려한다 하더라도 자유가 안고 있는 철학적 난제를 해결할 실마리를 찾는 일은 그렇게 간단하지만은 않는 것 같다. 왜냐 하면 자유와 필연의 개념은 그 외연과 내포에서 상호 모순적으로 나타날 수밖에 없는 대립 개념이기 때문이다. 자유와 필연은 개념 자체로서는 한 개념이 다른 개념을 전적으로 배제하는 배타적 개념임이 분명하다. 그러나 자유와 필연은 그것을 동시에 요구함 없이 그 어느 하나를 배제하고서는 독립적으로 사실로 주장되는 일은 논리적으로 불가능하다. 즉, 자유가 진리로 주장되는 한 거기에는 항상 필연이 내포되어 있어야 하지만, 반대로 자유를 전제하지 않고는 결정론을 포함하여 그 어떤 합리적 주장도 불가능하기 때문이다. 이러한 사실은 자유와 필연의 문제를 순수하게 그 개념에만 입각하여 언어 분석적 관점에서 고찰하는 방법으로는 실패할 수밖에 없음을 보여준다. 만약 그렇다면 우리가 논리적 필연성에 의해서 서로 상반되어 보이는 두 개념을 이론적으로 모순 없이 중재하려고 하는 것은 무의미한 일인지도 모른다. 이러한 의문은 우리로 하여금 자유의 문제를 논하는 데에서 기존의 접근 방식과 사고의 틀을 벗어나 새로운 차원의 접근 방식을 요구한다.

사실 우리는 자유의 현상을 거부할 수가 없다. 자유의 현상

---

15) 이렇게 주장하는 철학자들로 근세 영국 경험론의 T. Hobbes, J. Locke, D. Hume 그리고 현대에 들어 M. Schlick, A. J. Ayer 등을 들 수 있다. 이에 대한 참고로 M. 크랜스턴, 위의 책, p.124 이하 ; 엄정식, 『분석과 신비』(서강대학교 출판부, 1990), pp.96-137.

은 인간의 태도, 인간의 정신 수행 속에서 명확하게 드러난다. 자유는 순수한 논리적 개념이 아닌 현실 수행이다. 그것은 현실 수행과 더불어 주어지며 또한 주어져 있다. 때문에 이 자유의 현실 수행이 어디서 일어나며, 그 근거가 무엇인지를 규명하는 일이 일차적으로 자유의 본질적 문제가 되어야 한다. 이것을 규명하기 위해서 우리는 당연히 자유가 수행으로서 드러나는 인간 자신으로 관심을 돌려야 한다. 이러한 견해는 신의 예지와 자유의 모순적 대립을 풀기 위해서 자유의 문제를 "인식하는 주체의 인식 능력"과 결부시킨 보에티우스(Boetius)의 입장과도 일맥 상통한다 하겠다.[16] 따라서 우리는 여기서 현상학적-해석학적-존재론적 입장을 갖고 인간학적 관점에서 자유의 문제에 접근해보려 한다.

1) 인간의 세계개방성과 근본 자유

오스트리아 철학자 E. 코레트는 1996년에 서강대학교의 초청강연에서 다음과 같이 말한 바 있다. "인간이 본질상 근원적으로 자유롭게 주어져 있다는 것, 다시 말해 인간에게는 어떤 본질적 자유 영역이 열려져 있다는 것, [중략] 나는 그것을 기꺼이 근본 자유라 이름하고자 한다. [중략] 근본 자유가 뜻하는 바는 우리가 직접성에 매여 있지 않다는 사실, 즉 그때마다 사실적으로 주어진 것에 매달려 있지 않다는 것, 오히려 그러한 것들로부터 자유롭다는 것, 즉 자신의 자유로 던져져 있다는 사실이다."[17] 코레트는 인간 현상으로부터 인간이 본래적으로

16) 보에티우스, 『철학의 위안』, 정의채 옮김(성바오로출판사, 1980²), 271 이하.
17) E. 코레트, 『삶과 죽음 — 그리스도교적 인간학』, 신승환 옮김(서강대학교 출판부, 1997), p.83. 이하 *LD*로 표기함.

자유를 가지고 소여된 존재로 파악한다. 이를 뒷받침하는 것은 세계 안에서의 인간의 태도로 나타난다. 인간이 세계의 소여된 것의 직접성(Unmittelbarkeit)에 매여 있지 않고 오히려 중재성(Vermittlung) 안에 살고 있다는 것이 이를 드러내며, 따라서 코레트는 이를 우리가 다른 여타의 자유에 대해서 말할 수 있고 그것을 근거지운다는 의미에서 근본 자유(Grundfreiheit)라 명명한다. 그런데 이러한 통찰은 무엇보다도 20세기 초반 철학적 인간학의 태동자들인 M. 쉘러와 A. 겔런, H. 플레스너 등의 연구에 기인하고 있다. 그들은 세계와의 관계성 안에서 인간의 태도에 관한 연구를 통해 여타의 존재자와 다른 인간의 본질적 특성을 규정하려 노력하였다. 특히 쉘러는 『우주에서의 인간의 지위(*Die Stellung des Menschen im Kosmos*)』(1928)에서 인간의 우주에서의 형이상학적 특수 지위를 규명하면서 인간이 동물과 달리 충동과 환경에 얽매여 있지 않다는 사실을 규명하고 그 특징을 세계개방성(Weltoffenheit)으로 규정한 바 있다.[18] 인간이 세계 개방적이라 함은 인간이 환경으로부터 자유롭다는 것, 충동으로부터 자유롭다는 것, 즉 인간이 주어진 소여의 직접성에 어느 정도 의존하고 있기는 하나 거기에 전적으로 얽매여 있지 않고 오히려 그 주어진 소여를 자신의 정신 수행을 통해서 지속적으로 자신의 세계로 중재한다는 것을 말한다. 이것은 인간이 소여된 직접성으로부터 거리 유지(Abstandnehmen)를 통해 세계 안에서 더 넓은 시야와 위치를 획득한다는 것을 의미한다. 인간 행동의 이런 기본 구조로부터 코레트는 헤겔과 플래스너의 개념을 빌려 "중재(매개)하는 직접성(vermittelte Unmittelbarkeit)"이라는 인간학적 근본 법칙을 이끌어낸다. 중재하는 직접성이란 외재적으로 단지 인간이 주어진 소여의 직

---

18) M. Scheler, 『인간의 지위』, 최재희 옮김(박영사, 1990^2), p.59 이하.

접성에 의존되어 있지 않다는 것만을 의미하지는 않는다. 이것은 인간 자신이 자신의 기본 수행 — 인식(Erkennen), 의지(Wollen), 행위(Handeln) — 을 통해서 자신의 세계를 매개한다는 것을 의미한다.[19] 즉, 중재하는 직접성이란 인간 자신이 중재 자체임을 말하는 내재적 의미를 담고 있다. 그런데 이것은 본래 이성적이며 지적인 사건이다. 사실 인간의 근본적 수행으로서의 정신적 수행은 본래가 반성적인 한 항상 매개된 것이다. 우리의 정신은 그때 그때의 개별자로부터 거리감을 유지하며, 직접적으로 바로 여기 지금 소여되어 있는 사물들로부터 그 본래의 본질(wesenhaftes Sosein)을 끌어낼 수 있다. 이러한 본질을 우리는 개념으로 파악하고 단어로 표현하는 것이다. 개별자에서 보편자로 정신적으로 중재하는 단계는 모든 사유와 언어의 조건이기도 한데 이것은 근원적으로 인간이 자유롭기 때문에 가능한 것이다. 즉, 보편자에 대한 파악은 직접성의 중재로서의 자유를 전제하고 있다.[20] 이렇게 정신적 인간의 자기 수행으로부터 근본적으로 직접성이 거부되고 부정되고 있으며, 이로 인해서 직접성의 중재가 가능하며, 이것이 정신적 인간의 본래성으로서의 근본 자유다. 따라서 직접성의 중재성을 인간의 근본 구조로 받아들이는 한 인간은 근원적이고 본질적으로 자유롭게 주어져 있다 하겠다. 자유란 직접성을 거부한다는 의미에서 비종속성(Nicht-Gebundensein)의 부정적인 요소를 내포하고 있으며, 이것은 환경이나 본능적인 충동 종속성을 근본적으로 지양하는 가운데, 모든 한계와 고정됨을 극복하는 가운데, 소여된 것으로부터 부단히 초월하는 가운데 드러난다. 그러

19) E. 코레트, 『인간이란 무엇인가 — 철학적 인간학의 기본 개요』, 안명옥 옮김(성바오로출판사, 1994), p.108 이하. 이하 *WM*으로 표기함.

20) *LD*, 87 ; E. Coreth, *Grundriß der Metaphysik* (Innsbruck / Wien, 1994), p.188. 이하 *GM*으로 표기함.

나 이런 비종속성의 거부는 또한 적극적 의미로 자기 완성과 자기 규정과 자기 실현의 자유로운 모습으로 드러난다.[21] 이러한 능력을 통해서 궁극적으로 인간은 개별적인 것에 얽매여 있지 않고 세계와 그 안의 실재 전체를 향해 초월해나가며, 그 의미 형태와 내용을 파악하고 이해하게 된다. 우리는 실제로 세계 안에서 인간의 이런 능력이 자기의 고유한 세계 형성, 목표 설정, 가치 실현, 문화 창조 등으로 나타나고 있는 것을 목도한다. 이 안에서 자기를 실현하며 자기의 세계를 개방한다. 인간은 자유로움으로써 자기의 세계를 끊임없이 확대하고 형성시키며, 실재 전체를 향해 초월하는 개방적인 세계의 전체성 안에 사는 것이다.

2) 물음과 자유

인간이 자유로움은 세계에 대한 그의 태도에서 드러나올 뿐만 아니라 또한 인간의 가장 근본적인 수행인 물음에서도 드러난다. 코레트는 『인간이란 무엇인가 — 철학적 인간학의 기본 개요(*Was ist der Mensch? Grundzüge einer philosophischen Anthropologie*)』(1973)에서 인간만이 물을 수 있으며, 인간만이 물음의 가능성과 필연성에 직면하고 있다고 기술한 바 있다[22]. 물음은 인간의 가장 본질적이며 고유한 수행 중의 하나다. 자유의 이해를 위한 자유에 관한 물음도 궁극적으로는 이 인간의 물음 수행으로부터 시작된다. 이것은 자유를 이해하는 중요한 열쇠이기도 하다. 자유는 순수 이론적인 개념의 문제가 아니라 바로 인간 주체의 정신적 수행과 관련된 문제이기 때문

---

21) *WM*, 111.
22) *WM*, 11 이하.

이다. 자유에 관한 물음은 인간이 그 물음을 던지는 행위 자체로부터 이미 인간의 자유로움을 드러내주고 있으며, 그것으로 자유에 대한 논의의 가능성을 개방하고 있다. 왜 그런가? 자유는 일차적으로 그 어떤 제약으로부터 벗어나는 자발적이며 개방적인 무제약적 수행으로서 드러난다. 그런데 이러한 수행은 무엇보다도 정신적 인간의 물음 수행과 더불어 주어진다. 물음은 인간이 존재하는 한 가장 기본적이며 본질적인 수행이다. 물음은 인간이 실제로 자신의 그 유한한 본질로 인해서 존재 전체를 내용적으로 결코 완전하게 따라잡을 수 없다는 사실로부터 주어진다. 만약 우리가 존재 일체를 온전하게 파악하고 있다면 거기에 물음은 더 이상 제기되지 않을 것이기 때문이다. 우리가 묻지 않을 수 없는 것은 이미 우리 앞에 무엇이 존재하기 때문이요, 그러나 이러한 존재에 대한 우리의 앎이 주제적이지 않고 비주제적으로 있기 때문이다. 우리는 존재하는 그 무엇에 대해서 모르기 때문에 묻는다. 그러나 다른 한편으로 그것을 전혀 모르고 있다면 그것에 대해서 물을 수가 없다. 물음은 이렇게 내가 묻고 있는 것에 대한 **무지**와 그것을 이미 앞서 파악하고 이해하는 **선지식**의 이중적 구조로 이루어져 있다.[23]

우리가 자유에 대해서 물을 수 있음은 이런 물음에 앞서 자유에 대해서 그것이 주제적이든 혹은 비주제적이든 이미 선행

---

23) K. Rahner와 E. Coreth는 물음이 전혀 알지 못하고 있는 것에 대한 의문성(Fraglichkeit)과 동시에 물음의 방향을 설정하고 그것을 가능하게 하는 조건으로서의 물음가능성(Fragbarkeit, Fragwürdigkeit)의 이중적 구조로 이루어져 있음을 밝힌 바 있다. 참고로 K. Rahner, *Geist in Welt. Zur Metaphysik der endlichen Erkenntnis bei Thomas von Aquinas* (München, 1957²), 71 이하. 이하 *GW*로 표기함 ; E. Coreth, *Metaphysik. Eine methodisch-systematische Grundlegung* (Innsbruck, 1964²), 96 ; *GM*, 44 이하.

하는 어떤 지식을 전제하고 있기에 가능하다. 비록 내가 자유에 대해서 무지하기 때문에 물을 수 있고 묻기를 원하지만, 동시에 내가 자유를 전혀 알지 못하고서 어떻게 그 자유에 대해서 방향이 설정된 질문을 던질 수가 있는가? 자유는 이렇게 이미 무지와 앎의 이중적 구조로서 수행되는 물음의 초월적 반성을 통해 드러난다. 그런데 이렇게 물음의 초월적 반성을 통해서 드러나는 자유의 실재성은 어디서 확보되는가? 이것은 일차적으로 칸트가 간파하였듯이 반성을 이끄는 물음의 초월적 주체로서의 지성적인 인간 자신 안에 근거한다. 물론 칸트에게서 초월적 주체란 존재-인식론적 차원에서 순수 이념만큼이나 신비스러운 존재다. 그래서 그 존재의 인식이 모호하다. 그럼에도 불구하고 인식의 주체로서의 초월적 주체의 실재성은 존재론적으로 확실한 것 같다. 그렇지 않다면 인식 행위뿐만 아니라 인식 내용 모두가 부정되기 때문이다. 때문에 이 인식 주체를 찾는 작업이 칸트 이후 독일관념론자들, 특히 피히테, 셸링, 헤겔에게 중요한 관심사가 되기도 하였다. 현대에 들어 칸트가 이룩한 업적을 발판으로 칸트의 한계를 극복하고자 인식 주체의 정신적 근본 수행으로부터 가장 보편적인 존재의 확실성을 찾아나선 이들은 마레샬학파(Maréchal-Schule)의 철학자들이라 하겠다.[24] 이 글에서 특히 우리가 주목할 만한 철학자로서 코레트의 입장을 간략하게 정리해보면, 그는 형이상학의 근거를 세우는 데에서 가장 엄격한 출발점으로서 인간의 물음을 상정하고 그 물음 수행의 초월적 조건을 해석학적이며 존재론적으로 찾아나선다. 우리의 이해는 해석학적으로 항상 어떤 이해

24) 마레샬학파의 사람들로 벨기에 철학자 J. Maréchal을 필두로 대표적인 학자로 J. B. Lotz, K. Rahner, B. Lonergan, E. Coreth 등이 있다. 그들의 방법론에 대해서 O. Muck, *Die transzendentale Methode in der scholastischen Philosophie der Gegenwart* (Innsbruck, 1964) 참조.

의 지평에서 이루어지고 있음은 이미 여러 철학자들에 의해서 주지된 바 있다. 해석학적 구조 안에서 물음은 그 물음의 초월적 가능 조건으로서의 선이해 혹은 선포착을 전제하고 있다. 그런데 코레트에 따르면 물음은 궁극적으로는 무제약적이며 무조건적인 개방성의 성격을 띠고 있는 절대적 지평 위에서 이루어진다. 이러한 절대 지평이란 제약된 경험의 세계도, 역사도 아닌 오로지 모든 물음이 거기에 기초할 수밖에 없는 가장 보편적이며 포괄적인 "존재 자체"다. 물음은 이렇게 근본적으로 무제약적이며 무조건적인 절대적 존재 지평 위에서 그것에 대한 비주제적 앎을 주제화시키는 가운데 이루어진다. 이 개방된 물음의 수행으로 인해서 인간은 근본적으로 자유로운 존재일 수 있으며, 이 물음의 수행을 통해서 그 무엇보다도 먼저 자유를 파악한다. 인간이 자유로움은 자신의 정신 수행으로부터 오는 물음을 통해서 유한자인 그가 결코 따라잡을 수 없는 존재 일반에 대한 부단 없는 앎의 역동적 수행에 근거한다. 따라서 인간이 정신적 존재로서 본질적으로 존재의 물음 앞에 놓여 있는 한 그는 존재함 그 자체로 이미 자유롭다 하겠다. 인간이 무제약적인 존재 물음에 개방되어 있다는 사실이 인간을 자유롭게 한다. 결론적으로 인간의 자유의 실재성은 인간의 물음 안에서 드러나는 물음의 주체로서의 초월적 주체의 실재성, 그리고 나아가서는 물음을 가능하게 하는 초월적 조건으로서의 무제약적이며 무조건적인 절대적 존재 안에 있다. 이런 의미에서 자유란 이미 본질적으로 인간의 (존재) 물음의 가능 조건이기도 하다.[25]

---

25) *GM*, 188.

3) 정신 수행과 자유

인간만이 존재에 대해서 물을 수 있는 이유는 인간이 이성적 존재이기 때문에 그렇다. 물음은 이성적 인간의 정신 수행이다. 그런데 앞서 물음의 분석을 통해 사유하는 정신은 그 초월적 조건으로서의 존재 지평 위에서 존재의 무한성을 향해 개방되어 있다고 하였다. 그러므로 사유하는 정신이 그 어떤 유한한 존재자 안에서 충만할 수 없기에 무제약적인 존재 지평 위에서 자기 자신을 끊임없이 실현시킬 수밖에 없으며, 이러한 능력이 바로 소위 우리가 말하는 자유의 형이상학적 본질임을 밝혔다.[26] 우리는 여기서 존재와 관계하는 정신의 어떤 능력이 자유로 드러나는지 그 정신의 구조를 살펴보고자 한다. 이와 관련해서 우리는 먼저 "정신의 본질은 자유"[27]라는 헤겔의 통찰에 주목하고자 한다. 자유가 정신의 유일한 실체요 진리인 것은 사실 헤겔에게서는 증명할 필요가 없는 자명한 것이다. 그럼에도 불구하고 이것의 근거를 찾는다면 그것은 헤겔의 의미에서 철저하게 자기 규정적이면서도 일체의 것을 자기 자신의 중심에 놓으며 자기 자신 안에서 지양하여 통일시키는 인간의 사유에 있을 것이다. 왜냐 하면 인간의 사유만큼 본질적으로 모든 것을 자기 규정적인 이성의 지배 아래 둠으로써 무규정적이며 무전제적인 자유의 특성을 드러내주는 것은 없기 때문이다. 헤겔에게서 이 구체적인 자유의 근거 제시가 바로 정신의 본질적인 "자기 곁에 있음(Bei-sich-Sein)", 즉 "자기 곁에 스스로 존재하고 있음(Beisichselbstsein)"이다 : "내가 내 자신 곁

---

26) *WM*, 159.
27) Hegel, *Sämtliche Werke* (I-XX), ed. H. Glockner, Stuttgart, 1941ff^2, XI, 44.

에 있다면 나는 자유롭다."[28] 코레트는 헤겔의 이러한 통찰의 원천을 아리스토텔레스-토마스 아퀴나스의 전통에서 찾는다.[29] 아리스토텔레스는 일찍이 그의 『형이상학』에서 인간이 자유로움은 그가 자기 밖의 타자로 말미암지 않고 바로 "자기로 말미암아(αὐτοῦ ἕνεκα)" 있는 데 근거하고 있다고 진술한 바 있다.[30] 여기서 "autou heneka"라는 개념은 자유의 본질을 파악하는 중요한 실마리가 되고 있다. 아리스토텔레스의 형이상학에 대한 토마스 아퀴나스의 주석 이후 "autou heneka"는 라틴어로 "causa sui"로 번역되었는데, 이것을 우리는 인과율적(kausal)인 의미와 목적론적(final)인 의미의 이중적 의미로 파악할 수가 있다. 그런데 코레트는 이 개념이 자유의 문제 사안으로 수용될 때 전자의 의미보다는 후자의 의미를 담고 있다고 본다.[31] 그는 역사적으로 자유의 본래적 의미를 올바로 이해하기 위해서는 "causa"를 "원인"이라는 뜻의 명사적 의미보다는 "때문에"라는 전치사적 의미로 취급하여 이해하는 것이 타당하다고 본다. 결과적으로 인간이 자유로움은 그가 "자기 자신의 원인(Ursache seiner selbst)"이라는 데 있기보다는 "자기 때문에(seinetwegen)" 혹은 "자기 자신으로 말미암아(um seiner selbst willen)" 있는 데 근거한다 하겠다.[32] 이러한 관점은 사실 토마스 아퀴나스의 "자기 자체로의 완전한 귀의(reditio

---

28) Hegel, *Die Vernunft in der Geschichte*, Hg. von Hoffmeister, Hamburg, 1966^{5}, 55.

29) E. Coreth, *Vom Sinn der Freiheit* (Innsbruck / Wien, 1985), 64. 이하 *SF* 로 표기함.

30) 아리스토텔레스, 『형이상학』, 982b, 25 이하.

31) 우리는 여기서 참고로 자유의 문제가 철학적으로 문제 제기되는 이유 중의 하나가 무엇보다도 자유를 인과율과 모순 없이 결합시키려는 데 있음을 상기할 필요가 있다.

32) *SF*, 24.

completa in seipsum)"로서의 정신의 자기 점유(der Selbstbesitz des Geistes), 피히테의 "정신이 자기와 관계하는 활동성(die sich auf sich beziehende Tätigkeit)", 데카르트의 자기 자신을 의식하는 자아로서의 "ego cogitans", 그리고 칸트의 의식의 통일성의 가장 내적인 조건으로서의 "초월적 통각(transzendentale Apperzeption)"의 개념에 깊이 스며들어 있다.[33] 이렇게 정신은 본질적으로 자기 곁에 있으면서 자기와 관계함을 통해서, 자기 자체로의 완전한 귀의인 자기 점유를 통해서 비로소 자기를 자유롭게 처분할 수가 있는 것이다. 이것이 바로 정신의 본질이요 또한 자유인 것이다.

3. 자유의 인간학적 의미

우리는 지금까지 자유를 그 자체 개념(Begriff)으로서 고찰하지 않고 인간의 수행(Vollzug)으로서 고찰하고자 하였는데, 그 이유는 자유가 본질적으로 "자기 곁에 존재함"으로 드러나는 인간적 정신의 현실 수행(Aktvollzug) 안에 발현되어 있고 또 실현되기 때문이었다. 이제 우리는 이 글의 결론 부분으로 정신적 인간의 본질로서 제시한 자유를 인간학적 의미에서 다시 한 번 짚어보고자 한다. 인간은 자유로서 드러나는 정신의 고유한 본질로서 세계에서 그 어떤 다른 유한한 존재자와 완연히 구별되어 특출한 위치를 차지한다. 이것은 무엇보다도 세계 안에서 인간의 특별한 태도, 즉 직접성의 중재라는 정신의 특성으로 드러난다. 인간이 소여된 직접성에 매여 있지 않고 그것을 넘어 일체의 것을 매개한다는 것은 인간학적으로 뿐만 아니

33) *SF*, 64 ; *GM*, 110 이하.

라 형이상학적으로도 중요한 의미를 갖는다. 왜냐 하면 인간은 자유로운 정신적 수행을 통해서 자신을 포함하는 존재 일반을 단순히 현상적으로 포착하는 데 그치지 않고 그 배경에까지 형이상학적으로 물을 수 있기 때문이다. 이것은 무엇보다도 물음의 초월적 조건을 통해서 명확하게 드러난다. 내가 그 무엇에 대해서 물음을 던진다면 그것은 그 대상이 현상으로 드러나는 것, 내가 그 물음의 수행 가운데 이미 알고 있는 것으로서의 대상에 대해서[Objekt im Vollzug] 묻고 있기보다는 오히려 그 대상 자체가 무엇인지 그리고 아직 알고 있지 못한 그것[Objekt an sich]에 대해서 묻는 것이다. 물음은 이렇게 이미 존재를 고려하고 있으며, 그래서 항상 존재 지평 위에서 수행된다. 이것은 물음 안에서 내 자신을 단지 물음을 이끌고 있는 원천[Subjekt im Vollzug]으로서 뿐만 아니라 끊임없는 수행을 통해 또 다른 현실을 정립함에도 불구하고 내가 그러한 수행의 동일한 정립 근거[Subjekt an sich]로서 인식할 수 있는 근거이기도 하다. 물음의 주체는 이렇게 심리학적인 현상이 아닌 존재론적 근거를 갖고 있다. 주체의 존재론적 근거 위에서 우리는 인간학적으로 정신적 작용을 일으키는 정신적 실체로서의 소위 정신적 영혼(Seele)을 상정할 수가 있다. 이런 관점에서의 영혼이란 동일한 주체 안에서 수행 가능성(본질)을 수행 현실(존재)로 이끄는 작용의 원천이 될 것이다.

인간의 정신 수행은 그것이 본질적으로 "세계 안의 정신(Geist in Welt)"[34]인 한 주체와 객체의 수행이다. 왜냐 하면 물음의 분석을 통해서 정신 수행이 본질적으로는 존재 수행임을 우리는 인식하지만, 그러나 유한한 정신은 결코 직접적으로 존재 자체를 전적으로 능가할 수 없고 그래서 항상 존재 자체가

34) *GW*, 14 이하.

아닌 다른 존재자에 의존되어 있기 때문이다. 정신의 작용이란 바로 이런 주체와 객체의 긴장으로부터 성립하는데, 이 안에서 인식(Erkennen)과 열망(Streben), 앎(Wissen)과 의지(Wollen)의 상호 교환적인 정신의 본질 구조가 규명된다. 유한한 정신의 수행 안에서는 끊임없이 주체와 객체, 앎과 존재를 일치시키는 현실 수행이 역동적으로 일어나는데, "앎"이란 주체와 객체의 동일성의 현실 수행이 주체 안에 정립되는 것을 말하며, 이에 반하여 "의지"란 주체와 객체의 동일성의 현실 수행이 객체 안에 정립되는 것을 말한다.[35] 그런데 코레트는 정신의 이런 기본 구조로부터 근본 자유가 유래한다고 본다. 즉, 자기의

---

35) 박병준, *Anthropologie und Ontologie. Ontologische Grundlegung der transzendental-anthropologischen Philosophie bei Emerich Coreth* (Roma, 1999), 214 이하 참조. 정신의 자기 수행 안에서 본질적인 것으로 드러나는 앎과 의지의 이중성은 유한한 정신의 본모습, 즉 — 그것이 결코 존재 자체일 수 없기에, 그래서 사유와 존재가 분리되어 있기에 — 자기의 타자 안에서의 자기 자신의 수행으로서 제시된다. 달리 표현하자면 앎과 의지의 이중성은 항상 그때마다 주체 쪽으로 정립되든(앎) 혹은 객체 쪽으로 정립되든(의지) 현실 수행 안에서 이루어지는 주체와 객체의 통일로부터 제시된다. 그런데 앎과 의지의 이중성의 수행 방식은 근원적으로서는 서로가 서로를 제약하면서 관계하며, 행위의 정립에는 항상 앎과 의지의 원천적인 통일성이 그 가능성의 조건으로 전제되어 있다. 그리고 이 근원적인 통일성이 코레트의 경우 인간의 근본 자유다: "모든 앎은 현실 수행으로서 의지를 통해 규정되어 있다. 모든 의지는 정신적, 즉 의식적 행위로서 앎을 통해 규정되어 있다. 앎을 획득하려는 의지는 이것을 현실 수행이 되게 만든다(exercitium intellectus). 그리고 의지를 획득하려는 앎은 이것을 (주관적으로) 의식적이며 자기를 알아가는 행위가 되게 하며 그리고 거기에 (객관적으로) 내용적인 규정을 준다(specificatio voluntatis). 하나가 다른 하나를 통해 제약되며 규정되는 것이다. 이것은 이 둘의 수행 방식이 원천적으로 하나이기 때문에 가능하다. 즉, 자기-앎과 자기-의지가 하나되는 것으로서의 정신의 자기 수행으로서 그렇다. 그러나 정신의 자기 수행은 유한한 정신의 수행으로서 필연적으로 타자 안에서의 수행이므로 이 수행은 — 그것을 넘어 — 본질적으로 자유롭다." *GM*, 189 이하 참조.

타자(존재)를 향하는 유한한 정신의 자기 수행은 본질적으로 자유롭다는 것이다.[36] 왜 그런가? 유한한 정신의 자기 수행은 존재의 개방된 지평 위에 있기에 존재 전체를 향해 발을 내딛으려 하지만 그러나 그것이 유한한 수행인 한 순간마다 유한적으로 규정된 존재자에 현실적으로 도달할 수 있을 뿐이다. 여기서 유한한 정신은 현실적(aktuell)인 유한성과 잠세적(virtuell)인 무한성 사이에서 자기 자신을 매번 규정된 대상의 현실 수행으로 부단하게 규정해 나가는 초월적 존재로 드러난다. 이것은 궁극적으로 자기를 규정(Selbstbestimmung)하고 자기를 처리(Selbstverfügung)함이 유한한 정신인 인간 존재에 유보되어 있다는 것을 의미하는데, 자유는 유한한 정신적 수행의 이런 본질 안에 그 본래의 근거를 가지고 있는 것이다. 정신적 주체로서의 인간은 정신적 근본 수행 — 물음과 앎과 의지 — 안에서 매번 앎을 존재와 일치시키는 가운데 여느 존재자가 아닌 바로 이런 존재자의 수행으로 자신을 규정하는데, 이것은 이미 자유로부터 일어나는 사건이다. 이런 의미에서 자유는 인간이 이미 규정되어 있는 것을 넘어서는, 끊임없는 자기 실현과 자기 발전의 근거가 된다. 내가 바로 나로서 존재하고 나아가 내가 되는 것은 본질적으로 자유가 있기에 가능한 것이다. 이는 우리가 자신을 인간으로 파악하는 데에서 그 무엇으로서 이미 규정된 것으로 보지 않고 인간이 되어감(Menschwerden) 혹은 자기가 되어감(Selbstwerden)으로 보는 것도 여기에 근거한다. 나아가 이것은 인간학이 본질철학이 아니라 존재철학이 되어야 하는 이유이기도 하다. 코레트의 말대로 인간은 자유롭기 때문에 그리고 자유 안에서 본질적으로 "존재자에 관여(Sich-Einlassen auf das Seiende)"하고, "존재자의 존재를 용인(Sein-Lassen des Seienden)"하는 가운

---

36) *GM*, 189.

데 항구적으로 자기를 실현하는 자다.[37] 인간은 부단히 자기 자신을 넘어서는 초월(Transzendenz)이다. 그리고 이 초월의 근거는 다름아닌 자유다.

37) *GM*, 188.

자연의 자유와 인간의 자유
— 셸링의 『자유론』 연구

최 신 한(한남대 철학과 교수)

1. 머리말

자연의 자유와 인간의 자유에 대한 물음은 현재 새롭게 논의되고 있는 "인간과 자연의 관계"에 대한 물음에 속한다. 자연은 특히 근대 과학의 정립 이래로 필연성의 영역으로 이해된다. 자연의 법칙적 필연성은 자연에 내재해 있는 것이긴 하지만 인간에 의해 규정적으로 파악되기 전에는 드러나지 않는다. 자연의 법칙은 인간의 것이다. 자연의 법칙을 인식할 수 있는 인간에게 자유의 규정이 부여되는 것은 자연스럽게 보이며 이는 이미 철학적으로 확정된 사실이기도 하다. 인간의 자유는 필연적인 법칙의 세계로 이해된 자연에 대한 인간의 지배로 나타난다. 새로운 기술에 의한 보다 효과적인 자연의 지배라는 인간 자유의 극대화가, 소위 "자연의 역사"의 종말을 예고하고 있는 "기술의 시대"에서도 여전히 모색되고 있는 것은 바로 이러한 자연 이해에 기인한다. 그러나 필연적 자연에 대한 자유로운 인간의 지배는 "자연의 위기"와 인간에 대한 "자연의 저항"으로 나타나고 있으며 이는 "인간의 위기"와 맞물린다. 인간은 기술의 시대 속에서도 여전히 토대로서의 자연에 의존할 수밖에 없는 존재이기 때문이다.

자연의 위기와 인간의 위기는 자연 자체에게서보다는 인간에게서 유래하며, 이는 인간에 의해 수행되는 자연 규정 및 자기 규정과 직결된다. 현재의 위기는 필연성으로 규정되는 자연과 자유로 규정되는 인간 사이의 불일치와 대립으로부터 유래하는 것이다. 현재의 위기가 그 자체로 하나의 사실인 한, 자연을 "필연성"으로 규정하고 인간을 "자유"로 규정하는 것은 더 이상 정당할 수 없다. 그러나 인간 스스로 자연으로 되돌아감으로써 야기된 문제 상황이 종식되는 것은 아니며 인간 존재의 무조건적인 자연 회기는 애당초 불가능하다면, 여기서 인간과 자연의 관계에 대한 새로운 사유가 모색되어야 한다. 인간과 자연에 대한 전통 철학적 규정을 전면적으로 거부하지 않으면서도 현재의 위기를 해소할 수 있는 또 다른 존재 규정은 불가능한가? 동물에게서 보이는 자연과의 일치는 인간에게 더 이상 기대될 수 없으므로 여기서는 자연적이면서도 인간적인 규정이 인간과 자연 모두에게 동시에 적용될 수 있어야 한다. 인간에게 자유의 규정이 포기될 수 없는 한 인간과 자연을 매개할 수 있는 가능한 통로는 당연히 "자유"여야 한다. 따라서 자연에게도 인간과 동일하거나 인간을 넘어 가는 자유가 귀속되어 있다는 사실을 규명하는 것은 위기를 맞은 인간과 자연에 대한 새로운 반성이다. 인간과 자연의 관계에 대한 새로운 규정은 인간 자기 존재의 근거를 자연 속에서 발견하는 것이어야 하며, 이는 "자연의 자유와 자기의 자유의 일치"에서 찾아져야 한다.

자연의 자유와 인간의 자유의 일치는 "인간과 자연의 상호 유대적 결속"[1]을 요구한다. 자연을 지배하는 자유로운 인간이라는 표상에서는 자연과 인간 간의 극단적인 대립이 있을 뿐이다. 자연과 인간의 근원적 결속 그리고 자연의 자유와 인간의 자유의 조화 가능성은 결국 자연에다 어떻게 자유를 귀속시킬 수 있는가 하는 문제로 압축된다. 따라서 인간과 자연의 관계에 대한 새로운 사유의 단초는 1) 자연의 자유에 대한 사유의 가능성과 2) 인간의 자유의 근거로 기능하는 자연의 자유에 대한 사유의 가능성 그리고 3) 잘못 사용된 인간 자유의 교정 가능성에서 마련될 수 있어야 한다. 인간의 진정한 자유는 자연의 자유와의 결합에 있고 진정한 인식은 자연 인식 내지 자연 형이상학과 결합되어 있음이 드러나야 하는 것이다.

이 논문은 인간의 자기 규정과 자연 규정의 통합 그리고 인간과 자연의 근원적 결속의 문제를 셸링의 『자유론』[2]을 해석함으로써 해명하려 한다. 낭만주의와 독일관념론에 걸쳐 있는 셸링의 철학은 이 책에서 보다 특징적으로 보이며, 이는 인간과 자연의 근원적 유대와 결속을 강조하는 낭만주의 철학에 대한 관념론적 근거지움의 방식으로 나타난다. 인간의 자유가 자연과의 결속 가운데서 획득되며 자연으로부터의 분리와 그에 대한 지배에서는 상실된다는 주제는, 인간과 자연의 자연철학적 결속을 전제하는 철학으로는 충분하게 해답되지 않는다. 인

1) Fr.v. Baader, Sämtliche Werke, hrsg. von F. Hoffmann u.a. Leipzig 1851-1869, Bd. VII, 275쪽, F. Kümmel (최신한 옮김), 『자연은 말하는가?』, 서울/탑출판사 1995, 31쪽에서 재인용.
2) F. W. J. Schelling, *Philosophische Untersuchungen über das Wesen der menschlichen Freiheit und die damit zusammenhängenden Gegenstände (1809)*, Sämtliche Werke, Stuttgart/Augsburg 1860, Abt I/7, 331-416쪽, 이하 이 책의 인용은 그 쪽수를 괄호로 묶어 본문에 직접 표기함.

간과 자연의 결속에 대한 철학적 근거지움이 필요한 것이다. 셸링의 『자유론』은 이러한 자연철학적 전제를 "자유"를 매개로 하여 관념론적으로 근거를 지은 작품으로 평가된다. 따라서 이 논문의 목적은 철학적 체계와 자유의 연관을 규명함으로써 자연의 자유와 인간의 자유의 일치를 드러내보이는 데 있다. 이 논문은 먼저 자연이 신적 존재임을 밝히고(2), 신적 존재인 자연에 귀속되는 자유와 인간 자유의 근거로 기능하는 자연에 대해 설명한 다음(3), 이와 필연적으로 연관되어 있는 인간 자유의 위상과 잘못 사용된 자유의 교정 가능성(4)에 대해 밝힘으로써, 손상된 자연의 구원자로 자리매김할 수 있는 새로운 인간의 모습과 그의 진정한 자유를 드러내 보이려 한다(5).

2. 신적 존재로서의 자연

『자유론』은 인간 의지의 자유를 다루는 것이 아니라 형이상학적 자유, 즉 존재의 자유를 다룬다. 존재의 자유가 중심 문제인 한에서 인간의 자유는 신 및 자연과의 관계를 떠나서 언급될 수 없다. 『인간 자유의 본질 및 그와 연관된 대상에 대한 철학적 탐구』라는 원제목이 시사하는 바와 같이 이 책은 인간 존재가 전체 존재와 어떠한 연관 관계 속에 있는지를 규명하고 있다. 자유는 인간의 전유물이 아니며, 인간이 오히려 자유에 속한다. 자유를 매개로 해서 인간과 자연, 인간과 신, 신과 자연의 연관 관계가 드러나게 된다. 이런 맥락에서 『자유론』은 본격적인 형이상학이다. 특히 하이데거는 『자유론』을 "독일관념론 형이상학의 최고점"으로, 그리고 발타사르는 "독일관념론의 거대 작품"[3]으로 평가하기까지 한다.[4] 셸링의 형이상학적 관점은 존재를 하나의 연관 속에서 필연적으로 설명할 수 있는 체계 기획을 포기하지 않으면서 동시에 이를 자유에 매개하려고 시도한다. 일반적으로 체계와 자유의 매개는 불가능한 것으로 보인다. 체계는 개념적인 필연성을 요구하고 자유는 이러한 필연성에 맞서기 때문이다. 이것은 마치 둥근 사각형과 같이 서로 양립할 수 없는 모순이다. 셸링의 공헌은 이러한 모순이 해소될 수 있는 전혀 새로운 형이상학의 지평을 열어 보여준데 있다.

셸링은 전체 존재에 대한 체계적 설명이 범신론에서 가장 모범적으로 시도되었다는 사실을 전적으로 인정한다. 그러나 범신론이 개념의 필연적 연관을 보여주는 한 그 가운데 자유가 들어설 수 있는 여지는 존재하지 않는다. 이런 필연적 체계는 숙명론(Fatalismus)과 다르지 않다. 셸링의 숙고는 범신론적 체계가 어떻게 숙명론에 빠지지 않을 수 있으며 자유는 어떤 모습의 범신론적 체계에서 가장 잘 설명될 수 있는가 하는 문제로 집중된다. 셸링 스스로 범신론을 주장한 것은 아니지만 그는 "잘 이해된 범신론"을 추구했음에 틀림없다.[5] 사실 셸링

---

3) X. Tilliette, "Freiheitschrift" in : H. M. Baumgarten (Hrsg.), *Schelling*, Freiburg / München 1975, 101쪽.

4) M. Heidegger, *Die Metaphysik des deutschen Idealismus*. Zur Erneuten Auslegung von Schelling : Philosophische Untersuchungen über das Wesen der menschlichen Freiheit und die damit zusammenhängenden Gegenstände (1809), Frankfurt / M. 1991, 1쪽. 독일관념론 형이상학의 문제가 『자유론』을 통해 어떻게 제시되고 있는지를 밝히는 것은 이 논문의 목적이 아니다. 이 논문이 의도하는 것은 인간과 자연은 상호 어떻게 결속되어 있으며 이 가운데서 자유는 어떠한 위상을 차지하고 있는지를 밝히는 것이다.

5) 셸링의 스피노자 비판은 스피노자적인 체계가 절대자를 일면적으로 고찰했다는 데 집중될 뿐 그 체계 자체를 비판하는 것이 아니다. 절대자는 필연적이면서도 동시에 생동적이며 인격적이어야 한다는 것이 셸링의 생각이며 이는 헤겔의 경우에도 유사하게 나타난다. "스피노자주의는 파기될 수 없는 신

의 철학은 범신론이란 혐의를 계속 받아왔으며,[6] 셸링 스스로 이를 의식적으로 극복하려 했다. 그러나 그의 철학에 대한 정당한 평가는 특히 스피노자의 범신론 및 스피노자주의와의 분명한 구별에서 이루어져야 한다.[7]

스피노자주의와 구별되는 셸링의 입장은 다음의 언명에서 분명히 드러난다 : "우리 시대의 자연철학은 **실존**하는 한의 존재와 단순히 실존의 **근거**인 한의 존재를 학문 가운데서 최초로 구별했다"(357).[8] 여기서 분명해지는 것은 스피노자주의에서 혼동되고 있는 **신과 자연의 구별**이다. "신 이전에나 신 밖에는 아무것도 없기 때문에 신은 자기 실존의 근거를 자기 자신 안에 가져야 한다"(357). 신이 내적으로 소유하는 신 존재의 근거는 신이 실존하는 한 신이 아니다. 이 근거는 신의 실존의 근거일 뿐이기 때문이다. 이 근거는 "신 안에 있는 **자연**이다. 이는 신으로부터 분리될 수 없지만 그와 구별되는 존재다"(358). 근거는 곧 자연이며 이는 신의 실존적 존재와 구별된다는 것이다. 신 안에 있는 자연으로서의 근거는 실존하는 신의 "속성"이기도 하다. 이렇게 규정되는 근거는 결코 개념적인 것이 아니라 "실재적이며 실제적인 것(etwas Reelles und Wirkliches)"이다. 여기서 실재론과 관념론의 종합을 진정한 철학으로 보는 셸링의 관점이 잘 드러난다. 그러나 신의 근거를 자연으로 간주하

의 필연성을 주장함으로써가 아니라 이 필연성을 비생동적이고 비인격적으로 받아들임으로써 실패한다"(397).

6) 이는 한때 그의 학문적 동반자였던 프리드리히 슐레겔의 비방에 의해 더욱 강화되기도 했다. H. Fuhrmans, "Einleitung zu Schellings, Über das Wesen der menschlichen Freiheit", Stuttgart 1964, 33쪽 ; X. Tilliette, 위의 논문 99쪽 참조.

7) 이 점은 하이데거의 셸링 세미나에서도 분명하게 지적되고 있다. M. Heidegger, 위의 책 참조.

8) 강조는 필자에 의한 것임.

는 셸링의 자연철학은 자연을 신과 동일시하거나 신 위에 자연을 세우지 않는다. 근거(자연)와 실존(신)은 상호 전제적 관계에 있다. 이러한 순환은 모순과 구별된다.[9] 근거 없이 실존이 불가능하지만 실존 없는 근거 역시 불가능하다. "신은, 근거가 실존하는 자기의 존재에 앞서는 한에서 이 근거를 자신의 내적 근거로 가진다. 그러나 신이 현실적으로 실존하지 않는다면 근거 자체가 존재할 수 없기 때문에 신은 다시금 근거 이전의 것이다"(358).

셸링은 근거와 실존과의 관계를 자연 속에 있는 중력과 빛의 관계를 통해 유비적으로 설명한다. 중력은 빛에 앞서 그 근거로 나타난다. 빛의 밝힘이 가능한 것은 빛에 앞서 그 근거로 주어져 있는 어두움이 있기 때문이다. 빛 스스로 빛의 밝히는 작용을 가능하게 하지는 못하는 것이다. 그렇지만 중력은 빛이 하나의 존재로 등장하면서 어두움으로 사라진다. "중력은 순수한 본질이 아니며 절대 동일성의 현실 작용적 존재도 아니고 오로지 중력 자신의 자연 본성으로부터 귀결된 것이다"(358). 중력은 빛의 "근거"이지만 빛의 "실존"과 함께 사라진다. 중력과 빛은 상호 의존적이다.

셸링은 자연과 신의 구별을 이상과 같이 근거와 실존의 구별을 통해서 설명하면서 동시에 "신의 존재(das Seyn Gottes)"와 "존재하는 신(der seyende Gott)"의 구별을 통해서도 설명한다.[10] 그는 신의 존재를 자연으로, 존재하는 신을 신 자체로 간주한다. 자연이 신의 존재로 규정되는 데서 보이는 것처럼 자연은 신과 무관한 사물에 그치는 것이 아니라 그 자체 신적인

---

9) 하이데거는 이것을 "순환적 구별"이라고 부른다. M. Heidegger, 위의 책, 117쪽.

10) F. W. J. Schelling, *Stuttgarter Privatvorlesungen*, Abt. I/7(=SP), 440쪽 이하 참조.

존재다. 자연은 어떤 의미에서 신적이며 신은 어느 정도로 자연과 관계 맺고 있는가?

신의 존재 내지 신 안의 존재(Sein in Gott)는 신 자체와 분명히 구별되지만 신과의 관계를 떠나 존재하지 않는다. 이 관계는 존재자에 대한 비존재자의 관계와 같다. 신 안의 존재는 신을 독자적인 존재로 존재하게 하는 힘이며 이를 통해 신은 이기성의 형식으로 존재할 수 있다. 셸링에 의하면 신 안의 존재는 곧 신적인 이기주의(der göttliche Egoismus)다. 이는 추후에 밝혀지겠지만 자연의 개별화 원리가 신에게 적용된 것이다. 이러한 이기성은 신이 정립되는 힘에 지나지 않는다. 자연이 신 존재의 근거라는 앞의 서술은 이와 같은 맥락에서 파악되어야 한다. 그러나 이러한 힘에 또 다른 힘이 대립되지 않으면 이 힘은 다른 존재와 아무런 관계를 맺지 않게 되며 아무런 작용이 없게 되고 그 자체 폐쇄적으로 존재하게 된다. 이것은 자연의 근본 힘이 태양 아래의 다른 힘과 관계 맺지 않으면 지구상에 아무런 생명체를 탄생시킬 수 없게 되는 사실과 같다. 신 안의 존재가 이기적인 신에 불과하다면 신은 다른 존재와 아무런 관계도 맺지 않으며, 이런 이기적인 신은 생명이 없다. 그렇지 않다 하더라도 그는 작용하지 않으며 잠자는 상태에 있으며 홀로 폐쇄적으로 존재한다. 이러한 이기성의 힘은 "사랑의 힘(die Potenz der Liebe)"에 대립되어야 한다. 신적인 존재는 바로 이러한 대립을 통해 일깨워진다. 다시 말해서 신적인 존재는 다른 존재와 아무런 관계도 없이 폐쇄적으로 존재하고 있는 이기적인 신 안에서 이러한 대립을 통해 비로소 드러나게 되는 것이다. 신적인 존재는 결국 "이상과 실재의 대립을 자기 안에 담지하는 이들의 결속이다."[11] 자기 홀로 존재하려는 이기적인

11) "das lebendige (einen Gegensatz in sich enthaltene) Band des Idealen

실재의 힘과 공동으로 존재하려는 이상적인 사랑의 힘이 결속될 때, 이기적인 실재 속에 포함되어 있는 절대자가 신적인 모습으로 나타난다.

셸링은 이를 다음과 같이 도식적으로 설명한다. 신의 이기성(B) 가운데서 이기성과 사랑(A)이 동시에 의식될 때, 즉 A=B가 B 가운데 있게 될 때, 이 이기성 가운데 관념적인 것과 실재적인 것의 생동적 결속이 존재한다. 셸링은 이것을 "비신적인 존재와 비존재로부터 전개된 신적인 존재"로 규정하고 이를 "자연"이라 부른다.[12] 자연은 결국 B\A=B이다. 신(A)은 자연(B)을 배제한다. 그러나 신은 자연에 대립함이 없이 자연을 배제하지 않으며 자연을 자극함이 없이 그에게 대립하지 않는다. 신과 자연은 상호 관계 속에 있다. B\A=B의 도식은 이런 의미로 이해되어야 한다. 그러나 여기서 주목해야 하는 것은 신이 자연 속으로 들어간 것이 아니라 신은 애당초 자연 가운데 존재하고 있다는 사실이다. 자연은 신이되 다른 존재와 아무런 관계를 갖지 않는 폐쇄적인 존재[13]로서의 이기적인 신일 뿐이다. "자연은 잠재적인 신이라면 이념적인 것은 현실적이며 작용적인 신이다"(SP 441). 실재적인 자연은 신 자체라기보다 신적인 존재며, 원래부터 존재하는 근원자라기보다 비존재로부터 존재로 일깨워진 존재다.[14] 헤겔식으로 표현한다면 자연은 이념이 실재의 옷을 입고 나온 것이며 이념과의 유기적 결속을

---

und Realen"(SP 440).

12) "모든 유한적 존재는 비존재로부터 창조된 것이지 무로부터 창조된 것이 아니다"(SP 436).

13) 셸링은 자연 곧 아무런 관계 없이 폐쇄되어 있는 신을 "das Absolute nur im Zustand der Involution(Verschlossenheit)로 표현한다"(SP 440).

14) 그러나 자연은 원래부터 전혀 비신적인 존재가 아니다. 자연은 신 자체에 대해 "상대적으로" 비신적인 존재일 뿐이다. 이것은 셸링이 스피노자주의를 변형적으로 수용하는 점이기도 하다.

벗어나 있지 않다.[15]

자연을 신적인 존재로 파악하는 셸링의 관점은 그의 체계가 범신론이 아닌가 하는 의문을 갖게 한다. 신적인 존재로서의 자연과 신 자체는 과연 구별되는가? 이 물음은 앞의 서술을 통해 어느 정도 해명된 것이긴 하지만 다음과 같이 보다 상세히 설명될 수 있다 : 위의 A와 B는 엄격히 구별되면서도 관계 속에 있다. 셸링의 체계가 범신론이라는 주장은 위의 A=B에서 기인한다. 그러나 A와 B는 엄격히 구별된다. 위의 서술에서 드러난 것처럼 B는 단순히 B가 아니라 B\A=B이기 때문에, 여기서 셸링의 체계가 범신론이라는 혐의는 상대화된다. 신은 신 자체(A)와 자연 속에 있는 신(A in dem B 혹은 A=B)으로 구별된다. 신 자체는 오로지 신 자체일 뿐 다른 모든 존재와 구별된다. 이에 반해 자연 속에 있는 신은 신적인 존재로서 신이면서 신이 아니다. A=B가 신이나 신적인 것은 B 가운데 A가 있기 때문이고, A=B가 신이 아닌 것은 A=B 속에 있는 A는 근원적으로 절대적인 존재인 신이 아니라 비존재로부터 존재로 불러내진 존재이기 때문이다. 이 점에 대한 이해가 이 이 문제에 대한 열쇠다. 자연은 단순히 B로 규정되는 것이 아니며 A로 규정되는 것은 더더욱 아니다. 자연은 오로지 A=B로 규정된다. A=B라는 결속이 자연을 신적으로 규정하는 것이다. 신과 자연의 결속으로서의 자연은 절대적인 신 자체가 아니다. "이 결속은 비존재로부터 산출된 신이며, 이 산출된 존재의 산출자는

---

15) 최신한, 「자연과 정신의 화해는 가능한가?」, 『헤겔연구 7』, 서울 : 청아출판사, 1997, 13-42쪽 참조. 헤겔의 이념이 셸링의 신과 동일한 것인가 하는 문제에는 논쟁의 여지가 없지 않다. 셸링은 헤겔이 말하는 이념을 극단적인 관념론의 산물로 간주하고 이를 진정한 관념론과 진정한 실재론의 종합인 자신의 체계와 구별한다. F. W. J. Schelling, *Zur Geschichte der neueren Philosophie*, Sämtliche Werke Abt I/10, 1-200쪽, 특히 153쪽 이하 참조.

…… 존재하는 신이다. 따라서 A=B의 결속은 신이지만 신 자신으로부터 산출된 존재며 아들로서의 신이다"(SP 442).

셸링이 주장하는 신과 자연의 구별법에 따른다면 자연 너머의 신도 신 너머의 자연도 독자적으로 주장될 수 없다. 신은 자연을 자신의 근거로 가지지만 자연은 신의 실존 없이 불가능하다. 자연은 신의 원인(Ursache)이 아니라 신의 기초(Basis)며 토대다. 자연은 관념적, 정신적 원리가 아니라 실재적, 실제적인 원리다. 신의 존재가 관념적인 것이라면 신의 근거는 실재적인 것이고, 전자가 빛이라면 후자는 어두움이며, 전자가 오성적인 것이라면 후자는 욕망과 충동적 의지와 동경이다. 어두움은 빛 속에 감추어져 있다. 세계가 곧 일자는 아니다. 셸링에게서는 스피노자주의가 단순히 반복되지 않는다. 자연은 신의 아들을 산출하려는 동경이며 세계를 잉태하려는 충동적 의지다. 바로 이곳이 자연의 자유가 드러나는 지점이다.

3. 자연과 자유

셸링은 신과 자연과 인간을 생동적인 연관 가운데서 고찰한다. 『자유론』의 셸링에게서 존재의 생동적 연관을 가능하게 하는 유일한 도구는 "자유"며, 여기서 셸링의 형이상학은 "자유의 형이상학"이 된다.[16] 자유를 매개로 한 전체 존재의 결속은 『자유론』의 셸링을 독특하게 정위시킨다. 전체 존재의 결속과 연관하여 다른 관념론 철학은 물론이고 자신의 초기 입장과도

16) 존재의 생동적 연관을 "개념의 운동 체계"로 보는 철학자는 잘 알려진 바와 같이 헤겔이다. "개념의 체계"를 주장하는 헤겔과 "자유의 체계"를 주장하는 셸링의 사유는 **체계의 생동성**이란 측면에서 상당 부분 유사하다.

구별되는 후기 셸링의 관점은 다음의 명제에 잘 나타나 있다: "의욕은 근원 존재다"(350). 근원 존재는 단순히 존재가 아니라 활동성이며 자유로운 의지다. 신과 자연과 인간은 결국 의지를 통해 결속되어 있다. 자유로운 의지로서의 신과 자연은 어떻게 이해되어야 하며, 인간의 의지는 신의 의지 내지 자연의 의지와 어떻게 연관되어 있는가?

앞서 언급한 것처럼 셸링이 문제 삼는 자유는 윤리적 자유나 정치적 자유가 아니라 존재의 자유다. 전적으로 자신의 본성에 따라 존재하는 존재는 자유로운 존재며 다른 존재에 의해 규정되는 존재는 의존적 존재다. 이 점에서 셸링은 관념론의 일반적 주장과 같이 자유가 "예지적 존재(das intelligible Wesen)"에게서만 가능하다고 생각한다. 한 존재가 자유롭다는 것은 그가 오로지 그만의 고유한 법칙에 따라 행위하며 그 내면이나 외면의 다른 어떤 것에 의해서도 규정되지 않는 것을 일컫는다. "예지적 존재는 그가 전적으로 자유롭고 절대적으로 행위하는 것만큼 오로지 자기 고유의 내적 본성에 따라 행할 수 있다"(384). 내적인 본성에 따라 행위한다는 것은 예지자의 절대적 필연성으로부터 행위한다는 것이라면, 예지자의 절대적 필연성은 그의 절대적 자유와 하나다. "내적 필연성은 그 자체 자유다"(385). 자유로운 존재의 내적 필연성은 경험적 강제에 기인하는 외적 필연성과는 당연히 구별된다. 외적 필연성은 사실 "은폐된 필연성"에 지나지 않는다. 진정한 자유는 내적 필연성과의 통일에서 가능한 것이다. 신의 자유는 이러한 내적인 절대 필연성과 절대적 자유의 동일성에서 설명될 수 있어야 한다. "따라서 절대적으로 존재하는 자(der absolut-Seiende)인 신은 절대 자유의 존재다"(PS 457).

그러나 신의 자유는 세계나 인간과 같은 다른 존재와의 관계를 떠나 있을 때는 구체적으로 드러나지 않는다. 셸링의 절대자를 지칭하는 "근원 근거", "비근거", "무차별" 등의 개념은 대립 및 차별화와는 근본적으로 구별된다. 비근거나 무차별은 모든 대립 및 차별화와는 다른 존재를 지칭한다. 무차별은 인간과 인간의 대립이나 인간과 자연의 대립 혹은 인간과 신과의 대립 너머에 있다. 무차별은 모든 대립 너머에 있다는 의미에서 신의 활동성과는 일단 무관하다. 신의 구체적인 활동성은 자신의 계시를 통해 비로소 나타난다. 무차별로부터 차별로 이행하는 이러한 신의 활동성을 셸링은 "인격성"으로 부른다. "비근거나 무차별 가운데는 인격성이 없다"(412). 셸링은 다른 존재와 활동적으로 관계하는 이러한 신의 인격성을 "자립적 존재의 그로부터 독립적인 기초와의 결속"으로 규정한다(394). 이것은 실존하는 신이 자신의 근거인 자연과 결속됨을 지칭한다. 이는 다른 어떠한 결속보다 고차적인 결속으로서 "최고의 인격성"이다. 인격적인 존재로서의 신은 오로지 이러한 결속, 즉 신의 관념적 원리와 자연의 실재적 근거가 통일될 때 가능한 것이다. 자연은 신의 인격성이 드러날 수 있는 조건이며 신은 자연을 통해 자신을 계시한다. 활동하지 않는 신, 자연과 관계를 맺지 않는 신, 관념적인 원리로서의 신은 전혀 인격적인 신이 아니다. 순수관념론(피히테)의 신이나 순수실재론(스피노자)의 신은 비인격적이며 비생동적이다. 그는 추상적인 존재일 뿐 활동하는 존재가 아니다. 자연과 무관한 신이나 신과 무관한 자연은 그 자체로 추상적이다. 결국 "신의 인격성은 신과 자연의 결속을 통해 정초되며"(395) "비근거"가 계시될 때 비로소 드러난다. 인간과 자연적 존재가 신의 계시라면 이들 가운데는 이미 인격성으로서의 근원 존재가 작용하고 있다. "모든 것은 신의 인격성의 힘을 입어 생겨난다"(396). 따라서 신적 존재인 자연과 인간의 결속도 이러한 의지의 활동과 무관할 수 없다.

신의 인격성을 힘입어 생겨나는 세계는 신의 실존과 신의 근거를 구별하는 셸링의 관점에 비추어볼 때 신의 실존으로부터 나온다기보다 신의 근거인 자연으로부터 나온다. 우리는 여기서 신적 존재로서의 자연, 신의 근거로서의 자연을 그로부터 창조된 세계와 구별해야 한다. 셸링에게 문제시되는 자연은 당연히 전자며 후자는 전자와의 관계를 떠나 언급될 수 없다. 신의 근거로서의 자연은 개별화의 원리다. 신의 실존이 모든 것을 보편화한다면 자연은 모든 것을 특수화하거나 개별화한다.[17] 세계는 개별화하는 자연의 활동성으로부터 형성된다. 신의 계시는 이러한 자연의 활동성에 의해 실재적으로 성취된다. 세계 안의 모든 존재는 개별화하는 자연의 활동성이 없이는 존재할 수 없는 것이다. 실재적인 인간 존재도 자연의 활동성 없이는 존재할 수 없다. 인간의 자유는 자연의 자유로운 활동성 아래에서 비로소 가능하다. 앞서 살펴본 바와 같이 이러한 자연의 개별화 원리는 신에게도 예외 없이 적용된다. 신은 그 자신이 자기만의 방식으로 이기적으로 존재할 수 있기 위해서, 신에게 속하기는 하지만 신 자신과는 상이한 자연을 내적으로 소유해야 한다. 이것은 자연이 곧 신 실존의 근거라는 사실에서 이미 지적된 바 있다. 신의 자유는 모든 것을 개별화하는 자연의 자유와 함께 있으며, 세계 존재는 자연의 자유를 통해 비로소 존재할 수 있다.

근원적인 존재는 물론이고 그로부터 파생된 존재를 모두 자유의 체계 안에서 고찰한다는 것은, 신과 세계와 인간이 모두

---

17) "신의 의지는 모든 것을 보편화하고 모든 것을 빛과의 통일성으로 고양하거나 이 통일성 가운데 보존하는 것이라면, 근거 의지는 모든 것을 특수화하거나 피조적으로 만드는 것이다"(381).

자유와 의지의 그물망 안에 들어와 있음을 뜻한다. 자유의 그물망 안에 들어와 있는 세계나 자연적 존재는 애당초 자연 법칙의 지배를 벗어나 있다. 자연의 창조는 필연적인 법칙에 따라 일어나는 사건이 아니라 그 자체 자유로운 행위다. 자연적 존재는 필연적인 자연 법칙으로부터 귀결된 것이 아니라 신적인 존재의 자유로운 활동성으로부터 유래하는 것이다. 이 점에서 셸링은 낭만주의 철학의 경향에 전적으로 동의한다.[18] 자연적 존재는 자유로운 신으로부터 생겨난 또 하나의 자유 주체다. 소위 기하학적인 필연성의 지배하에 있는 자연은 자연의 근원적인 모습이라기보다 그 파생적이고 왜곡된 모습이다.[19] 자연 속에서 실제로 확인되는 모든 법칙은 절대적으로 증명될 수 없으며 이 법칙은 모두 필연적이지도 않다. 전적으로 기하학적으로 필연적이지는 않은 그 무엇이 자연에 전제되어 있는 것이다. 자연이 다만 필연성의 법칙으로 환원되지 않는다는 사실은 자연 법칙이 자유의 주체로 환원될 수 있음을 드러내 보여주며, 따라서 자연은 절대적인 필연성의 체계라기보다 지성적이고 자유로운 존재의 활동 결과다. 이런 맥락에서 셸링은 자연 법칙을 정신이나 의지로 환원한다.

---

18) K. Hemmerle, *Franz von Baaders philosophischer Gedanke der Schöpfung*, Freiburg / München 1963, 117쪽 이하 참조. 셸링의 『자유론』은 가깝게는 바아더를 통해서, 멀리는 바아더를 매개로 한 Böhme에 의해 많은 영향을 받았다. 당시의 Novalis와 Tieck가 뵈메를 새롭게 발견한 낭만주의자였다는 사실은 셸링 『자유론』의 생성과 깊은 연관이 있다. W. A. Schulze, "Oetingers Beitrag zur Schellingschen Freiheitslehre", in : *Zeitschrift für Theologie und Kirche* LIV (1957), 213쪽 참조.

19) 셸링은 자연이 기하학적인 필연성을 넘어가는 존재라는 사실이 라이프니츠철학에서도 강조되고 있음을 지적한다. 이 점은 라이프니츠철학이 전반적으로 추상적 필연성을 강조하는 철학이라는 면에서 더욱 특징적으로 보인다 (396쪽 참조).

자연 법칙이 정신이나 의지로 환원된다는 사실은 자연적 존재가 단순히 눈에 보이는 사물적 자연에 그치지 않음을 뜻한다. 세계로 표현되는 자연은 신과 무관하게 존재하는 독자적인 존재가 아니라 신으로부터 전개된 존재며 신 안에 이미 포함되어 있던 존재가 그만의 고유한 존재로 해방된 것이다. 따라서 신의 의지로부터 전개된 세계 존재는 그 근본에서 고유한 자유의 존재다. 그러나 세계가 그 모습에 고유하게 자유롭게 설정되었다는 것은, 구체적인 세계 존재가 그 근거인 자연에 대해 파생적이라는 점에서, 자연이 자유로 규정될 수 있고 자유로 규정되어야 함을 반증한다. 결국 자연적 존재나 세계는 신으로부터 제작된 비유기체적인 피조물이 아니라 신 스스로 피조물로 변화된 존재다. 일자로서의 신이 스스로 다자로 변화하며 이 다자 가운데 머문다. 하이데거는 이러한 셸링의 자연을 스코투스 에리우게나의 말을 빌어 "소산적 자연으로서의 능산적 자연(natura naturans als natura naturata)"으로 규정한다.[20] 자연적 존재는 신으로부터 나오는 것으로 그치는 것이 아니라 그 가운데 신적인 속성을 담지하고 있는 것이다. 자연을 창조하면서 스스로 자연이 되는 근거 존재의 자유는 자연적 존재의 자유로 지속된다. 전체 존재 "바깥"에서 이를 창조하고 지배하는 일자가 아니라 전체 존재 "속"에 머무는 일자이므로 자연적 존재는 일자의 자유를 분유하고 있다. 자연적 존재가 단순히 외적으로 경험되는 자연에 그치는 것이 아니라 신의 현현과 계시라는 사실은, 모든 존재가 자기 안에 신적, 근원적 결속을 담지한다는 사실을 보증해준다. 일자와 전체 존재는 자유를 매개로 하여 상호 결속되어 있는 것이다.

---

20) M. Heidegger, *Schelling : Vom Wesen der menschlichen Freiheit (1809)*, Frankfurt / M. 1971, 234쪽.

4. 인간 자기와 자유

인간의 자유는 일자와 전체 존재의 전일적 결속 가운데 이미 예견되어 있다. 인간은 한편으로 예지적 존재며 다른 한편으로 자연적 존재다. 예지적 존재로서의 인간에게는 자유와 내적 필연성이 일치되어 있는 반면, 자연적 존재로서의 인간에게는 자연의 제약이 부과되어 있다. 여기서 자유와 연관된 인간 존재의 양면성이 드러난다. 나중에 밝혀지겠지만 이러한 양면성은 인간의 자유가 제약된 자유임을 지시한다. 예지적 존재로서의 인간에 관한 한 그에게는 신의 자유와 동종적인 자유가 주어져 있다. 인간이 만약 외적으로 주어진 존재, 즉 자발적 활동성이 결여된 죽은 존재에 지나지 않는다면, 그로부터 생겨나는 모든 행위는 필연적일 수는 있지만 책임과 자유와는 아무런 상관이 없게 된다. 이는 일반적인 인간 이해와도 상충된다. 예지적 존재로서의 인간은 내적인 필연성에 의해 행위하며, 이때 그 행위는 그 자체로 자유로운 것이다. 인간은 사물적 존재나 활동성이 없는 죽은 존재가 아니다. "인간 존재는 본질적으로 그만의 고유한 행위다"(385).

고유한 행위와 자유의 연관은 셸링에 앞서 피히테가 말하는 자아의 "자기 정립(Selbstsetzen)"에 잘 나타나 있다. 셸링은 이 점을 논하면서 피히테와 자신의 차이를 강조한다. 피히테는 자기 정립을 의식적 자아의 고유한 활동으로 규정한다. 의식이 곧 자기 정립이다. 그러나 이 의식이 단순히 자기 파악이나 자기 인식으로 간주된다면 이 의식은 최초의 존재가 아니다. 자기 정립적 의식은 자신을 완전히 해명할 수 없다. 정립하는 자아는 정립적 활동을 가능하게 하는 익명적 존재를 그 활동성에 앞서 전제해야 하기 때문이다. 피히테 자기 의식 이론의 딜레마가 이러한 자기 정립적 존재의 순환성에 있다는 사실은 자명하다. 이것은 순수 관념론의 일면성이기도 하다. 의식적 자아 내지 인식적 자아의 자기 정립은 최초의 활동성이 될 수 없으며 이러한 자기 정립을 통해서는 인간의 자유가 근원적으로 설명될 수 없다. 셸링은 인식에 앞서 전제되는 존재를 단순한 존재로 보지 않는다. 개념의 운동을 불충분한 것으로 간주하는 그는 이를 "실재적인 자기 정립(reales Selbstsetzen)"으로 규정한다(385). 이것은 모든 인식 활동에 앞서서 자기 자신을 그 무엇으로 형성하는 "근원 의욕(Urwollen)"과 "근거 의욕(Grundwollen)"이다. 자기 정립은 의식에 앞서 전제된 존재에 의해 이루어지는 것이 아니라 근원 의욕 자신의 처음 행위인 것이다. 자기 정립적 활동성이 자아에 귀속될 때 자아는 그 인식적 활동에 앞서 또 다른 존재를 전제해야 하는 반면, 자기 정립이 의지의 활동성으로 규정될 때 이 의지는 스스로 최초의 활동성으로 확인된다.[21] 인간의 고유한 행위가 근원적 자유로 연결될 수 있는 것은 그것이 이러한 근원 의욕에 기인할 때 가능하다. 자유는 자기 정립의 전적인 출발점인 의지에서 기인하는 것이다.

이러한 근원 의욕은 곧 창조 행위다. 셸링은 이를 "자유롭고도 영원한 시작"으로 규정한다(386). 자유로운 시작은 미결정성과 하나다. 긍정적이든 부정적이든 이미 결정되어 있는 존재는 자유롭지 못하다. 인간이 선한 존재로 결정되어 있다는 사실조차도 그의 자유를 전혀 보증하지 못한다. 셸링은 이런 최초의 미결정적인 상태를 "모든 삶에 선행하는 무흠의 상태"나

21) 후기 피히테도 이 점을 인정하고 있다. 그러나 피히테처럼 이성의 생동적 원리를 의지로 보고 자유를 의식적 자아로부터 의지로 환원하는 것과 셸링처럼 존재 일반을 자유를 매개로 하여 체계적으로 설명하는 것 사이에는 많은 차이가 있다. J. G. Fichte, *Die Bestimmung des Menschen*, Fichtes Werke hrsg. von I. H. Fichte, Berlin 1971, Bd. II, 288쪽 참조.

"최초의 지복의 상태"로 설명한다(385). 따라서 인간의 최초의 결단이나 행위는 절대적이다. 이러한 의미에서 최초의 행위는 시간에 속하는 것이 아니라 그 자체 영원에 속한다. 이 말은 최초의 행위가 삶의 시간에 앞서 있다는 것이 아니라 삶의 시간성을 통해서는 포착될 수 없는 영원한 행위가 있다는 의미다. 이러한 영원성으로서의 행위는 결국 자유일 수밖에 없으며 그 자체 영원한 시작이다. 최초의 결단으로서의 행위는 시간의 인과적 제약을 넘어서 있는 것이며 창조의 시작과 맞닿는 절대적 필연성의 특성을 지니기 때문이다. 여기서 인간의 의지는 이미 결정된 그 무엇이 아니라 무엇으로든 결단할 수 있는 자유의 능력을 지칭한다.[22] 그러나 인간의 자유는 무제약적인 능력이 아니라 "선악의 능력"이다(352). 인간의 의지에 따른 자유의 행위는 선으로 귀결될 수 있는가 하면 마찬가지로 악의 현실을 만들어낼 수도 있는 것이다. 여기서 인간의 자유 내지 **자기의 자유**에 대한 문제가 제기된다.

"자기"는 "자연"과 대립적인 위치에 있는 인간을 지칭한다. 자기의 자기성에 대한 언급은 인간의 자유에 대한 이해를 목적으로 한다. 셸링은 자연을 신과의 연관성 가운데서 고찰한 것처럼 자기도 자연과의 연관성에서 고찰한다. 인간의 **자기성은 "자연의 근거로부터 고양된 원리"**(364)다. 자기성은 한편으로 **정신**이며 다른 한편으로 의지다. 정신으로서의 인간은 보편적 존재인 신과 분리된 "이기적이고 특수한 존재"다. 자기성으로서의 인간 혹은 정신으로서의 인간은 그 스스로 이기적인 존재인 한 자신의 피조성에 만족하지 않는다. 그는 피조성을 넘어서서 초피조성에 이르고자 하며 피조성의 필연성을 넘어서서

---

22) 이런 맥락에서 셸링은 예컨대 예수를 밀고한 유다의 행위를 전적으로 그만의 자유로운 결단에 의한 행위로 간주한다(386 참조).

완전한 자유에 이르고자 한다. 완전한 자유의 주체로 고양되는 자기성은 당연히 자연을 넘어서려 하며 자연 바깥에 존재하려 하고 자연 위에 군림하려 한다. 인간은 자기성을 통해 신적 존재인 자연과 분리되고 궁극적으로 신과 분리된다. 자기성은 더 이상 "자연 속에서 창조하는 보편적 의지의 도구"(364)로 머물러 있기를 거부한다. 자기성은 스스로 특수 의지임에도 불구하고 이를 넘어선 근원 의지(Urwille)가 되려는 것이다.

셸링은 자기성이 근원 의지로 되려는 사태에서 두 가지를 구별하고 있다. 자기성은 1) 근원 의지와 분리되지 않으면서 근원 의지 안에 머물러 있을 수 있는가 하면, 2) 근원 의지와 분리되면서 스스로 근원 의지를 대신하려 할 수 있다. 근원 의지와 분리되지 않으면서 근원 의지 안에 남아 있는 사태는 마치 투명한 물체가 빛으로 고양된다 하더라도 그 자체 질료로 남아 있는 사태와 흡사하다. 자기성은 빛의 원리(das Prinzip des Lichtes)인 근원 의지와 분리되지 않고 빛의 담지자로 남아 있을 수 있는 것이다. 그러나 정신은 스스로 근원 의지를 대신하려 할 수 있다. 자기성은 자연의 근거를 벗어나려 하며 보편 의지인 근원 의지를 특수 의지로 대신하려는 것이다. 그러나 피조물의 의지는 보편 의지와 동일한 의지가 아니라 근거 바깥에 있는 의지다. 근거 바깥에 있는 의지는 그의 바람과 같이 전적으로 자유롭지 않다. 근원을 무시하고 스스로 근원이 되려는 자기성과 자의는 요컨대 인간이 갖는 어두움의 원리(das finstere Prinzip der Selbstheit)다. 그럼에도 자기성은 빛의 원리와 어두움의 원리의 통일 너머로 자신을 고양시키며 빛과 어두움 위에 군림하려는 것이다. 정신화된 자기성은 바로 여기서 빛으로부터 분리된다. 신에게서는 해소되지 않는 원리가 정신에게서는 해소되는 것이다. 사랑의 정신 내지 신의 정신은 빛으로부터 분리되지 않기 때문이다.

그러나 자기성이 근거 안에 머물러 있으면, 다시 말해서 정신이 빛 위로 고양되지 않고 빛 아래에서 자연적 근거 안의 기초로 머물러 있으면 자기성은 신적인 원리와 분리되지 않는다. 신적인 원리와 통합되어 있는 자기성 가운데는 사랑의 정신이 살아 움직이며, 여기서는 신적인 질서가 유지된다. 근거와의 결속을 강조하는 셸링의 형이상학은 신적인 질서를 바로 이 결속에서 찾는 반면 그 해소를 근거와의 분리에서 직관한다. 의지가 힘의 결속으로 나타나는지, 힘의 분리나 이완으로 나타나는지 하는 것은 보편 의지와의 통일 여부에 달려 있는 것이다. 인간의 의지가 보편 의지와 통일되어 있는 한 그 힘은 신적인 척도와 균형 속에 있게 되는 반면, 보편 의지와 분리될 때 그것은 자기만의 특수한 삶을 형성하게 된다. 이 특수한 삶이 "잘못된 삶, 거짓의 삶, 동요와 파멸의 산물"(366)이 될 수 있는 것이다.

잘못된 삶은 병을 낳는다. 병이 건강한 신체를 위기로 몰아가고 죽음에 이르게 한다면 이 위기와 죽음의 원인은, 위기(Krisis)라는 말의 원래 의미와 같이, 앓고 있는 신체 기관이 전 유기체로부터 분리됨(Scheidung)에 있다. 보편 의지와 분리되는 자기성의 자유는 근원적 관계를 파기하면서 진정한 삶의 상실과 병으로 귀결된다. 특수 의지의 "특수한 병"[23]은 전체자와의 근원적 결속의 파기에 기인하며 이를 통해 자기만의 자유를 소유하려는 데서 비롯된다. 병이 인간에게서 본질적인 것이 아니고 삶의 허상이나 "존재와 비존재 사이의 흔들림"인 것같이 특수 의지가 야기하는 특수한 병은 악과 관계한다. 셸링은 신

23) 셸링은 근거가 소유하는 힘의 내적 결속이 모두 중심을 벗어나지 않는 한 "보편적 병(Universalkrankheit)"은 있을 수 없다고 말한다. 근거가 전적으로 중심을 이탈하는 일은 불가능하다(366).

적 질서를 넘어가는 자기성의 고양을 결국 악으로 간주한다. "악의 일반적 가능성은 인간이 자신의 자기성을 기초와 기관으로 삼는 대신 이를 지배자와 총체적 의지로 고양시키고 정신적인 것을 수단으로 삼으려 할 수 있다는 데 있다"(389).

자기성의 자유는 그것이 악의 가능성을 지니고 있다 하더라도 그 자체가 전적으로 거부되어야 할 것은 결코 아니다. 그렇지 않다면 인간의 자유는 도대체 언급될 수 없다. 적극적이고 능동적인 자기성의 활동이 없다면 인간의 삶은 생명력을 상실한다. 가사 상태의 삶이나 잠자고 있는 선은 진정한 삶이 될 수 없다. 활동성과 투쟁이 결여된 삶, 자유의 의지가 결여된 무운동적 삶은 그것이 선한 의지로 규정되는 경우라 하더라도 진정한 삶을 구성하지 못한다. 자기성의 자유는 이러한 생동성과 근원적으로 하나다. 자기성의 자유가 문제로 떠오르는 경우는 그것이 악으로 귀결될 때다. "야기된 자기성 그 자체는 악이 아니다. 자기성은 그의 대립자인 빛이나 보편 의지로부터 완전히 분리될 때만 악이다. 선으로부터의 분리가 비로소 죄다"(400). 이에 반해 자기성이 보편 의지와 결속되어 있을 때, 이로부터는 활동적인 선이 생겨난다. 선은 자기성이 보편 의지를 벗어날 때 가려지지만 작용적이고 활동적인 자기성이 없는 선은 무기력한 선이다. 선은 자기성의 활동을 통해 성취되지만, 자기성의 남용은 악을 유발한다. 따라서 셸링의 자유 개념에 근거한 선과 악은 실체적인 대립 개념이라기보다 변증법적인 관계 개념이다. 선과 악은 자유 의지의 진정한 사용 여부에 달려 있다. "선과 악은 동일하다. …… 악은 동일성의 뿌리에서 고찰할 때 선인 반면 선은 비동일성에서 고찰할 때 악이다"(400). 악이 선으로부터 완전히 분리되어 있다면 이는 악이 아니다. 악은 잘못 사용된 선에 의해 가능할 뿐이다. 선과 악의 변증법적 관계의 중간에 인간 의지의 자유가 자리하고 있는 것이다.[24] 인간은 결국 선악의 분기점이다.

이처럼 셸링의 악의 형이상학의 특징은 인간의 유한성을 곧 악으로 보지 않는 데 있다. "악은 유한성 그 자체로부터 나오는 것이 아니라 자기 존재(Selbstsein)로 고양된 유한성으로부터 나온다"(370, 각주). 인간의 유한성과 악의 관계는 형이상학의 역사에서 많은 논쟁을 남기고 있는 부분이지만, 특히 셸링의 사유와 대립되는 사유는 라이프니츠의 그것이다. 라이프니츠는 존재의 결핍(Privation), 즉 유한성을 악으로 간주한다. 인간의 의지는 일반적으로 선을 지향하며 완전성을 지향하는데, 이 완전성의 최고 척도가 선인 반면 완전성에 이르지 못하는 것은 악이라는 것이다. 셸링으로서는 유한성 자체가 악이 될 수 없다.[25] 유한성은 오히려 인간의 본래적인 모습 중의 하나다. 반복된 지적이지만, 악은 정신으로 고양된 자기성이 무한자와의 근원적 결속을 부정하고 스스로 자기의 주인이 되려는 특수 의지의 사용에서 시작된다. "악은 유한성 그 자체로부터 나오는 것이 아니라 중심과 친숙하게 된 어두움의 원리나 자기의 이기적 원리로부터 나온다"(372).

인간의 악과 타락은 이제 인간으로부터 시작된다. 그것은 근

---

24) 선과 악을 완전히 분리시키는 경우 신은 악의 근원으로 귀결될 수밖에 없다. 신을 악의 근원으로 간주하지 않을 수 있는 것은 선과 악을 변증법적 관계 가운데서 고찰할 때만 가능하다. 선과 악을 변증법적인 관계 가운데서 보지 않고 이것들이 서로 명백하게 구별되어 있는 것으로 보려는 사람은 선과 악의 대립을, 이 둘을 출현시킨 제일원리로부터 설명할 것을 요구한다. 이럴 경우 신은 필경 악의 근원으로 귀결된다. 신이 악한 존재일 수는 없다면 악이 존재하지 않기 위해서 신 자신도 존재하지 말아야 한다. 409 각주 참조.

25) 셸링은 기독교에서 말하는 악마를 예로 들어 라이프니츠의 견해를 반박한다. 악마는 유한자가 아니라 오히려 가장 무한한 피조물이라는 것이다. 무한한 존재인 악마가 선한 존재가 아님은 자명하다(368 참조).

원적 통일과 결속으로부터 분리되고자 하는 자기성의 자유에서 기인한다. 동물에게도 어두움의 원리는 주어져 있지만 동물은 악하지 않으며 타락하지 않는다. 이 원리는 인간의 자기성과 같이 자연의 근거로부터 벗어나려 하지 않는다. 이 원리는 그 자체 맹목적인 욕구로 채워져 있긴 하지만 자연의 결속을 파기하지는 않는다. "동물은 통일로부터 빠져나올 수 없지만 인간은 힘의 영원한 결속을 임의적으로 파기할 수 있다"(373). 통일적인 결속의 임의적인 파기에서 자기의 자유가 시작된다면, 이는 곧 악을 향한 결단과 의지이기도 하다. 이를 셸링은 프란츠 폰 바아더의 한탄을 빌어 이같이 표현한다: "인간의 타락이 오로지 동물화하는 데까지만 진행된다면 이는 오히려 바랄만한 것이다. 그러나 애석하게도 인간은 동물보다 못하거나 동물보다 나은 자리에 있을 수 있을 뿐이다"(373).

결국 인간은 스스로 빛의 원리와 통일되어 있을 때 신을 소유하는 반면, 이러한 힘의 결속을 파괴하고 스스로 힘의 근원이 되려 할 때 타락한다. "죄의 시작은 인간이 스스로 창조적 근거가 되기 위하여, 그리고 그가 갖는 중심의 힘으로써 모든 사물 위에 군림하기 위하여 그 본래적 존재로부터 비존재로, 진리로부터 거짓으로, 빛으로부터 어두움으로 들어서는 것이다"(390). 자기성의 욕망이 갖는 허기는 자기성의 자유가 결속의 통일성과 전체로부터 떨어져 나오려 하는 한 결코 채워질 수 없다. 인간이 자신의 자유를 이러한 결속으로부터의 분리를 통해 획득하려 할수록 그는 역설적으로 자유로부터 더욱 멀어진다. 잘못된 자기성의 자유는 그 자체 악이며 이 악에는 자신을 파멸시키는 모순이 있을 뿐이다.

이로써 선악의 사태는 분명하게 드러난다. 악은 근원적 존재와의 통일과 결속을 무시하는 자기성의 자유로부터 귀결되는 반면, 진정한 선은 근원적 존재와의 통일과 일치에서 가능하다. 악은 빛의 원리, 즉 근원 의지와 어두움의 원리, 즉 자기성의 분리에 있는 반면, 선은 이들의 완전한 일치에 있다. "진정한 자유는 거룩한 필연성과의 일치에 있다"(391). 선은 유한적 의식과 인식이 그 홀로 있을 때가 아니라 근원적인 존재와 함께 있을 때 가능하다. 선이 두 원리의 통일에서 나오고 악이 두 원리의 분리에서 나오는 한, 두 원리의 통일은 제약적 통일일 수 없다. 제약적 통일은 무제약자를 자기 밖에 남기기 때문이다. 두 원리의 통일은 완전하고 무제약적인 방식으로 이루어져야 한다. 진정한 선과 자유는 결국 무제약적 결속 내지 신적인 결속에 있다. 따라서 빛의 원리와 어두움의 원리의 근원적 결속은 도덕적이라기보다 종교적이다. 이러한 결속은 표상이나 자기규정을 통해 임의적으로 산출된 도덕이 아니다. 셸링은 이러한 결속을 "종교성(Religiosität)"과 "양심성(Gewissenhaftigkeit)"으로 부른다. 종교성은 구체적인 행위에 앞서 선한 행위로 결단하는 실천의 근원이며, 양심성은 확실한 인식과 이 인식에 따른 행위의 일치를 의미한다. 이것은 신에 대한 막연한 느낌이나 명상적인 예감이 아니며 의무의 명령에 따른 행위도 아니다.[26] 이것은 언제든지 분명하게 지시되는 선한 행위의 법정이다. 따라서 참된 결속 위에 서 있는 종교성이나 양심성은 윤리적 선택과 상관이 없으며 모든 선택에 앞서서 선을 위해 결단하는 내면의 최고 지평이다. 자유는 스스로 행위의 출발점을 형성할 때 획득되지만 이것은 존재의 필연적 결속의 구조 가운데서 일어날 수 있을 뿐, 자의적인 도덕적 결단을 통해 선택적으로 취해질 수 있는 것이 아니다. "진정한 자유는 성스러운 필

---

26) 이 점에서 셸링은 감정의 철학자라 불리는 야코비와 의무 명령을 강조한 칸트와 구별된다.

연성과 일치된다"(391).[27]

5. 손상된 자연의 구원자로서의 인간?

지금까지의 논의를 통해 밝혀진 것은 신과 자연과 인간의 근원적 결속이다. 자연은 모든 분열 이전의 근원적 존재인 반면 정신적 존재인 인간은 자연으로부터 파생된 존재다. 자연으로부터 나오는 인간은 그러나 자연과의 근원적 결속을 유지할 수도 있고 이를 파기할 수도 있는 자유의 존재다. 현재하는 자연의 위기는 인간의 잘못된 자유에서 기인하는 것이다. 자연은 악으로 고양된 인간 자기성의 자유에 의해 손상되며, 자연이 갖는 신적인 통일성은 이러한 인간의 잘못된 행위에 의해 상실된다. 자연이 그 통일성을 상실한다는 것은 자연과 신, 자연과 인간 간의 근원적인 유대와 결속의 상실을 의미한다. 자연은 인간에 의해 신과의 유대를 상실하면서 동시에 그 생동성을 상실하며 그 자체 비유기적 존재(Anorganismus)로 전락한다. 자연의 생동성과 죽음은 그것의 신적 통일성 소유 여부에 달려 있다. 생동성과 유기체성은 존재의 속성인 반면 비생동성은 비존재의 속성이다. 자연의 위기는 생동적 존재가 비생동적 존재로 떨어지게 되는 위기와 다르지 않다. 자연을 유기적 자연과 비유기적 자연으로 구별하는 것은 손상 당한 자연을 이해할 수 있는 훌륭한 기준이다.

---

27) 『종교론』의 슐라이어마허도 자유와 자연의 동일성에서 종교가 숨쉴 수 있다고 생각한다. F. D. E. Schleiermacher, *Über die Religion.* Reden an die Gebildeten unter ihren Verächtern, Berlin / New York 1984, KGA Bd. 2, 212쪽 참조.

인간에 의해 손상된 자연은 한편으로 존재의 근원적 결속으로부터 분리된 존재며, 다른 한편으로 인간에 대해 저항하는 존재다. 자연의 저항은 원래 인간 이성의 작용에 대한 자연의 맞대응으로 이해된다.[28] 이것은 우주적 과정으로 위협해오는 자연에 대한 이성의 맞대응을 다르게 표현한 것이다. 그러나 위협하는 자연에 대한 이성의 학문적 대응은 그 자체로 잘못된 것일 수 없다. 문제는 원래 유기적 존재였던 자연이 이성의 개입을 통해 기계적, 비유기적 존재로 떨어지는 데 있다. 이성의 활동이 유기적 자연의 운동 범위에서 이루어진다면 자연은 인간에 대해 저항하지 않을 것이다. 중요한 것은 이성의 자유로운 사용을 포기하지 않으면서도 인간과 자연의 통일을 유지하는 일이며 손상 당한 자연의 결속을 회복하는 일이다. 위기를 맞은 자연은 그 스스로 잃어버린 존재의 통일성을 회복할 수 있는가? 셸링에 의하면 진정한 통일성은 자연 속에 내재하는 것이 아니라 신 안에 있기 때문에 자연이 홀로 통일성을 추구하는 것은 허사로 끝난다. 자연이 찾지 못한 통일성은 자기성의 자유에만 탐닉하는 인간에 의해서도 찾아질 수 없다. 자연을 더욱 효과적으로 지배하려는 인간 의지의 사용은 이러한 통일성의 분리를 가속시킬 뿐이다. 이러한 통일성은 어떠한 분리와 대립에서도 찾아질 수 없는 무차별점이다. 셸링에 의하면 "오로지 신만이 자유로운 존재의 통일성"(405)이다. 원칙적으로는 오로지 신만이 손상 당한 자연의 구원자일 수 있는 것이다.

인간은 손상된 자연을 구원할 수 있는가? 자연이 만약 단순한 존재에 불과하다면, 다시 말해서 자연이 내적으로 신적인

---

28) 자연의 저항을 이성의 활동성에 대한 맞대응으로 보는 것은 근대 철학자들에게서 일반적이다. Schleiermacher, 위의 책, 212, 224, 290쪽 참조 ; Fichte, 위의 책, 266쪽 이하 참조.

원리나 통일성을 소유하지 못한다면, 그것은 신에 대해 주변 존재에 불과하다. 단순한 주변 존재로서의 자연 존재는 원래 자연의 모습이 아니다. 이것은 인간에 의해 손상된 자연이며 신과의 통일을 추구하면서 인간에게 저항하는 자연이다. 중심을 벗어난 자연은 자유를 상실한 자연이며 필연적 법칙의 지배하에 있는 자연이다. 손상 당한 자연은 근거를 자기 속에 지니지 못하는 존재며 자기 근거를 지니려는 동경과 의지조차 지니지 못하는 존재다. 자연은 바로 이러한 이유로 필연적이며 자유가 없다. 이러한 자연을 우리는 셸링을 따라 신과의 처음 계약을 상실한 존재라 부를 수 있다. 신과의 처음 계약은 그 자체 옛 계약이 되어버린 것이다. 자연의 저항은 자연으로부터 멈추어질 수 없다. 자연의 저항은 인간에 의해 멈추어져야 하고 여기서 새로운 계약이 시작되어야 한다. 손상 당한 자연은 신으로부터 분리된 자연인 반면, 인간은 "신-안의-존재(das In-Gott-Seyn)"(411)며 중심에 위치할 뿐 아니라 자유의 능력을 지닌 존재다. 자유를 상실한 자연은 자유를 소유한 인간을 통해 자유의 근원으로 되돌려질 수 있어야 하며 또 충분히 그럴 수 있다. 근원과의 유대 가운데 있는 인간은 손상 당한 자연과 근원 간의 매개자다. "인간은 새로운 계약의 시작이다. 신은 자신과 결속되어 있는 매개자 인간을 통해 자연을 받아들이고 이를 자기화한다. 그러므로 인간은 모든 자연의 원형이 지향하는 **자연의 구원자다**"(411).[29] 인간이 자유의 존재가 될 수 있는 것은 그가 신과의 결속을 상실하지 않을 때 가능한 것처럼, 자연의 자유도 인간의 매개를 통해 신과의 결속을 회복할 때 다시금 가능해진다. 자연으로 하여금 신과의 결속을 가능하게 하는 것은 결국 인간이 담지하는 신적인 원리다. 인간 가운데 성취

29) 강조는 필자의 것.

된 관념적인 원리(=말씀)가 인간을 새로운 계약의 담지자로 세우는 것이다.[30]

본래적인 자연과 손상된 자연에 대한 셸링의 설명과 처방은 헤겔의 그것과 마찬가지로 종교적 이념, 특히 기독교적 이념과 깊은 연관을 지닌다. 고통스러워하는 자연은 신과의 근원적 관계를 보존하고 있는 인간에 의해 구원되기를 희망한다.[31] 신과 자연과 인간의 관계에서 무엇보다 중요한 것은 이들 가운데 차지하는 인간의 위상이며 이 가운데서 요구되는 인간의 역할이다. 자유에 대한 물음이 갖는 근본적인 의미도 여기서 찾아져야 한다. 인간이 배제되거나 인간의 자유가 유보된 신과 자연과 인간의 관계는 아무런 의미가 없다. 자연을 손상시킨 인간을 비판하면서 곧바로 자연중심주의나 탈인간중심주의로 건너갈 수는 없다. 손상을 당한 자연의 회복은 자연에만 맡겨진 과제가 아니다. 이것은 역시 **변화된 인간**에 의해 가능하며 변화할 수 있는 인간을 정초하는 새로운 형이상학을 통해 가능한 것이다.

그러나 변화된 인간을 정초하는 형이상학은 전적으로 새로운 것일 수 없다. 그것은 과거의 짐을 지고 있는 인간의 현재적

---

30) 셸링의 생각은 역시 관념론의 테두리를 벗어나지 않는다. 관념론과 실재론의 종합을 진정한 철학으로 간주하는 셸링이지만 그 역시 문제의 결정적인 해결을 관념론적 차원에서 구하고 있다. 인간이 담지하는 신적인 원리인 자유의 능력은 의지임이 규명되었지만, 이것이 순수 관념론적 원리와 이성의 테두리 가운데 있는지 아니면 이성을 넘어가는 새로운 능력인지 하는 문제는 또 다른 연구를 요구한다. 이것은 진정한 형이상학이 "이성의 개념 체계"와 "의지의 자유 체계" 중 어느 것을 통해 정립될 것인지를 결정하는 문제이기도 하다. M. Heidegger, 위의 책 ; O. Pöggeler, "Hölderlin, Schelling und Hegel bei Heidegger", in : *Hegel-Studien* Bd. 28, Bonn 1993, 327-372쪽, 특히 358쪽 이하 참조.

31) 인간과 함께 탄식하며 고통하는 피조물은 신의 아들들이 나타나기를 고대한다. 롬 8, 19-22 참조.

상황을 새로운 차원으로 이끌 수 있는 힘을 지녀야 하는 한에서 기존하는 형이상학의 변형일 수 있다. 기존의 형이상학에서 이러한 사유에 기여할 수 있는 대표적인 것으로는 "유기체론",[32] "기독교 삼위일체론",[33] 그리고 이와 관련된 "우주적 정신 이론"[34] 등을 들 수 있다. 이 모든 이론에 공통적인 것은 자연과 대립하는 근대의 기계론적 사유를 비판하면서 자연과 정신의 통합을 지향하는 사유다. 손상된 자연의 치유와 새로운 우주적 생명의 창출은 인간의 일방적인 활동성을 통해서가 아니라 인간과 자연 양쪽에서 형성되어야 한다. 우리는 이러한 인간과 자연의 재결속 가능성을 자연의 자유와 인간의 자유의 진정한 통합에서 고찰했다. 그러나 양방향에서 수행되는 재결속이 특히 인간의 활동성을 통해 구체적으로 규정되지 않는 한, 이러한 형이상학적 해법은 다시금 근대 형이상학의 성과를 도외시하는 잘못을 범하게 된다. 요컨대 자연 결속적 사유의 중요성이 드러나야 하지만, 동시에 이러한 결속이 인간으로부터 유래하는 결속으로 귀결되어야 하는 것이다. "자연의 구원자"라는 인간의 표상은, 새로운 형이상학에서 인간이 차지하는 위치와 그 활동성을 통해서만 규정될 수 있다.

---

32) F. D. E. Schleiermacher, 『종교론』, 한들, 1997, 특히 둘째 강연, "종교의 본질" ; A. N. Whitehead, *Process and Reality*. An Essay in Cosmology, New York 1978 ; 최신한, 「보편적 통합 이론으로서의 형이상학. 화이트헤드 유기체 형이상학의 본질과 헤겔적 유사성」, 『헤겔철학과 종교적 이념』, 한들, 1997, 247-277쪽 참조.

33) 최신한, 「헤겔의 삼위일체론」, 『기독교 사상』, 487호(1999년 7월), 90-111쪽 참조.

34) J. Moltmann, *Gott in der Schöpfung*. Ökologische Schöpfungslehre, München 1985 : 김균진 역, 『창조 안에 계신 하느님』, 한국신학연구소 1987, 특히 125쪽 이하 참조. 몰트만은 "우주적 정신" 내지 "우주적 성령"의 활동방식을 "창조성의 원리", "전체론적 원리", "개체화와 분화의 원리", "목적성의 원리"로 규정한다. 위의 책, 128쪽.

위의 세 이론에 공통적인 것은 자연과 정신의 통합, 통합의 유기적 관계 그리고 유기적 관계로부터 귀결되는 생동성이다. 셸링은 이러한 내용을 묶어서 인간의 자유를 "신-안의-존재"의 자유로 규정한 것이다. 인간의 정신은 신과 대립하고 자연과 대립하는 소위 "오성적" 활동성이 아니라 신 및 자연과의 결속을 파기하지 않는 정신적 활동성이다. "자연의 구원자"의 표상은 결국 "신-안의-존재"의 표상을 벗어날 수 없으며, 후자는 신과 결속되어 있는 정신의 활동성을 떠나지 않는다. "신-안의-존재"는 정신적 존재며 영적 존재이지만, 그것이 정신적 존재인 한에서 자연과 신체성을 배제하고 그것과 대립하는 '존재'가 아니라 그것을 자기 안에 포함하는 '활동성'이다. 활동성이 강조되는 이유는 위에서 언급한 유기적 관계와 생동성 때문이다. 기계적 관계와 무운동성은 존재에 대한 개념적-표상적 파악을 벗어나지 않으며 이는 그 자체가 생동성을 거부한다. 하이데거식으로 표현하자면 그것은 인간 앞에 세워진 존재(das Vor-gestellte)로서 인간에 의해 지배될 수밖에 없는 세계다.

"신-안의-존재"의 활동성은 어떠한 활동성인가? "신-안의-존재"의 활동성을 규정하기 위해서는 먼저 "신"의 활동성이 규정되어야 한다면, 신의 '활동성'은 '존재'로보다는 '정신'과 '영(靈)'으로 규정될 수밖에 없다. 따라서 "신-안의-존재"의 활동성은 "정신적-영적으로-활동하는-존재-안에-있는-존재"의 활동성에 다름아니다. 바로 이 지점에서 셸링의 "자기성"이 다시금 중요한 개념으로 떠오른다. "신은 이념을 …… 자기성 가운데 부여하며 …… 이로써 자기성은 독자적으로 존재하는 자로서 다시금 신 안에 존재하게 된다"(404). 셸링이 파악하는 창조의 최종 목적은 결국 자기성이며, 이는 신의 정신적 활동성을 최고로 구현한 인간의 활동성이다. 자기성이 신 밖에 있거나 신

위에 있지 않고 신 안에 있는 한, 바로 이러한 자기성의 활동성에 의해 인간은 "자연의 구원자"의 역할을 감당할 수 있는 것이다. 왜냐 하면 신으로부터 창조되거나 유출된 자연은 신의 활동성의 원리를 지니고 있는, 즉 신과 동종적인 활동성을 소유하고 있는 인간에 의해 그 손상된 부분을 회복할 수 있기 때문이다. 탄식하며 고통을 당하는 자연은 "신의 아들들"을 통해서 함께 구원을 얻을 수 있다면,[35] 그것은 신의 활동성을 지니고 있는 인간의 활동성을 통해서만 가능하다. 여기에는 신이 창조의 주체만이 아니라 세계 보존의 주체로 규정되어야 하는 사실이 동시에 전제된다. 그렇지 않다면 현재의 손상된 자연이 회복될 수 있는 실재적 가능성은 없게 되며 오로지 근원으로부터 멀어짐의 과정과, 이로 인해서 더욱 가속되는 손상의 과정만이 있게 된다.

인간을 "자연의 구원자"로 정위할 수 있는 형이상학은 결국 범신론과 만유재신론(Panentheismus)을 넘어서는 정신의 삼위일체론에서 찾아질 수 있다. 이때 인간은 "정신적-영적으로-활동하는-존재-안에-있는-존재"로서 신 자체의 정신과 자연 속에 내재하는 신의 정신을 그 본래의 모습으로 되돌릴 수 있을 것이다.

35) 각주 28 참조.

제 II 장

사회적 자유 · 의지의 자유

표현의 자유와 관용

김 용 환(한남대 철학과 교수)

1. 관용이란 무엇인가?

우리는 고전적인 의미에서 자유주의의 원칙을 존 스튜어트 밀(J. S. Mill)의 『자유론』 2장에서 발견할 수 있다. 자유주의 원칙은 '자유로운 의사 표현', '문화적인 다양성', '개인들의 자기 발전' 등의 가치들에 근거하고 있다. 비록 '해로움의 원리(harm principle)' 또는 '온정적 간섭주의'의 원칙에 따라 표현의 자유에 어느 정도 제한이 불가피하다는 점을 밀이 지적하고 있지만, 그 이외에는 최대한으로 표현의 자유를 보장해야 한다는 것이 밀이 생각한 자유주의의 정신이다. 인류의 역사를 자유 의식의 확대 과정으로 본 헤겔의 생각에 적어도 근대인들은 동의할 수 있었을 것이다. 그러나 현대 사회에서 개인의 자유 의식은 어느 정도 확보될 수 있을까? 오늘의 한국 사회에서 이런 고전적인 자유주의의 원칙이 얼마나 지켜지고 있는가?

현대 사회는 과거 어느 때보다 표현 매체가 다양하게 개발되어 있다. 신문, 잡지, 라디오 그리고 TV 등 주류를 이루고 있는 매스 미디어는 한 개인이 다수를 향해 자기를 표현할 수 있도록 만들어주었다. 표현 수단의 발달은 표현의 자유를 그만큼 확장시켜주었다. 그러나 이 매체들은 정치 권력이나 자본가들과 결탁함으로써 상향식 의사 전달보다는 하향식 여론 조작의 도구로 전락하는 역기능을 동시에 수행하고 있다. 일방향의 매체 때문에 개인의 의지와 생각이 표현될 수 있는 기회는 위로부터의 강요된 정보 때문에 차단되기가 쉬웠다. 그러나 이제 컴퓨터와 인터넷의 시대가 옴으로써 쌍방향의 의사 소통이 가능해졌으며, 그 대상 또한 국가 사이의 장벽을 뛰어넘어 세계화되었다. 현대 사회에서 표현의 자유는 이제 자유주의 이념의 한 장식품이 아니라 인간의 존재 의미 자체를 증명해주는 가장 기본적인 필수 조건이 되어가고 있다.

그럼에도 불구하고 여전히 많은 부분에서 개인의 자유가 제한을 당하고 있는 것은 사실이다. 특히 학문의 세계에서, 예술과 문화의 영역에서 표현의 자유는 여러 가지 형태로 제한을 당하고 있다. 정치적인 이유와 음란성과 폭력성을 이유로 표현의 자유를 제한하는 것은 곧 불관용의 형태로 나타나며, 때때로 물리적인 억압을 수반한다.

표현의 자유와 관용의 덕목 사이에 놓여 있는 상관 관계를 드러내는 일이 이 글의 목적이다. 이 양자는 뿌리를 같이하고 있는 개념들이다. 표현의 자유가 자유주의 원칙의 한 핵심적 내용이라면 관용 역시 자유주의자들의 덕목이기 때문이다. 현대의 시민사회가 다원주의 사회를 지향한다고 할 때 그 기초 덕목은 개인의 자율성과 다양성에 대한 자유주의 원칙과 관용의 정신일 것이다. 표현의 자유와 관용의 정신을 연결하여 논의하기에 앞서 편의상 관용이란 무엇인가부터 먼저 간략하게 설명하는 것이 순서일 것 같다.

우리말의 일상 회화에서 '관용(tolerance)'이란 명사를 동사로 만들어 쓸 때 '관용하다'라고 쓰기보다는 관용이란 명사에다 '베풀다'라는 동사를 붙여서 쓰는 일이 보통이다. 법정에서 재판관은 법의 관용을 말하면서 마치 권리의 하나를 행사하듯 '관용을 베푼다'고 말한다. 또 정치 권력자는 관용의 정책을 말하면서 정치적 반대자를 회유하는 통치 기술로 관용의 덕목을 사용하기도 한다. 이때 재판관이나 정치가는 관용을 권리의 한 형태로 간주하고 있으며, 관용을 '베풀어지는 무엇'이라고 하는 편견을 가지고 있다. 관용이라는 통념 속에는 두 가지 요소, 즉 관용은 힘이 있는 자의 권리 행사며 한쪽(관용하는 사람 또는 집단)이 다른 한쪽(관용되는 사람이나 집단)에 대해 발휘하는 통치 기술이라는 요소가 내포되어 있다.[1)] 그러나 관용은 권리의 일종이 아니며 주인이 종에게 행사하는 허가(permissiveness)의 일종도 아니다. 일방적인 관계에서 관용을 이해한다면 이는 이미 관용이기보다는 동정이나 용서나 자비에 가깝다. 오히려 관용은 자유와 관련되어 있으며 관용하는 사람과 관용되는 사람이 동등한 위치에 있을 때만 가능하다. 관용은 자유를 확대하는 데 그 목적이 있으며 자유가 없다면 관용도 있을 수 없다. 표현의 자유와 관용이 서로 맞물려 있는 것도 이런 이유다.

일반적으로 관용은 '**반대**(objection)'와 '**용납**(acceptance)'이라는 두 가지 요소의 결합으로 이루어진 말이다. 부정적인 표현으로서의 반대와 긍정적인 태도로서의 용납이 동시에 이루

1) 필자가 관용을 말할 때마다 가장 많은 질문을 받은 것 중의 하나가 관용은 강자의 덕목이 아닌가 하는 문제였다. 이는 곧 관용을 베푸는 것으로 보기 때문이다. 영어의 tolerance를 우리말로 관용이라 번역함으로써 생기는 오해가 관용의 의미를 제대로 전하는 데 가장 큰 걸림돌이 되고 있다.

어질 때 이를 관용이라고 부른다. 즉, 어떤 사람이 어떤 것(관용의 대상으로서 개인·집단·이론·행위·사상 그리고 예술작품 등)에 대해 심리적으로 또는 논리적 근거 위에서 반대하고 시인하지 않음에도 불구하고 용납할 때 그는 그 대상에 대해서 관용을 실천하고 있다고 말할 수 있다.[2] 언뜻 보기에 반대와 용납의 결합은 논리적으로 모순되고 역설적인 것으로 보이기 쉽다. 강력하게 반대를 한 것에 대해서 용납하고 받아들인다는 것이 심정적으로나 논리적으로 자연스럽지 못하다. 따라서 용납 대신에 '부정적 행위의 자발적 중지(voluntary suspension of negative act)'라고 바꾸어 정의하는 것이 더 적절할 것이다. 관용을 '반대'와 '부정적 행위의 자발적 중지'라 정의할 때 자발적 중지란 이미 그 속에 관용하는 사람의 자유로운 선택과 결정이 내포되어 있다.

2. 학문과 사상에서의 표현의 자유와 관용

우리나라의 경우 학문 연구의 자유는 최대한 지켜지고 있다고 믿지만 아직도 마르크스 이론이나 그 밖의 급진 사상을 긍

2) King, P., Toleration, George Allen and Unwin, London. 1976. King 교수의 관용에 대한 관심은 특별히 인간 관계에 집중되어 있다. 따라서 관용의 대상을 사람의 행위, 이념, 기구 그리고 사람들이 자연스럽게 가지고 있는 차이점에 따라 다음 네 가지로 구분하고 있다.

① 행위에 대한 관용(activity tolerance)
② 이념적 관용(ideational tolerance)
③ 기구적 관용(organisational tolerance)
④ 동일성에 대한 관용(identity tolerance)

그는 이념적 관용을 진리의 추구와 연결시키고, 기구적 관용은 정의의 문제와, 동일성에 대한 관용은 평등의 추구와 연결시키고 있다.

정적인 면에서 자유롭게 논의할 수 있는 정도는 아니다. 더욱이 진보 이론을 정치 이념으로 하는 진보 정당이 설자리는 상당히 좁은 것이 우리의 현실이다. 지난 몇 차례의 선거에서 다른 나라의 진보 정당과 비교해서 상대적으로 온건했던 몇몇의 진보 정당들이 철저하게 국민들로부터 외면을 당한 것은 무엇보다도 진보 이론에 대한 일반인들의 불관용이 얼마나 심각한 상태인가를 증명해주는 것이었다. 선동적인 혁명 이론을 주장하고 실제로 물리적인 혁명을 추진하는 정당까지 관용해야 한다고 주장하는 것은 아니다. 그러나 가능한 한 이론적인 논의라는 한계 안에 머문다는 조건 아래에서 급진 사상을 허용하는 것이 엄밀한 의미에서 자유주의의 정신이며, 이는 자유주의의 건강한 발전을 위해서도 필요하다. 국가보안법은 인문, 사회과학 분야의 학문 활동을 위축시키고 있으며, 진보 단체의 결성과 활동에 많은 제약을 가하고 있는 것이 우리의 현실이다.

헌법이 보장하고 있는 집회와 결사의 자유는 기본권에 해당된다. 그리고 기본권이란 한 인간이 인간으로서 존재하는 데 반드시 필요한 최소한의 필요 조건을 말한다. 집회와 결사의 자유가 존재의 필요 조건이 되는 이유는 그것이 자기를 표현할 수 있는 수단이기 때문이다. 학문과 이념에 따라, 지향하는 가치에 따라, 아니면 단순히 개인적 취향이나 취미에 따라 여러 종류의 단체나 기구를 조직하고 활동하는 것은 자기 존재의 확인 작업의 일환이기도 하다. 학문과 사상의 자유 그리고 이에 따른 기구의 자유로운 결성은 '자유로운 의사 표현', '문화적인 다양성' 그리고 '개인들의 자기 발전'이라는 자유주의 원칙을 지키는 일이다. 그럼에도 우리가 경험하고 있는 현실은 진보 이론이나 단체에 대해 배타적이고 불관용적인 것이 사실이다. 진보 이론이나 급진 사상가들이 자기를 표현할 수 있는 기회란 주어지지 않으며 지하에 은폐되어 있다가 간혹 검찰에 적발되어 언론에 노출될 뿐이다. 현행의 자유주의 체제를 옹호하는 사람들과 이들 급진 이론가들 사이에 논쟁과 토론의 경험이 없다는 사실은 곧 후자에 대한 불관용으로 나타난다. 이들을 토론의 장으로 끌어내야 하고 그럼으로써 합리적인 방식으로 자기를 표현할 수 있는 통로를 제공해주어야 한다. 그래야만 이들이 무모한 이념의 모험을 하지 않을 수 있을 것이며, 자유주의자와 보수주의자들도 자기 반성과 수정의 가능성을 얻을 수 있다. 우리나라에서 영향력이 크고 폭넓은 지지 세력을 갖고 있는 보수주의자들과 극단적인 자유주의들이 사회 전반적인 문제에 대해 보이고 있는 불관용적 태도는 역설적으로 자유주의 정신 자체에 위협이 될 수도 있다.

왜 급진적인 이념이나 사상을 표현할 수 있는 자유가 확대되어야 하고 또 이를 표현하는 사람들에 대해 관용해야만 하는가? 우리는 포퍼(K. R. Popper)에게서 이념적 관용(ideational tolerance)의 정당성을 찾을 수 있다. '합리성으로부터의 논증'이라 이름 붙일 그의 논증은 대략 다음과 같다 : 만약 우리가 개방 사회를 지향하고 합리적인 진리를 찾으려고 한다면 거기에는 관용의 정신이 필수 불가결한 요소로 요청된다는 것이 포퍼의 생각이었다.[3] 그가 이해하고 있는 '합리적'이라는 말은 비독단적이고 불편부당하며 그리고 관용적이라는 말과 동의어로 사용되고 있다. 그리고 합리적이고 개방적인 사회를 만들기 위해서 그는 소크라테스나 볼테르가 보여주고 있는 인간의 오류 가능성으로부터 출발해서 관용의 세 가지 원리를 제안하고 있다. 그 세 가지 원리는 모두 관용이라는 가치를 정당화해주거

---

3) 이런 포퍼의 생각은 이미 밀의 『자유론』에서 그 모범을 발견할 수 있다. J. S. Mill, 『자유론』, 김형철 역, 서광사, 31쪽 참고.

나 또는 관용을 가정해야만 그 기능이 작동되는 원리들이다.[4]

제1원리 : "내가 틀릴 수 있고 당신이 옳을 수 있다." 이 원리는 관용이 가능하기 위한 필요 조건이다. 나의 오류 가능성을 인정하는 한 타자의 의견이나 행위에 대해 반대한다고 하더라도 간섭이나 방해 같은 부정적 행위를 자발적으로 중지할 수 있는 근거가 생기기 때문이다. 그리고 이 원리는 상호 호혜적인 진술일 때만 의미가 있는 원리다. 즉 이 진술 안에는 자기 부정만이 아니라 우리 모두는 같이 틀릴 수 있다는 동시 반성의 고백이 함축되어 있어야만 한다. 나의 오류만을 인정하는 일방적인 진술일 경우 우리는 타자의 의견과 행위에 대해 관용할 아무런 이유를 발견할 수 없으며, 오히려 타자의 의견에 동의해야 할 의무만 발생한다. 따라서 이 원리는 소위 '불완전성의 원리(principle of imperfectability)'로 대체할 수가 있다.[5] 즉, 모든 인간이 존재론적으로나 인식론적으로 불완전할 수밖에 없다는 고백이다. 그리고 이 고백은 독선을 버리게 만들며 타자도 자신만큼 옳을 수 있는 가능성이 있음을 보장해준다. 다른 사람이 관용되어야 할 정당한 근거는 바로 여기에 있다. 그런데 여기서 주목해야 할 점은 포퍼가 지적하고 있듯이, 이 원리가 상대주의로 전락해서는 안 된다는 점이다. 만약 '우리가 모두 다르니까 우리 모두는 옳을 수 있다'고 주장한다면, 이 첫 번째 원리는 상대주의로 빠질 위험이 있다. 그리고 옳고 그름에 대해 구별하는 것을 포기한 상대주의는 지속적인 탐구를 멈추게 만든다. 포퍼가 말하려는 첫째 원리의 의도는 다음과 같이 풀어서 말할 수 있을 것이다 : '내가 틀릴 수 있고 당신이 옳

---

4) K. R. Popper, 'Toleration and Intellectual Responsibility', Susan Mendus와 David Edwards가 편집한 On Toleration, 26-29쪽.
5) J. S. Mill, 『자유론』, 31쪽 참고.

을 수 있다는 고백은 당신과 내가 동시에 할 때만 의미가 있다.' '우리는 모두 불완전하기 때문에 우리 모두가 틀릴 수 있다.' '그렇기 때문에 우리는 계속해서 무엇이 옳은지를 탐구해야 한다.' '그래야만 상대주의에서 벗어날 수 있게 되며 둘째 원리가 요청된다.'

제2원리 : "무슨 일이든 합리적으로 이야기함으로써 우리는 우리들의 어떤 잘못을 수정할 수 있다." 포퍼가 기대하는 개방사회의 실현은 이성이 그 비판 기능을 상실하지 않아야 가능하다. 그리고 그 비판은 합리적인 대화와 논의를 통해서 매개되어야 한다. 따라서 이 둘째 원리는 언어의 합리적인 사용의 중요성을 강조하게 만든다. 포퍼는 자신의 이런 주장을 "칼 대신에 말로 하자(words instead of swords)"라고 표현하고 있다.

제3원리 : "만약 우리가 합리적으로 이야기한다면 우리는 진리에 더 가까이 도달할 수 있다." 이 원리의 주된 관심은 비록 우리가 동의에 이르지는 못하더라도 진리에 가까이 갈 수 있다는 생각을 포기해서는 안 된다는 점에 있다. 합리적인 논의를 통해 너무 많은 것을 요구해서는 안 된다는 점이 중요하다. 우리는 논의와 실수를 통해서, 그리고 다른 사람들로부터 많은 것을 배운다. 그러나 언제나 동의에 쉽게 이르는 것은 아니며 또 기대해서도 안 된다는 것을 잊지 않아야 한다.

인간의 불완전성을 상호 시인함으로써 독선을 피할 수 있고, 언어의 올바른 사용과 자유로운 토론의 중요성을 강조함으로써 우리의 불완전성이 수정될 가능성을 획득하게 되고, 그리고 오직 합리적인 토론을 통해서만 진리에 가까이 갈 수 있다. 포퍼의 '합리성으로부터의 논증'은 비배타적인 진리를 확보하는 데는 관용이 필수적이며, 관용의 정당화는 곧 자유를 확대하려는 데 목적이 있음을 보여준다.

마르크스의 사상이나 혁명 이론이 자유주의 이론이나 자본주의 체제에 대해서 도전적이라는 이유로 불관용되어서는 안 된다. 오히려 그 이론적 도전은 자유주의나 자본주의의 건강한 유지를 위해서라도 관용되어야 한다. 진리를 추구하고 보다 가까이 접근하려는 개방 사회에서 일방적인 지배 의도는 가장 먼저 거부되어야 할 적이다. 이는 비판을 거부하기 때문이다. 비판으로부터 살아남은 이론만이 참된 이론인 것을 우리는 역사적 경험을 통해 너무도 명백히 보고 있다. 그리고 그런 합리적인 상호 비판은 어떤 이론이든 그 이론을 건강하게 만든다. 이런 비판은 상당한 정도의 상호 관용이 없이는 불가능한 것이다.

3. 문학과 예술 영역에서의 표현의 자유와 관용

1989년에 이란의 지도자 호메이니는 영국 작가 살먼 루시디(Salman Rushdie)의 소설 『악마의 시(*The Satanic Verses*)』에 대해 훼트와(fatwa)[6]를 발표하였다. 그의 처형을 명령했고 그 소설의 소각을 지시했다. 이 소설이 이슬람 국가와 종교를 모욕했다는 이유에서 이 작품에 대한 배척 운동을 전개한 것이다. 서유럽의 많은 국가들이 이란의 이런 조치에 대해 항의했으며, 작가 루시디는 오랫동안 은신처에서 숨어살아야 했다. 이와 유사한 문학 작품에 대한 불관용의 경우를 우리는 재일 교포 작가 유미리에 대한 일본 우익 단체의 테러 위협에서 보게 된다. 또 몇 년 전 마광수 교수의 『즐거운 사라』는 음란 소설로 분류되어 금서 조치되었으며 검찰에 기소되어 유죄 판결을 받았다. 장정일의 『내게 거짓말을 해봐』 역시 음란성 시비에 말려들어

6) 사법적 의미를 담고 있는 이슬람교의 최고 지도자의 칙령을 말한다.

출판사와 작가 스스로 책의 판매를 포기하고 법정 구속된 사건은 표현의 자유에 대한 심각한 제약으로 받아들여지고 있다. 최근 만화가 이현세의 『천국의 신화』가 법정 판결에 의해 음란물로 분류되어 판매가 금지된 사건은 표현의 자유와 법적 간섭이라는 충돌 지점을 다시 한 번 확인하는 계기가 되었다. 에로티시즘(성애 문학)과 외설 문학 사이의 경계가 모호한 것은 사실이지만, 예술 작품에 대한 검찰이나 법원의 평가는 종종 문학적 표현의 자유를 제한하는 불관용적 태도를 잘 드러내주고 있다. 상상력과 창조력이 최대한 보장되어야 할 문학, 영화, 만화의 세계에서 다룰 수 없는 성역이 여전히 남아 있다는 것은 문학의 발전에 큰 걸림돌이 된다는 것은 분명하다.[7]

이 밖에도 음악이나 미술, 연극과 영화에서 표현의 자유가 지난 수십 년 동안 심각한 정도로 제약을 받아왔다는 것은 숨길 수 없는 사실이다. 동베를린 사건에 연루되었다는 이유로 세계적으로 인정받은 윤이상의 음악과 이응로 화백의 그림은 국내에서 제대로 평가될 수 없었다. 김지하의 「오적(五敵)」이란 시가 그랬고, 김민기의 「금관의 예수」, 양희은의 「아침이슬」과 이미자의 「동백아가씨」 그리고 홍성담의 판화 등이 여러 이유로 금지된 것은 우리나라 문화 예술에 대한 정부의 불관용을 확인하기에 충분한 증거들이었다. 영화나 음악 작품들에 대한 사전 검열이 위헌이라는 헌법재판소의 판결은 예술 활동에 운신의 폭을 넓혀주는 계기가 되었다.

만약 문화적 다양성을 중요한 자유주의의 가치로 인정해야 한다는 원칙에 우리가 동의한다면 최소한 학문, 예술, 문학 등

---

7) 이현세의 만화 『천국의 신화』가 배포 금지된 것은 '청소년보호법'에 근거한 결정이었다. 청소년보호법 제10조 1항에서 규정하고 있는 청소년 유해 매체물의 심의 기준 다섯 가지는 애매 모호하여 법 적용에 문제점이 있음을 알 수 있다.

의 영역에서 개인들이 표현하는 모든 행위들에 대해 정부나 사회는 관용적인 태도를 가져야만 한다. 그것의 가장 구체적인 방법은 정부가 개인의 자유로운 행위에 대해 최대한 불간섭하는 것이며, 정부의 예방적 기능을 축소하는 일이다. 정부의 이런 태도를 '중립성의 원칙(principle of neutrality)'이라 부를 수 있으며, '최소한의 검열권(minimal censorship)'을 행사하는 것만이 자유적(liberal)이라 말할 수 있다.[8)]

학문, 예술, 문화적 행위들의 자유로운 표현을 보장하기 위해서는 관용의 실천이 무엇보다도 요청된다. 남과 북이 갈라져 있다는 정치적 상황과 보수적인 전통 윤리의 흔적이 아직도 많이 남아 있다는 사회적 현실이 그 동안 학문, 예술, 문학 등의 활동에 많은 제약을 가해온 것은 어쩔 수 없는 사실이다. 이들 분야에 대한 불관용의 역사를 얼마나 성공적으로 극복하는가 하는 문제는 한국 사회의 성숙도를 가늠하는 척도가 될 것이다.

그러면 왜 문학과 예술(연극, 영화, 만화를 포함)의 자유로운 표현은 관용되어야 하는가? 분별력으로부터의 논증과 도덕성으로부터의 논증을 통해 표현의 자유는 정당화될 수 있다. '분별력으로부터의 논증(Arguments from prudence)'은 표현의 자유를 제한하고 문학과 예술 행위에 대해 불관용할 때 치러야 할 대가를 계산하는 일과 관련되어 있다. 예를 들면 마르크스의 사상이나 혁명 이론이 확산되는 것을 막기 위해서는 출판의 검열을 강화하거나 금서의 숫자를 늘리고 수색과 압수를 해야

---

8) Albert Weale, Toleration, individual differences and respect for persons, in Aspects of Toleration, (eds. J. Horton and Susan Mendus), Methuen, 1985. pp.26-28 참고.

Glen Newey, Fatwa and fiction : Censorship and toleration, in Toleration : Philosophy and pratice, (eds. J. Horton, Peter Nicholson), Avebury, 1992. p.96.

한다. 그리고 전투경찰을 동원해서 늘 감시하거나 시위를 막아야 한다. 또 영화나 만화 그리고 소설 등에서 음란성과 폭력성을 감시하기 위해서는 사전 사후로 검열을 강화해야 한다. 어느 경우에든 검열과 불관용은 억압을 수반하고 간섭이나 억압에는 힘의 행사가 요구된다. 그리고 거기에는 그만한 비용이 들게 마련이다. 그리고 검열 행위는 문학 작품의 저자나 예술가 개인으로부터 뿐만 아니라 일반 국민들로부터도 불평을 얻게 되는 심리적 부담을 치러야 한다. 동시에 물리적이고 경제적인 비용도 치러야 한다. 관용하는 것이 불관용(검열과 억압)하는 것보다 더 많은 혜택이 있다고 판단되거나, 불관용하는데 드는 비용이 관용하는 것보다 더 많이 든다면 관용은 명분을 찾거나 근거를 확보하게 된다. 이런 방식의 논증은 관용과 불관용의 결과를 중요하게 고려한다는 점에서 '공리주의적 논증' 또는 '실용주의적 논증'이라 이름 붙일 수 있다. 그러나 이 논증은 비용을 계산하기에 따라서는 얼마든지 관용 대신에 억압과 불관용을 선택할 수 있는 여지를 남겨놓는다. 또 관용의 비용을 얼마만큼까지 지불할 용의가 있는지에 대해서도 의견의 일치를 보기가 어렵다. 따라서 이 논증을 통해 관용을 행사하게 만드는 도덕적 요구의 강도는 비교적 약하다.[9] 따라서 '도덕성으로부터의 논증(Argument from morality)'에 의해 보강될 필요가 있다.

이 논증은 관용되는 자의 자유와 권리 또는 관용의 도덕적 가치를 목적으로 보려는 입장에서 정당화를 시도하고 있다. 즉,

---

9) Albert Weale은 분별력으로부터의 논증을 관용에 대한 결과주의자들의 (정당화) 근거라고 하였으며, 이 논증이 실패하고 있음을 보여주고 있다. 동시에 계약론자들의 근거 역시 실패할 수밖에 없으므로 차라리 정부의 간섭을 최소화함으로써 관용을 정당화하는 편이 차라리 낫다고 주장하고 있다. 위의 논문 19쪽 이하 참고.

어떤 사람의 문학적 상상력이나 예술적 행위 등의 표현에 대해 관용되어야 할 이유가 있다면 그것은 앞에서 말한 것처럼 공리성 추구나 결과주의적 고려에 있는 것이 아니라 그가 소유한 도덕적 권리나 자유에 바탕을 두고 있기 때문이다. 관용되는 자는 자신의 권리 또는 도덕적 자유에 따라 관용될 수 있는 근거를 확보하게 된다. 이런 정당화는 또한 '자율성으로부터의 논증(argument from autonomy)'이라고도 부를 수 있다. 왜냐 하면 기본적으로 이 논증은 인간이 자기 지시적(self-directive)이며, 자기 규제적(self-legislating)인 자율적 존재라는 신념으로부터 시작하기 때문이다. 사람은 누구나 자기가 선택한 삶의 방식대로 살 수 있는 권리가 있다고 본다. 그리고 그 자유는 국가나 정부가 비록 온정적이라 하더라도 개인의 자유를 간섭하는 입법을 최소한으로 제한할 때 확보된다. 이것이 자유주의적 가치며, 자신이 선택한 삶의 구성 내용에는 표현의 자유가 포함되어 있음은 두말할 필요가 없다.

4. 표현의 자유에 따른 도덕적 의무

학문과 사상, 문학과 예술과 관련된 모든 행위에 대해 국가가 수행하는 검열은 불관용과 밀접하게 연결되어 있다. 온정적 간섭주의나 '해로움의 원리'라는 이름으로 이루어지는 국가의 간섭은 어떤 경우든 부자유를 포함한다. 가능한 한 최소한으로 검열을 줄이고 표현의 자유를 최대한으로 확대하자는 것이 자유주의자의 신념일 것이다. 그리고 관용의 덕목은 이런 표현의 자유를 최대한 확대하는 데 반드시 필요한 개인적 또는 공적 태도를 의미한다. 관용이 자유주의의 전통에서 태어난 덕목이라는 사실도 이를 말해준다. 그러나 일반적으로 한 개인의 자유가 다른 사람의 자유를 침해할 수 있을 만큼 허용되어서는 안 되는 것처럼 표현의 자유도 한계가 없을 수 없다. 표현의 자유의 방식과 내용이 다양하게 확대된 만큼 그에 따르는 도덕적 의무 또한 새롭게 정립되어야만 하는 이유도 여기에 있다. 표현의 자유를 둘러싸고 자유주의자들 사이에서 벌어진 논쟁의 중심에는 언제나 '그 한계가 어디냐' 하는 문제가 놓여 있다. 검열관들이 그어놓은 편의상의 한계는 '음란성', '폭력성', '반사회성', '반국가성'이다.[10] 이 기준에 해당되는 것들에 대해서는 삭제, 출판 및 상연 금지, 벌금과 처벌 등의 불관용이 행사되어왔다. 표현의 자유를 위한 투쟁은 인간의 자기 존재 확인을 위한 투쟁과 동일하다. 그렇기 때문에 표현의 자유를 확대하는 일은 의심할 바 없는 당위처럼 간주되어 왔다. 그러나 우리는 여기서 자유와 책임, 권리와 의무라는 진부한 상관 관계에 대해 다시 한 번 주목해야 할 필요가 있다. 표현의 자유에 따른 도덕적 의무를 고려하지 않을 경우 그 자유는 타자에 대해 공격적인 태도로 변질될 위험이 있기 때문이다.

몇 가지 사례를 통해 표현의 자유와 도덕적 의무 사이의 상관 관계를 살펴보자. 위에서 든 살먼 루시디의 『악마의 시』에 대한 이란 정부의 태도에 대해 생각해보자. 서방 세계의 관점에서 보면 이란 정부의 훼트와는 표현의 자유를 신봉하는 자유주의 정신에 도전하는 것이며, 문학 작품에 대한 불관용의 상징처럼 간주되었을 것이다. 그러나 이슬람 세계의 관점에서 보면 그 작품은 이슬람 종교와 인민들에 대한 모욕과 폄하로 가득 찬 글이었다. 자유주의자들은 이란 정부의 불관용을 비난하지만 이 『악마의 시』가 보여주고 있는 이슬람 종교나 문화에

10) 한인섭, 「검열과 자유와 책임」, 『철학과 현실』, 1997 봄호, 57쪽.

대한 몰이해와 불관용 역시 비난되어야 한다. 이 책이 이슬람들에게 얼마나 상처를 주었는가를 우리가 가늠하기는 어렵지만, 적어도 표현의 자유 못지 않게 그들의 종교와 문화에 대해서도 존중되어야 할 가치가 있음은 분명하다. 금서로 정하고 그 책을 불사르고 저자에게 궐석으로 사형 선고를 내린 훼트와의 내용이나 방식을 옹호할 수는 없어도, 표현의 자유에는 한계가 있으며 도덕적 의무가 수반되어야 한다는 사실만은 분명하다. 그 도덕적 의무는 무엇인가?

몇 년 전 『조선일보』의 '김정일은 물러나야'라는 사설과 최근 『조선일보』의 통일 관련 보도에 대한 북한 정부의 대응 방식에서 우리는 살먼 루시디의 경우와 같은 유사성을 발견한다. 표현의 자유를 가장 많이 향유함과 동시에 그 자유를 지키고 보호하는 파수꾼의 역할을 하고 있는 언론 기관에서 사설의 형식으로 표현한 글에 대해 북한 정부의 분노에 찬 대응은 이해하기 어려울 것이다. 이것 역시 표현의 자유를 침해하는 것으로 비난을 받을 만하다. 폭파 위협을 하는 북한의 협박에 결코 동의할 수 없지만, 그러나 동시에 가장 민감한 시기에 내정 간섭과 같은 발언을 한 그 언론사의 무책임성을 지적하지 않을 수 없다. 표현의 자유에 수반되는 도덕적 의무는 무엇인가?[11]

어떤 방식으로든지 '무엇을 표현한다'는 것은 그 지시하는 대상을 전제로 한다. 따라서 대상과의 관련성을 고려하지 않고서 표현

---

11) 최근에 명예 훼손이나 무고(誣告)와 관련한 소송이 빈번해지고 있으며, 언론 기관에 의한 명예 훼손이나 사생활 침해가 심각한 상황에 이르게 된 것은 표현의 자유가 남용되고 있는 한 현상이다. 또 도덕적 의무가 수반되지 않은 표현의 자유가 남용되었을 경우 건전한 인간 관계를 해친다는 사실에 주목할 필요가 있다. 최근 한 무용가와 비평가 사이에 있었던 명예 훼손 시비는 건전한 비평과 생산적인 비평을 모두 어렵게 만들고 있다. 우리가 표현의 자유를 보호하고 확대하기 위해서는 이에 따르는 도덕적 의무를 충실하게 고려해야 한다.

하는 일은 일방적이다. 더욱이 그 대상이 사람일 경우 그 일방성에는 상당한 편파성과 공격성이라는 위험을 함축하고 있다. 여기서 표현의 자유에 수반되는 도덕적 의무가 요청된다. 나는 이것을 '타자 존중의 원리'라고 부르고자 한다. 이 타자 존중(respect for others)이란 개념은 일차적으로 루소(J. J. Rousseau)에게서 빌려온 것이다. 이 개념은 그의 교육론이라 불리는 『에밀』에서 주로 다루어지고 있다. 니콜라스 덴트(N. Dent)는 「루소와 타자 존중」이란 논문에서 "타자에 대한 관용이 곧 타자 존중의 정신으로 구성된 루소의 공동체에서 가장 중요한 특징"이 된다고 말하고 있다. 그리고 "타자 존중의 정당성은 고통받는 타자에 대한 동감적인 관심으로부터 출발한다"고 말하고 있다.[12] 알버트 윌(A. Weale)은 '사람에 대한 평등한 존중(equal respect for persons)'을 관용의 정당화 근거로 제시하고 있는데, 나는 이 개념을 표현의 자유에 수반되어야 할 도덕적 태도로 제안하고자 한다. 그에 의하면, 사람에 대한 존중이란 세 가지 이념으로 구성되어 있다. 첫째, 사람들은 자신들의 인생에서 의미 있는 목표와 목적을 가지고 있다. 둘째, 사람들은 자신들의 상황에 대한 반성 능력이 있으며 이 반성으로부터 나온 근거에 따라 행동한다. 셋째, 사람들의 삶에 의미를 부여하는 목표는 이런 반성의 산물이다.[13] 사람은 자신이 선택한 방식대로 살 수 있는 권리가 있으며, 자신이 옳다고 믿거나 선하다고 가치를 부여하는 것에 대해 표현할 수 있는 자유가 있다. 우리는 모두 다른 사람의 선택에 대해 존중해야 할 의무가 있다. 마찬가지로 나의 선택 역시 다른 사람으로부터 존중받을 수 있는 권리가 있다. 이것이

12) Nicholas Dent, 'Rousseau and respect for others', *Justifying Toleration* (ed. by Susan Mendus), Cambridge Univ. Press, 1988. p.130. p.124..
13) Albert Weale, 위의 논문, p.28.

'사람에 대한 평등한 존중'이라는 도덕적 원리며, 관용은 이 원리가 사회 안에서 통용 가능하도록 만들어주는 조건이다.

위에서 든 훼트와의 경우를 다시 생각해보자. 저자나 서방 자유주의자들은 표현의 자유를 요구하면서 동시에 이슬람 문화와 종교에 대한 배려와 존중감도 잊지 않았어야 했다. 또 북한 당국의 분노를 자아낸 『조선일보』의 사설 또한 언론사의 표현의 자유라는 면책 특권만을 강조할 것이 아니라 상대방에 대한 존중과 배려도 잊지 않았어야 했다. 타자에 대한 평등한 존중의 원리는 타자가 자신의 방식대로 삶을 살 수 있는 권리가 있음을 인정하는 것을 의미하며, 나의 권리도 존중되어야 함을 말한다. 이 권리 인정은 관용하는 자에게 불간섭이나 무관심보다 넓은 도덕적 의무를 발생시킨다. 진정한 의미에서의 표현의 자유는 언제나 타자에 대한 평등한 존중의 정신에 따라 입장을 바꾸어 생각하는 태도를 잃지 않을 때 그 정당성을 확보하게 된다.

5. 포르노그라피와 표현의 자유

구약성서 「에제키엘」 23장 14-17절의 내용은 아마도 기록된 것 가운데 가장 최초의 포르노일 것이라고 수잔 멘더스(Susan Mendus)는 말하고 있다.[14] 인류 문명의 진보 과정에서 대중 미디어의 발명은 언제나 포르노 산업과 밀접한 관련을 갖고 있음은 주지의 사실이다. 인쇄술의 발전은 음란 서적의 범람을 초래했고, 사진기의 발명은 음화의 양산과 확대에 기여했다. 영화와 비디오의 기술은 포르노 산업의 기업화를 가능케 했다.

---

14) Susan Mendus, Harm, offence and censorship, in Aspects of Toleration, (eds. J. Horton and Mendus), Methuen, 1985. p.99.

그래도 여기까지는 포르노의 접근이나 이용의 중심 세대가 청·장년 이상의 성인들이었다. 그러나 최근 인터넷을 통한 포르노의 유통은 전세계적으로 모든 이에게 포르노의 접근이 가능하도록 만들고 있다. 더욱이 컴퓨터 사용의 중심 세대가 거의 청소년들이라는 사실은 포르노 산업의 주고객이 이들이라는 사실을 증명해준다. 포르노그라피의 부도덕성을 들추어내어 공격하거나 아니면 순기능을 통해 옹호하려는 것이 여기서의 일은 아니다. 다만 포르노그라피가 성을 가장 극단적인 형태로 표현한 자유의 산물이라고 볼 때 이를 허용(관용)하거나 금지(불관용)하는 일은 다소 복잡한 문제라는 점을 드러내려고 한다. 허용과 금지, 어느 한 입장을 선택한다고 해서 다른 입장을 전면적으로 거부할 수 없는 것이 포르노그라피를 둘러싼 논쟁의 딜레마다.

주지하는 바와 같이 인터넷상에서 포르노그라피의 유통은 거의 통제가 불가능하며, 특히 청소년들의 접근을 차단할 아무런 기계적 장치가 없다는 사실은 비단 보수주의자들에게 뿐만 아니라 일반인들에게도 심각한 문제로 간주된다. 이런 심각성은 미국 국회에서 음란물의 유통을 불법화하는 '통신예절법(Communication Decency Act)'의 제정으로 반영되었다. 이 법안이 의회를 통과했을 때 헌법이 정하고 있는 표현의 자유에 위배되는가 하는 문제로 많은 논란이 있었으며, 결국 1997년 6월 26일 연방대법원에서 위헌 판결이 났다. 청소년들이 포르노그라피의 해악(?)으로부터 보호받을 권리가 있다면 동시에 포르노그라피를 향유할 수 있는 성인들의 권리도 마찬가지로 있다는 것이 위헌 판결의 핵심이었다. 자유주의자들은 포르노를 일종의 표현 행위로 본다. 그것은 성에 관한 어떤 입장, 사상, 감정 등을 전달하는 법률적 범주에 해당하는 표현이라는 주장이다. 따라서 법적 보호를 받을 권리가 있다는 논리다.

반면 보수주의자들과 대부분의 여성학자들은 포르노그라피를 성적 착취를 정당화하기 위한 연막에 지나지 않는다고 본다. 따라서 다른 표현의 자유와는 구별되어야 한다고 말한다. 안드레아 드워킨이나 캐서린 멕키넌 등의 여성학자들은 포르노가 성의 불평등 상황 아래에서 만들어지며 여성에 대한 억압과 착취, 고통을 수반하기 때문에 결코 보호받은 수 있는 표현의 자유가 될 수 없다고 말한다.[15] 따라서 반포르노법의 제정은 표현의 자유를 제한하는 일과 무관하다고 이들은 주장한다.

포르노그라피를 일종의 표현 행위라고 인정하더라도 그 표현의 형식과 내용에서 어느 정도 허용할 것인가 하는 문제는 여전히 남는다. 왜냐 하면 포르노그라피는 표현의 자유와 평등의 권리가 서로 부딪히는 충돌 지점에 놓여 있기 때문이다. 멕키넌에 따르면, 포르노그라피는 이미 성의 불평등을 전제로 한 행위이기 때문에 표현의 자유라는 보호막 안에서 보호될 가치가 있지 않다는 것이다.

그렇다면 포르노그라피는 단순히 필요악이라고 결론지어 말하면 되는 것인가? 홍성욱의 다음 제안은 음미해볼 만하다: "포르노그라피는 미디어의 사용자가 다양해지고, 문화도 다양하게 형성되면서 주변으로 밀려나는 것이 역사적인 과정이었다. 인터넷의 경우 사이버 경찰과 같은 다양한 여과 프로그램

15) 캐서린 맥키넌, 『포르노에 도전한다』(원제 : *only words*), 신은철 역, 개마고원, 1996. 이 책의 제목인 *only words*는 포퍼의 '칼 대신에 말로 하자(only words instead of sword)'와는 정반대의 의미로 사용되고 있다. 말은 이미 행위로 간주되어야 한다는 것이 맥키넌의 생각이다. 예를 들면 "백인 전용" 또는 "구인-남자"라는 표현들은 자유롭게 쓸 수 있는 단지 말(only words)이지만, 이것은 이미 유색인과 여자는 배제하는 불관용을 행동으로 나타내고 있는 말이다.

(filtering programme)이 미성년자의 성인물에 대한 접근을 제한하기 위해 도입되었다. 페미니스트들은 포르노그라피에 대해 상대적으로 더 비판적인 여성들이 네티즌으로 적극 인터넷에 참여하는 것만이 포르노그라피를 무력화시키는 데 도움이 될 것이라고 강조한다. 이런 기술적, 문화적 해결책은 검열이 아닌 참여와 대체 문화의 형성을 기반으로 하고 있다. 통신예절법을 통한 검열과 처벌이 가장 빠르고 효과적인 방법일지는 몰라도, 이는 검열자에게 부당한 권력을 부여하는 결과를 낳고 이런 권력은 새로운 미디어에 대한 또 다른 종류의 독점을 잉태할 것이라는 우려는 역사적으로 그 근거가 뚜렷한 것이다."[16]

포르노그라피를 전면적으로 금지시키는 법적 불관용 정책보다는 성 윤리 교육과 대체 문화 형성을 통해 포르노그라피를 무력화하려는 전략이 더 현실적으로 보인다. 포르노그라피에 대해 허용과 금지라는 이분법적 접근은 더 이상 해결책이 되지 못한다는 것이 분명하다.

6. 남는 문제

인터넷과 사이버 세계의 확장은 사람들에게 전혀 새로운 표현 수단과 방법, 그리고 무한에 가까운 정보의 바다를 제공하고 있다. 표현의 자유는 과거 일차원적(일방향적) 매체에 의존할 때보다 질과 양에서 엄청나게 확대되었다. 아직 폭넓게 실현되고 있지는 않지만 전자민주주의의 도입은 개인의 정치적 참여를 보다 용이하게 만들어줄 것이며, 현실적으로 이미 네티

16) 홍성욱(토론토대 철학과 교수), 「인터넷, 포르노만 잘 팔린다?」, 『한겨레21』, 165호, 99쪽.

즌들의 연대는 엄청난 정치적 영향력을 지닌 집단으로 부상하고 있다. 그 어느 곳보다 표현의 자유가 보장된 곳이 바로 인터넷과 사이버 세계에서다.

그러나 인터넷 환경과 사이버 세계에서 우리는 두 가지 문제에 직면하게 된다. 하나는 표현의 자유가 남용되는 경우며, 다른 하나는 심각한 자아 정체감 상실이라는 새로운 문제적 상황이다. 사생활을 심각하게 침해할 정도로 불특정 다수를 향해 가해지는 전자 폭탄이나 스팸 메일(spam mail)의 세례를 받을 위험성이 증폭되고 있다. 또 소수의 다중 인격 장애자에만 국한되었던 이중 인격체 체험은 이제 누구나 체험 가능한 상황으로 변모하고 있다. 현실 세계에서 규정되고 있는 자아와 사이버 세계에서 형성되는 또 다른 자아는 동일하지 않을 수 있다. 이는 한 개인을 이중적인 자아로 만들 위험이 있다.

인간은 표현하는 존재다. 자기의 존재를 표현할 수 있는 자유가 필요한 만큼 다른 사람의 자유 또한 존중되어야 한다. 국가나 사회가 한 개인의 자유를 제한하는 경우는 오직 다른 사람의 자유를 보호할 필요가 있을 때만 그러하다는 자유주의의 기본 정신은 인터넷 시대에서도 여전히 유효한 덕목임에 틀림없다. 남용되지 않는 표현의 자유만이 보호받을 가치가 있다는 점은 분명하다.

또 사이버 세계에서 표현의 자유라는 보호 장치 뒤에 숨어 있는 이중 인격적 자아는 부도덕한 행위의 주체로 전락할 위험성을 안고 있다. 현실적 자아와 사이버 세계에서의 자아를 분리시키려는 유혹은 현대인의 익명성과 결합하여 자아 분열적 경향을 낳기 쉽다. 자아의 동일성 문제는 17세기 이후 오래된 철학적 문제면서도 동시에 사이버 세계의 확대와 더불어 새롭게 제기되는 문제로 남는다.

순수 선택의 자유는 도덕적 책임의 조건인가?*

유 호 종(연세대 연구강사)

도덕 규범과 법 규범은 사람들이 행위를 할 때 마땅히 따라야 할 행위의 지침으로 간주되는 것이다. 그래서 한 사회의 구성원들은 대개 스스로 이 규범들을 지키려고 노력할 뿐 아니라 다른 사람들에게도 그것을 준수하길 요구한다. 그런데 문제는 이런 노력에도 불구하고 이 규범들이 지켜지지 않는 경우가 상당히 많다는 것이다.

타인이 규범을 위반했을 때 사람들이 일반적으로 행하는 대응은 그 위반자에게 도덕적 비난이나 형벌을 가하는 것이다. 그러나 도덕적 비난과 형벌은 그 대상이 되는 사람에게 고통과 위해를 가하는 것이기 때문에 그 정당성이 문제되는 것으로, 정당화될 수 있는 경우와 정당화될 수 없는 경우가 있다. 따라서 사람들은 정당화될 수 있는 도덕적 비난이나 형벌만을 가해야 하는데, 이를 위해서는 먼저 도덕적 비난과 형벌의 정당화

* 유호종(1999), pp130-191 참조.

조건을 분명히 알고 있어야 한다.

그래서 이런 정당화 조건에 대한 많은 논의가 있어 왔는데 그 중 특히 논란이 되고 있는 것은 '도덕적 비난과 형벌을 받을 자의 도덕적 책임은 그 도덕적 비난과 형벌의 정당화 조건 중 하나인가 아닌가'라는 문제다.[1] 그런데 이 문제에 답하기 위해서는 다시 먼저 도덕적 책임의 의미와 조건을 알고 있어야 한다. 더 나아가 특히 도덕적 책임의 조건에 대한 앎은 어떤 행위에 대해 그 행위자에게 도덕적 책임이 있는가 없는가를 판단하는 데 필요한데, 이 판단은 만약 도덕적 책임이 도덕적 비난과 형벌의 정당화 조건이라면 어떤 도덕적 비난과 형벌이 정당한 것인가 아닌가를 평가하는 데에 꼭 필요한 판단 중 하나가 되는 것이다.

이 논문은 바로 이 '도덕적 책임의 조건'을 해명하고자 하는 것이다. 그러나 도덕적 책임의 조건 전반에 대해서는 필자의 생각을 간략히 소개하는데 그치고 본격적인 논의는 '순수 선택의 자유가 도덕적 책임의 조건인가' 하는 문제에 대해서만 하려고 한다. 왜냐 하면 도덕적 책임의 다른 조건들에 대해서는 학자들의 의견이 대개 일치하는데, 이 문제에 대해서는 그렇지 않기 때문이다.

1. 도덕적 책임의 조건에 대한 전반적 검토

'행위자의 도덕적 책임'이라는 말은 여러 의미로 사용되고 있

---

1) 전통적으로 학자들은 도덕적 비난과 형벌은 그 대상이 되는 자에게 도덕적 책임이 있어야 정당하게 가해질 수 있다고 생각하였다. 하지만 근 · 현대로 접어들면서 도덕적 책임을 도덕적 비난과 형벌의 필수 조건으로 보지 않으려는 공리주의자 등이 등장하면서 이 문제는 현대 형벌론에서 가장 논란이 되는 문제 중 하나가 되었다.

다. 그 중 필자가 보기에 '행위자 a가 행위 b에 대해 도덕적 책임이 있다'는 말의 의미로 타당한 것은 'a가 b를 했다는 점에 대해서 a에게 도덕적 분노를 느끼는 것은 적절하다'는 것이다.[2] 그러므로 이 규정에 따를 때 도덕적 책임의 조건이란 바로 '도덕적 분노가 적절하게 되는 조건'이라 할 수 있다. 그래서 도덕적 책임의 조건을 밝히는 것은 도덕적 분노가 적절하게 되는 조건을 밝힘으로써 이루어질 수 있다.

그렇다면 도덕적 분노는 어떤 조건에서 적절할 수 있는가. 우리가 어떤 행위자에게 도덕적 분노를 느끼는 것이 적절하기 위해서는 무엇보다 그가 한 행위가 그른 것이어야 한다. 행위자의 행위가 그르지 않은 것임에도 그런 행위를 했다는 점에 대해서 그에게 도덕적 분노를 느낄 수는 없어 보인다.[3]

그러나 행위자가 한 행위가 그른 것이라 해도 그 자체만으로 행위자에게 느끼는 도덕적 분노가 적절한 것이 되는 것은 아닐 것이다. 가령 도벽 환자가 남의 물건을 훔쳤을 때 그에게 도덕적 분노를 느끼는 것은 적절하지 않다. 이렇게 우리의 도덕적

---

2) 필자는 '도덕적 책임'에 대한 타당한 규정은 다음의 기준을 만족시켜야 한다고 생각했다. 첫째, '도덕적 책임'이라는 용어의 어휘상의 성격과 부합하는 규정이어야 한다. 둘째, '도덕적 책임'이라는 용어를 통해 제기된 물음과 논의들이 갖고 있었던 문제 의식을 보존할 수 있는 규정이어야 한다. 셋째, 그 용어의 일상 언어적 의미에서 기본적으로 벗어나지 않는 규정이어야 한다.

3) 물론 행위자가 그른 행위를 하지 않았을 때도 적절하게 도덕적 분노를 느낄 수 있는 경우가 있는 것으로 보인다. 가령 행위자가 악한 동기를 갖고 그른 행위를 하려고 했음에도 불구하고 어떤 변수에 의해 그 행위를 시작하지 못했을 때도 그에게 도덕적 분노를 느낄 수 있다. 그러나 우리가 여기서 논하고 있는 도덕적 분노는 '행위자가 한 어떤 행위에 대하여 그에게 느끼는 도덕적 분노'다. 그것은 행위자의 도덕적 책임이란 더 엄밀하게 말하면 언제나 '행위자의 행위에 대한 도덕적 책임'이기 때문이다. 그리고 이렇게 어떤 행위를 했다는 점에서 행위자에게 느끼는 도덕적 분노에서는 그 분노가 적절하기 위해서는 그 행위가 도덕적으로 그른 것이어야 한다는 것이 분명해보인다.

분노가 적절한 것이 되려면 '행위자가 한 행위가 그르다'는 외적 사실 이외에 다른 요소가 필요한데, 그것은 바로 그 행위가 행위자의 진정한 모습을 드러내는 것이어서 행위에 대한 도덕적 평가가 그 행위자에게까지 확장될 수 있어야 한다는 것이다.

이 조건을 '(행위에 대한 도덕적 평가에서 행위자에 대한 도덕적 평가로의) 확장 가능성' 조건으로 불러보자. 이 '확장 가능성 조건'에는 다시 '인지적 조건'과 '자유의 조건'이 속해 있다.[4] 따라서 도덕적 책임의 조건들을 정리해보면 다음과 같다.

(1) 행위의 그름 조건
(2) 인지적 조건
(3) 자유의 조건

이 중 인지적 조건이란, 행위자에게 도덕적 책임이 있기 위해서는 행위자가 자기의 상황과 행위, 그 행위의 결과 등에 대해 알고 있어야 한다는 것이다. 가령 비행기가 사고날 줄을 모르고 가족에게 그 비행기의 표를 구해준 사람에게 가족의 죽음에 대한 책임을 귀속시킬 수는 없는 것이다.

이에 대해 자유의 조건이란 행위자에게 행위에 대한 책임이 있기 위해서는 그가 그 행위를 할 때 자유로워야 한다는 것이다. 이때 행위자가 가져야 할 자유로 우선 지적할 수 있는 것은 '이성적 고려에 의한 결정의 자유', '의지화의 자유', '행위화의 자유'다.[5]

---

4) 행위자에게 책임이 있기 위해서는 행위자가 '자유의 조건'과 '인지적 조건'을 갖추고 있어야 한다는 것은 아리스토텔레스가 이를 지적한 이래 대부분의 학자들이 동의해온 바다(Fisher, J. M. & M. Ravizza ed. (1993) p.7).
5) 어떤 구체적인 상황에서 한 행위가 이루어지는 과정은 자극 — 믿음, 욕구 — 이성적 고려에 의한 결정 — 직접적 의지 — 행위로 간단히 도식화할 수

이성적 고려에 의한 결정의 자유는 행위자가 이성적 능력을 갖고 있어서 의식적 상태에서 사고를 통해 어떤 행위를 할 것인가를 결정할 수 있다는 것이다. 가령 온 밭을 망친 멧돼지의 경우 이성적 판단에 의해 그런 행위를 한 것이 아니므로 이 자유가 없는 것인데 그러므로 그 멧돼지는 자기 행위에 대한 도덕적 책임이 없다.

의지화의 자유는 '행위자가 사고를 통해 다르게 결정했다면 다르게 의지했을 것이다'는 의미의 자유다. 즉, 행위자가 이 자유를 갖고 있다면 그가 이성적 사고를 통해 무엇을 하기로 결정했을 때 이 결정이 행위에 대한 그의 직접적 의지를 규정하거나 또는 그 자체로 직접적 의지가 되는 것이다. 가령 도벽 환자의 경우 '다시는 도둑질을 하지 않겠다'고 사고를 통해 결정하지만, 이러한 결정과 반해서 구체적인 상황에서는 도둑질을 하려는 직접적 의지를 갖게 되므로 의지화의 자유를 상실한 것이다. 그러므로 도벽 환자에게는 도덕적 책임을 귀속시킬 수 없다.

행위화의 자유란 '행위자가 다르게 의지했다면 다르게 행위했을 것이다'는 의미의 자유다. 즉, 행위자가 이 자유를 갖고 있을 때 그의 직접적 의지에 일치하게 행위가 이루어지는 것이다. 가령 강풍에 휩쓸려 적진으로 간 군인은 자기의 직접적 의지대로 행위할 수 없었기 때문에 행위화의 자유를 상실한 것이다. 그러므로 그에게 적진으로 갔다고 책임을 귀속시킬 수는 없다.

대부분의 학자들은 표현을 달리할 뿐 도덕적 책임의 조건으로 이런 자유들이 필요하다는 것을 인정한다. 그러나 그들은 순수 선택의 자유 역시 도덕적 책임의 조건으로 필요한 자유

있다. 각각의 자유는 이 단계들 중 어느 하나에서 문제되는 것이다.

중의 하나인가 하는 것에 대해서는 의견의 차이를 보이고 있다. 이때 이 순수 선택의 자유란 '행위자가 다른 것을 하기로 결정할 수도 있었다'는,[6] 즉 '행위자가 실제로는 ㄴ을 했지만 그는 ㄱ을 할 수도 있었다'는 의미의 자유다. 그래서 이 자유는 '그가 ㄴ이 아닌 ㄱ을 하려고 했다면 ㄱ을 했을 것이다'는 의미의 자유와는 다른 것으로 무조건적인(절대적인. categorical) 자유',[7] '형이상학적 자유'[8] 또는 반인과적 자유'[9]로 불리는 것이다.

이런 순수 선택의 자유에 대해 자유와 결정론의, 그리고 책임과 결정론의 양립 가능을 주장하여 '양립 가능론자'라 불리는 학자들은 대부분 그것이 도덕적 책임의 조건이 아니라고 주장한다. 반면, 엄격한 결정론자나 자유 의지론자 같은 '양립 불가능론자'들은 도덕적 책임을 위해서는 이 순수 선택의 자유가 필요하다고 주장한다. 실제로 도덕적 책임의 조건에 대한 논의에서 가장 쟁점이 되고 있는 대표적인 문제가 바로 이 문제로, 필자도 이 논문의 나머지 부분에서 이 문제에 논의를 집중시키고자 한다.

---

6) 일상적으로 사용하는 '선택의 자유'란 어떤 이유나 근거도 없이 둘 이상의 대안 중에서 하나를 고를 수 있음을 의미하는 것이 아니라 어떤 이유나 근거에 부합하게 둘 이상의 대안 중에서 하나를 고르는 것이다. 가령 심사위원에게 후보작 중에서 하나를 당선작으로 뽑을 수 있는 자유가 있다고 했을 때 이 자유는 우수함의 기준에 부합하는 작품을 고를 자유를 뜻한다. 그러므로 이 자유는 '선정의 자유'라 할 만한 것이다. 반면 여기서 논란이 되는 것은 둘 이상의 대상에서 하나를 고르되 그런 선택이 어떤 이유나 원인에 의해 필연적으로 결정되지 않는 것으로서의 선택이다. 필자는 이 후자의 선택을 일상적 의미의 선택의 자유와 구별되도록 '순수 선택의 자유'라고 부르려 한다.
7) Edward, Paul ed p.367.
8) Weatherford, Roy (1991) p.233.
9) 자유 의지론자들이 이런 명칭을 사용한다.

2. 제한적인 순수 선택과 근본적인 순수 선택

그런데 '순수 선택'의 의미는 더 구체적으로 볼 때 다시 두 가지로 구분해볼 수 있다. '제한적인 순수 선택'과 '근본적인 순수 선택'이 그것이다. 먼저 '제한적인 순수 선택'으로서의 순수 선택이란 행위자가 어떤 행위를 할 것인가 결정하고자 할 때, 생각할 수 있는 대안적 행위들 중 어떤 둘 이상의 대안적 행위들만이 각각 그 행위를 해야 할 똑같은 정도로 강한 이유를 가지고 있을 때 행해지는 것이다. 그래서 행위자가 제한적인 의미의 순수 선택의 자유를 갖고 있을 때 그는 그 행위를 해야 할 이유가 별로 크지 않은 대안들과 해야 할 이유가 똑같은 정도로 강한 대안들 중에서 전자의 대안들 중 하나가 아닌 후자의 대안들 중 하나를 선택의 여지없이 하게 되지만, 해야 할 이유가 똑같이 강한 후자의 대안들 중에서 어느 것을 할 것이냐는 순수하게 선택할 수 있다는 것이다.

반면 '근본적인 순수 선택'으로서의 순수 선택은 생각 가능한 대안적 행위들이 각각 갖고 있는 이유의 강도가 다를 때도 행해지는 것이다. 그러므로 행위자가 근본적인 의미에서의 순수 선택의 자유를 갖는다는 것은 생각 가능한 대안적 행위들 각각이 갖고 있는 해야 할 이유가 크든 작든 그는 그 중 어떤 것이든 하기로 결정할 수 있다는 것이다.[10]

---

10) 이런 두 종류의 선택 개념은 데카르트가 드니스 메슬랑 신부에게 보내는 편지 속에 구분되어 있다. "실로 저는 어떠한 명증적인 이유들에 의해서도 의지가 어느 한편으로 더 많이 강요되지 않는 — 즉, 같은 비중을 갖는 둘 이상의 명증적인 이유들이 있어 그 이유들 중 어느 한쪽도 의지를 지배하지 못하는(필자 첨가) — 행위들과만 관련[된 무차별뿐만] 아니라 다른 모든 행위들과도 관련해서도 무차별이 의지 안에 있다고 판단합니다 . 그래서 아주 명증

이 중 '제한적인 순수 선택의 자유'로서의 순수 선택의 자유가 도덕적 책임의 조건이 될 수 없다는 것은 쉽게 판명이 된다. 가령 도둑질에 대해서 아무런 죄의식도 안 느끼고 도둑질이야말로 자기의 목적을 달성할 수 있는 가장 효율적인 수단이라고 생각하는 도둑이 도둑질을 하기 위해 빈집에 들어갔는데, 돈이 될 만한 것이 비디오밖에 없어서 그것을 훔쳐 나왔다고 가정해보자. 이 세계가 제한된 순수 선택의 자유만을 허용하는 세계라면, 이런 그의 행위는 명백한 이유에 근거해서 제한된 순수 선택의 여지없이 행해진 것이므로, 제한된 순수 선택의 자유를 도덕적 책임의 조건으로 보는 입장에 따르면 그에게 도덕적 책임을 귀속시킬 수 없다. 그런데 가정을 좀 달리하여 그 빈집에 비슷하게 가격이 나갈 것 같은 똑같은 크기의 비디오와 오디오가 있고 그 도둑은 그 중 하나밖에 가지고 나갈 수 없는 상황이라고 해보자. 이 경우 그 도둑에게는 비디오를 훔칠 이유와 오디오를 훔칠 이유가 동일하게 강하므로 그가 망설이다가 이 중 비디오를 훔쳤다면 그는 오디오를 훔칠 수도 있었는데 비디오를 훔치기로 제한적인 의미에서 순수 선택을 한 것이다. 따라서 이 입장에 따르면 이 경우에는 앞의 경우와는 달리 도둑에게 도덕적 책임이 있다고 보아야 한다. 그러나 우리의 직관상 도둑의 두 경우의 행위는 도덕적으로 별 차이가 없는 행위다. 이렇게 이 입장은 우리의 명백해보이는 도덕적 직관과 어긋나

적인 이유가 우리들을 어느 한편으로 움직일 때, 즉 도덕적인 경우를 예로 들자면, 우리는 거의 그렇지는 않지만, 그럼에도 우리는 절대적으로 반대편으로 가져가질 수 있습니다. 왜냐 하면, 우리가 그것을 통하여 우리들의 결정의 자유를 입증하는 것이 좋다고 생각한다면, 깨끗하게 인지된 좋음의 추구로부터의 철회가 항상 우리에게 허용되어 있기 때문입니다(ATiv, 173)"[양선숙(1997) pp.131-132 재인용]. 처음에 나오는 무차별이 제한된 순수 선택을 표현한 것이고 뒤에 나오는 무차별이 근본적 순수 선택을 표현한 것이다.

게, 도둑의 두 경우의 행위에 대해 전혀 다른 도덕적 평가를 내리게 하므로 받아들이기 힘든 것이다.[11]

이와는 달리 순수 선택을 근본적인 순수 선택으로 생각할 때, '순수 선택의 자유가 도덕적 책임의 조건인가' 하는 문제는 판단하기 좀더 복잡하다. 그리고 실제로 이 문제에 대한 기존의 논의들에서 학자들이 주로 염두에 두었던 것은 이 근본적인 것으로서의 순수 선택의 자유다. 그래서 필자는 앞으로 '순수 선택'을 근본적인 순수 선택을 의미하는 것으로 사용하면서 이 문제에 대해 논해보려고 한다. 그런데 이 문제에 답하기 위해서는 우선 인간이 속한 이 세계가 과연 이런 순수 선택의 자유를 허용하는 세계인가 아닌가를 분명히 해두어야 한다. 왜냐하면 이 세계가 그런 자유를 허용하는 세계인가 아닌가에 따라서 이 문제에 대한 답이 달라질 수 있기 때문이다. 이 점은 이 세계를 그런 자유를 허용하는 세계로 보는가 아닌가에 따라 어떤 동일한 행위를 그런 자유 하에서 행해진 것이거나 아닌 것으로 달리 판정할 수 있다는 것에서도 확인할 수 있다.

가령 이 세계가 순수 선택의 자유를 허용하지 않는 세계라면 '길동이 봉사 활동을 해야 할 분명한 이유가 있다고 생각했고 그후 자원 봉사 활동에 뛰어들었을 때' 우리는 길동이 그 이유에 따라 행위하지 않을 수 없었으며 그래서 길동은 그 행위를 순수하게 선택해서 행한 것이 아니라고 보아야 한다. 반면 이 세계가 순수 선택의 자유를 허용하는 세계라면, 길동은 그 이유에 따라 행위하지 않기로 결정할 수도 있었지만 그렇지 않고 그 이유에 따라 행위하기로 결정한 것이며, 따라서 길동은 그 행위를 순수하게 선택해서 한 것이라고 보아야 한다. 그리고 길동의 행위를 이 중 어떤 것으로 보느냐는 것은 순수 선택의

11) J. M. Fisher & M. Ravizza (1989) 참조.

자유가 도덕적 책임의 필요 조건인가 아닌가를 판단하는 데 변수가 될 수 있는 것이다.

그러므로 우리 세계에서 순수 선택의 자유가 도덕적 책임의 조건인가 아닌가를 밝히기 위해서는 먼저 이 세계가 어떤 세계인가를 분명히 해두어야 한다. 그러나 우리 세계가 행위자에게 순수 선택의 자유를 허용하는 세계인지 아닌지는 형이상학적 난제로 쉽게 답하기 힘들다. 이런 상태에서 이 세계는 순수 선택의 자유를 허용하는 세계라거나 허용하지 않는 세계라고 처음부터 어느 한 입장을 전제하고 논의를 시작할 수는 없다.

따라서 필자가 취할 수 있는 방도는 두 세계상 각각에 대해서 순수 선택의 자유는 도덕적 책임의 조건인가 하는 물음을 던져서 거기서 어떤 의미 있는 답변이 도출될 수 있는가를 보는 것이다. 그리고 이렇게 두 세계상의 각각의 경우를 모두 따져보아야 할 필요성은 한 세계상에서의 이 물음에 대한 탐구가 제대로 이루어지기 위해서는 다른 세계상에서의 이 물음에 대한 탐구 역시 필요하다는 데서도 발견된다.

3. 인간이 순수 선택의 자유를 가질 수 있는 세계일 경우

인간이 순수 선택을 할 수 있도록 세계가 형성되어 있다고 가정해보자. 그렇다면 인간은 어떤 특정한 행위를 해야 할 이유가 분명할 때라도 그 행위를 하지 않거나, 해야 할 이유가 덜 강한 다른 행위를 하기로 선택할 수 있다. 즉, "행위자의 행위나 결정이 어떠한 심적 사건들, 심지어 행위자의 성격과도 독립해서 또는 그것들을 넘어서서 '무차별하게' 행해질 수 있는"[12] 것이다.

실제로 우리 인간은 해야 할 이유가 별로 없는 행위라도 그것을 하려고만 한다면 할 수도 있다는 느낌을 갖고 있다. 가령 식사를 하는 도중 갑자기 일어나서 체조를 하는 행동은 너무 엉뚱하지만 그런 행동도 하려고만 한다면 할 수도 있다고 느낀다. 이 세계가 순수 선택의 자유를 허용하는 세계라면 이런 느낌은 사실과 부합하는 일일 것이다.[13]

물론 현실적으로 우리 인간은 대부분의 경우 해야 할 이유가 명백한 행위를 한다. '최선이라고 생각되는 행위를 할 수 있음에도 최선이 아닌 행위를 선택하는 것은 미친 짓으로 간주'되는 드문 일인 것이다. 그렇다면 이것은 이 세계가 순수 선택의 자유를 허용하는 세계일지라도 실제로 인간이 순수 선택을 행하는 것은 매우 드문 일이라는 것을 의미하는 것인가?

인간에게 순수 선택의 자유가 있다고 주장하는 학자들 중에는 그렇게 생각하는 사람들이 있다. 그래서 그들은 인간의 순수 선택의 자유를 '인간이 분명 갖고 있지만 결코 쓰지 않는 능

---

12) Petrik, J. M., Descartes' Theory of the Will, Hollowbrook Publishing (1992), 5. 양선숙(1997) 재인용.

13) 인간에게 순수 선택의 자유가 있다는 사람들은 그 주요한 논거로 사람들이 이런 자유에의 느낌을 갖고 있다는 점을 든다. 하지만 이렇게 느낀다는 그 자체만으로 인간에게 그런 자유가 있다는 것을 증명하는 것은 아니다. 왜냐하면 인간에게 근본적인 순수 선택의 자유가 있다는 것을 부정하는 사람들의 주장대로 그런 순수 선택의 자유에 대한 느낌은 허상에 불과할 수도 있기 때문이다. 이 반대자들은 인간은 그런 느낌만 가질 뿐 실제로는 결코 식사하다 별 이유 없이 체조를 하기로 결정할 수는 없으며, 만약 그렇게 결정한다면 행위자가 미처 의식하지 못한 어떤 이유가 있거나 행위자에게 심리학적인 또는 신경생리학적인 어떤 결함이 있기 때문이라고 주장하는 것이다. 따라서 이 맥락에서 필자가 말하고자 하는 바도 그런 느낌이 인간의 선택의 자유를 증명한다는 것이 아니라 인간이 선택의 자유를 갖는다고 가정한다면 그 느낌은 사실과 부합할 수 있다는 것이다.

력'으로 간주하였다.[14] 그러나 이 세계가 순수 선택의 자유를 허용하는 세계라면 인간은 훨씬 빈번하게 이 자유를 행하는 것으로 보아야 한다고 필자는 생각한다. 그것은 이런 세계일 때는 해야 할 이유에 반하는 행위뿐만 아니라 해야 할 이유에 따르는 행위 역시 행위자가 순수 선택한 행위라고 보기 때문이다.

이유에 따르는 행위가 순수 선택된 행위일 수 있는 것은 먼저 그 이유 자체가 선택된 것일 수 있기 때문이다. 이 점은 행위자의 이유를 규정하는 것이 무엇인지 살펴볼 때 쉽게 납득할 수 있다. 어떤 행위를 해야 할 이유는 행위자가 처한 객관적인 상황에 의해 전적으로 결정되는 것이 아니라 행위자가 갖고 있는 믿음, 욕구, 가치관 등에 의해서도 규정된다. 이 중 어떤 믿음이나 욕구를 가질 것인가를 행위자가 마음대로 선택할 수 있다고는 보기 힘들다. 그러나 어떤 가치관을 취할 것인가는 행위자 마음먹기에 달린 것이라고 충분히 생각해볼 수 있는 것이다. 그러므로 인간이 기존의 가치관과는 다른 가치관을 갖기로 순수 선택할 때 그는 이 가치관에 의해 규정되는 행위의 이유를 순수 선택한 셈이 되고, 따라서 이 경우에는 이 이유에 따른 행위라 할지라도 그 행위는 그가 순수 선택한 것이라 볼 수 있는 것이다. 더 나아가 행위자가 기존의 가치관에 의해 규정된 이유에 입각해서 행위를 한 경우에도 그 행위는 순수 선택된 것이라 볼 수 있다. 먼저 이런 이유에 입각해 행위하기로 결정할 때 행위자는 이 이유에 반하는 행위를 하기로 선택할 수 있었음에도 불구하고 이유에 따른 행위를 하기로 결정한 것이다. 또한 그는 그의 가치관을 바꿀 수 있었음에도 불구하고 기존의 가치관을 유지하기로 결정한 것이다. 따라서 이유에 반하는 행위나, 바뀐 가치관에 근거하고 있는 이유에 따르는 행위가 순

14) O'Connor, Timothy (1995) ed. p.258).

수 선택된 행위라면 이런 행위들 역시 순수 선택된 행위인 것이다.

이렇게 이 세계가 순수 선택을 허용하는 세계라면 행위자가 순수 선택했다고 볼 수 있는 행위는 겉보기와는 달리 매우 많다. 그렇다고 이런 세계일 때 인간의 모든 행위를 순수 선택의 행위라고 볼 수 있는 것은 아니다. 이 점은 행위자가 순수 선택의 자유를 가지고 있다고 했을 때 이런 순수 선택의 요소가 행위가 이루어지는 과정 중 어디에 놓이는가를 살펴볼 때 명확해진다.

앞에서도 보았듯이 어떤 구체적인 상황에서 한 행위가 이루어지는 과정은 '자극-믿음, 욕구-이성적 고려에 의한 결정-직접적 의지-행위'로 간단히 도식화할 수 있다. 그리고 순수 선택의 자유란 이유에 따라 행위할 것인가 말 것인가를 순수 선택하거나 행위에의 이유를 순수 선택하는 능력으로 볼 수 있는 것이다. 그렇다면 위의 과정 중 순수 선택의 자유가 놓이는 것은 '믿음, 욕구-이성적 고려에 의한 결정' 단계, 즉 믿음이나 욕구가 주어졌을 때 행위자가 이성적 고려를 통해[15] 무엇을 할 것인가 결정을 해나가는 단계일 것이며, 이 외의 다른 단계에서는 순수 선택의 자유가 놓인다고 보기 힘들다.[16]

이것은 인간에게 순수 선택의 자유가 있는 세계일 경우 인간의 사고 활동은 바로 순수 선택을 행하는 활동이기도 하다는 것을 의미하는 것이다.[17] 어떤 행위를 할 것인가 결정해나가는 우리의 사고 과정을 살펴보면, 우리는 주어진 상황에서 행할

---

15) 이때의 이성적 고려는 분명하고 철저한 사고일 필요는 없다.
16) 그 이유에 대해서는 필자의 박사 논문 pp.171-172 참조.
17) 데카르트는 이 사고 활동을 지성의 활동과 선택 의지의 활동으로 구분하고 있으나 그 구별이 타당한가를 문제 삼음이 없이 필자는 일단 이 두 활동의 요소를 사고 활동 하나로 총괄하여 표현하고자 한다.

수 있는 여러 가능한 대안들을 떠올리고, 그 각각에 대한 이유들을 밝히거나 결정하여 서로 비교하고, 그 다음 어떤 행위를 할 것인가를 결정한다. 인간에게 순수 선택의 자유가 없는 세계일 경우 인간은 이렇게 사고 과정에서 여러 대안들을 떠올리지만 그 중 행하기로 결정할 수 있는 것은 특정한 어느 하나다. 반면 인간에게 순수 선택의 자유가 있는 세계일 경우, 인간의 사고가 대안들로서 떠올리는 여러 행위들은 그 모두가 실제로 그가 하기로 결정할 수 있는 것들이다. 그러므로 인간에게 순수 선택의 자유가 허용되는 세계일 때 이렇게 대안들을 떠올리고 그 중 어떤 것을 하기로 결정해나가는 사고의 과정은 곧 순수 선택의 과정이기도 한 것이다. 이것은 이런 세계일 때도 순수 선택에 의하지 않는 행위가 있다는 것을 보여준다. 어떤 행위가 사고의 과정 없이 결정되고 행해질 때 그 행위는 순수 선택된 행위가 아닌 것이다.

그런데 이상의 논의는 또한 이런 세계에서는 순수 선택의 자유가 있어야 도덕적 책임이 가능하다는 것을 함축한다. 왜냐하면 이런 세계일 경우 순수 선택하지 않으면서 행위 결정에 이르는 사고를 할 수는 없기 때문이다. 이런 세계에서 행위의 결정이 순수 선택의 자유 없이 이루어진다는 것은 그 행위가 의식적 사고의 과정 없이 행위자의 욕구나 감정에 의해 자동적으로 결정된다는 것이다. 그런데 이렇게 결정된 행위는 도덕적 책임의 조건 중 하나로 1장에서 제시한 '이성적 고려에 의한 결정'이라는 조건을 충족시키지 못하는 것이므로 이때의 행위자에게는 도덕적 책임이 있다고 할 수 없는 것이다.

그러나 순수 선택의 자유가 있는 세계일 때 순수 선택이 있어야 도덕적 책임이 가능하다는 것은 더 엄밀히 살펴보면 이런 세계에서 행위자에게 도덕적 책임이 있을 수 있다면 그런 책임이 있기 위해서 순수 선택의 자유가 요구된다는 것만을 의미하지, 이런 세계에서 실제로 행위자에게 도덕적 책임이 있을 수 있다는 것까지 의미하지는 않는다. 그리고 만약 이런 세계일 때 도덕적 책임 자체가 불가능하다면, 도덕적 책임에 순수 선택의 자유가 요구된다 하더라도 순수 선택의 자유가 도덕적 책임의 한 조건이라고 말하기는 힘들 것이다. 그러므로 순수 선택의 자유가 있는 세계일 때 행위자에게 자기 행위에 대한 도덕적 책임이 있을 수 있는지를 따져보아야 한다.

앞 절에서 지적했듯이 행위자에게 그의 행위에 대한 도덕적 책임이 있기 위해서는 행위에 대한 부정적인 도덕적 평가가 그 행위자에게까지 확장될 수 있어야 한다. 그리고 이런 확장이 가능하기 위해서는 그 행위가 행위자의 진정한 모습을 드러내는 것이어야 한다. 이 점은 행위자에게 순수 선택의 자유가 있는 세계일 경우에도 마찬가지로 요구되는 것이다. 그러므로 이런 세계일 때 순수 선택의 자유가 도덕적 책임의 한 조건이려면 순수 선택에 의한 행위가 행위자의 진정한 모습을 드러내주는 것이어야 한다.

그렇다면 순수 선택에 의한 행위가 드러내는 것은 무엇인가? 먼저 행위자가 '다른 행위가 아닌 *바로 그 특정한 행위*를 순수 선택했다'는 점이 행위자의 진정한 모습을 드러내주는 것으로 생각해볼 수 있다. 하지만 *바로 그 특정한 행위*를 순수 선택했다는 것이 행위자의 진정한 모습을 드러내는 것일 수 있으려면 이 순수 선택은 바로 그 진정한 모습에 근거한 것이어야 한다. 즉, '행위자의 진정한 모습이 어떠어떠하기 때문에 행위자는 그 행위를 순수 선택했다'고 말할 수 있어야 한다. 그러나 그렇게 되면 이때의 '순수 선택'이란 이름뿐이고 실제로는 순수 선택이 아니게 된다. 순수 선택이란 기존의 어떤 것에도 근거하지 않는 그야말로 '무차별'적으로 행해져야 하는 것이기 때문이다.[18] 그러므로 행위자가 어떤 행위를 순수 선택했을 때 다른 행위가 아닌 바로 그 행위를 순수 선택했다는 점은 행위자의 진정한 모습을 드러낸다고 보기 힘들다.

다시 말해 각각의 개인들은 각각 다른 순수 선택을 할 것이지만 이 다른 순수 선택들을 각 개인의 진정한 모습을 드러내는 것으로 간주할 수 없다는 것이다. 행위자들의 다른 선택들이 그들 각각의 서로 다른 특성을 보여주는 것이라고 우리가 굳이 생각해보려 해도, 행위를 통해 드러나는 행위자의 그런 특성은 그 행위자에게 우연적인 것일 뿐이며, 행위자가 언제라도 이런 특성을 보여준 행위와는 다른 행위를 순수 선택을 할 수 있다는 점에서 일시적인 것으로 그의 진정한 모습을 이루는 것은 아니라는 결론에 이르게 된다.[19]

따라서 순수 선택에 의한 행위가 행위자의 진정한 모습을 드러낸다면 이때 행위자의 진정한 모습은 행위자가 순수 선택한 것이 무엇인가와는 상관없이 행위자가 순수 선택을 했다는 바로 그 점에서 드러난다고 보아야 한다. 그러므로 어떤 사람이

---

18) 이는 행위자가 이유에 반하여 행위하기로 순수 선택할 때뿐만 아니라 이유에 따라 행위하기로 순수 선택할 때도 마찬가지다. 이유에 따라 행위하기로 행위자가 순수 선택할 때도 이유는 행위자의 그런 선택을 필연화시키거나 그렇게 선택하도록 영향을 미치는 근거로 작용한 것이 아닌 것이다.

19) 물론 선택의 자유를 갖고 있는 이런 인간은 그 욕구나 기질 등에서는 서로 다르다고 여전히 인정할 수 있다. 그러나 이 욕구나 기질은 인간이 선택의 자유를 발휘할 때 그 선택에 어떠한 영향도 미칠 수 있는 것이 아니므로 선택을 하는 인간의 본질적 특성으로 간주될 수 없다. 이 욕구나 기질이 인간 행동을 규정지을 수 있는 경우는 인간이 행위를 결정함에서 선택을 하지 않을 때, 즉 사고 과정을 거치지 않고 무의식적으로 행동을 할 때뿐이다. 따라서 인간에게 순수 선택의 자유가 있음에도 인간이 욕구나 기질에 의해 어떤 행위를 할 때 그는 무의식적인 상태에서 행위하는 것이며 그런 행위는 도덕적 책임을 귀속시킬 수도 없는 것이다.

순수 선택에 의해 어떤 행위를 했을 때 그 행위에서 드러나는 그 사람의 진정한 모습은 '순수 선택을 하는 자'일 것이다. 그리고 순수 선택을 하는 사람이 어떤 사람이든 그가 순수 선택의 행위를 할 때 그 행위에서 드러나는 그의 진정한 모습은 역시 '순수 선택을 하는 자'로 동일할 것이다.

이것은 인간이 순수 선택의 자유를 갖고 있을 때 한 인간이 순수 선택을 한다는 점은 그 사람의 어떤 특성들보다 근본적인 것이라는 점을 의미하는 것이다. 그리고 이 순수 선택을 하는 인간은 어떤 질적인 본질적 특성들을 갖기 힘들기 때문에, 사르트르가 말한 대로 '인간의 실존은 본질에 앞'서는 것으로, '이 자아는 누구도 "창조적 자아" 정도 외에는 더 이상의 설명을 제공하지 못하는 것으로, 무엇인지 간취하기 어려운 과거로부터 미래로 나아가는 길에 있는 공백'[20] 정도로 표상되는 것이다.

이렇게 인간이 '순수 선택을 하는 자'일 때, 어떤 행위에 대해 그 행위자에게 도덕적 책임이 있다고 말하기 어렵게 된다. 행위자에게 행위에 대한 도덕적 책임이 있다는 것은 행위의 그름이 그 행위자의 본질적인 어떤 특성에서 연유하는 것이어야 가능하다. 그런데 앞에서 본대로 순수 선택된 어떤 그른 행위에서, 행위자의 진정한 모습은 '순수 선택을 하는 자'로 행위의 그름은 행위자의 진정한 모습에서 연유한 것으로 보기 힘들다. 또한 이렇게 인간의 진정한 모습으로 드러나는 '순수 선택을 하는 자'로 드러날 때 이 '순수 선택함'은 긍정적인 도덕적 평가도 부정적인 도덕적 평가도 받을 만한 것으로 생각되지 않으며, 그에 대해 도덕적 경탄이나 분노를 느끼는 것도 적절해보이지 않는 것이다.

---

20) T. Honderich "One Determinism" p.270, Weatherford, Roy (1991) p.225에서 재인용.

예를 들어 이 세계가 순수 선택의 자유를 허용하는 세계일 때, 비록 히틀러는 유태인에 대한 대량 학살을 명했지만 우리는 그러한 행위에 대한 매우 부정적인 도덕적 평가를 히틀러 자신에게까지 확장시켜 그에게 도덕적 책임이 있다고 판단해서는 안 된다. 왜냐 하면 그의 진정한 모습은 '근본적인 순수 선택을 행하는 자'일 뿐이기 때문이다. 따라서 그는 실제로는 대량 학살을 명하는 행위를 했지만, 또한 인류에게 큰 도움을 줄 행동을 하기로 선택할 수도 있었던 자인 것이다. 반면 우리가 대량 학살에 대한 부정적인 도덕적 평가를 히틀러에게 확장시키는 것이 타당하고, 그에 대해 도덕적 분노를 느끼는 것이 적절할 수 있으려면 대량 학살을 명하는 그런 행위를 하게 한 어떤 근거가 히틀러에게 있어야 한다. 그런데 만약 그런 근거가 히틀러에게 있다면 이미 그는 순수 선택을 하는 자가 아닌 것이다.

앞에서 필자는 인간에게 순수 선택의 자유가 있는 세계일 때, 이런 순수 선택의 자유가 없이 행한 행위에 대해서는 그 행위자에게 도덕적 책임이 있을 수 없다는 것을 주장했었다. 그렇다면 이런 세계일 때 순수 선택의 자유는 '그것이 없으면 도덕적 책임이 불가능하다'는 약한 의미에서는 도덕적 책임의 조건이다. 그러나 '그것이 없으면 도덕적 책임이 불가능하고 또한 그것이 있음이 도덕적 책임을 불가능하게 만드는 것이 아니다'는 강한 의미에서는 도덕적 책임의 조건이 아니다. 그런데 이런 논의에서 사람들이 염두에 두는 것은 후자의 강한 의미에서의 '도덕적 책임의 조건'이다. 따라서 이런 강한 의미로 생각할 때 순수 선택의 자유가 허용되는 세계에서 순수 선택의 자유는 도덕적 책임의 조건이라고 말할 수 없다.[21]

---

21) 이런 결론은 사르트르의 생각과는 정반대되는 것이다. 사르트르는 인간

4. 인간이 순수 선택의 자유를 가질 수 없는 세계일 경우

이제 이 세계가 근본적이든 제한적이든 어떤 종류의 순수 선택도 불가능하도록 형성되어 있다고 했을 때, 순수 선택의 자유는 도덕적 책임의 조건인가에 대해 검토해보자. 이런 세계일 때도 순수 선택의 자유가 강한 의미에서의 도덕적 책임의 조건은 아니라는 것은 쉽게 판명되는 것으로 보인다. 앞 장에서 우리는 순수 선택의 자유가 도덕적 책임을 불가능하게 만든다는 것을 보았는데, 이런 점은 순수 선택의 자유가 갖는 본질적 측면으로 모든 가능 세계에서 변하지 않을 것이기 때문이다. 그러나 순수 선택의 자유가 허용되는 세계일 때처럼 이런 세계일 때도 순수 선택의 자유는 '그것이 없으면 도덕적 책임이 불가능하게 되는' 도덕적 책임의 약한 조건인가 하는 문제는 여전히 남아 있다.

이 문제를 해명하기 위해서 필자는 이런 세계일 때 도덕적 책임은 가능한가 하는 점에 주목하고자 한다. 이런 세계일 때, 순수 선택의 자유가 도덕적 책임의 약한 조건이라면 — 비록 순수 선택의 자유가 있는 세계와 정반대의 이유에서지만 — 행위자에게 도덕적 책임은 있을 수 없다. 그러므로 이런 세계일 때, 행위자에게 도덕적 책임이 있을 수 있다는 점만 밝혀지면 순수 선택의 자유가 도덕적 책임의 약한 조건도 아니라는 점이 증명된다.

우리의 세계가 순수 선택의 자유를 허용하지 않는 이런 세계

이 순수 선택의 자유를 갖고 있기 때문에 인간은 자기의 순수 선택에 대해서 무한 책임을 져야 한다고 주장한다. 그러나 필자의 논변이 타당하다면 사실은 그 반대인 것이다.

라면 이 세계에서는 사고에 의한 행위 결정의 과정은 더 이상 순수 선택의 과정이 아닐 것이다. 대신 행위자가 사고를 통해 어떤 특정 행위를 해야 할 분명한 이유가 있다고 생각하게 되면 이런 생각은 자동적으로 그로 하여금 그 행위를 하기로 결정하게 만들 것이다.[22] 그리고 이때 행위자가 사고를 통해 파악하는 행위의 이유는 외적 상황과 함께 그의 가치관, 성품, 욕구 등에 의해 규정될 것이다. 그러므로 그의 행위에는 그의 가치관, 성품, 욕구 등이 반영되어 있다고 할 수 있다.

그런데 상식적으로는 행위자의 이런 가치관, 성품, 욕구야말로 그 행위자를 바로 그이게 만드는 것으로, 즉 그 행위자의 진정한 모습을 이루는 것으로 간주되고 있다. 만약 이런 생각이 옳다면 행위자가 어떤 이유에 입각해서 행위를 했을 때 그 행위는 행위자의 진정한 모습을 드러내주는 것이 된다. 따라서 우리는 행위자가 한 행위가 그른 것일 때 그 행위에 대한 도덕적 평가를 행위자에게 확장시킬 수 있어서 행위자에게 자기 행위에 대한 도덕적 책임이 있다고 말할 수 있다.

그러나 행위자의 가치관 성품, 욕구가 행위자의 진정한 모습을 이룬다는 이런 상식적 생각은 의문시될 수 있다. 실제로 학

---

22) 물론 이런 우리의 세계에서는 행위 이유에 의해 규정되지 않는 행위들도 많이 존재한다. 가령 어떤 행위자는 명백한 이유가 있음을 인식했음에도 불구하고 그 행위를 하지 않는 경우가 있다. 그렇다고 이때 그가 순수 선택의 자유를 발휘한 것이라고 볼 수는 없다. 대신 어떤 정신적 신체적 결함으로 행위 이유가 아닌 무의식적 동기 등의 다른 요소가 원인으로 작용해 그 행위를 하게 한 것이라고 보아야 할 것이다. 또한 행위자가 해야 할 이유가 동등하게 강한 둘 이상의 대안이 존재하는 상황에서 그 중 어떤 행위를 한 경우도 있는데 이때도 그가 제한적 순수 선택을 한 것이라 볼 수는 없으며 의식적인 차원에서는 그 이유의 강도가 똑같이 보여졌던 그 대안들 중 어느 것에 대해서 행위자가 더 강한 무의식적인 욕구나 지향을 가지고 있어서 또는 행위자가 어떤 신경 생리적 기제와 요인을 가지고 있어서 그 행위를 하게끔 규정된 것이라고 보아야 할 것이다.

자들 사이에서는 이런 생각에 찬성하는 사람과 반대하는 사람들 간의 논란이 벌어지고 있다. 따라서 우리도 이런 생각을 평가해 볼 필요가 있는데 이런 평가를 위해서는 먼저 행위자의 이 가치관, 성품, 욕구가 어떻게 형성되는가를 살펴볼 필요가 있다.

우리의 세계가 순수 선택의 자유를 허용하지 않는 세계일 때 행위자의 가치관, 성품, 욕구는 행위자 스스로에 의해 규정되는 것이 아니라 어떤 행위자 외적인 것, 즉 유전자나 환경 같은 물리적인 것이나 신과 같은 정신적인 것에 의해 규정되는 것으로 보인다. 어떤 학자들은 그렇다면 이 가치관, 품성, 욕구 등은 행위자의 진정한 모습을 이루는 것이라고 말할 수 없다고 주장한다.[23] 왜냐 하면 그들은 행위자가 통제할 수 있는 것만이 행위자의 것이라고 생각하기 때문이다. 그래서 그들이 보기에 행위자의 가치관, 품성, 욕구 등은 그 자신에 의해 규정된 것일 때만 그의 진정한 모습을 이루는 것이 된다.

그러나 그들처럼 본다면 우리의 세계가 순수 선택의 자유를 허용하지 않는 세계일 때, 한 사람을 바로 그 사람이게 하는 그 사람의 진정한 모습이라고 할 만한 것으로 무엇이 남을 수 있는가 하는 의문이 든다. 이런 의문에 대해 그들이 그들 주장이 함축하는 바에 엄격하다면 제시할 수 있는 대답은 그런 행위자에서 진정한 자기라 할 만한 것은 없거나 있다고 하더라도 '한 점'에 불과하다고 할 것이다.[24]

---

23) 그들은 대개 인간에게 도덕적 책임을 귀속시킬 수 있으려면 인간이 순수 선택의 자유를 가지고 있어야 한다고 주장하는 사람들이다.

24) 그들 중에는 세계가 이런 세계일 때 이렇게 진정한 자아라 할 만한 것을 의미 있게 말할 수 없으므로 진정한 자아를 인정하기 위해서라도 세계는 순수 선택의 자유를 갖는 것으로 보아야 한다고 주장하는 사람들이 있는 것으로 보인다. 그러나 필자가 앞에서 본대로 순수 선택의 자유가 있는 세계라 할지라도 그때 우리가 발견할 수 있는 '진정한 자기'란 순수 선택을 한다는 것 이외에는 어떠한 규정성도 갖지 않는, 그래서 우리가 선뜻 진정한 자아라고

이렇게 행위자에 대해서 그의 진정한 모습이라 할 만한 것은 없거나 있다 하더라도 어떤 규정성도 갖지 않는 한 점에 불과한 것으로 볼 때 더 이상 행위를 근거로 그 행위자에게 도덕적 책임을 귀속시킬 수 없게 된다. 행위자의 행위가 그의 가치관, 성품, 욕구에 의해 규정된 것일지라도 그 가치관, 품성, 욕구 등이 행위자 자신에 의해 규정된 것이 아니라는 점에서 우연적인 것이므로 그 행위 역시 행위자에게 우연적인 것일 뿐이기 때문이다.

대신 그들 입장에서 행위에 대한 책임을 귀속시킬 수 있는 가능성이 있는 존재자는, 행위자의 가치관, 품성, 욕구 등을 규정하는 행위자 외적인 것이 될 것이다. 즉, '환경이나 신 → 행위자의 가치관, 품성, 욕구 → 행위'의 순서로 규정이 이루어졌다면 행위에 대한 부정적인 도덕적 평가는 그 행위를 하도록 규정지은 가치관, 품성, 욕구 등을 가진 행위자에게 확장될 수 있는 것이 아니라 그 행위자를 지나쳐서 그 가치관, 품성, 욕구 등을 규정지은 환경이나 신 등 최종 규정자에게 확장되어야 하며, 따라서 도덕적 책임을 귀속시킬 수 있는 존재자로 일단 생각해볼 수 있는 것은 환경이나 신인 것이다.

그러나 이때의 최종 규정자가 자연 환경과 같은 비인격체일 때 그것에 대해 도덕적 책임을 귀속시킬 수 없다. 지진이나 홍수 때처럼 자연이 우리에게 직접 해를 가할 때 우리는 자연이 악한 마음에서 의식적이고 자발적으로 지진이나 홍수를 일으킨 것이 아니라는 점을 잘 알기 때문에 자연에 대해 도덕적 분노를 느끼지 않는다. 마찬가지로 자연이 어떤 행위자를 잘못된 가치관과 지나친 욕구를 가진 사람이 되게 만듦으로써, 그 행위자의 그른 행위를 통해 간접적으로 우리에게 해를 끼쳤을 때

인정할 만한 것이 아닌 것이다.

도 자연에 대해 도덕적 분노를 느낄 수는 없다. 따라서 최종 규정자가 자연과 같은 물질적인 것일 때 이 세계에는 도덕적 책임을 귀속시킬 만한 존재자가 아무것도 없게 된다. 반면 최종 규정자가 정신적 존재자인 신이라면 신은 그가 하고 있는 바를 알고 있으면서 자발적으로 어떤 행위자를 잘못된 가치관이나 욕구 등을 갖게 만든 것이므로 그에게 도덕적 책임을 귀속시킬 수 있으며 또한 그만이 도덕적 책임을 져야 할 대상이 된다.

필자는 행위자의 가치관, 품성, 욕구 등이 그 자신에 의해 통제되지 않은 것일 때 그것은 행위자의 진정한 모습을 이루는 것이라 볼 수 없다는 입장의 이런 귀결에 대해서는 동의한다. 즉, 인간의 가치관, 품성, 욕구 등에 대한 최종 규정자가 신이라는 정신적 존재자여서 신이 행위자의 가치관, 품성, 욕구를 특정하게 규정함으로써 그 행위자가 어떤 그른 행위를 하게 된 것이라면 그 행위에 대해 신에게 도덕적 책임이 있다는 주장을 반박할 근거는 — 인간이 알 수 없는 신의 오묘한 섭리라고 물러서지 않는 한 — 없다고 보는 것이다.[25]

그러나 필자는 최종 규정자가 아닌 행위자 자신에게는 책임을 귀속시킬 수 없다는 주장에 대해서는 반대한다. 필자가 생각하기에 행위자 스스로가 규정한 것이 아닌 가치관, 품성, 욕

---

25) 호교론자들은 신에 대한 부정적인 도덕적 평가를 가능하게 하는 이런 결론을 피하기 위해서 신에 의한 인간의 창조를 인정하면서도 어떻게든 인간이 혼자 도덕적 책임을 지도록 만들려고 하였다. 그래서 인간에게 순수 선택의 자유가 있다고 가정하고 이 순수 선택의 자유가 도덕적 책임의 근거라고 주장한 것으로 보인다. 그러나 앞 절에서 살펴본 대로 순수 선택의 자유는 도덕적 책임의 조건으로 인정할 수 없는 것이다. 서구 철학에서도 그 시원인 그리스철학에서는 발견되지 않았던 이런 '순수 선택'이라는 개념이 학문에 도입되어 그토록 오랫동안 논쟁이 되었던 것은 주로 신에게 도덕적 책임을 돌릴 수 없다는 믿음을 어떻게든 유지시키려 한 이론외적 동기가 작용한 때문이라고 볼 수 있을 것이다.

구 등이라 할지라도 그것들은 그 행위자의 진정한 모습을 이루는 것이며 따라서 그 행위자에게도 도덕적 책임을 귀속시킬 수 있는 것이다.

행위자의 가치관, 품성, 욕구 등이 외적으로 규정된 것일 때 그것들은 행위자의 진정한 모습을 이루는 것이 아니라는 주장은 결과는 그 원인으로 모두 환원된다고 생각하는, 일종의 발생론적 오류를 범하고 있는 것으로 보인다. 이 점은 원인과 결과 간의 관계는 일반적으로 어떤 것인가를 생각해볼 때 분명해진다. 어떤 원인이 어떤 결과를 발생시켰을 때 결과인 것은 그 자체로 한 독립된 존재자(또는 사건)이지 단순히 원인들로 환원될 수 있는 것은 아니다. 예를 들어 화가가 재료를 사용하여 그림을 그렸을 때, 화가와 그림의 재료는 그 그림이 있게 만든 원인들이지만 그렇다고 그 그림이 하나의 독립된 존재자가 아닌 것은 아니다. 그 그림은 화가나 그림의 재료와는 다른 어떤 것이다. 그래서 우리는 그 그림 자체에 대해서 감탄이나 좋아함 등의 태도를 취하거나 '뛰어나다', '형편없다'는 등의 평가를 내릴 수 있는 것이다. 그리고 이런 태도나 평가는 그 그림의 원인이 되는 화가나 재료에 대한 태도와 평가와는 분명히 구별되는 것이다.

마찬가지로 비록 한 행위자의 가치관, 품성, 욕구 등이 환경이나 신과 같은 외적인 원인에 의해 규정된 것일지라도 그것들은 그 원인들과는 구별되는 독립된 것으로 그것을 가진 행위자의 고유한 것이라고 생각할 수 있는 것이다. 이 점을 부정하려는 사람은 더 나아가 행위자의 있음 자체도 부정해야 할지 모른다. 왜냐 하면 행위자의 가치관, 품성, 욕구 등이 외적인 원인에 의해 규정된 것이기 때문에 그의 고유한 것이 아니라면 그의 있음 자체도 그 스스로에 의한 것이 아니라 자연이나 신과 같은 외적인 존재자에 의해 발생한 것이므로 어떤 허상의 것이라고 보아야 되기 때문이다.

또한 이 점을 부인하려면 우리는 단순히 행위자에게 도덕적 책임이 있을 수 있다는 것, 즉 행위자에게 적절하게 도덕적 분노를 느낄 수 있다는 것을 부정하는 이상으로 우리의 많은 감정들을 부정해야 한다. 우리는 다른 사람들에게 도덕적 분노를 느낄 때도 있지만 존경이나 감탄, 애정 등 긍정적인 감정을 느낄 때도 있고 경멸, 미움 등 도덕적 분노와는 다른 부정적 감정을 느낄 때도 있다. 이런 감정들은 모두 그 대상이 어떤 가치관이나 성품, 욕구 등을 가졌다는 것에 대해서 느끼는 것인데 이때 우리는 의식적이든 무의식적이든 그러한 것들이 그 행위자와 별개의 것이 아니라 그 행위자를 이루고 있는 것이라고 전제하고 있다. 그러므로 행위자의 가치관, 성품, 욕구 등이 외적으로 규정된 것이므로 그 행위자의 진정한 모습일 수 없고 따라서 그 행위자에게 도덕적 분노를 느끼는 것은 부적절하다고 본다면 단지 도덕적 분노뿐만 아니라 인간이 다른 인간에게 느끼는 이런 모든 감정들 역시 부적절한 것으로 부정해야 하는 것이다. 그래서 가령 천재의 재능은 타고난 것이므로 그 천재에 대해 감탄하는 것은 어리석은 일일 것이다. 아기의 천진한 모습 역시 아기 자신에 의해 규정된 것이 아니므로 아기에 대해 귀여움과 기쁨을 느끼는 것은 더 이상 적절한 것이 되지 못할 것이다.

행위자의 가치관이나 품성, 욕구 등이 그 자신을 이루는 고유한 것으로 보는 것이 타당함은 행위자의 그 자신에 대한 경험에서도 확인이 된다. 행위자는 자신의 가치관, 품성, 욕구 등에 의해 규정된 이유에 입각해 어떤 행위를 할 때 '어쩔 수 없이' 그런 행동을 한다는 느낌을 갖지 않는다. 대신 자발적으로 자유롭게 그 행위를 한다고 느낀다.[26] 오히려 자기의 가치관, 성품, 욕구 등에 어긋나는 행위를 하게 되었을 때 어색함과 불편함, 억지로 무엇을 한다는 느낌 등을 갖게 된다.

이상의 이유에서 우리는 순수 선택의 자유가 허용되지 않은 세계일 때, 비록 외적으로 규정된 것일지라도 행위자의 가치관, 품성, 욕구 등은 행위자를 그 자신이게 하는 고유한 것들이라고 보아야 한다.[27] 이렇게 볼 때 행위자가 그런 가치관, 성품, 욕구 등에 의해 규정되는 이유에 따라 행위를 한 경우 그 행위는 행위자의 진정한 모습을 보이는 것이므로 그 행위에 대해 행위자에게 책임이 있다고 말할 수 있다. 그리고 이렇게 순수 선택의 자유가 허용되지 않는 세계일 때 행위자에게 도덕적 책임이 있을 수 있기 때문에 이런 세계일 때 순수 선택의 자유는 도덕적 책임의 약한 조건일 수도 없는 것이다.

이 논문에서 필자는 행위자에게 그의 행위에 대한 도덕적 책임이 있게 되는 조건을 검토하였다. 그런데 이런 조건에 대한 논의에서 가장 논란이 되는 것은 '순수 선택의 자유가 도덕적 책임의 조건 중 하나인가' 하는 문제이므로 필자는 특히 이 문제에 논의를 집중시켰다. 그 결과 필자는 이 세계가 순수 선택의 자유를 허용하는 세계일 때 순수 선택의 자유는 그것이 없으면 도덕적 책임이 불가능하지만 그것이 있어도 도덕적 책임은 불가능하다는 사실을 밝혔다. 그리고 이 세계가 순수 선택

26) 데카르트는 이러한 상황을 "어떠한 외부적 힘에 의해서 그것에로 결정되는 것을 느끼지 않는 방식으로 그렇게 데려가지는 것"이라고 표현했다[양선숙(1997) p.121 참고].

27) 이것은 우리가 자기 자신을 형성하는 것이 아니라 발견한다는 것을 의미한다. 그래서 진정한 자기란 우리가 발견하기 이전에 이미 주어져 있는 것이다.

의 자유를 허용하지 않는 세계일 때 도덕적 책임은 순수 선택의 자유 없이도 가능하다는 것을 밝혔다. 따라서 전체적으로 볼 때 순수 선택의 자유는 이 세계가 그런 자유를 허용하는 세계든 허용하지 않는 세계든 도덕적 책임의 조건이 아니라고 말할 수 있다.

□참고 문헌

김태길(1987), 『윤리학(개정판)』, 박영사.

아리스토텔레스(1984), 『니코마코스 윤리학』, 최명관 역, 서광사.

양선숙(1997), 「데카르트의 성찰 4에 나타난 판단 능력으로서의 의지」, 철학 제52집.

엄정식(1983), 「논평 : 정대현 교수의 '자유 의지와 결정」, 『철학』, 1983 봄.

유호종(1999), 「도덕적 비난과 형벌의 정당화 — 도덕적 책임 문제를 중심으로」, 서울대 박사 논문.

정대현(1982), 「자유 의지와 결정론」, 『철학』, 1982 가을.

Hampshire and H. L. A. Hart "Decision, Intention, and Certainty" in Morris, Herbert ed. (1961) *Freedom and Responsibility* Stanford UP.

O'Connor, Timothy(1995) ed., *Agents Causes and Events : Essays on Indeterminism and Free Will*, Oxford UP.

Chisholm, R. M.(1964) "Human Freedom and The Self" in Watson, Gary ed. (1982) *Free Will.*

Clarke, R.(1993), "Toward a Credible Agent-Causal Account

of Free Will", in O'Connor, Timothy (1995) ed., *Agents Causes and Events : Essays on Indeterminism and Free Will.*

Double, R.(1988) "Libertarianism and Rationality" in O'Connor, Timothy (1995) ed., *Agents Causes and Events : Essays on Indeterminism and Free Will.*

Double, Richard.(1988), "Libertarianism and Rationality", in O'Connor, Timothy (1995) ed.

Fisher, J. M. & M. Ravizza ed. (1993) *Perspectives on Moral Responsibility* Cotnrll UP.

Fisher, J. M. & M. Ravizza, (1989) "When the Will is Free" O'Connor, Timothy (1995) ed.

Fisher, J. M.(1986) *Moral Responsibility* Cornell UP.

Guttenplan, S.(1994) *A Companion to the Philosophy of Mind*, BlackWell.

Inwagen, P. V.(1980) "The Incompatibility of Responsibility and Determinism" in Fisher J. M. (1986).

Inwagen, P. V. (1989) "When is the Will Free?" in O'Connor, Timothy (1995) ed Moore, G. E.(1912), *Ethics*, Oxford UP.

Morris, Herbert ed.(1961) *Freedom and Responsibility* Stanford UP.

Morgenbesser, S & James Walsh ed. (1962) *Free Will* Prentice-Hall, Inc. 1962

Nagel, T.(1986) "The Problem of Autonomy" in O'Connor, Timothy (1995) ed., *Agents Causes and Events : Essays on Indeterminism and Free Will.*

Strawson, P.(1962) "Freedom and Resentment" in Watson,

Gary ed. (1982) *Free Will..*
Watson, Gary (1975) "Free Agency" in Watson, Gary ed. (1982) *Free Will..*
White, Morton(1993), *The Question of Free Will*, Princeton UP.
Wolf, Susan(1990) *Freedom within Reason*, Oxford UP.
Zimmerman, Michael J.(1988) *An Essay on Moral Responsibility*, Rowman & Littlefield Publishers.

최근의 자유 의지 논쟁과 그 전망

최 용 철(전북대 윤리교육과 교수)

1. 결정론과의 대결

외부의 극악한 물리적 억압의 상황에서 대다수 사람들이 속수무책의 굴종의 생활을 하고 있다면 자유 의지를 에워싼 심각한 형이상학적 논쟁은 아마도 필요 없었을 것이다. 선택의 자유를 논의하는 일보다 외부의 강압 상태에서 벗어나는 일이 무엇보다도 시급해질 것이기 때문이다. 또 누구든지 자기 뜻대로 항상 자신의 삶을 만족스럽게 영위할 수만 있다면 역시 자유 의지 논쟁은 생기지 않았을 것이다. 뜻대로 이루어지는 만족스러운 삶을 굳이 문제 삼을 까닭이 없을 것이기 때문이다. 오늘날 대다수의 사람들은 과거 어느 시대에도 누릴 수 없었던 막대한 자유를 구가하게 되었다는 점에서 비교적 만족스러운 삶을 영위하고 있다고 해도 과언이 아니다. 그럼에도 불구하고 사람들은 여전히 무수한 심리적, 사회적 요인들에 의해 영향을 받고 살아가고 있다고 생각하면서, 자신의 삶을 불만족스럽게 여기기도 하며, 나아가 자신들이 정녕 자유로운 존재인가 의심하기도 한다.

주지하듯이 자유 의지 논쟁은 결정론을 "인류가 가지는 상식의 일부"[1]로 여기면서 인간의 자유를 회의할 때 시작된다. 이른바 강한 결정론(hard determinism)에 따르면, 자연의 모든 존재는 인과적으로 결정된 것이며, 자연의 한 부분으로서 인간이 겪는 일체의 정신적, 육체적 변화도 결국에는 인과적으로 결정된 사건에 지나지 않는다. 인간 행위에의 설명이 무생물이나 하등 동물의 행태에 대한 설명에 비해 한층 더 복잡하다 해도, 근본적으로는 인과 법칙에 따르는 설명이라는 점에서 양자 사이에는 하등 차이가 있을 수 없다는 것이다.

자유에의 철저한 회의는 마침내 삶에 대한 우리의 태도에 여러 가지 심대한 변화를 야기한다. 비어슬리가 지적하듯이, "우리가 근본적인 인과적 제 요인을 감안하면, 우리는 인간과 인간의 행위를 특이하게 바라보게 된다. …… 우리는 인간을 염소떼와 양떼는 아니지만 일종의 무리로서 간주하지 않을 수 없다."[2] 그에 따라 옳고 그름에 대한 도덕적 식별은 무의미하며, 이러한 관점에서 사람들은 칭찬과 비난을 받을 하등의 이유가 없다. 사람들은 자신들이 가지고 살아가는 자부심과 수치심, 감사와 분노, 감탄과 경멸 등의 감정을 한껏 누그러뜨리면서 서로에 대해 무조건 관대해질 것이며, 도처에서 품게 되던 적개심의 사슬을 풀고 마침내 해탈의 경지에 이르게 될지도 모른다. 그러나 다른 한편으로 "자유 의지가 없다면, 우리는 외부의 영

---

1) R. Taylor, *Metaphisics* (Prentice-Hall, Englewood Cliffs, N. J., 1974), p.29.

2) E. L. Beardsley, "Determinism and Moral Perpective", *Philosophy and Phenomenology Research*, 1964, p.12.

향력에 의해 좌우되는 꼭두각시에 지나지 않는 것처럼 보일 것이다"[3]라고 노직이 말하는 것처럼, 자유에의 회의는 해탈감보다 오히려 압박감을 줄 수도 있다. 라일과 더넷이 묘사하듯이,[4] 철학자들은 결정론적 세계에서의 인간들을 무시무시한 유령의 마수에 걸려든 존재로 생각하면서 불안과 공포에서 벗어나질 못한다.

그러나 자유 의지론자(libertarian)는, 자유에 대한 우리 내면의 직접적 경험이 결정론만큼이나 자명하다고 생각하면서, 결정론의 위협에서 벗어나려고 한다. 어떤 행위를 할 것이냐 말 것이냐에 대해 행위자가 숙고할 수 있다는 사실만으로도 행위자의 선택이 자유롭다는 사실이 입증된다는 것이다. 우리가 어떤 행위를 할 것이냐에 대한 숙고는 우리가 그 행위를 할 수 있는 능력을 전제하기 때문이며, 그런 능력을 전제하지 않는 한 그 행위를 할 것이냐에 대한 숙고는 무의미해진다는 것이다. 따라서 숙고할 수 있다는 사실이 인간에게 불가피한 사실로 받아들여지는 한, 인간이 자유롭다고 하는 믿음 또한 불가피하다. 만약 결정론에 대한 믿음과 자유에 대한 믿음이 상충할 때, 결정론에의 믿음을 포기하기란 심리적으로 가능하지만 자유에의 믿음을 포기하기란 심리적으로 불가능하다.[5]

---

3) R. Nozick, *Philosophical Explanation* (Harvard Univ. Press, Cambridge), p.291.

4) G. Ryle, *The Concept of Mind* (Huchinson,London, 1949), pp.15-16, D. Dennett, *Elbow Room* (Clarendon, Oxford, 1984), Ch. I. 특히 더넷은 결정론을 상정하는 데 대한 두려움은 'bogeymen'에 대한 두려움과 유비 추리될 수 있다고 하면서, 그런 존재들로서, '눈에 보이지 않는 간수', '무시무시한 신경외과 의사', '무시무시한 최면술사', '무시무시한 괴뢰수', '우리를 노리개로 생각하는 천상의 어린이' 등을 열거한다.

5) J. W. Cornman, K. Lehrer, and G. S. Pappas, *Philosophical Problems and Arguments* (Macmillan, N.Y., 1982), pp.86-87.

그러나 자유 의지론자들은 곧바로 "원인과 결과의 영원한 연속, 즉 운명의 사슬을 끊을 새로운 동작들을 발생시킬 수 있도록 원자들이 일탈하지 않는다면, 지구상의 생명체들이 소유한 자유 의지의 원천은 무엇인가?"[6]라는 물음에 답해야 한다. 그리고 설령 임의적 일탈이 발생할 수 있더라도 그것이 우리의 자유 의지의 근거일 수는 없다. 만약 우리의 선택이 뇌리의 어떤 원자의 임의적 일탈의 결과라면, 그것은 그 어떤 합당한 이유도 함축하지 않는 우발적 사건이 되고 말 것이며, 따라서 우리의 선택은 결코 자유로운 것이 아니게 된다.

여기서 우리는 인간 행위를 결정론이나 자유 의지론 어느 한 편에 입각해서 설명할 수 없는 당혹스런 딜레마에 봉착한다. 그러나 자유 의지론자와 결정론자를 화해시키려는 제3의 양립 가능론자에게 이러한 상황은 결코 당혹스런 딜레마가 아니다. 이미 오래 전 홉스가 "물은 물길을 흘러갈 자유뿐만 아니라 필연성도 가지듯이 자유와 필연은 양립 가능하다"[7]고 주장했듯이, 양립 가능론자는 자유와 필연성이 양립 불가능하다는 믿음은 자유의 의미에 대한 혼란에서 비롯된다고 주장한다. 누군가가 자유롭다고 함은 그가 자신의 의지에 따라 행위할 때 어떤 외적 제재도 받지 않음을 의미할 뿐이며, 따라서 쇠사슬에 묶여 있지 않는 한 누구나 자유롭다는 것이다. 흄의 주장을 되새기면서, "자유를 강제의 반대 개념으로 보는 데 모든 사람의 의견이 일치하며, 따라서 자유와 필연성에 관한 지금까지의 논쟁은 언어상의 논쟁에 지나지 않았음을 증명하는 데 많은 말이 필요치 않다"[8]고 생각하는 것이다.

---

6) Lucretius, *The Nature of the Universe II* (Harmondworth, Penguine, 1951), trans., R. E. lATHAM. lines 250-255.

7) T. Hobbes, *Leviathan*, Ch. XXI.

8) *Enquiry Concerning the Human Understanding* (Clarendon, Oxford,

이러한 유형의 양립 가능론은 자유 의지 논쟁을 종식시킬 수 있는 매력적인 논의로서 가장 최근까지 각광을 받고 있다. 논리실증주의자 슐릭은 자유 의지라는 전통적 문제는, 우리가 마땅히 해야 할 바를 규정하고 명령하는 '규범적' 규칙과 자연 속에서 발생하는 사건들을 기술할 목적으로 사용되는 '기술적' 법칙을 혼동함으로써, 강제를 법칙 자체의 속성으로 오해할 때 생긴다고 단정하였다. 즉, 심리학자가 제시하는 심리학적 법칙은 인간 행위를 기술할 뿐 인간으로 하여금 어떤 결단을 하도록 강제하지 않듯이, 자연 법칙의 본질은 그것이 모든 사실에 적용된다는 보편성을 의미할 뿐 강제를 의미하지 않는다는 것이다. "따라서 자꾸 반복해서 이러한 문제에 관해 많은 종이와 잉크를 축내는 것은, 훨씬 더 중요한 문제에 충당될 수 있는 사유의 낭비임은 물론, 실제로 철학의 가장 부끄러운 일 중의 하나다"[9]라고 슐릭은 말한다.

그러나 여전히 우리를 당혹스럽게 하는 것은, 외부의 강압에 의한 행위가 아니라고 해서 그것을 안이하게 자유로운 행위로 간주할 수 있느냐 하는 물음이다. 자유를 강제의 부재로 보는 견해는 일견 타당하지만 강제의 범위는 의외로 훨씬 넓을 수 있기 때문이다. 자유를 강제와 대립되는 개념으로만 단정짓는 것은 마치 고디우스의 매듭을 칼로 끊는 듯한 지나친 말장난으로 보이기도 한다. 우리는 인간을 유아 시기의 환경의 산물이나 그 자신이 제어할 수 없었던 여건의 산물이라고 이해할 수도 있으며, 이러한 점에서 어쩌면 인간은 자기 운명의 주인공이 아닐 수도 있다. 인간의 의지가 인격을 형성해나가는 과정이 다른 사건들과 독립적 흐름으로 간주될 수 없다는 견해도

1927), ed., Selby-Bigge, p.95.

9) M. Schlick, *Problems of Ethics* (Prentice-Hall, N.Y., 1949), p.143.

있기 때문이다.[10)]

분명히 우리의 당혹감은, 인간 행위를 포함하여 어떤 사건이든지 그에 선행하는 원인에 의해 필연적으로 발생한다는 이론인 결정론이 모든 사건의 불가피성을 함축하는 것으로 이해되고 있다는 데에서 비롯된다. 사실 보편적 인과론을 지지하는 결정론자는 일종의 숙명론자가 아닐 수 없다. 숙명론은 어떤 사건이 발생하든 그것이 불가피하다는 믿음이기 때문이다. 차이가 있다면 숙명론은 어떤 사건이든지 인간의 선택과는 전적으로 무관하게 발생하고야 만다고 주장하는 반면, 결정론은 인간의 선택에 의한 행위가 성립한다 해도 그것은 불가피했던 것이 아닐 수 없음을 주장한다는 점뿐이다.

그럼에도 불구하고 양립 가능론자들은 행위의 원인에 해당하는 욕구, 바람, 성품 등이 무엇을 원인으로 하는가를 계속해서 추적하지 않고 중단하면서 그러한 물음은 무의미한 물음으로 해소시킨다. 여기서 그들은 일관성을 유지하면서 문제를 논의하기보다는 문제를 회피한다는 지적을 받지 않을 수 없다. 행위자가 갖게 된 욕구, 바람, 성품 등의 원인을 계속해서 추적하지 않을 수 없다면, 양립 가능론은 '빈약한 속임수(miserable subterfuge)'이거나, '피하려다 수렁에 빠진 격(quagmire of evasion)'이 아닐 수 없다.[11)] 벌린의 말대로, 결정론의 사슬이 아무리 화환으로 장식된다 해도, 그리고 그것이 우주론적 목적의 장려함과 광대함을 자랑하더라도, 그것이 우주를 한낱 감옥으로 묘사할 뿐이라면, 양립 가능론에 의해 우리의 당혹감은

---

10) Paul Edward, "Hard Determinism and Soft Determinism", *Determinism and Freedom in Modern Age of Science* (N.Y. Univ., 1958) ed., Sidneny Hook, p.108.

11) I. Berlin, *Four Essays on Liberty* (Oxford Univ. Press, Oxford, 1969), p.xiv.

좀처럼 수그러들지 않는다.[12)]

2. "다르게 할 수 있었다"의 의미

결정론이 '불가피성'을 함축한다는 견해로 말미암아 빚어지는 당혹감을 언어 분석을 통해 떨쳐버리려는 대표적인 시도가 무어의 분석이다. 무어는 자유 의지와 인과율이 양립 불가능한지는 지극히 의심스러운 문제로서 '할 수 있었다(could)'는 말의 의미에 전적으로 좌우된다고 보았다.[13)] 무어의 분석에 따르면 우리가 하지 않았던 일을 '할 수 있었다'고 말하는 것은, "그 일을 하기를 선택했더라면, 우리는 그 일을 '할 수 있었다'"는 것을 의미하며, 이러한 의미에서 우리가 하지 않았던 일이라도 할 수 있었던 일이 된다. 그리고 이러한 사실은 모든 것에 원인이 있다는 인과율과 하등 모순되지 않는다. 특히 자유 의지의 논쟁에서 한결같이 등장하는 "그는 다르게 할 수 있었다"는 핵심적 표현은, "다르게 하기를 선택했더라면, 그는 다르게 했을 것이다"로 분석될 수 있고, 따라서 자유 의지에 대한 부정은, 우리가 다르게 의지했음에도 불구하고 다르게 할 수 없었음을 의미한다는 것이다.

무어는 이러한 분석을 통해 결정론과 자유 의지의 갈등은 해소될 수 있다고 보면서, "이러한 의미가 우리에게 자유 의지가 있다고 주장할 때 의미되고 이해되는 바의 전부가 아니라고 확신할 수 없다"[14)]고 주장하였다. 이미 일어난 일은 일어날 수밖

---

12) I. Berlin, *Historical Inevitablity* (Oxford Univ. Press, 1954), p.68.
13) G. E. Moore, *Ethics* (Oxford Univ. Press, N.Y., 1912), p.90.
14) *Ibid*, p.93.

에 없었다고 생각하는 측에서 보면, 실제로 하지 않았던 일까지 우리가 '할 수 있었다'고 보는 무어의 이러한 분석은 대담한 시도가 아닐 수 없으며, 특히 그러한 결과를 선택의 과정을 통해 이룩할 수 있다고 하는 믿음은 놀랍기까지 하다.

이제 무어의 분석대로라면, 어떤 일을 하기 위해서는 반드시 먼저 그 일을 선택하는 과정이 있어야 하고, 그러한 과정이 있음으로써 그 일은 행위자와 무관하게 일어나는 우연적 사건과 확연히 구별된다. 다름아니라 그러한 구별은, 다르게 하기를 선택했음에도 불구하고 다르게 할 수 없었던 행위와 그렇지 않은 행위와의 구별이다. 종래의 강한 결정론은 인간의 모든 행위는 인과적으로 불가피했던 행위로 간주하지만, 무어의 분석에 따르면 "피할 수 없었던" 행위는, "다르게 선택했음에도 불구하고 다르게 할 수 없었던" 행위로 재정의될 수 있다. 강한 결정론은 범행이나 질병 감염을 모두 인과적으로 '피할 수 없었던' 사건으로 보지만, 무어의 분석은 범행을 "피하기를 선택했더라면 피할 수 있었던" 것으로, 질병 감염을 "피하기를 선택했음에도 불구하고 피할 수 없었던" 것으로 본다.

그러나 여기서 '피할 수 없었던' 행위란 행위자가 선택했던 대로 이루어지지 않았기에 제어 불가능했던 것이며, '피할 수 있었던' 행위란 행위자가 선택한 대로 이루어졌기에 제어 가능했던 것이다. 말하자면 '피할 수 없었던' 행위에 대한 정의는 행위자의 선택이 어떤 인과적 경로를 거쳐 결정된 것이냐의 여부를 완전히 논외로 하면서, 행위자가 선택한 대로 행위할 수 있느냐의 여부에만 초점을 맞춘 정의일 뿐이다.

따라서 본격적으로 제기되는 문제는, 행위자가 실제의 선택과는 다른 선택을 할 수 있었느냐 하는 것이다. 만약 다르게 선택함으로써 다르게 할 수 있었던 것처럼, 다르게 선택하기를 선택함으로써 다르게 선택할 수 있었다고 본다면, 그것은 무한 소급의 딜레마라는 또 다른 문제를 곧바로 초래하게 된다. 이러한 문제는 접어두더라도, 어떻게 우리가 행위의 전제 요건의 하나로 꼽는 선택이 과연 다르게 이루어질 수 있었느냐 하는 의문이 여전히 남는다. 그런데 만일 우리의 선택이 결정된 것이라면, 그리고 그러한 선택에 입각해서 행위가 이루어진다면, 그러한 행위 역시 결정된 것이어야 하고, 따라서 우리에게 다르게 행위할 수 있는 능력이 주어질 수 없다. "만일 다르게 선택했더라면, 그는 다르게 할 수 있었"겠으나, "그가 다르게 선택할 수 없었다"고 하면, "그는 다르게 할 수 있었다"는 것은 불가능해지며, 따라서 "다르게 할 수 있었다"는 분석은 수포로 돌아가버린다.

이와 관련하여, 무어는 선택의 순간 "우리가 자유 의지를 가진다는 말을 정당화하는 것은 아닐지라도, 분명히 모종의 실천적 중요성을 지닌 어떤 의미"가 있어서 우리에게 다른 선택이 "가능하다"고 보았다.[15] 여기서 "중요성을 지닌 어떤 의미"란 선택의 순간 어떤 선택이 실제로 이루어질지를 미리 알 수 없다는 사실로부터 나오는데, 우리는 "가능하다"의 가장 상식적인 의미에 비추어 발생하지 않으리라는 것을 그 누구도 "확실하게 알지 못하는" 어떤 사건을 "가능하다"고 부를 수 있다는 것이다.

그러나 불확실한 예측이 자유로운 선택을 보장하는 것은 아니다. 인간이 인식의 한계에 직면하여 어떤 한 사건과 결부된 인과 법칙을 발견하지 못함으로써 그 사건과 결부된 다른 사건의 발생을 예측하지 못하는 상황이라면, 결정론이 참임에도 불구하고 어떤 사건의 발생을 우발적으로 간주할지도 모른다. 그렇다면 무어가 말하는 선택의 "가능성"은, 불확실한 예측의 상

---

15) *Ibid.*, p.94.

황을 끌어들여 우리가 마치 자유로운 선택을 할 수 있는 능력이 있기나 한 것처럼 보이게 하려는 의도에서 만들어진 교묘한 개념일 뿐이다.16)

무어는 결정론적 세계에서 인간 선택의 중요성을 부각시키려고 하였고, 그의 분석에 따르면, 선택은 세계의 인과적 연쇄의 한 고리로서 효과적인 역할을 할 수 있는 것이었다. 그럼에도 불구하고 인과적 연쇄의 전 과정은 이미 정해진 상태로서, 우리의 선택으로 변경할 수 없는 것인지도 모른다. 선택을 행위로 옮기는 과정에 대한 통찰이 인간의 의미를 확인시켜줄 수 있을지 모르나 인간의 자유를 확보해주는 것은 아니며, 여기서 우리는 여전히 당혹스러울 뿐이다.

3. 철통같이 폐쇄된 결정론의 세계

일찍이 제임스는 결정론적 세계의 핵심은 그것의 불변성에 있으며, "미래는 자궁 속에 숨겨진 애매한 가능성이 아니다. 우리가 현재라고 부르는 부분은 하나의 전체와 양립 가능할 뿐이다. 전체는 여러 부분으로 이루어져 있으며, 어느 하나는 나머

---

16) 무어는 훗날 자신의 입장을 다음과 같이 수정했다. [<윤리학>에서 나는 행위자가 선택했더라면 다르게 할 수도 있었던 행위가 그의 실제 행위보다 더 좋은 결과를 초래했을 것이라는 사실만으로도 그가 한 행위는 도덕적으로 악이었다고 말하기에 아마도 충분하리라고 생각했다. 그러나 지금 나는 그것으로 충분하지 않다고 생각한다 ― 그의 행위가 도덕적으로 악이었다(다시 말해 자발적이었다)고 함이 참이기 위한 필요 조건은 그가 한 행위 이외의 다른 어떤 행위를 선택할 수도 있어야 한다는 것이다. 만일 그가 선택한 행위 이외의 다른 행위를 선택<할 수 없었다>면 그의 행위는 자발적이 아니기 때문에 도덕적으로 악이라고 할 수 없다.] *The Philosophy of G. E. Moore*, ed., Schilip, p.624.

지 부분들과 함께, 어떠한 애매성도 없으며 변화의 어떤 그림자도 없는, 철통같이 폐쇄된, 절대적 통일체로 흡수된다"[17]고 말하였다. 제임스가 말하는 결정론과 흡사한 이미지를 드러내면서, 최근까지 "자유 의지와 결정론이 양립 불가능하다는 논지를 지지하며, 그러한 논지의 결과를 탐구"[18]하는, 철저한 결정론의 전형이 바로 반 인바겐의 논증이다.

반 인바겐은, 만일 결정론이 참이라면, 행위자 출생 이전의 세계 상태를 포함하여 현재의 행위자의 신체 동작에 관한 참된 진술은 물리학적 법칙을 함축한다고 주장한다. 따라서 행위자가 물리학적 법칙을 반증할 수 있을 때만, 행위자는 실제의 행위와는 다르게 행위할 수 있었을 것이라고 본다. 다시 말해 물리학적 법칙을 반증할 수 없는 한, 무어의 가언적 분석은 무의미해진다는 것이다.

특이하게도 그의 논증은 행위자의 능력에 관한 주장을 표현하는 형식의 문장을 도입한다. 그는 우리의 일상적 주장은 그러한 형식의 문장으로 환원될 수 있으며, 이것은 자유 의지와 결정론과의 관계에 관한 논의에서 매우 유용하다는 것이다. 예를 들어, "그는 열두 시까지 서울에 도착<할 수 있었다>"는 표현은 "그는 <그는 열두 시까지 서울에 도착하지 못했다>는 명제를 '거짓이 되도록(rendering proposition false)' 할 수 있었다"로 환원될 수 있다.

그는 '결정론'과 '할 수 있었다'에 대한 이러한 정의를 토대로, 다음의 7개 진술을 구성하여 결론 (7)을 처음 6개의 진술로부터 연역한다. 그는 논증에서, 행위자(어떤 강제 상태나 마비 상

17) W. James, "The Dilemma of Determinism", *Essays in Pragmatism* (Hafner Publishing Co., N.Y., 1961), ed., Castell, pp.40-41.
18) van Inwagen, *An Essay on Free Will* (Claredon Press, Oxford, 1983), p.v.

태에 처하지 않은 사람으로서 냉정하고 합리적이며 정당한 사유에 따라 자신의 오른팔을 들어올리지 않았던 배심원)를 J로, J의 출생 이전의 시간을 T1으로, T1에서의 세계의 상태를 P1으로, 어떤 범죄인의 사형 선고를 막기 위해 J가 팔을 들어올려야 하는 순간을 T로, T에서의 세계의 상태를 P로, 물리학적 법칙을 L로 표시한다.[19]

(1) 만약 결정론이 참이라면
P1과 L의 연언(conjuction)은 P를 함축한다.
(2) 만약 J가 T에서 그의 팔을 들어올렸다면 P는 거짓이 된다.
(3) 만약 (2)가 참이라면,
그래서 만약 J가 T에서 팔을 들어올렸다면,
J는 P를 거짓이 되도록 할 수 있었다.
(4) 만약 J가 P를 거짓이 되도록 할 수 있었다면,
그리고 P1과 L의 연언이 p를 함축한다면,
J는 P1과 L의 연언을 거짓이도록 할 수 있었다.
(5) 만약 J가 P1과 L과의 연언을 거짓이 되도록 할 수 있었다면,
J는 L을 거짓이 되도록 할 수 있었다.
(6) J는 L을 거짓이 되도록 할 수 없었다.
따라서
(7) 만약 결정론이 참이라면
J는 T에서 자신의 팔을 들어올릴 수 없었다.

이러한 논증은 우리가 실제의 행위와 다르게 행위할 수 없었음을 보여준다. 우리가 다르게 행위할 수 있다는 것은 우리가 그 행위를 기술하는 어떤 명제를 거짓이 되도록 할 수 있다는 뜻이며, 그것은 곧 물리학적 법칙을 거짓이 되도록 할 수 있다

---

19) *Ibid.*, pp.70-74.

는 뜻이기도 하다. 행위를 기술하는 명제는 어떤 순간의 세계의 상태를 표현한다는 점에서 물리학적 법칙과 함축 관계를 유지하기 때문이다. 그리고 우리는 결코 물리학적 법칙을 거짓으로 만들 수는 없다. 물리학적 법칙에 대한 반증의 실험이 가능하다는 것은 그것이 물리학적 법칙이 아님을 입증하기에 충분하기 때문이다.

기본적으로 이러한 논증은 우리의 출생 이전에서부터 미래에 이르기까지 모든 세계내 사태의 전개 과정이 이미 정해져 있다는 확신을 드러낸다. 더욱이 이러한 논증은 결정론이 참이라는 전제하에서, 그것이 어떤 방식으로든 명확하게 정의되기만 한다면 그것은 우리가 다르게 행위할 수 없음을 함축한다는 사실을 보여준다. 이러한 논증에 따르면 결정론과 관련하여 우리가 다르게 행위할 수 있는 능력을 가지고 있음을 입증하려는 어떠한 논의라도 수포로 돌아갈 수밖에 없다.

이러한 반 인바겐의 관점에 따를 때, 다른 선택이 이루어졌다면 다른 행위가 성립했을 것이라는 가언적 분석은, 어떠한 가능 세계에서도 참이 되는 무조건적 필연성과 인간의 행위를 구별하려는 의도를 갖고 있음이 분명해진다. 특히 가언적 분석은, 선택의 과정을 거치는 행위자에게는 책임이 따른다는 점을 확인시키려는 분석에 지나지 않는다. 그렇기에 가언적 분석은 다르게 선택했어도 다르게 이루어지지 않았을 행위에 대해서 행위자가 책임을 져야 하는 것이 아님을 보여줄 수 있었던 것이다. 실제로 가언적 분석에서 중요한 문제는, 결정론이 다르게 이루어질 수 있었던 사건과 양립 가능하냐가 아니라, 결정론이 도덕적 책임과 양립 가능한가였다.

그러나 만일 반 인바겐의 논증이 옳다면, 우리는 결정론에 대해 어떤 관점을 취해야 하는지조차도 결단할 수 없는 처지가 되고 말 것이다. 결정론이 정말로 무엇을 의미하느냐 하는 근본적인 물음조차 제기할 수 없게 될 것이다. 그러나 실제로 오스틴이 그러하듯이, "결정론이란 분명한 것이라곤 하나도 없는 그 무엇에 대한 이름에 불과하다고 생각하는 경향을 가진 사람"[20]도 적지 않다. 그럼에도 불구하고 반 인바겐의 논의는, 철저하게 자신의 결정론에 의거하여 일방적으로 인간을 무기력한 허수아비로 몰아세운다. 과연 결정론이 성립할 수 있는가라는 물음을 포함하여, 적어도 어떤 결정론이 우리가 바라는 삶과 잘 어울릴 수 있는가 하는 물음은 이러한 논증 앞에서 무력하기만 하다. 물론 반 인바겐이 주장하는 결정론을 일단 접어두고나서, 정말로 결정론이 무엇을 함축하는지를 탐구하기를 선택하는 상황을 상상해볼 수도 있겠다. 그러나 곧바로 실제로 그렇게 하지 않았다는 사실이 그렇게 할 수 없었음을 보여주는 것이 아니냐는 식의 반론이 제기될 수도 있다. 만약 이렇듯 당당한 반론을 외면할 수 없다면 여전히 우리는 당혹스러울 뿐이다.

4. 세련된 자유 의지론

치좀은 최근의 자유 의지론자들 중에서 가장 직설적이고 가

---

20) [우리가 할 수 있고 할 수 있었던 것에 관해 일상적으로 말하는 것들이 실제로 결정론과 정합적일 수도 있다는 점이 매우 신중한 철학자들에 …… 의해 주장되어 왔다. 이러한 주장이 과연 참인가의 여부를 결단하여 모든 시도를 배제하기란 — 나처럼 결정론이 분명한 것이라곤 하나도 없는 어떤 것에 대한 — 이름에 불과하다고 생각하는 경향을 가진 사람에게조차도 — 어려운 일이다. …… 결정론은 그것이 무엇이든간에 여전히 사실이 될 가능성을 지니지만, 적어도 그것은 우리가 일상적으로 말하고 어림짐작으로 생각하는 것과 맞지 않는 것처럼 보인다.] J. L. Austin, "Ifs and Cans", *New Readings in Philosophical Analysis*, ed., Feigle, W. Sellars, K. Lehrer, p.641.

장 분석적이며 가장 지적으로 정직하다는 평가를 받을 만하다. 지금까지 우리에게 자유 의지가 있다고 주장한 대부분의 사람들과는 다르게 어떻게 우리가 자유 의지를 가질 수 있는가 하는 형이상학적 물음을 거침없이 제기하며, 그러한 물음에 명백한 답변을 하고 있다는 점에서 그렇다.[21)]

먼저 치좀은 "(1) S는 다르게 행위할 수 있었다"의 표현은, "(2) 만일 S가 다르게 행위하기를 선택했다면, 다르게 행위할 수 있었다"를 의미한다는 무어의 가언적 분석을 거부한다. 치좀에 의하면, (1)이 거짓임에도 불구하고 (2)는 여전히 참이 될 수 있는 표현이다. 왜냐 하면 S는 다르게 선택했더라면 다르게 행위했을 그런 사람이기는 하지만, 여전히 다르게 행위할 수 없었던 사람이기도 하기 때문이다. 만일 어떤 살인자가 다르게 행위하기를 선택할 수 없었던 사람이라고 가정한다고 할 때, 그가 살인하지 않기를 선택했더라면, 그는 살인하지 않을 수 있었던 사람이라는 사실은 하등 문제가 되지 않기 때문이다. 문제는 그가 살인하지 않기를 선택할 수 없었다는 사실이다. 따라서 (2)로부터 (1)을 추리할 수 없다.[22)]

이러한 논증은 무어의 가언적 분석이 오로지 의미의 분석에 있지 않았음을 확연하게 밝혀준다. 이미 지적했듯이 무어의 분석은 책임의 전통적 의미를 더욱 분명히 하겠다는 의도 하에서 이루어진 것으로 보지 않을 수 없다. 무어의 분석은 우리가 결단했던 행위에 대해서 책임이 따르게 된다는 것을 강조하는 시도에 지나지 않는 것이었다. 앞에서 보았듯이 무어는 "행위자가 하지 않기로 선택했다면 하지 않았을 것이라는 의미에서 행

21) R. Weatherford, *The Implication of Determinism* (Routlege, London, 1991), pp.159-160.
22) "Freedom and Action", *Freedom and Determinism* (Humanity, N. J., 1976), ed., K. Lehrer, pp.14-16.

위들은 우리의 지배 아래 있으며, 따라서 이러한 종류의 행위를 자발적 행위라고 부를 것을 제안한다"[23]고 하였다. 그런데 이러한 정의는 자발적 행위의 일상적 의미의 답습에 불과하여, 책임이 따르는 행위의 외연은 과거와 다르지 않고, 그것의 내포만이 약간 변경될 뿐이다. 말하자면 무어의 분석은 우리가 자유로운 선택의 존재이므로 도덕적 책임을 지게 되는 존재임을 밝히기에 앞서서, 우리가 도덕적으로 책임 있는 존재라는 점만을 말하고 있는 셈이다.

치좀의 논증은 무어의 분석과는 다르게 도덕적 책임 개념의 내포만을 변경하려고 하지 않는다는 특색을 가진다. 그는 무어와는 다른 경로를 밟으면서 본격적으로 결정론을 거부한다. 그렇다고 결정론을 거부함으로써 도덕적 책임에 대해 치명적인 약점으로 작용하는 임의성의 개념을 차용하지도 않는다. 한편으로 철저한 결정론을 부정하고, 다른 한편으로 상투적인 자유의지론을 거부하면서, 그가 제시하는 것은 <행위자 원인(agent causation)>이었다.

<행위자 원인>은 다분히 상식적이면서도 대담한 개념이다. 그것은 인간의 행위에 원인이 있지만 그것이 물리적 사건이 아님을 강조한다는 점에서 우리의 일상적 믿음을 반영하고, 동시에 인간을 행위의 '원초자(originator)'로 간주한다는 점에서 대담하다. 사실 이러한 <행위자 원인>은, 행위를 사건과 동일시하게 되고 그에 따라 그 원인을 외부의 사건에서 찾게 되는 난감한 상황의 타개책이기도 하다. 네이글이 지적했던 바와 같이, "인간 행위의 개념은 사건으로서의 행위 그리고 사물로서의 인간과 양립 불가능한 개념이었기 때문에"[24] 생기는 곤란함에 대

---

23) *Ethics*, p.13.
24) T. Nagle, "Moral Luck", *Free Will* (Oxford Univ., Press, Oxford, 1982),

한 하나의 해결책이다.

치좀에 따르면, 행위와 관련된 사건이 모두 다른 사건에 의해 인과적으로 결정된다고 단정해서는 안 된다. 그렇다고 인간의 행위에 어떤 원인도 없다고 말해서도 안 된다. 왜냐 하면 행위와 관련된 사건 중에는 다른 사건을 그 원인으로 하지 않고, 인간을 원인으로 하는 사건이 있기 때문이다. 그리고 인간을 원인으로 하는 사건이 있다면, 우리는 행위와 관련된 사건에 원인이 없다는 말은 더 이상할 수 없다.[25]

엄밀하게 말해 치좀의 <행위자 원인>은 인간의 과학을 부정하는 단초를 마련한다. 과학을 어떤 법칙을 발견하는 작업으로 생각할 때, 그리고 그러한 법칙의 의미가 어떤 한 사건이 다른 사건을 원인으로 한다는 것을 말하는 것이라면, 그 같은 종류의 어떤 법칙으로도 포괄하여 설명할 수 없는 인간 행위의 영역이 생기게 된다. "우리는 '이러 저러한 욕구와 믿음이 주어지고, 이러 저러한 자극이 주어지면 행위자는 이러 저러하게 행위한다는 것이 인과적 필연성을 지닌다'고 말할 수 없다. 경우에 따라 행위자가 선택하기만 하면, 그는 자신의 욕구를 극복하여 대신 다른 어떤 것을 할지도 모른다"[26]는 것이다.

치좀은 형이상학적 분석에서 한 걸음 더 나아가 '욕구를 극복'한다는 자못 시적 감흥마저 자아내는 표현을 구사하지만, 행위자가 어떤 동기도 없이 그렇게 하게 된 것으로는 보지 않는다. 그것은 변덕스럽게 이루어진 것이 아니며, 우연히 이루어진 것도 아니며, 마술의 힘으로 이루어진 것은 더더욱 아니다. 그러한 일이 어떤 사건에 의해 야기된 것이거나, 아니면 우연히

---

ed., G. Watson, p.184.

25) *Ibid.*, p.28.

26) *Ibid.*, p.33.

일어난 것일 수밖에 없다는 저 오래된 딜레마를 피할 수 있는 방도를 치좀은 바로 <행위자 원인>에서 찾았던 것이다.

그러나 <행위자 원인>의 문제는 그것이 인간의 과학을 배제한다는 데 그치지 않는다. 만일 인간이, 좋게 말해서 지극히 창조적이기도 하지만 부정적으로는 지극히 변덕스러운 존재인 까닭에 어느 누구라도 인간의 행위에 대해 예측을 할 수 없게 되는 상황이라면, 이러한 상황은 그렇지 않은 상황과 비교해서 차라리 바람직하지 않을 것이다. 특히 <행위자 원인>은 인간 신체에 관한 과학을 불가능하게 만드는데, 그것은 우리가 신체라고 부르는 물리적 대상을 물리학의 법칙에 대한 예외로서 간주해야 하기 때문이다. 이어만의 말처럼 "법칙이 언급하는 내용이 반드시 참이어야 한다"[27]고 할 때, <행위자 원인>에 의한 인과성의 돌연한 중단은 물리학적 법칙을 웃음거리로 만들 것이다.

일반적으로 <행위자 원인>의 문제점으로 지적되는 것은, 물리적 사건을 통하지 않고 직접적인 원인을 통하여 움직이는, 이른바 행위자의 행위가 정상적인 사건의 인과 계열에 개입하여 그것을 교란시키는, 가공스런 결과를 초래할 수 있다는 것이다. 뿐만 아니라 행위자의 정체는 무엇인가, 행위자의 육체적 동작은 무엇인가, 어떻게 비육체적 행위자가 물질 세계에서의 변화를 초래할 수 있는가 등의 문제들이 잇따라 제기될 수 있다. 행위자가 만일 인과 계열에서 벗어나 있는 불변의 존재라면, 왜 그러한 존재가 어떤 특정의 순간에 육체적 변화를 꾀하게 되는가? 만일 이 세계에서의 변화가 행위자의 변화에서 유래하는 것이라면, 결국 우리는 그러한 변화의 단초를 행위자의 밖에서 찾으려 할 것이다. 그리고 행위자의 변화에 대한 충분

27) J. Earman, *A Primer on Determinism* (Reidel, Dordrecht, 1986), p.247.

한 근거를 행위자의 밖에서 확인하게 되면, 다시금 우리는 결정론으로 돌아갈 것이다. 그렇게 되면 <행위자 원인>에 힘입어 다소 안도하던 우리는 다시금 당혹해하지 않을 수 없다.

5. 자유 의지와 결정론의 무관련성

최근까지 자유 의지가 결정론과 서로 조화를 이룰 수 있느냐에 관한 격렬한 논쟁이 계속되는 가운데 "약한 결정론(soft determinism)"이라는 용어는 용도 폐기된 듯하고, 오히려 "양립 가능론"이라는 용어가 주로 사용되고 있다. "약한 결정론"이라는 용어는 결정론의 우세를 풍기는 용어임에 비해 "양립 가능론"은 비교적 중립적인 용어로 여겨지기 때문이다. 프랭클린은 결정론자의 믿음과 자유 의지론자의 믿음 사이에 갈등을 해소하려는 양립 가능론자들의 취지를 중시하여 그들을 "문제 해소론자(dissolutionist)"[28]로 부르기도 한다. 그러나 결정론과 자유 의지론의 갈등을 충분히 해소시켜줄 만한 만족스런 논의를 찾기란 요원하며, 우리는 이 둘 사이에서 어느 하나를 선택하거나 아니면 계속해서 망설일 수밖에 없는 실정이다.

그러나 한 가지 분명한 것은 대다수의 양립 가능론자들은 양립 불가론자들의 암묵적인 표현을 문제시함으로써 그들의 주장을 약화시키려고 한다는 점이다. 일례로 에이어는 인과성과 자유 사이에 갈등이 있게 되는 것은 사실에서 비롯되는 것이 아니라 인과성에 대한 오해에서 빚어지는 것이라고 보면서, 다음과 같이 응변한다.

---

28) R. L. Franklin, *Freewill and Responsibility* (R. K. P., London, 1978), p.3.

하나는 인과적 필연성과 논리적 필연성을 혼동하는 경향이며, 그에 따라 결과가 원인에 내재한다고 부당하게 추리하는 경향이다. 다른 하나는 밀고 부딪히는 소박한 경험으로부터 유래하는 힘의 개념을 무비판적으로 사용하는 경향이다. 셋째는 인과성에 대해 물활론적 개념을 활용하여 모든 인과 관계의 모델을 한 개인이 다른 사람에게 권위를 행사하는 사례에서 찾는 경향이다. 그 결과의 하나로 우리는 강압적인 원인의 쇠사슬에서 벗어나려는 공허한 노력을 시도하는 어떤 불행한 사태를 상상하는 경향이 있다. 그러나 거듭 말하지만 한 유형의 사건이 발생되는 순간 , 다른 유형의 사건은 앞의 사건과 시간적 관계 혹은 시간-공간적 관계 속에 발생한다는 것만이 사실이다. 그 밖의 것은 모두 메타포다. 인과성과 자유 사이에 어떤 대립이 존재한다고 생각하는 것은 메타포 때문이지 사실 때문은 아니다.[29]

벌린도 결정론이 지금까지 우리 모두가 그어놓은 모종의 근본적인 구별, 특히 우리가 사용하는 언어의 일상적 사용 속에 불가피하게 반영된 구별을 불합리한 것으로 만들어버리는 경향이 있음을 지적한다. 결정론이 참이라면 지금까지 인간이 별다른 의심 없이 받아들인 너무도 많은 것들이 거짓이 되어버리는 충격적인 사태를 초래하고 만다는 것이다.[30] 플루도 같은 맥락에서 다음과 같은 논의를 한다.

자유와 결정론이 양립 불가능하다고 계속적으로 주장하는 철학자도 있지만 그러한 논증 속에서 오류를 지적하고자 하는 철학자들도 있다. 우리는 일상을 살아가면서 행위자가 자신이 했던 행위 말고 다른 행위를 할 수 있었는지를 결정할 기준을 가지고 있으며,

---

29) A. J. Ayer, “Freedom and Necessity”, *Free Will* (Oxford Univ., Press, Oxford, 1982), ed., G. watson, p.22.
30) I. Berlin, *op. cit.*, pp.88-89.

이러한 기준은 '다르게 행위할 수 있었다'의 의미를 결정한다. 그리고 이러한 문구의 의미를 아는 것은 곧 그러한 기준을 어떻게 적용할 것인가를 아는 것이 된다. 그리고 이러한 기준은 결정론에 대해 전혀 언급하지 않기 때문에, 자유 의지와 결정론이 양립 불가능하다고 생각하는 사람은 누구나 오류에 빠져 있는 것이다.[31)]

그러나 결정론의 악령이 되살아나기 전까지만 우리의 일상적 기준에 대한 논의가 가능할 수 있다는 반론이 제기될 수 있으며, 그 점에서 일상의 기준은 실제로 우리가 자유로우냐 하는 문제와는 별도로 형성된 것이 아닐 수 없다. 예를 들어 가사적인 생명체와 불사적인 생명체를 구별하는 기준을 우리가 갖고 있으며, 그러한 기준이 보편적으로 사용된다고 해도 실제로 그러한 기준은 허구에 지나지 않을 것이다. '유령', '마귀', '악마' 등과 같은 말들이 한때는 보편적으로 사용된 적이 있지만 그러한 말에 부합하는 것을 실제로 증명할 수는 없었다. 마찬가지로 결정론이 참이라면, 우리 스스로 자유롭다고 여기는 믿음은 허구까지는 아니더라도 그것을 증명할 길은 막연할 것이다.

그러나 현실적으로 우리가 자유롭다는 믿음은 우리와 우리 자신과의 관계를 비롯하여, 사회적 관계에 오래 전부터 뿌리깊게 스며든 것이어서, 어떤 막강한 결정론 의해서도 쉽사리 포기되거나 수정될 수 없는 것으로 남아 있다. 실제로 우리는 결정론이 참일 수 있다는 가능성에 별로 구애받지 않고서 얼마든지 살아갈 수 있다. 이러한 논지에 입각하여 스트로슨은 자유와 결정론의 무관련성을 내세운다.

---

31) A. Flew, "Divine Omniscience and Human Freedom", *New Essays in Philosophical Theology* (SCM Press, London, 1955), ed., A. Flew and A MacIntyre, pp.149-151.

> 내 생각으로는 어떤 일반적인 이론적 확신이 우리의 세계를 변화시킬 수도 있어서, 우리가 일상적으로 이해하고 있는 인간 상호간의 관계 같은 것들이 우리가 사는 세계 속에 더 이상 존재하지 않는다고 생각하기 도저히 어려울 만큼 일상의 인간 상호 관계에 참여하고 있다는 인간적 소신은 매우 철저하고도 뿌리깊다.[32]

그렇지만 우리가 현실적으로 어떻게 살고 있느냐 하는 문제는 애당초 우리가 제기했던 문제가 아니었다. 우리에게 처음부터 제기된 문제는, 결정론의 위협 속에서 오래 전부터 우리의 삶 속에 뿌리깊게 자리잡고 있는 인간 상호간의 관계를 어떻게 정당화할 수 있느냐 하는 것이었다. 그러나 스트로슨에 의하면, 인간 상호간의 관계를 정당화하는 문제는 인간 상호간의 관계에 대한 인간적 소신을 전혀 이해 못하는 사람들에게나 제기될 수 있는 성격의 문제에 지나지 않는다.

인간 상호간의 관계는 다른 어떤 개념으로도 정당화될 수 없는 것으로서, 오히려 다른 개념들이 그것에 의해서 정당화되어야 할 만큼 근본적이다. 그럼에도 불구하고 인간 상호간의 관계를 정당화하는 문제와 관련하여 굳이 모종의 선택을 해야 한다면, "우리는 인간의 생활에서의 이익과 손실, 즉 인간 생활의 풍요나 개선에 관한 평가"와 관련하여 합리적으로 평가할 수 있다. 그리고 이러한 선택의 합리성은 결정론의 참 거짓과는 무관하다."[33]

스트로슨에 따르면, 결정론이 참이든 거짓이든 우리는 도덕 공동체의 일원으로서 "참여적 태도(participant attitude)"를 주축으로 하는 인간 상호간의 관계를 맺고 살아간다. 인간 상호

---

32) P. F. Strawson, "Freedom and Resentment", *Free Will*, ed., G. Watson, p.68.
33) *Ibid.*, pp.69-70.

간의 관계는 인간 사회의 근본적 사실로서 우리에게 이미 주어져 있는 것이어서, 어떤 정당화도 필요치 않다는 것이다. 그러나 스트로슨은, 결정론자의 확신을 지나치게 과소평가하며 그들의 직관 능력이 갖는 예민한 감수성을 우둔함으로 치부해버린다는 의혹을 살 수 있다. 그의 아들 겔렌 스트로슨도 지적하듯이, “양립 불가론자의 직관은 반향적 태도에 대한 우리의 무반성적인 관여의 사실만큼이나 자연스러운 사실”[34]일 수 있기 때문이다.

그런 점에서 정말로 스트로슨이 제시하는 인간 상호간의 관계에서 생겨나는 인격적 태도들이 양립 불가론자들의 우려를 물리칠 수 있는 것인가 하는 물음이 제기된다. 혼더리치가 지적하는 것처럼, 만약 우리가 온갖 인격적 태도를 야기하는 행위들과 그것들의 선행 조건이 완전히 결정된다고 믿는다면, 이러한 태도들은 그 근거를 상실하게 된다. 이러한 태도들은 인간 행위와 그 선행 조건이 인과적으로 결정된 것이 아니라고 생각하는 경우에만 성립할 수 있다.

> 예를 들어, 감사의 감정을 느끼는 경우를 생각해보자. 우리는 몇 가지를 느끼게 된다. 전형적으로 바람직한 사건, 즉 이익을 가져다주는 사건으로부터 나오는 만족이 존재한다. …… 둘째, 감사는 다른 사람의 선의에 대한 인식에서 나오는 만족과 분명히 결부된다. …… 셋째, 내가 어떤 행위에 대해 감사하는 경우 나는 감사를 느끼는 사람이 다르게 행위할 수 있었는데 그렇게 하지 않았다는 데서 만족을 얻는다.[35]

---

34) Galen Strawson, *Freedom and Belief* (Claredon, Oxford, 1986), p.88.
35) T. Honderich, “One Determinim”, *Essays on Freedom of Action* (R. K. P., London, 1973), ed., Honderich, pp.208f.

그런데 혼더리치에 따르면, 우리가 결정론을 믿는 한 감사의 본질적 요소라고 할 수 있는 세 번째 만족을 느끼지 못한다. 따라서 만약 우리가 결정론자라면, 우리가 느끼게 되는 감정은 계속 '감사'라는 이름으로 불리겠지만 결코 감사는 아니게 된다. 특히 문제가 되는 것은 둘째 만족과 셋째 만족 사이의 갈등이다. 우선 우리가 타인의 선의를 확인하려면 그의 행위를 선의의 표현으로 이해하면서, 그의 행위와 그의 선의 사이에 어떤 믿을 만한 관계를 설정해야 한다. 그런데 그의 행위의 선행조건과 그것을 지배하는 법칙이 있음에도 불구하고 그가 다르게 행위할 수 있었다는 것은, 그의 행위와 그의 선의 사이에 어떤 믿을 만한 관계가 존재하지 않음을 의미한다. 따라서 둘째 만족이 있는 한 셋째 만족은 없게 되며 그 역도 성립하여, 감사의 감정이란 생기지 않을 것이다. 결론적으로 이러한 논의가 전개될 때 스트로슨의 논의도 우리의 우려를 충분히 경감시켜 주지 못한다는 것이다.

6. 결정론과의 대결에서 극복으로

혼더리치는 우리가 어떻게 당혹감을 극복할 수 있는지를 논의하고 있다는 점에서 주목할 만하다. 그리고 우리가 해결해야 할 문제가 자유 의지의 문제가 아니라 양립 가능론의 문제라고 본다는 점에서 특이하다. 그의 논의의 요점은, 결정론과 자유의지가 논리적으로 양립 가능하다거나 양립 불가능하다고 하는 주장들이, 태도의 표현이 아닐 수 없다는 것이다.

혼더리치는 우선 인간 행위에 대해 결정론적 설명을 시도하는데, 그것에 의하면 정신적 사건은 신경계의 사건과 일반적으로 연관되며, 이러한 "정신-신경의 결합"이 인과 관계를 형성한다는 것이다. 인과 관계를 이렇게 분석함으로써, 혼더리치의 인과론은 정신적 사건에 대해 결정론적 견해를 취한다. 그러나 혼더리치는 "정신의 불가결성"을 이미 전제하고 있고,[36] 동시에 네이글이 주장하는 "일인칭적 관점의 우선성"[37]에 의해 결정론의 함축 내용이 배제되지 않음을 보여주려고 한다.

혼더리치는 여러 가지 과학적 증거를 원용하면서 치밀하게 자신의 이론을 전개해나가지만, 그의 논의는 "결정론이나 결정론에 속하는 그와 유사한 이론이 참일 수 있다는 가능성이 미래를 숙고하면서 우리가 갖게 되는 개인적인 전망, 사유, 감정에 대해 어떤 결과를 갖는가?"에 대한 답변으로 구성된다.[38] 말하자면 결정론과 관련하여 가장 중요한 문제는 각 개인들이 앞으로 도래할 자신의 미래에 대해 가지는 전망이 결정론에 의해 어떤 영향을 받게 되는냐에 있다는 것이다.

이러한 물음에 대한 그의 답변은, 결정론에 관한 논쟁이 지적(intellectual)이 아니라 태도적(attitudinal)이라는 것이다.[39] 그리고 논쟁에 연루된 태도는 하나의 태도가 아니라 서로 다른 두 종류의 태도다. 그 하나는, 우리가 인과 계열의 새로운 원천이자 행위의 '원초자'라는 모호한 개념과 관련된다. 특히 이러한 자아 개념은 자유를 위시하여 인간의 존엄성, 도덕적 책임, 처벌 등에 관한 여러 감정들과 관련된다. 다른 하나는, 우리의 행위는 자발적이어야만 자유로우며 외부의 강제나 강압에 의하지 않을 경우 우리는 도덕적 평가를 받게 된다는 개념과 관

---

36) *Mind and Brain* (Oxford Univ. Press, Oxford, 1990), pp.77ff.
37) T. Nagle, *Mortal Question* (Cambridg Univ. Press., Cambridge, 1979), p.36.
38) *The Consequences of Determinism* (Claredon, Oxford, 1990), p.12.
39) *Ibid.*, pp.80-82.

련된다. 여기서 후자는 양립 가능론자의 태도를, 전자는 양립 불가론자의 태도를 가리킨다.

여기서 혼더리치가 지적하려는 것은 이 양자의 입장이 인간과 세계에 대해 기본적으로 태도적이면서도 명제적이려고 한다는 점이다. 예를 들어, 양립 가능론자는 우리의 행위 개념에 대해서 그것이 자발적 성격의 것이 아닐 수 없다고 강조하면서, 도덕 개념이 자발적 행위 개념과 일치해야 하고 또 그것에 의거해야 한다고 주장한다. 나아가 이러한 입장만이 타당하기 때문에, 이러한 태도는 문제를 왜곡하는 양립 불가론자가 아니라면 누구나 갖고 있거나 가져야 할 태도라고 주장한다. 반면 이와 상반되는 양립 불가론자는 행위의 개념에는 반드시 행위의 '원초자'가 필요하다고 강조하면서, 도덕의 개념에는 형이상학적 자유가 필요하다고 주장한다. 그런데 이러한 자유가 결정론과 부정합적인 까닭에 결정론을 부정하지 않는 한 도덕의 개념은 거짓이거나 거짓이어야 한다고 주장한다.

양립 가능론자와 양립 불가론자의 역사적 논쟁을 추적하는 혼더리치는, 이러한 두 입장을 기본적으로 태도의 영역에서 빚어지는 갈등으로 본다. 양립 가능론과 양립 불가론을 사실에 관한 명제를 제시하는 입장으로 본다면, 그 두 입장을 동시에 모두 견지할 수 없지만, 실제로 그 두 입장은 모두 어떤 사실에도 근거하지 않는다. 따라서 같은 사람이 두 가지 태도를 동시에 견지하는 것도 가능하며, 실제로 우리의 대부분은 그렇게 하고 있다. 그래서 양립 가능론자와 양립 불가론자 모두의 근본적인 오류는 행위의 시발에 대해 오로지 하나의 태도를 고집하면서 다른 태도를 무시한다는 것이다. 이제 이러한 두 전통적 견해를 거부함으로써 새로운 길이 열리며, 결정론의 문제는 더 이상 '사장된(dead)' 문제가 아니게 된다.[40]

혼더리치는 양립 가능론과 양립 불가론과의 논쟁이 그토록 격렬하게 지속되어온 이유도 설명한다. 그것은 만일 어느 한편의 입장이 참이라면, 그리고 우리가 행위와 책임에 대한 그러한 입장만을 취한다면, 그러한 유일한 입장이 무엇인가에 대해 일치를 보지 못하고 끝없는 논쟁을 계속해왔던 사실은 그 무엇으로도 설명될 수 없다는 것이다. 우리가 유일한 입장을 갖지 못한 까닭에 저마다 다른 입장을 견지하는 것이 가능했으며, 어떤 합의에도 이르지 못했던 것이다.

그렇다고 혼더리치가 양비론을 내세우는 것은 아니다. 오히려 그는 각각의 입장이 진실된 인간다운 태도에 뿌리를 두고 있다는 양시론을 제시한다. 우리 인간을 기계론적으로 설명할 수 없음을 함축하는 논의(양립 가능론)를 비롯하여 도덕 판단을 인과성이 아니라 자발성에 근거하여 내려야 한다는 관점(양립 불가론)은 모두 인간을 이해하는 중요한 방식이다. 그러나 무엇보다도 중요한 것은 사람들 대부분이 상황에 따라 이 두 가지 태도를 모두 가질 수 있다는 것이다. 우리는 어느 하나의 견해를 부정한다거나, 아니면 어느 하나가 참이어야 하고 다른 하나는 거짓이어야 한다고 주장함으로써, 자유 의지의 문제를 해결할 수는 없다. 두 입장들은 명제적이라기보다는 태도적이기 때문에, 증거라든가 논리 어느 것도 문제의 해결에 도움이 되지 않는다. 자유 의지의 문제의 해결의 단서는 실제로 결단이지 발견이 아니다.

혼더리치는 결정론에 대한 우리의 반응이 대체로 두개의 범주로 분류될 수 있다고 본다. 그 하나는 당혹감(dismay)의 태도이고 다른 하나는 비타협(intransigence)의 태도다. 당혹감의 태도는 우리 자신을 행위의 원초자로 보려는 견해 때문에 생겨

---

40) *Ibid.*, pp.118-119.

난다. 결정론이 참이라면 도저히 충족될 수 없는 조건에 의거하는 인간의 위상과 삶의 희망이 심대한 타격을 받거나 무참히 꺾임으로써 갖게 되는 태도가 당혹감의 태도다. 또 다른 하나의 태도인 비타협적 태도는, 우리 자신을 행위의 원초자로 보려는 견해를 거부하면서 자발성에 초점을 맞추려는 태도다. 그것은 결정론의 등장에 당혹스러워하지 않는 태도로서, 결정론이 인간의 위상과 삶의 희망에 영향을 미치지 않는다는 입장이다.41)

우리는 저마다 결정론의 결과나 함축 내용에 대해서 부정합적인 두 가지 태도를 갖는 경향이 있다. 그런데 이러한 태도 자체는 어떤 부정합성도 내포하지 않는다. 그러한 태도들은 이론에 의해 제시된 것이 아니라 우리가 우리 스스로에 대해 갖는 태도며, 어떤 태도도 진리치를 갖지 않기 때문이다. 이렇듯 양립 가능론자와 양립 불가론자 모두가 진리치를 갖는 명제를 내놓고 있는 것이 아니라면, 그들은 저마다 사람들이 오로지 자기들과 같은 태도를 가져야 한다고 설득의 작업을 하고 있는 셈이다. 이들이 자기들이 갖고 있는 태도를 관철하는 데 적합한 사실들과 논거들만을 수집한다는 것은 결코 놀라운 일이 아니다. 놀라운 것은 그들이 자신들의 주장을 태도적이 아니라 진리치를 갖는 것으로 주장한다는 점이다.

혼더리치에 의하면, 양립 가능론자나 양립 불가론자의 일방적 설득을 뿌리쳐야 하는 상황에 직면해서 새롭게 요청되는 것은 태도의 변화로서, 바람직한 것은 우리가 정말로 소유하고 있다고 생각하는 능력을 최대한 인정하려는 노력이다. 이러한 노력은 양자의 태도를 극복하려는 노력으로서, 생철학적 태도에서 비롯된다. 양립 가능론과 양립 불가론은 모두 생철학적

41) *Ibid.*, Chap.I.

접근을 경멸하는 경직된 분위기 속에서 성립한 이론적 논쟁에 지나지 않는다. 끝없는 이론적 논쟁을 지양하려면, 삶에 의미를 해명함으로써, 사실의 제약 속에서 가능한 한 많은 능력을 우리에게 부여하고자 하는 노력만이 필요하다. 이러한 생철학적 견지에서 갖게 되는 것은 긍정(affirmation)의 태도다.[42]

긍정의 태도는 다음의 세 가지 입장을 포함한다. 첫째, 결정론은 어쨌든간에 우리의 삶의 희망(life hope)에 영향을 미치고 있다. 그래서 우리 자신을 행위의 원초자로 간주하는 입장을 포기하게 만든다. 둘째, 그렇다고 결정론은 우리의 삶을 파멸로 이끌지는 않는다. 그것은 자발성을 필요로 하는 존재를 본래 그대로 놓아둔다. 셋째, 삶의 희망은 좋은 것이며 삶을 지탱시켜주며 축복받을 만한 것이다.[43]

구체적으로 혼더리치가 열거하는 삶의 희망은, "어떤 신분이나 직책 혹은 지위의 달성, 어떤 일을 하거나 완수함, 어떤 물건의 소유, 어떤 마음의 상태에 이름, 타인과 관계를 맺거나 변경함, 누군가를 계도하거나 도와줌, 투쟁에서의 승리, 명예를 얻음, 심지어 어떤 피해를 입는다거나 어떤 피해에 대해 보복함, 질병의 회피, 죽음의 연기" 등이며 이러한 것들의 합성이다.[44] 그리고 이러한 삶의 희망은 미래의 행위에 대한 우리의 믿음에 좌우되는 바, 적어도 우리는 이러한 희망들을 달성할 기회를 갖는다고 믿고 있다. 결정론이 참이라고 하여 삶의 희망이 무산되는 것은 결코 아니다.

어느 한 극단에 서서 우리가 결정론을 받아들이거나 아니면

---

42) *Ibid.*, Ch.3.
43) *Ibid.*, pp.149-150.
44) *Ibid.*, p.15.

물리쳐야 할 강력한 논의는 아직까지 없다. 혼더리치의 논증처럼, 결정론은 앞으로 입증되어야 할 인간에 대한 한 이론에 지나지 않는다. 그럼에도 불구하고 우리는 그것을 받아들이거나 아니면 거부해야 하는 양자택일을 오랫동안 요구받아왔다. 그래서 사람들은 무수한 심리적, 사회적 요인의 제약을 받고 살아가는 비극적 인생을 상상하거나, 아니면 주어진 환경과 천품에 조금도 좌우되지 않기나 한 듯이 지극히 자의적인 인생을 꿈꾼다. 그러나 결정론이 확증된 이론이 아닌 한 보다 우선적인 문제는, 삶의 희망을 결정론의 참 거짓과 일치시킬 수 있느냐의 여부가 아니라, 무엇이 삶의 희망을 풍성하게 할 수 있느냐가 되어야 한다.

이제 남아 있는 최선의 길은 결정론에 대한 동의가 어떤 사실적 증거나 그에 대한 논리적 논의에서 비롯된다기보다는 삶에 대한 우리의 전망에 달려 있음을 깊이 숙고하는 일이다. 일례로 결정론이 우리가 우리 스스로를 행위의 원초자로 보고자 하는 저 뿌리깊은 욕구를 충족시켜주지 못한다는 사실은 그것을 받아들이는 데 주저하게 만든다. 물론 이러한 거부감은 결정론을 입증하거나 확증하는 작업과는 전적으로 무관하며, 단지 결정론이 삶에 미치는 영향력을 무화시키려는 시도에 지나지 않을지도 모른다. 그러나 설령 우리의 삶이 주변의 환경과 타고난 성품에 의해 전적으로 결정된 것일지라도, 여전히 우리는 그 이상의 삶을 요구한다. 분명한 것은 결정론의 진리성이 아니라 삶에 대한 전망이 우선하기 때문이다.

이런 점에서 자유 의지 논쟁은 결정론의 참 거짓 여부를 밝히려는 이론적 논쟁이 아니라 우리의 선택이나 결단의 소중함을 확인시키고 일깨우는 실천적 논쟁인지 모른다. 삶에 대해 어떠한 전망을 갖느냐에 따라 극단적으로 우리는 결정론을 두

려워하면서 위축될 수도 있고 아니면 결정론을 경멸하면서 무모해질 수 있다. 우리자신의 능력을 지나치게 과소평가함으로써 우리는 어떤 일의 성공에 대해 경탄하기 쉽고, 지나치게 과대평가함으로써 어떤 일에의 실패에 대해 경악하기 쉽다. 결국 사람들은 자신의 능력을 지나치게 폄하함으로써 아무 일도 하지 못할 수 있고, 자신의 능력을 부당하게 과신함으로써 무모해질 수 있다. 그러나 중요한 것은 삶에 대한 모종의 결단이며, 그에 따라 결정론의 악령에 사로잡혀 갖게 된 당혹감에서도 벗어날 수 있다.

제 III 장

서양철학에서의 자유

둔스 스코투스(J. Duns Scotus)의 자유론*

김 현 태(인천가톨릭대 철학과 교수. 신부)

어떤 면에서 지난 5세기는 주로 해방과 자유화를 위한 발전적 과정의 역사라고 볼 수 있다. 코페르니쿠스, 갈릴레오 그리고 뉴턴은 신학적인 방식에서 과학적인 방식의 해방을 가져왔으며, 프랑스혁명은 계몽주의자들의 방식을 고수하면서 시민들을 절대 군주주의의 통치 체제로부터 해방시켰다. 마르크스주의는 부르주아지의 지배에서 프롤레타리아트를, 니체는 형이상학으로부터 본능적이고 생생한 삶을 해방시키고자 하였다. 또한 세계의 여성 운동들은 가부장적이고 남성 위주인 문화에서 여성 해방을 촉진시켰다. 마지막으로 우리가 살아가고 있는 이 시대는 인간, 가족, 젊음, 성(性), 도덕, 종교 등과 관련하여 문제시되고 있는 원리들과 규범들에 대해 새로운 비판 기준을 적용하면서 다양한 해방 운동과 자유화를 부르짖고 있다.

---

* 이 논문은, 1998년 6월 20일에 서강대학교에서 '그리스도교 철학연구소'(소장 김규영)와 '서강대 철학연구소'(소장 박종대)가 주체한 학술 모임에서 발표된 글이다.

자유는 여러 가지의 철학 체계와 휴머니즘, 도덕적 운동, 사회 혁명, 종교적 논쟁 및 거리에서 행해지고 있는 운동들을 통해 계속해서 번져나가고 있다. 현대는 자율성, 존경심, 자유, 자기 결정과 관련하여 특별한 의식과 감수성을 지니고 있다. 그런데 다양한 체계들, 인간들과 이상들에 대한 고전적인 종속성을 제거하며 기나긴 터널을 빠져 나왔음에도 불구하고 이 시대 사람들은 색깔은 달라도 동일한 형태의 현대판 프로그램에 또 다시 매이거나 빠져들고 마는 신 풍속도의 종속성을 면치 못하고 있다. 결국 삶의 복잡한 형식들과 체제로부터 해방과 자유를 기대하는 현대인은 심중의 소망과는 달리 부자유라는 주물에 계속해서 녹아들면서도 새로운 자유와 해방의 길을 찾아나서고자 안간힘을 쓰고 있다.

파우스트처럼 삶이 제공하는 모든 것을 체험하고 증명하기를 바라는 현대인은 때로는 의심으로 고통받는 햄릿처럼 변모하고, 또 때로는 모든 것을 먹어치워도 배가 차지 않는 사투르네스처럼, 복수의 여신 푸리에와 같은 파괴자, 시지프스와도 같은 부조리한 자가 되기 일쑤다. 이와는 달리 참된 인간은 계속해서 '위대한' 자유를 찾아나서는 자일 것이다. 과연 전적인 자유는 이 세계가 아닌 아주 소수만이 거처하는 도시인 '유토피아'에서나 만나볼 수 있는 것일까?

우리는 여기서 지복직관(至福直觀. visio beatifica)의 그리스도교적 이상국가를 삶 속에 끌어들여 참된 자유를 갈구하고 실제로 누린 중세의 철학자며 신학자인 스코투스(J. Duns Scotus : 1266~1308)의 자유와 관련된 가르침을 간단하게나마 살펴보고자 한다.

호세 메리노(J. A. Merino)에 의하면 난해하지만 결코 복잡하지 않은 이 명민한 박사(Doctor subtilis)는 게으르고 피상적인 정신을 지닌 사람들이 아닌, 요청적이고 명석하며 심오한 정신을 소유한 사람들에게 어울리는 사람이다.[1] 그는 결코 단편적인 것에 집착하지 않고 거대한 종합을 향해 나아가는데, 그 이유는 전체성을 통해서만 의미와 특수 명제를 발견할 수 있다고 믿었기 때문이다. 사실 그는 본질의 형이상학을 추구하면서도 존재에 대한 깊은 사고를 지녔고, 존재론적 원리의 전문가면서도 구체적 개체들에 관심을 두고 그것을 옹호한 사상가였다. 그의 위대한 가르침은 전적으로 인간의 삶과 관련을 맺고 있으며 또 어떠한 삶이 이성 위에 올바로 정초되어야 하는지를 잘 제시해주고 있다. 스코투스는 앎이란 '잘 사는 것(bene vivere)'과 '잘 공존하는 것(bene convivere)'에 기여하는 것이라는 그리스도교적 인본주의의 놀라운 가르침을 우리에게 밝히 드러내보이고 있다.

특히 자유 문제와 관련된 스코투스의 가르침은 매우 심오하다. 일반적으로 자유가 사람들 사이에서 자발성, 자유 의지, 간섭의 부재, 필요성의 실현, 자기 결정, 의지적 행동, 구체화된 존재, 선택의 의무와 가능성, 그 무엇으로부터 해방되고 그 무엇을 위해 자유롭게 된 것을 의미하는 것이라면, 어떤 형태의 자유인지를 알기 위해서는 그 고유한 체계에 입각하여 완전한 틀을 잡는 것이 중요할 것이다. 왜냐 하면 자유 개념은 자율적인 개념이 아니라 그것을 관장하는 철학과 그것을 옹호하거나 고발하는 인간학과 결코 분리될 수 없는 개념이기 때문이다. 이러한 점은 스코투스에 의해 옹호된 자유 개념에서도 예외가 아니다.

사람들은 스코투스의 자유 개념의 근간인 주의설(主意說)에

---

1) J. A. Merino, *Storia della Filosofia francescana*, Edizioni biblioteca francescana, Milano 1993, p.319.

대해 많은 것을 말해왔다. 그들은 스코투스에게서 이 학설이 토론의 여지가 없는 명백한 사실이며, 특히 그가 선각자인 보나벤투라와 함께 의지의 자발성과 우월성을 강조하였으며 지성은 의지를 뒷받침하는 데 조언적이며 지침적인 기능을 갖는다고 보았다. 그러나 우리가 스코투스의 사상을 살펴보면 그의 주의설이 사람들이 일반적으로 생각하는 그런 학설이 아니라는 사실을 알게 될 것이다. 그러므로 우리는 여기서 먼저 스코투스의 자유 사상과 밀접한 관련성을 지니고 있는 보나벤투라의 자유 개념을 소개하고 이어서 스코투스의 이성과 의지의 문제를 포괄적으로 분석함으로써 그가 강조하는 자유로운 인간의 존재 방식이 무엇인지를 보다 올바로 파악할 수 있게 되리라고 본다.

1. 성 보나벤투라와 자유

자유에 대한 보나벤투라의 해석은 자신의 인간학적인 종합에 근거하여 가해졌다. 그에 의하면 인간은 하느님과 피조물 사이에 있으면서[2] 우주의 중심에 놓인 소우주다.[3] 그리고 하느님의 관용(liberalitas)을 이해하고 그와 통교할 수 있는 유일한 존재라는 점에서 인간은 우주의 '의식'이다.[4] 그리고 인간은 자유 의지로 인한 하느님의 모상(imago Dei)이다.[5] 하느님은 인간을 위대한 신의 업적에 대한 단순한 방관자로서가 아니라 그것을 위해 혹은 그것과 반대하여 거기에 능동적으로 참여할

2) *II Sent.*, Proemium.
3) *Itinerarium*, c. 2. n. 3.
4) *II Sent.*, d. 16, a. 1, q. 1, concl.
5) *II Sent.*, d. 25, p.1, dub. 1.

수 있도록 세계 안에 그렇게 창조한 존재다.

세라핌적 박사(Doctor seraphicus. 보나벤투라의 학자 칭호)가 인간 영혼을 하느님과 관련하여 '유사성(similitudo)'이라고 표현할 때, 그것은 하나의 아름다운 은유법을 넘어서서 존재론적 의미로 그 말을 사용한 것이다. 즉, 그는 하느님과 인간 사이에 참으로 공통적인 '어떤 것(numquid)'이 존재한다는 사실을 강조하였다. 자유는 바로 영혼 안에 현존하는 신적인 이 '어떤 것'이다.

그런데 하느님은 '진리-인식'에서 또 '최상선-의지'에서 가장 완전한 존재이기에 '그 분' 안에서 모든 것은 자유며 자기와 존재하는 그 모든 것에 대한 소유다. 한편, 하느님은 자기를 떠나 다른 것을 탐구하거나 아니면 그 누구의 의견을 구하거나, 여러 가능성들 중에서 어떤 것을 선택할 필요가 없는 존재다. 왜냐 하면 신은 무한한 완전성으로 존재하기 때문이다. 자유의 실행은 언제나 아무런 제한이나 소외 없이 행위하는 하느님과의 불변적인 원의함 안에 자리하고 있다. 이러한 관점에서 하느님은 절대 자유(Libertas absoluta)며 투명한 자유다.

이와는 달리 인간의 자유는 본질적으로 상대적이며 욕구적이다. 다시 말해 그것은 외부 실재를 향하는 경향이 있다. 왜냐하면 인간 자유는 완전성을 소유하지 못한 까닭이다. 인간은 분석과 비교 그리고 평가할 필요성을 지니고 있으면서도 모호성과 의심 그리고 위험 속에서 바라보고 해결하고 선택한다. 따라서 인간은 자신의 근본적인 한계성으로 인해 자기 자신 안에 정초될 수 없는 존재며, 오직 자신을 정초하는 하느님 안에 그 기반을 구축할 수 있을 따름이다. 인간은 하느님 안에서 그리고 하느님을 통하여 구성적으로 자유롭게 될 필요성이 있다. 이와 동시에 자유는 인간 안에 다양한 자유화의 과정을 통해 얻어지는 최종적인 정복이다.

인간의 자유로운 행동은 전 인간의 결과며 그것은 이성의 심사숙고함과 의지의 결단을 필요로 한다. 자유는 이성과 의지 간에 밀접한 협력을 통한 결과다. 자유 의지는 이성과 의지, 이 양자를 모두 포괄한다.[6] 자유의 기초는 이성과 의지에 의해 구성되며 오로지 이 두 가지 기능의 합치에 의해서만 존재할 수 있다. 인간이 유일하게 이성에 따라서만 해결책을 찾으려 한다면 그는 대상, 인격, 실재를 인식하고 또 가치를 평가할 수는 있겠지만, 이성은 자기 자신을 움직이거나 선택하는 일은 하지 못할 것이다. 이와는 달리 이성 없이 욕구로만 어떤 결말을 보고자 한다면, 인간은 움직여지고 결정될 수는 있겠지만 제동이 걸릴 수는 없을 것이며 겨우 소경의 동작을 취하는 데 그치고 말 것이다. 자유는 지배며 인간이 실현하고자 원의하는 행위들의 자유로운 순응성이다. 그것은 오로지 이성과 의지의 일치에 의해서만 가능하다. 이러한 경우 자유는 이성과 의지의 양자를 조화시키는 데에 필요시되는 까닭에 자유 의지라고 불린다. 즉, 그것은 의지와 관련된 한에서 자유로우며 이성과 관계를 맺는다는 한에서 의지적인 것이다. "판단은 이성에 대한 것이며 자유는 의지에 관한 것이다."[7]

보나벤투라는 주어지고 실현된 것으로서의 자유가 아닌, '소유(habitus)'의 특성을 지닌 순전히 가능적인 것으로서의 자유를 지향한다. 소유의 특성은 필히 이성과 의지의 접합점에 의존하고 있지만 상황이라는 우연성과 시간성이라는 제한 조건에 따라 실현될 수밖에 없는 것이다. 자유는 그 실현에서는 진보적 특징과 그 방향에서는 목적을 향한 긴장의 특성을 천부적

6) *II Sent.*, d. 25, p. 1, a. un., q. 3, concl.
7) *Ibid.*

으로 타고났다. 그러나 이러한 과정 안에서 의지와 이성은 충만한 자유의 실현을 방해하는 저항과 불투명성 그리고 불일치를 마주한다.

자유의 정복은 자아의 지배와 본능적인 세계의 통제를 요청한다. 실상 이러한 요소들은 평화로운 협력 체계 안에 있지 않고 갈등의 상황 안에 자리하고 있다. 이 때문에 자유로운 삶은 희생과 포기, 의지적인 죽음들을 요청한다. 자유는 길고도 험난한 자유화의 결실이며 그 결과다. 자유는 인간을 참으로 자유롭게 하며 참된 평화를 가져다주는 인간(Persona)이신 그리스도께 동의함으로써 성취될 수 있다.

2. 스코투스의 자유

1) 앎과 의지

스코투스에게서 의지는 지식의 질서에 참여하지 않는다. 그래서 진리는 행위가 아닌 지성과 판단에 달려 있다.

그럼에도 불구하고 주의주의자(主意主義者)인 스코투스는 의지의 역할을 강조하고 들어 높이기 위하여 지성의 역할을 축소하거나 평가절하하는 데 결코 골몰하지 않는다. 오히려 이와는 정반대다. 사실 스코투스만큼 그 누구도 영혼을 불가분의 힘으로 제시한 바 없었으며, 그 안에서 지성과 의지의 관계를 그토록 조화롭게 설정한 적이 없었다.

지성과 의지에서 본래적인 일차성은 지성에 속하는데, 이유는 의지하기(행하기) 위해서 우리는 먼저 알아야 하기 때문이다. 스코투스는 이 점을 다음과 같이 분명히 밝히고 있다. 앎은 모든 의지적 행위를 선행한다. 이는 지성이 의지의 필수 조건이며 예비 기능이라는 것을 의미하는 것과도 같다. 필수 조건이라 함은 지식 없이는 거기에 아무런 의지함도 없을 것이기에 의지가 행위하기 위해서는 필히 지성을 필요로 한다는 점에서 그러하며, 예비적 기능이라 함은 지성의 행위가 의지의 행위보다 앞서 이루어지기 때문에 그러하다.

그러나 이전의 아우구스티누스주의자들의 주장을 받아들이는 스코투스는 분명히 지성에 대한 의지의 일차성을 옹호하는데, 그것은 심리적 질서에서 그러하다. 우리는 여기서 '심리적 질서'와 관련하여 우리 자신의 체험을 고찰해볼 필요가 있다. 물론 체험이 이러한 진리에 대한 '증인'이 될 수 있는지에 관해 의구심을 가질 수 있겠지만, 문제는 본래적인 일차성이 지성을 위한 상위성에 국한된다고 우리가 더 이상 계속해서 믿을 수 없다는 점이다. 그래서 둔스 스코투스는 이 심리적 질서 차원에서 토마스적 일차성을 거부하고 지성이 의지보다 하위적이라는 증명을 연역해낸다. 물론 지성은 의지의 필수 불가결한 조건임을 그는 인정한다. 그렇지만 의지가 결단을 내리는 데에서 그 원인이 될 수는 없다. 이 점과 관련하여 데오다(Deodat)는 다음과 같은 스코투스적 합리성을 제시하고 있다. "앎의 행위는 원인이 그 결과를 산출하는 것처럼 의지를 산출하지는 않는다. 의지 행위는 분명히 그것을 위해 질료적인 것을 제공하는 앎의 행위로부터 시작된다. 그렇지만 앎의 행위 역시 그것을 규정하는 의지 행위로부터 시작된다. 어떻게 해서든지 만일 당신이 원인(causa)이라는 단어를 사용하고자 한다면, 앎의 행위는 하위적이고 부분적인 원인으로서 의지의 행위에 유용하다는 것을 말해야만 한다. 그러나 의지의 행위는 부분적이지만 더 높은 원인으로서 앎의 행위를 위해 기여한다."[8)]

지성은 행위의 실현을 위해 부분적 혹은 제2차적 원인과 준비의 역할을 담당하지만, 이 행위의 실현은 본질적으로 의지에 달려 있다. 모든 의지적 행위에서 지성이건 의지건 간에 그것들은 동일한 결과에 참여한다. 그렇지만 지성의 임무가 대상을 현시하는 것이라면, 의지의 임무는 이러한 제안을 수용하거나 거부하는 것이다. 이렇게 볼 때 지성은 인간의 자유로운 활동을 위한 필수 조건(conditio sine qua non) 외에 다른 어떤 것이 아니다.

만일 자유로운 행위가 의지적 행위와 관련된 원인인 지성과 의지의 현존과 협력을 요청한다는 점에서 그 행위가 인격적 전망 안에서 생겨나는 것이라면, 말할 필요도 없이 스코투스는 계속해서 의지를 지성보다 더 고상한 것이라고 확신한다. 왜냐하면 대상을 제시하는 것이 지성에 고유한 것이라면, 그것을 평가하고 그 모습과 유용성을 밖에 드러내보이며 그것을 판단하는 것은 직접적으로나 간접적으로 의지로 하여금 그것을 받아들이게 하거나 거부토록 하기 때문이다. 따라서 의지야말로 선택하고 혹은 선택하지 않는 최종적인 언어다. 왜냐 하면 자유롭게 원하고 원하지 않는 것은 의지이기 때문이다. 만일 지성이 제시된 대상을 향하여 의지를 직접적으로나 간접적으로 움직일 수 없다면, 의지는 지성이 산출한 것들에 대해 직접적으로 결정할 수는 없을지라도, 지성으로 하여금 대상들을 변화시키고 다른 것을 사유하도록 명하면서 간접적으로 그것을 결정할 수 있다.[9] 이 점은 다시 한 번 프랑스 철학자 질송(E. Gilson)이 말하는, 내가(ego) 사유하거나 혹은 사유할 수 있다는 것 위에

---

8) Cf. B. de Saint-Maurice, *J. D. Scotus, A Teacher for our times*, trans., C. Duffy, Franciscan Institute, New York, 1955, p.203.

9) *Rep.* Par., 12, d. 42, q. 4, nr. 13-16 ; Cfr. *I Sent.*, 1. 6, P. ; *Quodlibe.*, I, 16.

서가 아닌, 내가 원의한다는 것에 기초하고 있음을 보여준다 하겠다.

우리는 여기서 의지가 지성보다 과연 상위적인 부분적 원인일 수 있는지에 관해 다시 한 번 질문을 던질 수 있을 것이다. 그러나 우리는 다음과 같은 스코투스의 답변에서 충분한 이해를 얻어낼 수 있다. 즉, 이성과 의지라는 두 개의 기능들 중에서 명령하는 것이 의지라는 것은 누구도 의심할 수 없다. 그 대신 의지는 그 어떤 것에 의해서도, 지성에 의해서도 명령되지 않는다는 사실이다. 그러나 지성의 경우 그것은 새로운 대상의 변경과 그것에 대한 사유를 명령받을 수 있다. 모든 조직이나 서클, 연합체 혹은 종교 단체에서도 명하는 사람을 상급자 혹은 장상으로, 명령을 받는 사람을 하급자라고 호칭하는 것과 마찬가지로 의지가 지성을 명한다는 관점에서 분명 의지는 지성보다 상급적이라고 말할 수밖에 없다.

스코투스는 의지를 "자유로이 이성과 함께 욕구함(appetitus cum ratione liber)"이라고 정의한다.[10] 결과적으로 이 욕구는 그것이 본성적이고 또 자유롭다는 점에서 이중적인 성격을 지닌다. 의지는 그 자체로 본성적이며 선택에서는 자유롭다. 이는 인식하는 영혼과 의지하는 영혼 간에 형상적 구별을 떠올리게 하는 좋은 사례이기도 하다. 사물의 본성으로부터(ex natura rei), 즉 형상적(形相的)으로 각기 두 개의 기능을 구별해내는 것은 바로 양자가 동시적 존재이긴 하지만 근본적으로는 서로 다르다는 것을 의미한다.

지성의 역할은 의지에 대상을 제시하는 데 있지만 의지를 의지로 규정하지는 못한다. 의지는 동기 없이 행위할 수 없을지라도 그것은 이성적 욕구인 까닭에 동기가 어떠하든지 간에 스

---

10) *Oxon.*, III, d. 17, n. 2.

스로 결단(ab intrinseco)할 수 있다. 왜냐 하면 이성적 욕구는 자유롭기 때문이다.[11] 대상이 마땅히 의지에 제시된다면 의지는 스스로 하녀(ancilla)처럼 행위하지는 않을 것이며, 그것을 따르기 위해 스스로를 결단할 필요가 있을 경우에만 지성의 요구를 따를 것이다. 왜냐 하면 성 아우구스티누스의 말대로 "의지 자체만큼 의지의 권한 하에 있는 것은 없기" 때문이다.

토마스주의자들에게서 자유는 주관적으로는 의지에, 원인적으로는 지성에 그 뿌리를 두고 있다. 스코투스주의자들이 바라볼 때 그것은 의지의 참된 본질에 관한 문제와는 상당한 거리감이 있다. 왜냐 하면 스코투스에게서 '자유는 의지적 행위의 본질적 방식'이기 때문이다.[12] 따라서 그는 의지가 강요될 수 있다는 점을 부정한다. 물론 인간이 행동을 강요당할 수는 있겠지만 행동을 원의하는 것만큼은 결코 그럴 순 없는 일이다. 그리고 의지는 자유를 상실하지 않고서도 필연적으로 행동할 수 있다. 이를 증명하기 위해 우리는 다음과 같은 예를 들 수 있을 것이다. 즉, 스스로 목숨을 끊으려하는 자는 탑 꼭대기에서 자신을 해치고 있다. 그는 중력의 법칙에 의해 필히 떨어지겠지만 그 자신은 의지의 행위에 의해 자유롭게 추락할 것이다. 그러므로 그 추락은 필연적으로 자유로운 행동이다. 그 필연성은 외부로부터 오는 것이 아니며 또 의지 자체 안에서 본질적인 행동 방식으로 존속하는 자유에 영향을 주는 것도 아니다.

아마도 이러한 주장에 대해 반박하는 의견도 있을 수 있다. 예컨대 천상에서 영원한 지복직관(visio beatifica)의 영광 안에 선택된 자들은 죄를 짓는 것이 불가능함으로 그들의 의지는 하느님을 사랑하지 않는 것이 불가능하게 될 것이다. 왜냐 하면

---

11) Deodat, *Scotus Docens*, Le Havre-Paris, 1934, p.201.
12) *Ibid.*, p.84.

선택된 자들은 지성의 직관에 단단히 고정되어 있어 의지의 자유는 있을 수 없기 때문이다.

이것은 나름대로 무한한 존재이신 하느님이 당신 자신을 필연적으로 사랑하며 무한히 자유로운 존재라는 것을 떠올리게끔 한다. 이러한 하느님은 우리가 존재하는 바로 그 순간에 "그 분의 모상과 유사성 안에서" 우리를 창조하였다. 그래서 '그 분'은 우리의 창조주와의 이 유사성의 절정(summum)을 천상에서 성취토록 해야만 했고 완전히 질서지어진 최상의 상급적인 자유의 상태 안에서 영원한 행복을 '그 분'과 나누도록 하는 능력을 베풀었다. 따라서 지극한 행복을 대면함에서도 선택된 자들의 의지는 자유롭다. 왜냐 하면 의지는 자유롭지 않고서는 존재할 수 없고 자유는 의지의 활동 방식을 규정해주기 때문이다.

더 이상 죄지을 수 없다는 사실은 무엇을 의미하는가? 그것은 우리가 죄 짓지 않을 수 없는 지상에서 우리가 지니며 살고 있는 자유보다 더 높은 어떤 자유를 말해준다. 악과 선을 결정하는 힘은 일종의 불완전한 힘이다. 왜냐 하면 그것은 악의 선택을 예상할 수 있기 때문이다. 이와는 반대로 선을 선택할 수 있는 힘만을 갖는다는 것은 신적 능력의 모상을 따른 완전한 능력을 예상한다. 이는 성 아우구스티누스의 가르침과 매우 유사하다. 즉, 우리는 "죄를 안 지을 수 있는 것(posse non peccare)"과 "죄를 짓는 것이 불가능한 것(non posse peccare)", 이 두 가지 사이에 조심스럽고 정확한 특징적인 차이 개념을 획득해야 한다. 의지의 첫 번째 자유는 죄를 안 지을 수 있는 것이고 그 다음에는 죄를 짓는 것이 불가능한 것인데, 이것은 훨씬 더 큰 것이라는 점이다.[13]

---

13) De correptione et gratia, c. 12, n. 33 (PL 44, 936) : "Bina ista quid inter se differant, diligenter et vigilanter intuendum est : Posse non peccare et

스코투스에게서 자유는 최상의 자유인 하느님인 한에서 신의 인간-모상이라는 전망 안에서 바라보고 그렇게 해석되어야만 한다. 그러나 인간 의지가 신적 자유라는 사실은 비록 그것이 자유 의지성이나 순수 주의주의(主意主義)와 동의어는 아니겠지만, 인간이 창조의 신적 차원에 집착하고자 하는 실존적이고 기능적인 과정 안에서 엮어낸 이성과 의지의 결합의 결과임에는 의심할 여지가 없다.

2) 자유 : 의지와 합리성

지성적 행위가 그러한 것처럼 의지 행위 역시 "자아(ego)"의 체계에 의존한다. 이것은 이성과 의지의 존재가 인간 존재의 특성을 말해주고 있는 것처럼 거의 모든 학파들은 이 두 개의 기능을 아무런 의심 없이 받아들였다. 차이점이 있다면 그것은 이 두 개의 기능 중에서 어느 것을 우선적이고 일차적인 것으로 선택하는냐 하는 문제였다. 아리스토텔레스적 흐름을 따르는 자들은 지성의 일차성 내지 상위성을 주장하고, 아우구스티누스의 흐름을 따르는 사람들은 의지를 향해 기울어지는 경향이 있다. 모든 사람들은 다음과 같은 표현인 "그 어떤 것도 먼저 알려지지 않고서는 욕구되지 않는다(nihil volitum quin praecognitum)"에 따라 의지에 비해 지성의 어떤 시간적 우선성을 받아들인다는 것을 주목해야 한다. 그러나 그 우선성 내지 상위성은 언급된 기능의 인과적 질서, 다시 말해 의식적으로 선택하는 행위 안에서 이것이냐 혹은 저것이냐를 결정하는 자와 관련된다.

---

non posse peccare. Prima libertas voluntatis est : posse non peccare. Novissima (libertas) erit multo major : non posse peccare."

둔스 스코투스는 인식 활동과 의지적 행위의 인과적 종속성을 인정하는 것은 인식의 질서에서나 작용의 질서에서 인식된 대상이 의지의 능동인의 역할을 떠맡는다는 것을 의미한다고 보았기에 지성은 지성 작용을 통하여 의지 작용을 일으킨다는 것을 긍정하고 있다.[14]

그러나 지성이 의지에게 대상을 제시하면서 의지를 규정하는 것이 사실이라면, 그때 우리는 어떻게 자유를 구제할 수 있는지에 대해 알 수 없게 된다. 왜냐 하면 자유의 제1차적인 조건은 자기를 규정하는 데 있는데, 인식 행위가 이미 그것을 규정하는 경우라면 그것은 불가능해지기 때문이다.

스코투스는 내적 체험에 의거하여 의지가 영혼의 다른 가능태들(potentiae)에 대해 어떤 지배력을 행사하고 있다고 주장한다. 그것은 감각적인 욕구를 조절할 수 있을 뿐만 아니라 다른 정신적 가능태들까지도 질서지울 수 있다. 즉, 그것은 지성을 이러저러한 진리로 이러저러한 대상으로 이끌 수 있으며, 기억하기 위해서(recordare) 기억력을 일으킬 수 있는 것(즉, 기억력)과 같은 경우다. 다른 기관들에 비해 의지의 인과적 우선성은 전적으로 자유롭고 원천적인 행위의 중요성을 사랑에 부여함으로써 생겨난다. 의지는 본질적으로 자유로운데, 왜냐 하면 의지만이 의지 작용의 능동인이기 때문이다. 그리고 의지는 본질적으로 자유로운 것을 넘어서서 인간이 영원히 하느님을 향유할 수 있는 기쁨(fruitio) 행위의 원인이 된다. 따라서 의지는 인간 존재에서 가장 고상한 기능이다.

이와 같은 맥락에서 살펴볼 때 스코투스의 자유론은 분명히 주의설에 그 바탕을 두고 있음을 알 수 있다. 그렇지만 그가 주장한 내용들과 전제들은 후대에 이르러 기형화되고 말았다. 왜

---

14) *Ord.*, II, d. 25, q. un., n.5 (ed. Vives, XIII, pp.199-200).

냐 하면 사람들은 욕구의 절대적 자발성과 의지의 자율성이라는 개념만이 스코투스의 것이라고 생각했기 때문이다. 그러나 이것은 옳지 않다. 사실 스코투스의 사상에서 자유로운 모든 활동은 언제나 지성과 의지가 서로 합치된 결과다. 한마디로 지성과 의지는 두 개의 통합적이며 서로 떼어놓을 수 없는 불가분의 원리인 동시에 양자는 인식하고 원의하는 것인 유일하고 동일한 영혼에서 두 가지의 본질적인 실재이기 때문이다.

따라서 명민한 박사가 말하는 의지의 일차성은 지성의 배타성을 의미하는 것이 아니다. 원의하고 인식하는 것은 영혼이며, 바로 이 영혼 안에 인간의 자유롭고 의식적인 모든 행위에 개입하는 원의함과 인식함의 두 기능이 그 뿌리를 두게 된다. 따라서 의지를 전적으로 배척하는 절대적 주지주의에 대해 말할 수 없는 것처럼 이성을 도외시하는 절대적 주의주의에 대해서도 말해질 수 없다. 이 두 개의 기능 중에서 하나에 있을 수 있는 과도한 강조는 다름아닌 통합적인 인간 실재를 기형화시키는 것을 의미하기 때문이다.

지성이 의지에 대상을 현시하여 의지를 좌우할 수 있다는 것은 의심할 수 없는 사실이다. 그렇지만 문제는 최종적인 결정이 의지에 달려 있다는 점이다. 의지는 자유롭게 원하기도 하고 원하지 않기도 하며 자유롭게 그 같은 원의를 중지하기도 한다. 지성은 대상을 현시하고 그것을 자극하며 추천하고 판단하며 승화시킬 수 있고 그 유익성과 유리함을 보여줄 수 있다. 이러한 지성의 행위 없이는 의지의 행위를 불가능하게 하거나 아니면 그것을 비이성적으로 만들어버릴 것이다. 그러나 결단하는 의지는 이 결단적인 주도권을 통해서만 움직일 수 있는 자유로운 활동의 원리다.

스코투스의 자유론은 기본적으로 의지가 본성적 활동의 원리와는 전적으로 다른 활동의 원리라는 사실에 그 바탕을 두고 있다. 왜냐 하면 의지는 외부적인 어떤 것에 의해 결정되지 않고 언제나 자유롭게 행위하기 때문이다. 이와는 달리 본성적 원리의 활동은 필연적으로 결정된다. 이러한 의지의 자유로운 활동에는 자유로운 행위의 공동 원인이라는 제목을 달고 있는 지성이 필연적으로 개입한다. 질송(E. Gilson)은 "그의 학설 안에서 의지의 원동자가 절대적으로 일차적이라는 것이 모순된다고 생각하는 경우, 그러한 주의설이 어디서 구성되는지를 질문할 수도 있을 것이다. 가장 지혜로운 일은 거기에 대해 더 이상 언급하지 않는 것이다"[15]라고 말한다. 질송에 의하면 스코투스에게서 지성과 의지는 각각의 본성에 따라 동등하게는 아닐지라도 동일한 결과를 내는 데 함께 참여한다. 물론 두 개의 기능들은 같은 결과를 내는 데 능동인(causa efficiens)으로서 협력하지만, 한 가지만이 주요한 능동인으로서 그렇게 행위하는데, 그것은 곧 의지다.

의지는 자신의 본질과 우연성 안에서 자유롭다. 의지만이 인간 안에서 도덕적 질서를 가능케 한다. 의지는 여하한 모든 대상들을 향해 자유롭게 방향이 지어질 수 있으며 그 대상을 수단이나 목적으로 또 아무것도 아닌 것으로 취할 수도 있다. 그런데 자유 의지가 도덕 질서를 가능케 한다 할지라도 자유 의지만이 그것을 구성하는 것은 아니다. 왜냐 하면 도덕 질서는 의지 행위가 올바른 이성과 일치함으로써 이루어질 수 있기 때문이다.[16] 의지는 지성에 집착하고 또 집착하지 않으면서 또 지성에 종속되고 또 반항하면서 계속해서 자유롭다. 그러나 의

15) E. Gilson, *J. Duns Scot, Introduction à ses positions fondamentales*, Vrin, Paris, 1952, p.575.
16) *Ord.*, I, d. 17, n. 92 (V, p.184).

지 행위가 도덕적으로 선한 것으로 여겨질 수 있기 위해서는 올바른 이성에 적합해야 한다. 왜냐 하면 이것은 도덕 질서에 속하기 위해 필요시되는 조건이기 때문이다. 따라서 어떤 행동이 윤리적으로 선하거나 악하기 위해서는 지성과 의지의 접합이 필요하다.

인간적 원의의 현시와 의지의 일차성은 인간이 하느님의 모상과 유사함으로 창조되었다는 한에서 신적인 자율성에 참여한다는 것을 표현한다. 이 때문에 인간은 자신의 원천이며 삶의 실존적인 모델인 하느님을 향하게 된다. 스코투스가 그리스도교 도덕의 진정한 태도를 요약하는 순종은 신이 선포한 창조적 언어와 관련되고 시간 안에서의 행위와 관련된다. 지성의 주요 과제는 이를 받아들이는 것이고 의지의 사명은 이를 완수하는 것이다. 이 때문에 진정한 자유는 항시 자유롭게 하는 하느님에게 동의하는 것이다. 따라서 참된 인간의 존재론적 자유는 인간 인격을 바탕으로 신적 계획을 생활화하고 행위하는 데 있다. 인간이 보다 인간화되고 창조주가 설정한 계획을 완성하면서 자기 자신 안에 하느님의 모상을 명백히 하면 할수록 인간은 그만큼 더 자유로울 수 있다. 결국 이러한 자유는 해결 가능한 어떤 문제가 아니라 오히려 모든 문제와 실존적인 요소들을 조명하여 명백하게 밝히는 데 쓰이는 묘책으로서 논증될 수는 없는 주제다.

3) 사랑의 형이상학

스코투스의 가르침 안에서 사랑은 지식보다 더 고차원적인 것으로 나타난다. 이러한 가르침은 성 아우구스티누스와 보나벤투라에게서도 발견된다. 즉, 이들에게서 사랑은 창조주 하느님의 행위뿐만 아니라 창조된 인간의 행위까지도 좌우하는 존재론적 · 심리적 · 실존적 사실이다. 사랑이 스스로를 이해하고 살기 위해 보다 적합한 기능인 의지에까지 본질적으로 연장되는 경우라면, 인간의 위대함에서 최대의 표현인 자유로운 행위는 사랑의 행위여야만 한다. "왜냐 하면 자유는 본질적으로 우리의 애정적 성향에 살아 숨쉬고 있기 때문이다."[17] 이러한 애정적 경향에서 결단을 내리는 것은 사랑이다. 그렇지만 의지의 결단은 조건으로서 뿐만 아니라 원인으로서 자유로운 행위 안에 개입하는 이성을 배제하지는 않는다. 성 보나벤투라에 의하면 자유로운 행위에는 인간 이성과 의지, 가능성과 한계성, 위대함과 약함, 제한성과 무한성, 본성과 역사와 함께 전 인간이 개입한다. 왜냐 하면 인간은 자신의 최종적 목표인 하느님을 향해 끊임없는 여정을 계속하는 데에서 실현되기 때문이다. 이 하느님이야말로 인간에게 주어지는 유일하고 절대적인 응답이다.

앞에서도 살펴보았듯이, 스코투스에게서 의지는 지성보다 더 상위적이다. 스코투스적 언어를 사용하자면 의지하는 영혼은 인식하는 영혼보다 더 상급적이다. 안다는 것은 그 자체로 목적이 아니며 사랑하는 것이야말로 최고가는 목적이다. "우리는 알기 위해서 사랑하지 않고 사랑하기 위해서 안다."[18] 이러한 스코투스적 결론은 요한 1서가 말하는 "하느님은 사랑이시다(Deus caritas est)"와 사도 바오로의 코린토 전서 13장의 사랑의 송가를 반향하는 것이다.

스코투스에 의하면 의지는 지성에 의해 신중하게 좌우됨으로 선택은 인간 행위의 도덕성을 구성하지도 않으며, 의지적 결단은 "그 어떤 법을 따르지 않는 변덕과 비합리성의 행위"일

---

17) *II Sent.*, d. 10, a. 2, q. 1, f., 1.
18) Deodat, *Scotus Docens*, p.86.

수 없다. 그리고 하느님은 본질적·일차적으로 맹목적이고 임의적인 규정일 수 없다. 스코투스는 하느님의 모든 업적들 안에서 "외부적인 것", 즉 롱프레(Longpré)의 표현대로라면 "독재적인 힘이 아닌 신적 능력과 지혜의 결과들"[19]을 바라본다. 그리고 그는 전횡적이고 폭군적인 독재 정치 안에서가 아닌, 하느님이 스스로 소유하고 있는 무한한 사랑 안에서 신적 의지의 행위 뒤에 숨겨져 있는 최상의 고유한 이성을 바라본다.

위대한 신학자들과 함께 스코투스는 모든 창조의 기반으로서 하느님과 그 분의 무한한 지식 안에 영원한 이데아들을 위치시킨다. "만일 하느님이 창조한다면, 그것은 하느님이 알고 있기 때문이 아니라 그것을 뜻하시기 때문에 창조한다. 하느님 안에서 지식은(우리에게서 지성처럼) 필연적으로 행위하며 거기서 의지의 힘은 창조의 경우처럼 외부적인 것으로(ad extra) 작용하기까지 자유롭게 행위한다. 왜냐 하면 지성의 행위는 본성적인 데 비해, 의지의 행위는 자유롭기 때문이다. 이는 세계의 우연성을 설명하는 것이기도 하다. 이러한 자유 없이는 거기에 아무런 우연성도 있을 수 없을 것이다. 따라서 성 아우구스티누스와 함께 스코투스는 하느님의 의지와 하나되기 위해 일치하면 할수록 인간은 보다 더 자유롭게 된다고 주장하였다.

롱프레가 사용한 명사에 의하면 스코투스의 하느님은 최고의 합리화와 질서를 원하시는 분이시다. 하느님은 필연적으로 행위하시는데, 그 분 스스로 지닌 사랑은 창조적 의지 행위를 위한 이유(ratio)가 된다. 따라서 사랑의 질서 안에서가 아니라면 그 분은 외부적인 것으로 방향을 돌릴 수 없다. 이렇게 볼 때 스코투스는 의지의 하느님의 무한한 이성적이고 최고가는

---

19) Longpré, *La philosophie du Bx Duns Scot, Docteur du Verbe Incarné*, FF 17 (1934), p.200.

의지 실행과 관련된 뛰어난 형이상학자이고[20] 제멜리(Gemelli)의 말대로 "그의 철학 전체가 사랑에 기초"하고 있음을 알게 된다.

3. 요청되는 자유

현대에 와서 개방 사회든 폐쇄 사회든 간에 자유에 반대되는 요소들이 폭넓게 퍼져 있다는 것은 부정할 수 없는 사실이다. 자유는 계속해서 위협받고 있는데, 이유는 그것이 외적으로는 조종되고 있고 내적으로는 상실되고 있기 때문이다. 이념적, 정치적, 사회적, 경제적, 심리적, 정신적 차원에서 사람들이 겪고 있는 소외감의 형태도 매우 다양하다. 지금에 와서는 자유의 형식만큼이나 자유의 부재 현상도 다양하고 쉽게 눈치챌 수 없을 만큼 그 실상이 비밀에 가려져 있다. 내면의 의심과 불확실성을 안고 고통스러워하는 사람이 자유로울 수 없듯이 외적으로 극복할 수 없는 방해물로 감싸여 있는 인간 역시 자유를 느낄 수 없다. 무엇보다도 자기 의식의 감옥에 비밀스럽게 갇혀 있는 존재야말로 가장 자유롭지 못하다. 또한 사물에 대한 욕심, 쾌락에 대한 집착욕을 떨쳐버리지 못하는 인간 역시 자유롭지 못하다. 왜냐 하면 그러한 상태는 평화와 평온함과는 거리가 먼 내적 종속성과 억압이라는 고통스런 열병에 시달리기 때문이다. 그러한 사람은 현대 사회에서 고상한 종이며, 소비사회에 안주하며 만족해하는 사람으로 자신의 본능을 따라 살아가는 사람이다.

자유는 인간의 가능성일 뿐만 아니라 인간 존재의 형식이다.

---

20) *Op. cit.*, p.55.

그리고 그것은 인간의 본성적 권한일 뿐만 아니라 인간 실존의 방식이기도 하다. 그렇지만 루소가 『사회계약론』 서두에서 고발하고 있듯이, 인간이 자유의 선물을 사용할지라도 그는 자유롭지 못하다. “자유롭게 태어난 인간, 그는 어디에서나 사슬에 묶여 살아간다. 이렇게 볼 때 주인으로 여겨지는 자 역시 다른 이들의 종이 아닌 것이 아니다.” 루소는 당대 사회 안에서 지배적인 법률들로 인한 인간의 자유의 부재를 고발하기 위해 자신의 계약론을 썼고 인간들을 자유롭게 하기 위해 법적·사회적 행동의 새로운 원리들을 제공하고자 하였다.

사실 인간은 이른바 '자유 국가'의 건설로 선포되고 옹호된 여러 가지 형식적인 자유의 한 가운데서도 실제로 노예일 수 있다. 법률이 인간의 자유를 인정하고 옹호한다는 사실은 분명히 커다란 가치가 있지만, 자신의 내밀한 터널 안에 자기 자신에 대해 노예로 남아 있거나 타자의 의견들과 협의적인 도덕의 기진맥진한 종속자로 남아 있다면, 모든 권리와 헌장으로 빛나는 자유의 명부가 아무리 가방 속에 채워져 있다 하더라도 그것만으로는 여의치 않다.

인간의 본성적인 기본법은 분명히 자유가 인간을 인간으로서 구성한다는 관점에서 자유롭다. 그러나 자유는 인간이 자신의 본능 안에서 편하게 살아가도록 허용치 않으며 오히려 그것을 극복하도록 인간을 자극한다. 사실 인간은 악천후에 노출되어 있기에 자유롭다. 거기서 그는 창조적 인간으로 재생될 수 있는 실존적인 계획을 세워야 한다. 이렇게 볼 때 자유는 일단 인간을 해체시켜 재생시킨다. 그러나 여기서 말하는 해체는 인간의 빈곤화를 의미하지 않는다. 케베도(Quevedo)가 말하고 있듯이 그것은 인간을 비인간화함이 결코 아니다. 오히려 인간 안에 부정적인 것과 관련된 모든 것으로부터 인간을 해방함이다. 실상 자유는 인간 안에 순수한 것이 아닌 것으로부터 인간을 자유롭게 하면서 인간을 만들고 인간을 재긍정하며 그 자신의 본래성 안에서 그를 재구성한다.

인간은 존재하기 때문에 행위하는 것이 아니라 존재를 위해서 행위한다. 그리고 그는 이미 되었기 때문에가 아니라 되어야 하기 때문에 행위한다. 이 때문에 자유는 깊은 통찰력과 결단을 필요로 한다. 이러한 것들은 주인으로서의 권한과 자유로운 자기 결정 안에 잘 나타난다. 결단력은 인간에게 기본적인 것으로서 이 결단력 없이는 그 어떤 자유도 가능하지 않다. 그리고 자유로운 결단력은 선택이 '어떤 것' 혹은 '그 누구'와 관련되어 있음을 암시해준다.

스코투스에게서 자유는 하느님의 모상인 인간의 존재론적 진리와 밀접하게 연관되어 있다. 물론 그러한 신적 모상의 설명과 명료화는 인간학과 심리학 그리고 윤리학이 계속해서 이루어내야 하는 근본 과제다. 아무튼 그에게 그리스도는 자유롭게 하는 궁극적 진리를 가르치시는 유일하고 참된 스승이시다. 따라서 자유는 인간이신 예수 그리스도에 대한 동의며 충성이고 부속가며 그 분의 존재론적 메시지다.

동의와 충성의 동학론(動學論)은 법을 떠나서 자율성이나 타율성에 대해 철학적 명사들로 자유의 사실을 제시하는 것이 아니며 오히려 '당신(Tu)'의 뜻과 참여와 선사 혹은 사랑과 일치하는 존재론적 명사들로 그것을 제시한다.

인간은 복종을 요구하는 법이 내면화되고 사랑과 충실성의 답변으로서 입법자를 향한 관심과 존경으로 그것을 받아들이고 완성할 때만 참으로 자유로울 수 있다. 그렇지 못할 경우 그는 니체가 날카롭게 비판하고 있듯이 노예 도덕에 빠지고 말 것이다. 법은 노예와 주인 간의 관계가 아닌, 상호 존경스런 사랑의 관계 안에서 생활화되고 서로의 인격적인 관계 안에서 해석될 때만 자유스러울 수 있다.

인간의 구체적인 자유는 태평스러운 상태에서 단숨에 얻어지는 소유의 실재가 아니라 다수의 저항들과 마주하는 기나긴 갈등을 극복하면서 실현된다. 영원히 정복된 자유가 있을 수 없듯이, 영원히 상실된 자유 또한 있을 수 없다. 인간의 역사는 자유와 명령, 새로운 자유와 낡은 억압 간의 드라마틱한 혼합이다. 각 시대와 각 사람은 자신의 폭군과 자유를 지녔으며 자유로운 천사와 노예적인 악마를 지니고 있었던 것이 사실이다.

스코투스에게서 십자가는 포기함으로써 자유롭게 되도록 가르치는 위대한 책이다. 부활하신 그리스도는 최상의 자유를 체험하도록 자극하는 분이시며, 하느님의 사랑은 매일의 생활에서 어떻게 행위할 것인지 그리고 매일의 존재 안에서 부정적인 것까지도 어떻게 받아들여 극복할 것인지를 가르쳐주는 삶의 지침이며 모형이다.

토마스 아퀴나스의 유비 개념에 대한 재조명

박 승 찬(서울대 강사)

1. 들어가는 말

유비(類比. analogia) 문제는 이미 잘 알려진 바와 같이 토마스 아퀴나스 연구의 전통적인 주제일 뿐 아니라 가장 많이 다루는 주제 중의 하나다. 이미 자료가 수없이 나와 있는데 또다시 이 주제를 다루는 것이 무슨 의미가 있는가 하는 질문도 나올 법하다. 하지만 유비 문제를 다룬 엄청나게 많은 수의 문헌들을 살펴보면 의외로 그 문제에서 중요한 역할을 하는 언어철학적인 요소들이 충분히 고려되지 못하고 있다.

유비 문제가 집중적으로 다루어진 금세기 전반까지는 중세시대의 언어철학이 상당한 수준에 도달했었다는 정도는 알려져 있었지만, 아직 그 전모는 드러나지 않았기 때문이다.

실제로 토마스(1224/5～1274)가 활동하던 시기에는 이미 상당히 발전한 '지칭(Suppositio)' 이론 안에서 현대의 양화 논리와 메타 언어에서 제기되는 문제가 논의되고 있었고, 13세기말에 와서 꽃피게 될 '표시의 양태(Modus Significandi)'에 관한 초기 이론들도 시도되고 있었다. 중세 언어철학에 대한 연구는 네덜란드인 데 라이크(De Rijk)가 1960년대 초에 『혁신논리학(Logica Modernorum)』이라는 역작을 집필함으로써 본격화되었다. 이제 우리는 이 작품과 핀보오그, 로어, 엡베센 등 같은 학자들의 연구를 통해서 중세의 새로운 원천들을 직접 접할 수 있게 되었다.[1] 지금까지 이 분야에 대한 연구가 계속되어서 많은 익명의 저작들과 유명한 저자들의 논리학 작품들이 비판적으로 편집되고 소논문과 단행본으로 소개되고 있다. 중세 언어철학 연구 분야에서 이루어진 최근 40년간의 발전은 가히 "중세 논리학의 재발견"[2]이라고 불릴 수 있는 것이다.

이처럼 놀랄 만한 연구 성과의 축적을 바탕으로 이제까지 다루어졌던 많은 주제를 살펴보면 여러 부분에서 이전의 연구들을 보충 내지 수정할 수 있는 여지를 발견하게 된다. 토마스가 사용하고 있는 유비라는 개념도 이런 연구들을 바탕으로 재조명해볼 때 좀더 명확하게 드러날 수 있다.

그러므로 필자는 이 글에서 중세의 언어철학에 대한 새로운 연구들을 배경으로 삼아 유비 개념을 새롭게 해석할 수 있는 가능성을 — 그것이 사용되고 있는 맥락들을 고려하면서 — 찾아보고자 한다. 논의를 좀더 심화시킬 수 있도록 국내에도 이미 소개된 바 있는 개념에 대한 전통적인 지식[3]을 전제로 하되,

1) 이것에 대한 축약된 개요는 국내에도 잘 알려진 Kretzmann, N./Kenny, A./Pinborg, J./Stump, E. (Eds.) *The Cambridge History of Later Medieval Philosophy* (Cambridge : Cambridge Univ. Press, 1982)에 실려 있다. 그 책의 문헌 목록도 참조. 893-977.

2) Jacobi 1993, xiii ; Park 1999, 1-8.

3) 정의채, 『형이상학』(열린, 1997, 10판), 159-173 ; 힐쉬베르거, 『서양철학사

반드시 필요할 때만 간단히 언급하도록 하겠다.

유비 개념이 토마스 연구에서 차지했던 비중을 생각하면 의아하게 들릴지 모르나, 토마스는 유비 이론에 대해서 어떠한 체계적인 작품도 남기지 않았다. 그럼에도 불구하고 토마스는 매우 자주 유비 개념을 사용하고 있기 때문에[4] 후대의 해석가들은 토마스의 작품 중에서 선택한 몇몇 중요 텍스트를 중심으로 그가 쓴 적이 없는 유비 이론을 재구성하려고 노력했다.

그 가운데 가장 널리 알려진 것이 카예타누스(Cajetanus. Thomas de Vio : 1469~1534) 추기경의 시도로, 그는 토마스의 『신학대전(*Summa Theologiae*)』에 대한 가장 뛰어난 주석가로 인정받고 있는 사람이다. 그는 자신의 유명한 저작 『명칭들의 유비에 대하여(*De nominum analogia*)』[5]에서 유비를 세 가지로 구분했다 : (1) 불완전한 유비(*analogia inequalitatis*), (2) 의속적 유비(*analogia attributionis*), (3) 비례성의 유비(*analogia proportionalitatis*).

카예타누스는 이 중에서 '비례성의 유비'만을 토마스가 가장 중시하는 본질적인 유비라고 선포하고 자신의 연구를 집중시킨다. 이러한 구분과 해석은 매우 오랫동안 그의 권위를 바탕으로 많은 학자들에 의해서 수용되었고 거의 고전적인 해석으로 자리잡았다.

하지만 20세기에 들어오면서 그의 이론은 많은 저자로부터 철저하게 비판받게 되었다.[6] 그의 비판가들은 토마스의 텍스트

(上)』, (이문출판사, 1983), 563-566 ; 코플스톤, 『중세철학사』(서광사, 1988), 450-458, 503-507.

4) 클루버탄즈가 자신의 책 『성 토마스 아퀴나스의 유비 이론』의 부록에 모아놓은 관련 텍스트들의 양은 130쪽에 달하고 있다(Klubertanz 1960, 160-293 참조).

5) Cajetan 1987.

6) 많은 문헌 중에서 특히 Lyttkens 1952, 205-225 ; McInerny 1961, 3-23 ;

를 아무 선입견 없이 철저하게 분석한 것을 바탕으로, I Sent 19, 5, 2, ad 1과 Ver 2, 11이라는 매우 소수의 텍스트만을 자기 이론의 근거로 삼고 있는 카예타누스의 해석이 토마스가 유비를 사용하는 방법 전체와는 일치하지 않는다는 사실을 발견해 낸 것이다.

이 논쟁에 관한 철저한 분석은 다음 기회로 미루고, 토마스가 유비 개념을 실제로 사용하고 있는 중요 텍스트들을 비교 분석해봄으로써 그가 지니고 있던 개념의 가장 기본이 되는 핵심 요소가 무엇이었는지를 찾아보겠다.

2. 일의성과 다의성의 중간으로서의 유비

1) 예제 텍스트의 선택

위에서 언급한 바와 같이 토마스가 유비 개념을 사용하고 있는 텍스트의 분량은 엄청나게 많고, 그의 사용 방식이 지니고 있는 특성은 토론의 맥락을 충분히 고려할 때야 드러나게 된다. 그렇기 때문에 필자는 연구 대상을 우선 가장 중요한 텍스트들로 제한하겠다.[7] 텍스트의 선택 과정에서 유비에 대한 상세한

Teuwsen 1988, 129-141 ; Ashworth 1991a 등 참조.

7) 그 선택이 자의적인 것이 되지 않기 위해서 우리는 연구할 텍스트들을 다음과 같은 기준에 의해서 선발하였다. 먼저 유비에 대한 직접적인 언급이나 '선차적 내지 후차적 표시'라는 개념의 사용 없이 분유(分有)나 하느님과 피조물 사이의 유사성에 대해서 언급하고 있는 텍스트들은 고려 대상에서 제외하였다. 토마스가 직접적으로 유비라는 개념을 사용하고 있는 텍스트들 중에서 우리는 그 개념을 전제하면서 단순히 사용하고 있는 텍스트들과 유비에 대한 중요한 정보들을 주는 텍스트들을 구별할 수 있다. 우리는 이 두 번째 그룹의 도움으로 유비의 의미와 근원에 대한 질문들을 대답해보고자 했다.

정보들이 몇 가지 예외를 제외하고는 "하느님과 피조물에 대해 공통적으로 사용되는 명칭들이 일의적 혹은 다의적으로 말해지는가" 하는 토론에서 얻어질 수 있다는 것을 알았다. 성급한 일반화를 방지하기 위해서, 이 질문이 다루어지는 텍스트 중에서도 다양한 시기에 저술된 다음과 같은 텍스트를 선택해서 서로 비교해보겠다 :

(A) PrincNat 6 : 원리들의 차이와 일치에 대하여(1256년 이전 작품) ;

(B) I Sent 35, 1, 4 : 하느님의 지식은 우리들의 지식과 일의적인가?(1254-1256) ;

(C) Pot 7, 7 : 어떤 명칭들이 하느님과 피조물에 대해서 일의적 또는 다의적으로 쓰이는가?(ca. 1259-1268) ;

(D) CG I, 32-34 : (1261-1264)

CG I, 32 : 하느님과 다른 사물들 사이에는 어떠한 것도 일의적으로 서술될 수 없다.

CG I, 33 : 어떠한 명칭도 하느님과 피조물들에 대해 순수하게 다의적으로 말해질 수 없다.

CG I, 34 : 하느님과 피조물에 대한 명칭은 유비적으로 쓰인다.

(E) I, 13, 5-6 & 10 : (1266-1268)

I, 13, 5 : 하느님과 피조물에 대한 명칭이 모두 일의적으로 말해질 수 있는가?

I, 13, 6 : 명칭들은 하느님보다는 피조물에 대해 먼저 말해지는가?

카예타누스가 사용한 텍스트 중 I Sent 19, 5, 2, ad 1은 엄격한 의미에서 유비를 분류하려는 목적보다는 유비적인 명칭이 사용될 때 얼마나 다양한 형이상학적인 배경이 존재할 수 있는가 하는 질문에 대한 대답이다. 이 텍스트는 매우 복잡한 논증 구조를 가지고 있고 전체 맥락을 고려할 때야 비로소 토마스의 의도가 드러나기 때문에 다음에 기회가 닿는 대로 철저히 분석해보도록 하겠다.

I, 13, 10 : 하느님이란 명칭은 분유(分有)에 의한 하느님, 본성을 따르는 하느님, 억견(臆見)에 따르는 하느님께 다같이 일의적으로 말해질 수 있는가?

(F) CompTheol 1, 27 : 하느님과 다른 것들에 대해서 사용되는 명칭들은 전적으로 일의적이지도 다의적이지도 않은 방식으로 말해진다(1273 또는 1265-1267).

PrincNat 6을 제외한 모든 텍스트들은 기본적으로 완전히 동일한 논증 구조를 지니고 있다. 텍스트들의 시작에 어떤 명칭이 하느님과 피조물에 대해서 일의적인 방법으로 사용되는 것이 어째서 불가능한지가 증명되어 있다. 그리고 토마스는 그들에 대한 명칭이 순전히 다의적인 의미에서만 말해지는 것이 아니라고 주장한다. 그는 두 서술 방식을 배제함으로써 그 명칭들이 유비적으로 사용되고 있다고 결론을 내린다. 그런 다음 유비적인 진술을 두 종류로, 즉 (1) 같은 명칭이 사용된 여러 사물이 하나의 또 다른 것에 관련을 맺고 있는 경우(multorum ad unum)와 (2) 한 사물이 다른 사물과 직접적인 관계에 서 있는 경우(unius ad alterum)로 구분하고 있다. 토마스에 의하면 이 마지막 방식에 의해서만 어떤 명칭들이 하느님과 피조물에 대해서 유비적인 방식으로 사용될 수 있다는 것이다.

2) 일의성, 다의성, 유비의 개념 규정

이 동일한 논증 구조를 보면 토마스가 유비를 일의성과 다의성의 중간에 있는 것으로서 여기고 있다는 것은 확실하다. 그러나 그는 그것을 가지고 무엇을 생각하고 있으며 유비는 나머지 두 개념과 어떻게 구분될 수 있을까? 체계적인 설명을 원하는 우리의 기대가 충족되지는 못할지라도 우리는 이미 토마스의 설명 안에서 그 개념에 대한 많은 정보를 얻을 수 있다. 먼저 토마스가 명시적으로 어떻게 세 개념을 규정하고 있는가 하는 것부터 살펴보겠다.

> 한 명칭이 여러 가지 것에 적용되는 방법에는 세 가지가 있다: 일의적으로(univoce), 다의적으로(aequivoce) 그리고 유비적으로(analogice).
>
> (1) 어떤 것이 같은 명칭을 가지고 같은 의미, 즉 같은 정의로 서술될 때는 일의적으로 서술되는 것이다.
>
> (2) 어떤 것들에 대해서 같은 명칭이 사용되지만 서로 다른 의미를 가지고 서술될 때는 다의적으로 서술되는 것이다.
>
> (3) 서로 다른 의미를 지닌 여러 가지의 것들이 어떤 유일한 것에 관련되어 서술될 때 유비적으로 서술되는 것이다(PrincNat 6).[8)]

유비의 결정에서 두 가지 상이한 요소들이 눈에 띈다. (i) 유비는 우선 일의성과 다의성을 부정적으로 배제함으로써 규정되었다. 유비적 진술에서는 한 명칭이 일의성에서와 같이 완전히 동일한 의미로 사용되거나, 순수 다의성에서와 같이 완전히 다른 의미로 사용되는 것은 아니다.[9)] (ii) 그는 이것을 넘어서서

---

8) 비교: CG I, 34: "유비적으로, 즉 어떤 유일한 같은 것에 대한 질서나 관점에서"; I, 13, 5, s.c.: "어떤 사물들에 대해 명칭은 같지만 개념은 다르게 서술되는 것은 어떤 것이든 다의성으로 서술된다." I, 13, 5: "그리고 이런 공통성의 중간 양태는 순수 다의성인 것과 단순 일의적인 것 사이에 있다. 유비적으로 말해지는 것들에서는 일의적인 것들에서와 같이 하나의 개념이 있는 것이 아니고 또 다의성인 것들에서와 같이 전혀 다른 개념이 있는 것도 아니다. 그러나 이렇게 다수로 말해지는 명칭은 하나에 대한 다양한 비례들을 표시한다"; I, 13, 6: "많은 것에 대해 유비적으로 말해지는 모든 명칭에서는 필연적으로 그 모든 것은 하나에 관련되어 말해져야 한다. 그러므로 그 하나는 모든 정의에 들어 있어야 한다"; CompTheol 1, 27: "일의적으로 진술되는 것은 동일한 정의를 가지고 있어야만 한다."
9) Met 11, 3, 2197.

유비를 긍정적으로 어떤 유일한 것에 대한 질서나 관점에서(CG I, 34) 또는 어떤 유일한 것에 대해 맺고 있는 다양한 관계들(PrincNat 6 ; I, 13, 5)이라고 규정하였다.

3) 일의성과 다의성의 특징들

이러한 명시적인 개념정의 이외에도 토마스는 어떤 명칭들이 해당되는 진술에서 일의적, 다의적 또는 유비적으로 사용되는지를 결정할 수 있도록 도와주는 많은 특징을 명시하고 있다. 이 특징은 특히 CG I, 32-34 텍스트에서 명제적으로 기술되었다.

(1) 일의성 :

다양한 것들에게 일의적으로 서술되는 것에는 류(類), 종(種), 종차(種差), 우유(偶有) 내지 특성과 같은 것이 있다. …… 다양한 것들에게 일의적으로 서술되는 것은 적어도 그 개념에 따르자면 각각의 것보다 더 단순하다. 그것은 그 서술되는 각각의 [다양한] 것들에게 분유적으로 일치하고 있다(CG I, 32).[10]

(2) 다의성 :

우연한 다의성(*a casu aequivoca*)에 의해서 서술되는 것은 다른 것에 대한 여하한 질서 내지 관계가 존재하지 않고 전적으로 우연에 의거해서 한 명칭이 다양한 사물들에게 사용(귀속)된다. 순수 다의성(*pura aequivocatio*)이 있는 곳에서는 어디든지, 그 사물 안

---

10) 비교 : I Sent 35, 1, 4 : "일의적으로 진술되는 모든 것들에는 본성의 의미에 따라서 공통성이 존재하지 존재에 따른 공통성이 있는 것이 아니다. 왜냐하면 한 존재는 단지 한 사물에만 있기 때문이다" ; Pot 7, 7 : "작용자와 결과에서 존재하고 있는 형상들의 의미가 일치한다고 할지라도 서로 다른 존재의 양식은 일의적인 서술을 방해한다" ; Pot 7, 7, ad 2 : "류(類)의 차이는 일의성은 없애더라도, 유비까지 배제시키는 것은 아니다."

에서 어떠한 유사성도 없고 단지 명칭만이 일치할 뿐이다. 우리는 그것들 중의 하나로부터 다른 것에 대한 인식으로 이끌릴 수 없다. 왜냐 하면 사물들의 인식은 소리가 아니라 그 명칭이 지니고 있는 의미에 종속되기 때문이다. 명칭의 다의성은 논증이 진행되는 것을 방해한다(CG I, 33).[11]

우선 이 특징들이 토마스와 토론 상대자들에게 매우 익숙함을 알 수 있다. 왜냐 하면 토마스는 그것들을 모든 사람들이 알고 있다는 것을 전제하고 아무런 설명 없이 사용하고 있기 때문이다. 또한 그는 '순수 다의성(*pure aequivoca* 내지 *omnino aequivoce*)'이라는 표현을 '우연에 의한 다의성'이란 표현으로 강조하고 있다.[12]

3. 유비 개념 발전에 관한 역사적 고찰

1) 아리스토텔레스의 『범주론』과 그 해석

토마스가 해당 개념들을 규정하기 위해서 사용하고 있는 이 모든 요소가 이미 아리스토텔레스에게서 발견된다는 것은 주

11) 비교 : I Sent 35, 1, 4 : "…… 경우에 따라서 또는 우연에 의한 순수한 다의성에서는 하나로부터 다른 것을 알 수 없다" ; Pot 7, 7 : "아리스토텔레스가 우연한 다의성이라고 부르는 순수한 다의성에 의해서 서술되는 것들에서는 하나에 대해서 서술될 수 있는 어떤 것이 다른 것에 대해서 말해지지 않는다" ; CompTheol 1, 27 : "우연한 다의성으로 진술되는 것들에서는 동일한 명칭이 다른 사물들에 대한 관계는 전혀 고려하지 않고 한 사물에 부과되어 있다. 그래서 하나로부터 다른 것으로 전이되어서 사용될 수 없다."
12) Pot 7, 7 ; CG I, 33 ; CompTheol 1, 27에서 *a casu aequivoca* 내지 I Sent 35, 1, 4에서 *per casum et fortunam*가 사용된다.

목할 만하다. 토마스의 사용에 직접적으로 영향을 미쳤을 것으로 추정되는 다른 원천들도 아리스토텔레스의 생각을 수정하고 보충하는 것을 통해서 자신들의 생각을 발전시켰다. 필자는 이미 다른 기회에 이러한 유비 개념의 역사적 발전 과정에 대해서 자세하게 논의한 바 있다.[13] 그러므로 여기서는 그 개요만을 요약해보겠다.

아리스토텔레스는 일의성과 다의성을 구분하는 것으로 전통적으로 인용되는 『범주론』의 첫 단락에서 다의성(同名異義性. Homonymie), 일의성(同名同義性. Synonymie), 파생어(Paronymie)를 구분하고 있다.[14]

그의 정의와 예들은 13세기에 널리 퍼져 있던 논리학 교과서들의 모습을 잘 보여주는 '논리학 전서'[15]들에 의해서 거의 글자 그대로 받아들여졌다. 토마스와 같은 수도원 속했던 논리학자 람베르투스는 자신의 논리학에서 『범주론』의 텍스트를 여러 가지 상세한 질문들을 통해서 분석하고 있다. 이 상세한 분석은 아리스토텔레스의 구분이 중세 시대에 많은 의문과 토론을 불러일으켰다는 것을 보여준다.[16]

---

13) 참조 : 박승찬, 1998.

14) Cat 1, 1a1-15 ; Aristoteles Latinus I 1-5 : Categorie vel Praedicamenta, ed. L. Minio-Paluello. (Bruges-Paris 1961) 번역문은 박승찬, 1998, 142-143쪽 참조.

15) 논리학전서는 그 안에서 아리스토텔레스의 고전적인 구(舊)논리학(Logica vetus)과 신(新)논리학(Logica nova) 이외에 새로운 주제들이 상당한 분량으로 다루어지고 있기 때문에 '혁신논리학(Logica moderna 또는 modernorum)'이라고 불리기도 한다. 이 장르의 대표적인 작품으로는 페트루스 히스파누스의 『논고들』(Tractatus, 『논리학 전서』 Summulae logicales), 셔우드의 윌리암의 『논리학 입문』(Introductiones in Logicam), 오셰르의 람베르투스의 『논리학』(『람베르투스 대전』, Summa Lamberti) 등을 들 수 있다. 우리는 바로 이 세 논리학 교과서에서 토마스가 자신의 철학과 신학을 전개하면서 배경으로 삼았던 논리학 지식의 전모를 파악할 수 있다.

후에 교황 요한 21세가 된 페트루스 히스파누스의 『논고들(*Tractatus*)』을 자세히 살펴보면 사물의 구분을 강조하고 있는 아리스토텔레스와 달리 일의성-다의성-유비의 구분을 단어의 구분을 위해 사용하고 있다는 것을 명백하게 보여준다. 즉, 페트루스는 'A는 x와 y에 대해서 일의적으로, 다의적으로, 유비적으로 서술된다'는 형식을 자주 사용하고 있다.[17] 이 형식이야말로 토마스가 자신의 작품에서 가장 자주 사용하는 것이다.

페트루스의 서술 중에서 가장 눈에 띄는 것은 그가 '유(有)'라는 명칭을 일의성-다의성-파생어라는 세 가지 분류에 집어넣으려고 노력하고 있다는 것이다. 이 표현에 대한 토론은 『범주론』에서 나오는 것이 아니라 아리스토텔레스의 『형이상학』에서 나오는 것이다.[18] 아리스토텔레스에게 '유'는 순수한 동명이의어(즉, 다의성)에 의해서가 아니라 항상 어떤 하나와의 관계성에서 쓰이는 것, 즉 '하나와 관련된(*pros-hen-*) 진술'[19]이었다. 이 개념이 토마스의 유비 개념을 이해하는 데 핵심적인 역할을 하기 때문에 다음 장에서 상세히 연구해보겠다.

역사적으로 주목할 만한 사실은 이런 연결이 라틴 문화권의 논리학자들에 의해서 개발된 것이 아니라 이미 아랍의 철학자들에 의해서 통용되고 있었다는 것이다. 우리는 알가젤의 작품에서 이미 이 연결의 정형화된 형태를 발견할 수 있다.[20]

---

16) 참조 : SLamb. 80v.
17) 참조 : 박승찬, 1998, 147쪽.
18) 비교 : Ar-Met 1003a33-5 ; 1030a28-1030b13.
19) 비교 : Ar-Met IV, 1-2 ; NE 1, 4. 오웬은 자신의 훌륭한 소논문에서 하나와 관련된 진술을 핵심 의미(focal meaning)라고 부르고 있다(Owen 1986, 180-199 참조).
20) 참조 : 박승찬, 1998, 150-152쪽.

2) 『궤변론』과 『니코마코스 윤리학』에 나타난 유비 개념

아랍의 아리스토텔레스주의자들뿐만 아니라 12세기의 라틴계 스콜라학자들도 일의성과 다의성 사이에 정확하게 경계를 긋는 것이 어렵다는 것을 알고 있었다.[21] 여러 가지 모호한 경우가 있기 때문이다. 일의성과 다의성이란 개념을 얼마나 엄격하게 또는 얼마나 포괄적으로 규정하는가에 따라서 그런 모호한 경우들은 이것 또는 저것에 속하게 되는 것이다. 이러한 어려움은 이미 아리스토텔레스도 『궤변론(*De sophisticis elenchis*)』의 한 구절에서 지적하고 있다.[22] 이 구절은 그 불완전성과 모호함 때문에라도 중세 논리학자들에게 다의성의 여러 가지 종류들에 대해서 생각해보도록 끊임없는 자극을 주었다. 그들은 '다의성에 의한 오류 추론'이란 논고에서 이 구절을 자신들에게 익숙한 개념인 '표시의 양태(*modus significandi*)'나 '동반 표시의 양태(*modus consignificandi*)' 등과 같은 개념들을 통해서 명확하게 하려고 노력했다.[23]

토마스의 유비 개념 사용에 영향을 미친 또 다른 중요한 원천은 아리스토텔레스의 『니코마코스 윤리학』에서 발견된다. 아리스토텔레스는 유비라는 개념을 수학으로부터 받아들여, 이 개념을 가지고서 법률적인 평등이라는 이상을 기초지으려 했다. 여기서 유비란 '두 가지의 개념들의 관계와 다른 두 가지의 개념들의 관계 사이에서 성립되는 동등함'을 뜻한다. 즉, 눈의 육체에 대한 관계는 이성의 영혼에 대한 관계와 같다고 하는

21) 전형적인 예를 우리는 아벨라르두스에게서 발견할 수 있다. 데 라이크에 따르면 아벨라르두스는 일의성과 다의성이라는 개념이 상대적인 성격을 지니고 있다는 것을 강조하였다(LM I, 51, 각주 5 참조 ; 같은 책, 173과도 비교).
22) SophEl 166a15-20 : 번역문과 해설은 박승찬, 1998, 156쪽 참조.
23) 참조 : Tract. VII, 28 ; Introd. 17v ; SLamb. 104v.

그런 동등함이다.[24] 이런 형식을 나타내는 가장 간단한 형식은 6 : 3 = 4 : 2와 같은 것이다. 이렇게 네 개의 항으로 이룩된 유비는 토마스에 의해서 '비례성의 유비(*analogia proportionalitatis*)'라고 불리며, 나중에 관찰할 것처럼 윤리적인 문제에서 핵심적인 역할을 하게 된다.

12세기 후반부와 13세기에 씌어진 『범주론』과 『궤변론』에 대한 일련의 주석서들에서는 『니코마코스 윤리학』의 이 개념이 위에서 언급한 『궤변론』의 구절과 매우 자주 연결되어 있는 것을 발견할 수 있다. 애쉬워어스에 따르면 이미 포르퓌리우스가 위의 두 구절을 연결시켰고, 이 연결은 보에티우스와 위(僞)아우구스티누스에 의해서 그들의 『범주론 주석서』에서 받아들여졌다.[25] 사용된 용어들을 살펴보면 그 연결들은 작은 차이가 있음에도 불구하고 다음과 같이 체계화될 수 있다.

(1) 우연에 의해서 {a casu (B&S) = a fortitudine (Ps-A)}[26]
(2) 의도적으로 {a consilio (B&S) = voluntate (Ps-A)}
  a) 유사성에 의하여(a simili)
  b) 비례에 의하여 {a proportione (B & Ps-A) = a analogia (S)}
  c) 하나로부터(ab uno)
  d) 하나에로(ad unum)

우리가 이미 본 바와 같이 토마스는 자주 순수 다의성을 부

---

24) NE 1096b25 이하 ; 1131b4-1132a25.
25) Ashworth 1991b, 96 이하.
26) B : 보에티우스 ; Ps-A : 僞아우구스티누스 ; S : 심플리치우스. 심플리치우스의 주석은 뫼르베케의 윌리암에 의해서 1266년에 번역되었다. 그는 (c)와 (d)의 종류를 함께 하나로서의(*ut unum*) 다의성이라고 부르고 그것을 일의성과 순수 다의성의 중간 것이라고 불렀다(Ashworth 1991b, 95 이하 참조).

가된 어구(*a casu aequivoca* 내지 *per casum et fortunam*)를 가지고 설명하였다. 하지만 그는 넓은 의미의 다의성(2)을 의도적으로 사용된(*a consilio* 또는 *voluntate*) 다의성이라고 부르지 않고 아주 일반적으로 '유비, 즉 동일한 비례에 의하여'[27]라고 표현한다.

이 비교로부터 우리는 아리스토텔레스가 쓴 '유비에 의해서(κατ' ἀναλογίαν)'란 구절과 토마스가 쓴 '유비에 의해서(*secundum analogiam*)'란 구절이 반드시 일치하지는 않음을 확인할 수 있다. 아리스토텔레스는 단지 넓은 의미에서의 다의성의 한 부분, 즉 네 개의 항목들 사이에 동일한 관계가 유지되는 것(2b)을 표현한 반면에, 토마스는 '의도적으로 사용된 다의성(*aequivocatio a consilio*)'과 동의어로 사용함으로써 '하나와 관련된 진술(*ab uno*와 *ad unum*)'까지도 포함하고 있는 것이다.

토마스는 다의성과 유비라는 개념에 대한 아리스토텔레스의 원천적인 사용 방식을 알고 있음에도 불구하고,[28] 그 스스로는 유비라는 개념을 넓은 의미에서만 사용하고 있다. 데 라이크에 의하면 이 유비 개념의 사용은 일의성과 다의성이라는 개념 안에 내포되어 있는 복잡한 어려움들을 극복하는 데 무척 유용했다.[29]

3) 다의성과 유비의 구분

하지만 이 구분을 명확하게 했다고 해서 모든 문제가 해결된

---

27) 비교 : Eth 1, 7, 95 이하. 토마스는 매우 자주 유비 개념을 '비례(proportio)'라는 개념과 동일시하는데, 이것은 세빌랴의 이시도르의 오역을 라틴 문화권이 그대로 받아들인 것에 기인한다(Park 1999, 252-253 참조).
28) 참조 : I, 13, 10, ad 4.
29) 비교 : LM I, 173, 각주 3.

것은 아니다. 그 대신 우리가 처음에 다루었던 문제가 새롭게 변형되어서 다시 나타난다. 다의성의 이러한 종류(토마스가 사용한 유비와 주석가들이 의도적으로 사용한 다의성)는 순수 다의성과 어떻게 구분되는가?

우리는 우선 명시적으로 이미 사용하고 있는 단어를 다른 사물들을 명명하기 위해서 사용하는 '두 번째 명칭 부과(*secunda impositio*)'라는 개념을 통해서 유비를 순수 다의성으로부터 구분할 수 있다.

12세기의 한 『논리학논고(*Fallacie Parvipontane*)』에서는 '두 번째 명칭 부과'를 다의성의 원인이라고 주장하고 있지만,[30] 이것은 실제로 순수 다의성에서 거의 아무 역할도 하지 못하고 있다. 이 순수 다의성은 일상적인 언어 사용에서 관찰되는 것이지 의도적으로 이루어진 것은 아니다. 그렇지 않다면 인간들 사이의 의사 소통이 파괴될 뿐이다. 그러나 유비에서는 두 번째 명칭 부과가 필수불가결한 요소다. 사람들이 일의적으로 표현될 수 없는 사물 사이에 존재하고 있는 특정한 관계를 표현하고 싶기 때문에 의도적으로(*aequivocatio a consilio* 내지 *voluntate*) 이미 하나의 확고한 의미를 소유하고 있는 명칭을 선택한 것이다. 이러한 과정의 결과가 '선차적 내지 후차적(per-prius-et-posterius-) 표시'다.

이러한 기준에도 불구하고 순수하게 논리적인 기준만으로는 우연적인 다의성과 의도적인 다의성, 즉 유비의 경계를 언제 완전히 넘어서게 되는지가 정확하게 규정되지 않는다. 그래서 하느님께 대한 올바른 진술 방식과 같이, 유비적인 진술 자체가 명시적으로 정당화되어야 하는데 논쟁의 여지가 있을 때는 여러 가지 다른 요소들 — 형이상학적 내지 신학적 요소들 —

30) 비교 : LM I, 136 이하.

이 고려되어야만 한다.

4. '선차적 내지 후차적 표시'

1) 사용된 경우들

페트루스 히스파누스와 알가젤은 일의성과 다의성의 중간에 있는 것에 대한 '유(有)'라는 예를 '선차적 내지 후차적(per-prius-et-posterius-) 표시'의 도움으로 표현하고 있었다.[31] 람베르투스는 한 걸음 더 나아가 다른 논리학자들이 '의도적으로 사용하는 다의성'이라고 부르는 『궤변론』에서의 다의성의 두 번째 양식을 일반적으로 '선차적 내지 후차적 표시'와 동일시하고 있다.[32] 이와 매우 유사한 방식으로 토마스는 모든 예제 텍스트들 안에서 유비라는 개념을 '선차적 내지 후차적 표시'를 통해서 바꾸어 표현하고 있다.

> 어떤 것들에 대해서 선차적 내지 후차적으로 서술되는 것은 확실히 일의적으로 서술되는 것은 아니다. 왜냐 하면 더 먼저인 것은 나중 것의 정의 안에 포함되기 때문이다(CG I, 32) ; 유비적으로, 이것은 어떤 하나에 대한 질서와 관점에 의한 것이다(secundum ordinem vel respectum ad aliquid unum). …… 그러나 본성적으로 더 먼저인 것이 인식에서 후차적일 때, 유비적인 것들에서는 사물에 따른 질서와 명칭의 의미에 따른 질서가 동일한 것이 아니다. …… 그러므로 우리는 다른 사물들로부터 하느님의 인식으로 나아가기 때문에, 하느님과 다른 사물들에 대해서 말해진 명칭이 표시

31) 참조 : 박승찬, 1998, 147쪽과 150-151쪽.
32) 참조 : SLamb. 104v.

하고 있는 대상은 하느님 안에 그의 방식에 따라서 더 먼저 존재하고 있지만 그 명칭의 개념은 더 나중에 덧붙여진 것이다. 그러므로 또한 하느님은 자신이 원인이 되어 창조해낸 것에 의해서 명명된다고 말하는 것이다(CG I, 34).[33]

토마스가 유비의 토론에서 사용하는 형식이나 구분들 중에는 어떤 특정한 주제나 맥락에서만 유용성을 지니는 소위 '바로 이곳에서(Ad-hoc)'만 사용되는 구분 같은 것이 매우 많다. '선차적 내지 후차적 표시'가 그러한 구분에 속하지 않고 유비 토론에서 일반적으로 유용한 출발점이라는 사실은 토마스가 이것을 얼마나 자주 또 얼마나 다양한 주제들에서 사용하고 있는가를 연구하면 확인될 수 있다.

토마스는 예제 텍스트들(A-F) 이외의 많은 구절에서 유비를 선차적 내지 후차적 표시와 명시적으로 동일시하고 있다. 이 동일시는 하느님께 대한 진술과 같은 주제 외에도 다양한 주제 안에서 이루어지고 있다. 다음의 [표-1]이 이것에 대해서 전체적인 윤곽을 제공해준다.

---

33) 비교. PrincNat 6 : "그러므로 유(有)는 실체에 대해서 선차적으로, 다른 것들에 대해서는 후차적으로 말해진다. 실체의 류(類)나 양의 류에 속하는 것이 아니다. 왜냐 하면 어떠한 류도 자기의 종들에 대해서 선차적이나 후차적으로 서술되지 않기 때문이다. 유는 오히려 유비적으로 서술된다. 그래서 우리는 실체와 양은 류에서는 다르나 유비적으로는 같다고 말했던 것이다"; Pot 7, 7 : "서술의 첫 번째 방식[즉, 많은 것들의 하나에 대한 유비]에서 둘이 관계를 맺고 있는 어떤 것은 둘보다 앞선 것이어야 한다 : 그러나 두 번째 방식[즉, 하나의 다른 것에 대한 유비]는 하나가 다른 것보다 선차적이어야 한다. 그러므로 아무것도 하느님보다 앞서 있어서는 안 되고 하느님이 피조물보다 앞선 것이어야 한다"; I, 13, 6 : "이것은 형이상학 제4권에서 말하는 바와 같이 명칭이 표시하는 개념은 정의이기 때문에 이런 명칭은 필연적으로 다른 것들의 정의 안에 주어지는 것에 대해 더 먼저 <사용되고> [그 밖의] 다른 것들에 대해서는 후차적으로 말해진다. 이런 다른 것들에 대해서는 그 첫 것에 많게 혹은 적게 가까워짐에 따라 말해지는 것이다."

[표-1] 토마스가 사용한 선차적 내지 후차적 표시의 사용

장 소	주 제	표 현
I Sent prol. 1, 2, obj. 2 & ad 2	오직 한 학문만이 자연학에 앞서야 하는가?	"Quaecumque conveniunt in uno genere univoce vel analogice, participant aliquid idem, vel secundum prius et posterius."
I Sent 8, 1, 2	하느님은 모든 사물의 존재인가?	"Non aequivoce, cum effectus et causa aliquo modo conveniant in nomine et ratione, secundum prius et posterius […] Unde est tertius modus causae agentis analogice."
I Sent 22, 1, 2, ad 3	어떤 명칭이 하느님께 대해 고유하게 사용될 수 있는가?	"[…] illa ratio est una secundum analogiam, per prius in Deo, per posterius in creaturis existens […]"
III Sent 33, 2, 1, qa.1, ad 2	어떠한 덕들이 중추적인 덕이라고 불리는가?	"[…] ea quae dividunt aliquod commune analogum se habent secundum prius et posterius, etiam quantum ad intentionem communis quod dividitur."
I, 5, 6, ad 3	선(善)은 정선(正善)과 유익선(有益善)과 쾌락선(快樂善)으로 적절히 구분되는가?	"[…] sicut analogum, quod praedicatur secundum prius et posterius […]"
Periher 1, 5, 19	그것으로부터 존재가 근원을 가지고 있는 '有'에 관련된 특별한 어려움	"[…] ens non dicitur proprie aequivoce, sed secundum prius et posterius […]"
Periher 1, 8, 5	진술의 구분에 대하여	"Genus enim univoce praedicatur de suis speciebus, non secundum prius et posterius."
Mal 7, 1, ad 1	경죄(輕罪)가 사죄(死罪)로부터 적절히 구분되었는가?	"[…] divisio communis analogi in ea de quibus dicitur secundum prius et posterius […]"
I-II, 61, 1, ad 1	윤리적 덕들이 으뜸가는 덕 내지 기본적 덕이라 불려야 하는가?	"[…] divisio alicuius analogi, quod dicitur de pluribus secundum prius et posterius […]"
I-II, 88, 1, ad 1	경죄가 사죄로부터 적절히 구분되었는가?	"[…] non est divisio generis in species, quae aequaliter participant rationem generis, sed analogi in ea de quibus praedicatur secundum prius et posterius […]"

토마스는 다른 많은 구절에서도 '선차적 내지 후차적(*per prius et posterius* 내지 *secundum prius et posterius*)'이라는 문구를 명시적으로 언급하지는 않았다고 할지라도 확실하게 유비의 의미로 사용하고 있다.[34] 이 문구가 이처럼 자주 사용되었다는 것은 토마스가 이것에 얼마나 큰 의미를 부여하고 있는지를 알려준다.

2) 개념의 근원

여기서 새로운 질문이 떠오른다 : 토마스는 이 표현을 어디서 전수를 받았으며 그것을 가지고 도대체 무엇을 생각하고 있는 것인가? 위에서 유비의 역사적 배경에서 짧게 언급한 바와 같이 이 표현의 근원은 아리스토텔레스에서 나오는 '하나와 관련된 진술'이다. 마찬가지로 '선차적 내지 후차적 표시'의 사용을 올바로 이해하게 해주는 매우 중요한 다른 요소도 또한 아리스토텔레스에게서 발견할 수 있다. 그것은 '먼저 / 나중(πρότερον / ὕστερον, *prius* / *posterius*)'이라는 표현이 다양하게 사용되고 있는 방식을 관찰하는 것이다. 이 생각은 하나와 관련된 진술과 밀접하게 연결되어 있지만, 적용 범위가 더욱 넓다.

이 두 요소가 토마스가 '선차적 내지 후차적 표시'를 어떻게 사용하고 있는지를 명확하게 보여줄 수 있기 때문에 간략하게 살펴보겠다.

---

34) I Sent 25, 1, 2, c & ad 2 & ad 3 ; II Sent 13, 1, 2 ; II Sent 37, 1, 2 ; III Sent 33, 1, 1, qa. 2, ad 1 ; Ver 1, 2 ; Ver 4, 1, c & ad 10 ; Pot 7, 5, ad 8 : I, 13, 2 ; I, 13, 3 ; I, 16, 1, ad 3 ; I, 16, 3, ad 1 ; I, 16, 4, c & ad 2 ; I, 16, 6 ; I, 33, 2, ad 4 ; I, 33, 3 ; Mal 1, 5, obj. 19 & ad 19 ; I-II, 26, 4 ; Quodl 5, 10, 19 ; II-II, 120, 2 ; Met 3, 8, 437-438 ; Met 5, 1, 749 ; Met 5, 5, 824 ; Met 5, 13, 942 & 951 ; Met 7, 4, 1331 ; Eth 1, 20, 242.

'하나와 관련된 진술'이 근거로 삼고 있는 전통적인 장소는 형이상학의 대상으로서의 존재자 자체에 대해 토론하고 있는 곳이다. 여기서는 존재자 자체로서의 실체가 다른 범주의 존재들과 어떤 관계에 있는지가 문제시되고 있다. 아리스토텔레스는 자주 그러하듯이 언어적인 사용 방법에 대해서 일반적으로 고찰하는 것으로부터 논증을 시작하고 있다.

> 존재자는 여러 가지 의미에서 진술되고 있다. 그러나 항상 하나에 대한 관계에서(πρὸς ἕν), 즉 단 하나의 본성과 관련하여 진술되고 있는 것이지 순수한 동명이의성에 의해서 진술되는 것이 아니다(Ar-Met 1003a33-34).[35]

아리스토텔레스는 이 사용을 명확히 하기 위해서 유명한 예들, 즉 '건강한'(Met 1003a33-b1 ; 1061a5-7)과 '의학적인'(Met 1003b1-5 ; 1060b37-1061a5) 등을 들고 있다. 이 예들에서 그 단어들을 통해서 지칭되는 것들은 완전히 서로 다른 범주에 속하는 것이고 그렇기 때문에 모든 문장에서 같은 정의를 가질 수 없다. 그럼에도 불구하고 이 사용 방식들은 연관성이 없이 나열되어 있는 것이 아니라 서로 어떤 하나, 즉 동일한 것과의 관계를 통해서 연결되어 있다.

중세에는 우리가 위에서 본 것처럼, 실체가 다른 범주에 속하는 존재들에 대해서 가지고 있는 관계 규정이 종종 '하나와 관련된 진술'의 기본적인 예로서 사용되었다. 토마스는 이 예를 당연한 것으로 여기고 매우 자주 사용하고 있다.[36]

---

35) 비교 : Ar-Met 1043a36f ; Ar-Met 981a10 ; NE 1096b23-29 ; EE 1236b23-26 ; Top 148a30-33 ; Ar-Met 1060b35, 1061a11 ; Ar-Met 1003b14.

36) 참조 : I Sent prol. 1, 2, ad 2 ; I Sent 19, 5, 2, ad 1 ; II Sent 37, 1, 2 ; III Sent 33, 1, 1, qa. 2, ad 1 ; Ver 2, 11, c & ad 6 ; CG I, 34 ; Pot 7, 7 ; Periher

간략히 말해서 하나와 관련된 진술의 요점은 다음과 같은 것이다. 다양한 의미에서 사용되고 있는 표현들을 위해서 어떤 첫째 것(토마스에게는 '하나(unum)')이 동일한 하나로서 존재하고 있고, 이것은 항상 다양한 의미가 관련을 맺는 대상으로서 작용하고 있다. 이와 같은 동일한 하나가 존재하는 것을 통해서 '하나와 관련된 진술'은 엄격한 일의성뿐만 아니라 순수 다의성과도 구별될 수 있다.

그러나 이것은 토마스에게는 결정적인 것이 아니고 단지 생각을 계속 전개하기 위한 출발점일 뿐이다. 그에게는 이 다양한 의미가 그 동일한 하나와 어떻게 관계를 맺고 있는가와 어떤 관점에서 이 하나가 다른 것들보다 우선적인가 하는 점이 더욱 중요하다.

이 질문에 올바르게 대답할 수 있기 위해서는 위에서 언급한 바 있는 '먼저 / 나중(*prius* / *posterius*)'이라는 표현부터 관찰해 보아야 한다. 아리스토텔레스는 『범주론』(Cat 14a26-b23)[37]에서 뿐만 아니라 『형이상학』의 다섯 번째 책(V, 11, 1018b9-1019a14)에서도 먼저라는 개념을 분석하고 그 표현의 다양한

1, 5, 19 ; Eth 1, 20, 242, Met 4, 1, 538 ; Met 10, 12, 2142 ; Met 11, 3, 2147.

37) 범주론에서 그는 먼저라는 단어가 다섯 가지 방식으로 사용되고 있다고 한다. (1) 시간의 기준에 의하면 둘 중에 더 오래된 것이 먼저라고 불린다(시간적인 우선 *prius tempore*) (=PrC1). (2) 그는 먼저의 두 번째 방식을 존재의 순서에서 뒤집어질 수 없는 것이라는 형식으로 기술하고 있다 (=PrC2). (3) 사람들은 세 번째로 특정한 질서에 따라서 먼저를 이야기한다 (=PrC3). (4) 아리스토텔레스는 본성에 따른 먼저(*prius natura*)가 다양한 의미에서 사용되고 있다는 것을 주목하면서 우선 보다 더 좋고 존경받을 만한 것이라는 의미로 쓰이고 있다고 생각한다. 그에 의하면 이 방식이 위에서 말한 네 가지 방식 중에 아마도 가장 부적합한 방식일 것이다 (=PrC4). (5) 본성에 따른 먼저의 다른 의미는 존재의 순서에 관련해서 뒤바뀔 수 있는 두 사물 사이에서 발견될 수 있다. 이 경우에는 다른 것의 존재 원인일 수 있는 쪽이 더 먼저다 (=PrC5).

사용 방식을 열거하고 있다.

(1) 모든 류(類)에는 제일 첫 번째 것과 시작이 있어야 하기 때문에 어떤 것이 특정한 시작에 더 가까울 때 사람들은 '먼저'라고 부른다. 아리스토텔레스는 그 시작이 객관적으로 주어져 있으면 본성에 따른 먼저라는 표현을 사용하고 있다. 그러나 이 시작은 여러 다양한 방식으로 규정될 수 있다. 아리스토텔레스는 각각의 방식을 나열한다 : a) 장소에 따라, b) 시간에 따라, c) 운동에 따라, d) 능력에 따라, e) 질서에 따라 등이다(=PrM1).

(2) 아리스토텔레스에 의하면 '인식에 따른 먼저'도 또한 완전한 의미에서 먼저인 것이다. 그는 계속해서 a) 개념에 따른 먼저, b) 감각적 경험에 따른 먼저를 구분하고 있다. 개념에 따르면 보편자가 개별자보다 먼저고, 우유적인 속성이 그 속성을 지닌 전체 사물보다 먼저다. 예를 들면 '교육받은'이란 개념이 교육받은 사람이라는 개념보다 먼저인 것이다. 그러나 감각에 따라서는 거꾸로다(=PrM2).

(3) 더 우선적인 사물들의 속성들도 먼저라고 불린다. 곧바름과 같은 직선의 속성은 평평함과 같은 평면의 속성보다 먼저다(=PrM3).

(4) 어떤 것이 다른 것 없이 존재할 수 있지만, 거꾸로는 안 될 때 사람들은 그 어떤 것을 본성과 본질에 따라 먼저라고 부른다. 우리가 '존재'의 다양한 의미를 관찰해보면, 우선 그 기초에 놓여 있는 것이 먼저다. 그렇기 때문에 실체도 먼저다. 둘째로 우리는 '가능성에 따른 먼저'와 '완성에 따른 먼저'를 구분할 수 있다. 절반의 선이 그 가능성에 따라서는 전체의 선보다 먼저일 수 있고 부분이 전체보다 먼저일 수 있지만, 완성에 따라서는 부분이 더 나중의 것이다. 전체가 있을 때만 부분이라는 것이 존재할 수 있기 때문이다(=PrM4).[38]

끝으로 아리스토텔레스는 "어느 정도는 먼저 내지 나중이라고 불리는 모든 것이 이 의미로 그렇게 불리는 것이다. 왜냐 하면 몇몇

38) 여기에서 구별된 방식들에 대해서 앞으로는 PrC1, PrC2 또는 PrM1, PrM2 등으로 부르겠다.

것은 발생에 따라 다른 것 없이는 있을 수 없다. 예를 들면 전체는 부분적인 것 없이는 있을 수 없다. 또 다른 경우에는 소멸에 따라 전체 없이는 부분이 있을 수 없는 것과 같은 경우다. 다른 나머지 것에서도 이와 비슷한 관계가 있다"(Ar-Met 1019a11-14).

여기서 이 사용의 다양한 예들을 철저하게 비교하지는 않겠다. 이 다양한 예들의 관찰이 토마스를 이해하는 데 결정적인 도움을 주는 것은 아리스토텔레스가 '정의 내지 개념에 따라서 먼저'인 모든 사물들이 항상 '본성에 따라 먼저'일 수는 없다는 것을 명백하게 밝히고 있다는 점이다.

그러므로 개념에 따라서는 수학의 대상들이 먼저일 것이다. 그러나 개념에 따라서 먼저인 것들 모두가 또한 본질에 따라서도 먼저인 것은 아니다. 즉, 본질에 따라서는 독립적으로 존재하며, 존재에 따라서 우선성을 지니고 있는 것이 더 먼저다. 그러나 개념에 따라서는 그 개념이 다른 것들로부터 추상되는 것이 더 먼저다. 이 두 가지는 동시에 일어나지 않는다(Ar-Met 1077a36-b4).

아리스토텔레스는 여기서 '개념에 따른 먼저(PrM2-a)'에다가 '본질에 따른 먼저'를 대비시키고 있다. 이 '본질에 따른 먼저'는 그의 묘사에 의하면 '본성과 본질에 따른 먼저(PrM4)'와 동일시할 수 있다. 그는 『형이상학』제5권에 나오는 '개념에 따른' 우선성에 대한 묘사를 반복하고 있다. '교육받은 인간'이라는 예가 '흰 (피부색의) 인간'으로 대체되었을 뿐이다.

그의 설명에 의한 '하양'은 개념에 따라서는 '흰 인간'보다 먼저다. '흰 인간'이란 개념은 우선 '하양'이란 개념을 첨가하는 것을 통해서 생겨나기 때문이다. 그럼에도 불구하고 하양은 본질에 따라서는 흰 인간보다 먼저가 아니다. 하양은 분리되어서 자기 스스로 존재할 수 없고 항상 구체적인 '전체'로서의 이 흰 인간 안에서만 존재할 수 있기 때문이다. 이것으로부터 '개념과 정의에 따른 먼저'가 항상 '본성 내지 본질에 따른 먼저'와 일치할 수는 없다는 것이 명백해졌다.

여기서 이 두 가지 기준의 구분과 다른 사용 방식에 대한 구분이 오류 추론을 피하기 위해서 매우 중요하다는 것에 주목해야 한다. 왜냐 하면 어떤 것들은 한 기준에 따라서는 '먼저'지만 다른 기준에 따라서는 다른 어떤 것보다 나중일 수 있기 때문이다. 이러한 구분을 무시하는 것이 오류 추론의 중요한 원인들 중의 하나임에도 불구하고 논리학 전서들에서는 이 문제를 명시적으로 다루지 않았다. 셔우드의 윌리암과 람베르투스는 이 문제를 다루어지지 않았고, 단지 페트루스 히스파누스만이 다의성의 두 번째 종류와 관련해서 토론의 맨 마지막 부분에 '먼저 / 나중(*prius* / *posterius*)'의 아리스토텔레스적 구분의 일부를 사용하고 있을 뿐이다.[39] 페트루스는 또한 다른 곳(Tract. IV, 30)에서 『범주론』에 나오는 모든 구분(PrC1-5)을 거의 그대로 인용하고 있다. 그러나 페트루스 역시 이 구분을 『형이상학』에 나오는 구분(PrM1-4)에 연결시키거나 다른 기준들을 도입해서 설명하려는 노력은 전혀 기울이지 않았다. 논리학자로서 그는 선차적 내지 후차적 표시를 통해서 오류 추론의 위험

39) 그가 전치사 in의 서로 다른 의미 때문에 생겨나는 오류 추론을 해결하고 나서 '먼저(prius)'라는 단어에 대한 설명을 추가한다. " '먼저'는 두 가지 방식으로 사용된다. 첫째 방식은 원인 관계에서 사용된다. 즉, 원인은 본성적으로 결과보다 먼저다. 다른 방식은 그 종(種)이 지니고 있는 완벽성과 완전성에 관해서 말해진다. 즉, 우리는 완벽하고 완전한 물건을 본성적으로 결핍된 것보다 더 먼저라고(우선적이라고) 말한다. 이 방식으로 다의성의 두 번째 종류에서는 먼저에 대해서 이야기하고 있는 것이다"(Tract. VII, 35). 그는 여기서 바로 아리스토텔레스가 『범주론』에서 사용하고 있던 네 번째와 다섯 번째의 의미(PrC5 & PrC4)에 대해서 이야기하고 있다.

을 경고하는 것에 만족하고 있다.

3) 토마스의 적용

이러한 논리학자들과 달리 토마스는 '먼저 / 나중'이라는 질서가 생겨나게 되는 기준들에 대해서 연구하고 그 기준들을 다양한 개념의 구분을 도입해서 표현하고 있다. 우리의 예제 텍스트만 보아도 토마스는 매우 자주 '선차적 내지 후차적 표시'에서 사용되는 기준들에 따라 다양한 선후의 질서가 확정되어야 한다는 것에 대해서 주의를 환기시키고 있음을 알 수 있다. 먼저 형이상학적(*prius natura*) 또는 언어철학적 차원(*prius secundum rationem vel definitionem*)과 같은 다양한 토론의 차원이 서로 구분되어야 한다.

그리고 언어철학적인 차원에서는 하느님과 다른 사물에 대한 명칭들이 본래적인 의미에서(*proprie*) 또는 비유적인 의미에서(*metaphorice*) 사용되고 있는지에 따라, 계속해서 다른 질서들이 확정될 수 있다.

이러한 구분 과정의 확실한 예를 우리는 I, 13, 6에서 발견할 수 있다. 도입부의 반대 의견들에 의하면 하느님과 피조물에 대한 모든 명칭은 하느님께 대해서보다 피조물에 대해서 먼저 사용된다. 그러나 이 주장은 한 특정한 관점에서 규정된 질서가 일반화되는 것을 통해서 논증되고 있다.[40]

이와는 반대로 토마스는 I, 13, 6의 본문에서 '선차적 내지 후차적 표시'의 다양한 질서에 대해서 주의를 환기시키려고 노력

---

40) 도입부의 반대 의견들에서는 단지 우리의 인식적인 질서(obj. 1), 비유적인 진술 방식(obj. 2) 또는 하느님과 피조물 사이에 존재하는 원인적인 관계들(obj. 3)이 각각 분리되어서 고찰되었다.

하고 있다. 유비란 선차적 내지 후차적 표시라는 개념 규정을 다시 한 번 짧게 언급한 다음, 비유적인 의미에서 하느님께 부과된 모든 명칭은 하느님보다 피조물들에게 우선적으로 사용되어야 한다는 것을 밝힌다(P 1). 계속해서 그는 비유적으로 하느님께 부과되지 않는 다른 명칭들(P 2)이 하느님께 피조물 안에 있는 그의 원인성을 근거로 해서 부과되는지(P 2.1) 또는 그의 본질을 나타내기 위해서 부과되는지(P 2.2)를 구분한다. (P 2.1)의 경우에 그 명칭들은 (P 1)과 같은 순서, 즉 하느님보다 피조물에게 먼저 사용되게 된다. (P 2.2)의 경우에는 그 순서를 더 명확하게 규정하기 위해서 그가 다른 곳에서도 매우 자주 사용하고 있는 '표시된 사물(*res significata*)'과 '표시의 양태(*modus significandi*)'라는 구분을 도입한다. 하느님은 마침내 표시된 사물의 관점에서 피조물보다 우선적이다. 그러므로 다양한 기준과 질서는 다음과 같이 요약될 수 있다:

[표-2] I, 13, 6에 나타난 다양한 '선차적 내지 후차적 표시'[41]

(P1) 비유적인 명칭 (metaphorice)	(P2) 비유적이 아닌, 즉 본래적인 의미로 사용되는 명칭 (non metaphorice, proprie)		
	(P2.1) 원인 관계에만 근거한 경우 (causaliter tantum)	(P2.2) 원인 관계와 본질적인 측면이 고려된 경우 (causaliter et essentialiter)	
		(P2.2.1) 표시된 사물의 관점에서 (quantum ad res significata)	(P2.2.2) 표시의 양태(modus significandi)의 관점에서
C > D	C > D	D > C	C > D

앞서의 서술을 통해 하느님과 피조물에게 유비적 또는 비유

41) 'C > D'은 그 명칭이 하느님(*Deus*)께 보다 피조물(*Creatura*)들에게 먼저 말해진다는 것을 의미한다.

적인 방식으로 사용되는 명칭들에는 그 기준에 따라 다양한 질서들이 확정될 수 있다는 것이 밝혀졌다. 만일 우리가 반대 의견을 가진 사람들이 하듯이, 한 질서를 그 기준에 대한 고려 없이 다른 차원이나 맥락으로 전이한다면, 우리는 쉽게 오류 추론에 빠져들게 된다. 그래서 우리는 항상 한 토론에서 얻어진 결론들을 다른 토론으로 전이할 때 두 토론이 같은 차원 내지 동일한 기준에 의해서 이루어지고 있는지를 주의해야만 한다.

우리는 이제까지 유비라는 개념의 가장 중요한 특성들을 그 개념 자체를 독립적으로 다루며 살펴보았다. 하지만 토마스의 실제적인 사용에서는 이 개념이 매우 자주 다른 중요한 언어철학적 개념, 즉 '표시', '표시된 사물', '표시의 양태', '지칭'(*significatio, res significata, modus significandi, suppositio*) 등과 연결되어서 나타나고 있다. 게다가 다른 중요한 구분들, 즉 '사물에 의해-이성에 의해', '존재에 의해-지향 관념에 의해', '비례-비례성'(*secundum rem-secundum rationem, secundum esse-secundum intentionem, proportio-proportionalitas*) 등이 유비를 토론하는 데 사용되었다.

이 짧은 논문에서 이 개념들을 모두 다룰 수는 없기 때문에 가장 대표적인 텍스트를 분석함으로써 토마스가 유비를 어떻게 사용하고 있는가에 대한 전체적인 윤곽을 살펴보도록 하겠다.

5. 토마스가 사용한 유비 개념

1) I, 13, 5의 분석

필자는 이미 다른 논문에서 유비 개념이 사용된 모든 텍스트를 검토한 끝에 "토마스의 신론에서 어떤 특별한 위치를 차지하고 있는"[42] 『신학대전』 I부의 제13질문, '하느님의 명칭에 대하여' 중에서도 유비 문제에 대한 소위 핵심적인 역할을 하는 절(I, 13, 5)을 선택해서 분석한 바 있다.[43] 이 절은 앞 단락에서 이미 살펴본 I, 13, 6과 함께 토마스의 유비 문제를 다루는 모든 학자에 의해서 인용되었고 철저하게 연구되었기 때문에 토마스의 유비 개념을 대표하는 텍스트다. 여기서는 다른 텍스트들과 비교함으로써 토마스의 의도를 명확하게 밝히기 위해 핵심적인 내용만을 집중적으로 살펴보겠다.

토마스는 I, 13, 5에서 유비적 진술이 하느님께 대해 말하는 데에서 유일하게 신뢰할 수 있는 진술 방식이라고 주장하고 있다. 우리가 위에서 논증 구조를 분석하면서 살펴본 것처럼, 그는 이 절에서도 다른 곳과 마찬가지로 일의성을 부정하는 것으로부터 시작한다.

그는 일의적 진술의 언어철학적인 조건들을 조사하지 않고 하느님과 피조물 사이에 전제되고 있는 형이상학적인 인과율 관계[44]를 일반적으로 고찰하는 것으로부터 출발한다. 토마스에 의하면 결과가 (1) 능동자가 속한 종(種)의 형상을 (2) 같은 존재의 양태로 받아들일 때만, 한 명칭은 결과와 원인에서 일의적인 의미로 사용된다.[45] 하지만 하느님과 피조물에 대해서 말해지는 명칭은 (1)의 조건도, (2)의 조건도 성취시킬 수가 없다:

---

42) Müller 1983, 93 ; 비교 : Schönberger 1981, 5.
43) 박승찬, 1999, 195-199쪽.
44) I, 12, 12과 I, 13, 1에서 토마스는 우리가 피조물을 통해 하느님의 존재를 알 수 있다고 주장했는데, 이는 결과가 원인에 관계하고 있듯이 피조물이 하느님께 관계하고 있기 때문이라는 것이다. 달리 말해서 우리는 먼저 피조물이 하느님으로부터 받은 완전성을 알게 됨으로써 하느님께 대한 인식에 이르게 된다.
45) 참조 : CG I, 32.

따라서 완전성에 속하는 어떤 명칭을 피조물에 대해 말할 때 그 명칭은 정의(定義)의 이유 혹은 이거(理據)에 따라(secundum rationem) 다른 것들에서 구별된 완전성을 표시한다. …… 그러나 이런 명칭을 하느님께 대해 말할 때 우리는 그 본질이나 능력이나 존재에서 구별된 어떤 것을 표시하고자 하는 것이 아니다. 이렇게 지혜라는 명칭을 사람에 대해 말할 때 그것은 마치 <표시된 사물(res significata)을 제한하면서> 파악하게 되는 것과 같은 것이다. 그러나 하느님께 대해 [이런 것을] 말할 때는 그렇지가 않아 표시된 사물을 파악되지 않는 것으로서 그리고 명칭에 의한 표시를 초월하는 것으로서 남겨둔다 (I, 13, 5).

토마스가 여기에서 도입된 명제를 직접적으로 유비 문제를 토론하는 데에서 증명하지 않고 앞에서 다루었던 토론들에 의존하는 것은 주목할 만하다. 이 토론의 가장 중요한 전제는 피조물들이 하느님을 단지 불완전한 방법으로만 묘사하고 있다는 것인데, 이 명제는 여러 곳에서 계속해서 바뀌며 다음과 같이 표현되고 있다:

— 모든 것은 하느님께 본질적으로 표현되고 피조물에게는 단지 분유를 근거로 해서 표현된다(CG I, 32; Pot 7,7, ad 3; I Sent 35, 1, 4, c & ad 1 & ad 3 참조).

— 피조물은 하느님께 단순한 것, 모든 것을 포괄하고 비물질적으로 발견되는 것들을 단지 부분적으로, 또 개별적이고 물질적인 방법으로만 받아들인다(CG I, 32; CG I, 28 & 29 참조).

— 하느님은 피조물의 척도일 수 있다. 그러나 그것을 통해서 측정되는 모든 것을 초월하는 그러한 척도다(I Sent 35, 1, 4, ad 2; Pot 7, 7, ad 1; I, 13, 5, ad 3).

이러한 이유로 하느님과 피조물에게 부과된 명칭들은 일의적 진술의 조건을 성취시킬 수 없기 때문에 두 대상에게 일의적으로 사용되지 않는다.

토마스는 계속해서 이 명칭들이 순수한 다의적 의미에서 두 대상에게 사용될 수 있다는 주장을 반박한다:

> 그렇다고 어떤 사람들이 말하는 바와 같이 순전히 다의적으로(aequivoce. 同名異義的) 말하는 것도 아니다. 왜냐 하면 이런 견해에 따르면 피조물로부터는 하느님께 대해 아무것도 인식될 수도 없고 논증될 수도 없기 때문이다. <오히려> 항상 다의(多義)의 속임수, 즉 다의의 오류 추론(誤謬推論)이 생길 것이기 때문이다"(I, 13, 5).

이와 같이 이상할 정도로 간결한 대답을 좀더 잘 이해하기 위해서 우리는 다른 병행구들과 비교해볼 필요가 있다. 단순한 다의성을 거절하는 다양한 이유는 다음과 같은 두 가지의 근원적인 주장으로 요약될 수 있다.

(1) 토마스에 의하면 하느님과 피조물에게 사용되는 모든 명칭은 피조물들에 대한 어떠한 관계(*secundum aliquem respectum*)에 따라서 (또는 거꾸로의 관계에 따라서) 하느님께 대해 사용되는 것이다(Pot 7, 7 참조). 이 주장을 증명하는 데에는 일의성을 부정하기 위해서 도입되었던 것과 거의 동일한 사태들이 조금 변형된 형태로 그대로 사용된다.

> — 그 불완전성과 결핍에도 불구하고 하느님과 피조물 사이에는 원인과 그 원인에 의해 만들어진 것 사이에 존재하는 질서가 있다(Pot 7, 7, c & ad 4 in contr. & ad 5 in contr.; CG I, 33).
>
> — 이러한 원인적인 관계 때문에 피조물은 하느님께 대해 어느 정도 유사성을 가지고 있다. 물론 우리는 하느님이 피조물과 비슷하다고 이야기해서는 안 된다(CG I, 33; I Sent 35, 1, 4, ad 6; Pot

7, 7, ad 3 in contr.; 비교 : CG I, 29).

— 서로 상이한 존재의 방식은 유비적인 공통성까지 배제하는 것은 아니고 단지 일의적인 공통성만을 배제한다(Pot 7, 7, ad 1 in contr. & ad 2 in contr.; I Sent 35, 1, 4, ad 5).

(2) 그 이외에도 I, 13, 5에서 언급된 이유가 다른 곳에서는 더 철저하게 서술되었다. 만일 명칭들이 하느님과 피조물에 대해 완전히 다의적으로 사용된다면, 우리는 그 명칭에 해당되는 사물이 전혀 없는 공허한 명칭만을 지니게 되고(Pot 7, 7; 비교. I, 13, 4, ad 2) 그 명칭들을 통해서 하느님께 대해 어떤 것도 알 수 없게 된다(CG I, 33). 그래서 이러한 시도들은 항상 '다의성에 의한 오류 추론'(Pot 7, 7)에 빠지게 되고 피조물로부터 하느님께로 나아가는 논증도 불가능하게 된다(CG I, 33).

토마스는 일의적 진술과 다의적 진술을 다양한 이유로 거부하고난 후에 유비적 진술에 동의하기 위하여 어떠한 새로운 형이상학적인 논증이나 신학적인 논증을 추가하지 않는다. 아날로기아(*analogia*)란 개념이 엄격한 일의성과 순수 다의성에 의해 경계가 나뉘는 것으로 규정되었기 때문에 그는 더 이상의 논증을 부과하는 것을 불필요한 낭비로 여긴 것 같다. 유비가 도입됨으로써, 한 명칭을 하느님과 피조물에게 일의적으로나 다의적으로 사용할 때 생기는 이율배반을 피해갈 수 있게 된다.

이런 유의 명칭들은 유비에 의해, 즉 비례에 의해 하느님과 피조물에 대해 말해진다(I, 13, 5).

하지만 우리는 이러한 해결을 근거로 이미 하느님께 대한 진술에 적합한 완전한 방법을 찾아낸 것처럼 생각해서는 안 된다. 토마스가 '선차적 내지 후차적 표시'라는 간단한 규정 이외에는 유비를, 일반적인 규칙들을 포함한 문장들로부터 연역해낸 것이 아니라 일의성과 다의성이 빠지게 되는 난점들을 열거하고 이를 부정함으로써 끌어냈다는 것을 잊지 말아야 한다. 이 외에도 하느님께 적합한 진술을 추구하는 데 유비에 대한 동의가 종착역이 아니다.[46]

토마스는 때때로(PrincNat 6 & I Sent 35, 1, 4) 일의성과 다의성의 부정으로 자기의 토론을 끝맺기도 하지만, I, 13, 5에서는 다른 병행구들[47]과 마찬가지로 한 단계 더 나아가고 있다. 즉, 유비적인 진술 방법을 또 다른 구분, 즉 '많은 것들의 하나에 대한 유비(*multorum ad unum*)'와 '하나의 다른 것에 대한 유비(*unius ad alterum*)'로 세분하고 있다.

> 그 명칭들에서는 [유비가] 두 가지 모양으로 나타난다. [그 하나는] 많은 것이 하나에 대해 비례를 갖기 때문이다. 예컨대 건강한(sanum)이란 명칭이 의약에 대해서도 오줌(尿)에 대해서도 같이 말해지는데, 이것은 이 두 가지가 다 동물의 건강에 질서와 비례를 갖는 한에서 그런 것이다. 즉, 후자는 [건강의] 표징(表徵. signum)인 한에서 그렇고 전자는 [건강의] 원인인 한에서 그런 것이다. 혹은 또 하나가 다른 것에 대해 비례를 갖는 데서 그런 것이다. 예컨대 의약이 동물 안에 있는 건강의 원인인 한 의약과 동물에 대해 건강이란 [명칭]이 말해진다(I, 13, 5).

토마스에 따르면 이 후자의 방식, 즉 하나의 다른 것에 대한 비례에 의해서 하느님과 피조물에 대해 어떤 것이 유비적으로 진술될 수 있다.

---

46) 참조 : I, 13, 6-12 ; 박승찬, 1999, 203-206쪽.
47) 비교. Pot 7, 7 ; CG I, 34.

이와 같은 모양으로(hoc modo)[즉, 두 번째 방식에 따라] 어떤 것들(명칭들)이 하느님과 피조물에 대해 유비적으로(analogice) 말해지며 그것은 순전히 <다의적인 것도 일의적인 것도> 아니다. 위에서 말한 바와 같이 우리는 피조물에서가 아니면 하느님께 명칭을 부여할(nominare Deum) 수가 없다. 이렇게 하느님과 피조물에 대해 어떤 것이 말해지든 그것은 다 하느님께 대한 피조물의 어떤 질서에 따라 말해지는 것이다. 그것은 [피조물의] 근원(ad principium)과 사물들의 모든 완전성이 탁월하게 선재(先在)해 있는 원인에 대한(ad causam) 것과 같은 것이다(I, 13, 5).

여기서 토마스가 첫 번째 방식의 유비를 거부하는 이유를 정확하게 명시하지 않았지만 그의 의도는 다음과 같다 : 이럴 경우에는 하느님과 피조물 이외에 이것들보다 더 먼저의 것이 존재해야 하기 때문에 하느님의 절대적 우월성과 완전성의 관점에서는 아무것도 하느님보다 더 우선적인 것이 없다는 사실이 의심스러워진다는 것이다.[48]

이렇게 이해하면 이 절 자체는 비교적 명확한 논증 구조를 가지고 있고 그 자체로는 아무 어려움이 없어 보인다. 하지만 토마스의 주석가들은 이 절과 매우 유사한 논증 구조를 지니고 있으면서도 완전히 다른 유비의 구분 방법을 사용하고 있는 초기 작품 Ver 2, 11과 이 절을 비교하면서 큰 혼란과 어려움을 겪었다. 이 두 텍스트의 비교가 토마스의 의도와 개념 사용 방법에 대해서 시사해주는 바가 많기 때문에 좀더 자세히 관찰해보겠다.

2) Ver 2, 11의 분석

I, 13, 5에서 토마스는 명시적으로 '유비(*analogia*)'라는 개념

48) 참조 : Pot 7, 7.

과 '비례(*proportio*)'라는 개념을 동일시하고 있다. 그는 Ver 2, 11에서 지식이라는 명칭이 하느님과 피조물에게 다의적으로 사용되는가라는 질문을 다루고 있는데, 그도 본문의 처음에서는 이 두 개념을 동일한 것으로 간주한다.

> 그렇기 때문에 지식이라는 명칭은 하느님의 지식과 우리의 지식에 대해서 완전히 일의적으로도 또 단순히 다의적으로도 서술되는 것이 아니라 유비에 따라, 다시 말해 비례에 따라서 서술된다고 말해야 한다(Ver 2, 11).

토마스가 이 구절들에서 '유비'라는 개념을 '비례'라는 개념과 동일시하는 것은 위에서 살펴본 그리스어 개념 '아날로기아'의 역사적인 발전으로부터 설명될 수 있다. 하지만 토마스는 계속되는 텍스트에서 이 비례에 따른 일치가 두 종류가 있다는 사실을 밝히면서 조심스럽게 유비도 두 종류가 있음을 추론한다:

> 왜냐 하면 비례에 따른 일치[49]는 두 가지 종류가 있을 수 있다. 이 두 가지에 따라서 유비의 공통성도 결정되는 것이다. (1) 우선 특정한 비례 관계에 있는 사물들 자체 사이에 조화(일치)를 들 수 있다. 그것들은 특정한 거리나 다른 관계를 서로에게 가지고 있기 때문이다. 예를 들어 2라는 숫자가 1이라는 숫자의 두 배(갑절)이기 때문에 맺고 있는 관계와 같은 것이다. (2) 또 다른 하나는 비례 관계에 서 있는 둘 사이에는 서로 아무런 일치가 없고 오히려 두

49) 그가 여기서 유비에 관련하여 일치(*convenientia*)와 비례(*proportio*)라는 두 개념을 함께 사용하는 것은 흥미롭다. '콘베니엔티아(*convenientia*)'라는 개념은 우리 텍스트에서 단순히 '일치' 또는 '조화'라는 의미로 이해될 수 있다. 그러나 그 개념이 중세에 전문 용어로 사용되게 되면 '유비(*analogia*)'라는 개념의 동의어로서, 즉 일의적과 다의적 용어의 중간 것으로서 이해되었다(Park 1999, 386 참조).

비례 상호간에 유사성이 존재하는 것이다. 예를 들면 6이라는 숫자가 4라는 숫자와 일치를 이루는 경우다. 6은 3의 갑절이고 4는 2의 갑절이기 때문이다. 이 첫 번째의 일치는 '비례의 일치(convenientia proportionis)'고, 두 번째는 '비례성의(proportionalitatis) 일치'다 (Ver 2, 11).

토마스가 이 구분을 명확하게 하기 위해서 수학적인 예를 사용하는 것이 눈에 띈다. 토마스가 이 '비례와 비례성(*proportio-proportionalitas*)'이란 구분을 어디로부터 취했는지는 매우 흥미롭지만 여기서는 자세히 다룰 수 없다. 단지 토마스가 유비라는 개념이 일찍이 그리스인들이 발달시킨 수학에 뿌리를 둔 것이란 사실[50]을 알고 있었으리라 추정해볼 수 있다. 물론 토마스가 이 개념을 보에티우스의 『대수학의 체계(*Institutio arithmetica*)』와 같은 책에서 수용했을 수도 있다.[51] 그러나 그가 이 유비를 거의 대부분 윤리학적인 질문에 관련해서만 사용하고 있는 것으로 보아, 아리스토텔레스의 『니코마코스 윤리학』에서 전수받았을 가능성이 더 크다. 그 책에서(1131b4-1132a25) 아리스토텔레스는 유비의 구분을 이미 사용하고 있기 때문이다.

그러면 도대체 토마스는 이 전통적인 구분을 어떤 목적을 위

---

50) 비교 : Kluxen 1971, 214.

51) 우리는 그의 책에서 그리스어 아날로기아(ἀναλόγια)의 번역으로 사용되는 비례성(proportionalitas)이라는 개념과 '비례'와 '비례성'이라는 두 개념에 대한 정의를 발견한다. 보에티우스는 '비례'라는 개념을 유클리드의 『요소들(*Elementa*)』 제5권에 나오는 것처럼 "비례란 두 용어들이 서로에게 가지고 있는 특정한 관계(경향)이다(proportio est duorum terminorum ad se invicem quaedam habitudo)"라고 정의한다. 그는 계속해서 '비례성'이라는 개념을 "둘 또는 여러 비례들이 지니고 있는 유사한 관계(경향)(duarum vel plurium proportionum similis habitudo)"라고 정의하고 있다.

해서 어떻게 사용하고 있는가?

토마스는 계속되는 글에서 더 이상 수학적인 예를 다루지 않고 곧바로 우리에게 이미 잘 알려진 다른 예들로 넘어간다:

> (1′) 그렇기 때문에 우리는 첫 번째 일치의 방식에 따라서 어떤 것이 둘에 대해서 유비적으로 서술된다는 것을 발견한다. 이 경우에는 하나가 다른 것과 특정한 관계를 맺고 있다. 실체와 우유가 서로 맺고 있는 관계 때문에 존재가 실체와 우유에 대해서 서술되는 경우가 이러한 것이다. 그리고 사람은 오줌과 동물을 '건강한'이라고 서술한다. 왜냐 하면 오줌은 동물의 건강에 특정한 관계를 가지고 있기 때문이다. (2′) 그러나 때때로 어떤 것은 두 번째 일치의 방식에 따라서 유비적으로 서술된다. 예를 들면 '시각'이라는 명칭이 육체적인 시각이나 지성에 대해서 서술되는 경우다. 시각이 눈에 대해서 관계하는 것처럼 지성은 정신에 대해서 관계하기 때문이다(Ver 2, 11).

토마스는 더 이상 설명이 필요 없는 이 예들에 뒤이어, 왜 그가 두 번째 종류만을 하느님과 피조물에 대한 관계에 적용될 수 있다고 인정하는지를 밝히고 있다.

> (1″) 그러므로 첫 번째 방식에 따라 유비적으로 서술되는 것에서는 유비를 통해서 어떤 것을 공통으로 가지고 있는 대상들 사이에 특정한 관계가 존재해야만 한다. 어떤 것이 이 유비의 방식에 따라서 하느님과 피조물에게 서술되는 것은 불가능하다. 어떤 피조물도 신적인 완전성을 확정지을 수 있는 관계를 하느님과 맺고 있지 못하기 때문이다. (2″) 그러나 유비의 다른 방식에 따라서는 유비를 통해서 어떤 것을 공통적으로 가지고 있는 대상들 사이에 어떤 특정한 관계(determinata habitudo)도 규정될 필요가 없다. 이 방식에 따라서 한 명칭이 하느님과 피조물에 대해서 유비적으로

진술되는 것은 아무것도 방해하지 않는다(Ver 2, 11).

본문의 이 마지막 단락에서야 비로소 토마스가 자신의 논증을 어느 방향으로 이끌어가려는지가 명백해진다. 그는 하느님과 피조물 사이에 특정하고 확정 가능한 관계를 필수적으로 요구하고 있지 않는 진술 방식을 찾고 있는 것이다.[52] 그는 이것을 두 번째 방식에서 발견한 것이다.

하지만 많은 저술가들은 이러한 논증 목적을 고려하지 않고, Ver 2, 11에서 토마스가 비례의 유비를 하느님께 대한 진술과 관련해서 사용하는 것을 거부함으로써 '비례성의 유비'만을 강조한다고 해석했다. 하지만 이 텍스트를 이렇게 해석하게 되면 우리가 위에서 살펴본 I, 13, 5와 극단적인 모순에 빠지게 된다. 왜냐 하면 거기서 사용된 '많은 것의 하나에 대한 — 하나의 다른 것에 대한 유비'라는 구분은 '비례'를 세분하고 있는 것처럼 보이고, 이것은 '비례' 자체를 배제하는 Ver 2, 11에서 나타난 토마스의 주장과 충돌을 불러일으키는 것처럼 보이기 때문이다. 두 텍스트가 모순된다고 느끼는 것은 명시적으로 '하나의 다른 것에 대한 유비'와 '많은 것들의 하나에 대한 유비'를 언급하면서 부정하는 것처럼 보이는 Ver 2, 11, ad 6[53]에 의해서 더

52) 보헨스키(Bocheński 1956, 207)는 정당하게 이 텍스트를 해석하면서 두 번째 방식에서는 동일한 관계가 문제가 되는 것이 아니라 두 가지 유사한 관계들이 문제가 된다고 강조하였다. 토마스 스스로 그 구분에서 두 관계들의 유사함을 다루고 있다고 명시적으로 밝히고 있다 : "그것은 비례가 아니라 오히려 각각의 비례에 대한 둘의 유사성이다 (Ver 2, 11 : …… quae non sit proportio, sed magis <u>similitudo</u> duarum ad invicem proportionum)."

53) "저 반대 의견의 근거는 한 요소와 다른 요소 사이에 특정한 관계를 상정하고 있는 유비의 종류로부터 도출되고 있다. 왜냐 하면 그런 경우에는 실체가 우유의 정의에 들어가야 하는 것처럼 하나가 다른 것의 정의에 들어가거나 실체가 양과 질의 정의에 들어가는 것처럼 두 가지가 하나의 것에 관계를 맺고 있기 때문에 어떤 하나가 두 대상의 정의에 들어가야 하기 때문이

커질 수 있다.

여러 저자가 이 모순처럼 보이는 토마스의 설명을 해결하기 위해서 다양한 방법으로 노력했다.[54] 하지만 필자가 보기에는 위에서 언급된 모순을 설명하기 위해서는 '비례'라는 개념이 포괄적인 의미와 특정한 의미로 사용될 수 있다는 사실만이 중요하다. 토마스는 Ver 2, 11에서 그 개념을 유비라는 개념의 동의어로서 보다 포괄적인 의미로 사용하는 한편, 또한 '비례성'이라는 개념의 상반 개념으로서 특정한 의미에서도 사용하고 있다. 우리가 I, 13, 5에 나오는 토마스의 '비례' 개념을 보다 포괄적이고 불특정한 의미로 이해한다면, 그 개념은 특정한 의미에서의 '비례'와 함께 '비례성'이라는 뜻도 나타낼 수 있는 것이다. 우리가 그 개념을 이렇게 이해한다면, Ver 2, 11과 I, 13, 5에 나오는 주장들은 더 이상 모순 관계에 빠져 있지 않다.

다"(Ver 2, 11, ad 6).

54) 예를 들면 맥키너니와 몬딘은 이러한 겉으로 보기에 드러나는 모순에 대한 해결책을 토마스가 다른 곳에서 사용하고 있는 비례 개념이 고유한 의미와 파생된 의미를 지니고 있다는 구분에서 찾고 있다: "비례 혹은 대비(對比)는 두 가지로 사용된다. 그 하나는, 어떤 양(量)의 다른 양에 대한 일정한 관계가 대비라고 불린다. 이런 의미로 2배, 3배, 균등 등이 대비(비례)의 종(種)이다. 또 다른 하나는, 어떤 것의 다른 것에 대한 임의의 관계가 비례라고 불린다. 이런 의미로 피조물에 대한 하느님께 대한 비례가 있을 수 있다. 그것은 결과가 원인에 대한 것과 같이, 또 가능태가 현실태에 대한 것과 같은 관계가 있는 한 그런 것이다"(I, 12, 1, ad 4). 맥키너니는 아주 올바르게 '비례' 개념 자체가 유비적인 개념이라는 것을 강조하고 있다. 하지만 그가 도입하고 있는 구분이 I, 13, 5와 Ver 2, 11 사이에 존재하고 있는 것처럼 보이는 모순을 해결하는 데에는 도움이 안 되는 것 같다. 이 구분은 토마스가 어떠한 근거로 수학적인 비례와 비수학적인 비례를 연결하는가를 설명해줄 수는 있다. 하지만 이러한 구분은 '비례'와 '비례성'을 구분하는 것과는 다른 것이다. 토마스는 그렇기 때문에 IV Sent 49, 2, 1, ad 6에서 두 가지 구분을 차례로 사용하고 있다. 우리 텍스트에서 토마스가 이 두 가지 구분을 제대로 구별하지 않고 연결시킨다고 할지라도 그 두 가지는 본래 서로 구분되어야 하는 것이다.

우리는 이러한 개념적인 확정을 바탕으로 토마스의 유비 개념 사용 방식을 확정하는 데 중요한 한 문제에 대해 대답할 수 있다 : 토마스는 어떠한 의도에서 '비례'와 '비례성'의 구분을 Ver 2, 11의 토론에 도입하고 있는가? Ver 2, 11과 I, 13, 5의 비교는 우리에게 이 질문에 대한 중요한 정보들을 제공한다. I, 13, 5에서 토마스는 비례의 한 종류, 즉 '하나의 다른 것에 대한 비례'를 하느님께 대한 진술에 적합한 방식이라고 설명하고 있다. 그렇기 때문에 Ver 2, 11의 첫 번째 방식은 마치 토마스가 '비례'의 정확한 의미, 즉 '두 가지 용어 사이에서 맺어지는 특정한 관계'를 하느님께 대한 진술에서 아주 일반적으로 배제하려는 것처럼 이해해서는 안 된다. 그렇게 이해하면 토마스가 유비에 대해서 행하고 있는 대부분의 토론(그 안에서는 좁은 의미에서 사용된 '비례'가 다루어지고 있다)이 불필요하거나 자기 모순에 빠질 것이다.

그러므로 토마스는 Ver 2, 11에서 명시적으로 사람들은 한 명칭을 하느님과 피조물에 대해 첫 번째 방식에 따라 유비적으로 사용해서는 안 되는 이유를 밝히고 있다 : 이 방식은 '사물들 사이의 특정한 관계(*aliquam determinatam habitudinem inter ea*)'를 요구하고 있기 때문이다. 이것에 대응해서 토마스가 Ver 2, 11에서 하느님과 피조물에 대해 적합한 방식으로 인정하기를 원하는 것은 일반적인 비례성의 유비가 아니다. 정확히 말하자면 '비례의 대상들 사이에 어떤 특정한 관계를 필수적으로 요구하지 않는 비례'를 인정하고 있는 것이다.[55] 논증의 맥락에 따르면 '비례'와 '비례성'의 구분은 논증 목적상 중요한 구분, 즉 특정한 비례와 불특정한 비례 사이의 구분을 설명하기 위한 도

---

55) 비교 : Ver 2, 11 : "Sed *in alio modo* analogiae nulla determinata habitudo attenditur inter ea quibus est aliquid per analogiam commune."

입부의 역할을 맡고 있을 뿐이다. 토마스가 Ver 2, 11에서 비례성의 유비를 하느님께 대한 진술에서 가장 중요한, 더 나아가 유일하게 사용 가능한 유비의 종류로 보았다는 명제는 카예타누스에 의해서 주장되었다. 그리고 그를 따르면서 일반적으로 받아들여졌다.

하지만 위에서 우리가 논증의 맥락을 관찰함으로써 이러한 주장이 근거 없는 것임이 밝혀졌다. 카예타누스의 주장의 신빙성에 대한 의심은 우리들이 살펴본 가장 중요한 예제 텍스트들과 다른 중요 텍스트인 I Sent 19, 5, 2, ad 1에서 단 한 번도 '비례성'이라는 용어를 사용하고 있지 않다는 데서 커진다. 실제로 토마스는 극히 예외적인 경우를 제외하면 비례성의 유비를 유비 개념의 핵심적인 사용처인 하느님께 대한 진술에서가 아니라 행위 이론 내지 윤리신학적인 주제들에서만 사용하고 있다.[56)]

6. 맺음말

1) 유비의 언어철학적 특성

이제까지의 토론에서 살펴본 바와 같이 토마스는 형이상학적이고 언어철학적인 요소를 밀접한 연관성 속에서 사용하고 있다. 또한 두 차원이 자주 서로 번갈아가면서 나타나기 때문에 토마스 연구가들 사이에는 유비가 형이상학적인 문제인지

---

56) 비교 : I-II, 3, 5, ad 1 ; I-II, 19, 10 ; II-II, 58, 10 ; II-II, 61, 2 ; Met 5, 8, 879 ; Eth 1, 7, 95-96 ; Eth 5, 5, 938-946 ; Eth 5, 6, 949-950 ; Eth 5, 7, 957 & 961 ; Eth 5, 8, 972.

언어철학적인 문제인지에 대해서 의견이 분분하다. 이전의 많은 학자들이 카예타누스를 따르면서 유비 문제를 전적으로 형이상학적인 문제로 생각하는 반면에 현대의 학자들 대부분, 즉 맥키너니, 페쉬(H. Pesch), 콜리쉬(M. L. Colish), 세퀘리(P. A. Sequeri), 쇤베르거(R. Schönberger), 뮐러(K. Müller)와 토이프젠(R. Teuwsen) 등은 유비를 신학적인 사용 목적을 가진 언어철학적인 도구라고 이해하고 있다. 여기서 이 복잡한 논쟁을 자세히 다룰 수는 없다.[57] 필자는 이 논쟁의 기본 내용을 전제하고 이제까지의 연구를 바탕으로, 직접적으로 몇 가지 견해에 대한 입장을 밝히겠다.

유비에 대한 논리학자들과 토마스의 관심사는 왜, 그리고 어떻게 명칭들이 다양한 사물들에 대해 사용될 수 있는가 하는 '언어철학적' 물음에 놓여 있다. 이 주장은 다음과 같은 사실에 의해 확인된다. 첫째, 토마스는 모든 예제 텍스트에서 유비를 일의성과 다의성의 중간이라고 명백하게 이야기하고 그래서 그 위치를 명칭의 의미에 대한 이론 안에 정하고 있기 때문이다. 둘째, 한 명칭이 유비적으로 사용되기 때문에, 유비자(類比者. *analogata*)라고 불리는 사물들이 동시에 다른 표현을 통해서 일의적인 방식으로 사용되게 되면 또한 일의자(一義者. *univoca*)라고 불릴 수 있는 것이다.[58]

아리스토텔레스의 3단계 표시 이론 단어-개념-사물을 받아

57) 이 논쟁에 대한 전체적인 윤곽은 토이프젠과 뮐러가 이미 훌륭하게 요약해놓았다 : Teuwsen 1988, 120-127 ; Müller 1983, 92 이하와 거기에 언급된 문헌들 참조.

58) 이를 좀더 명확하게 하기 위해서 전형적인 유비의 예, 즉 '건강(*sanum*)'을 변형시켜서 설명해보면 다음과 같다 : 동물과 음식은, 그것들이 '건강한'이란 단어를 통해서 불려진다면 두 유비자가 되는 것이다. 이와는 반대로 그것들이 '물체적인'이라고 불려진다면 두 일의자라고 불릴 수 있다. 왜냐 하면 그것들은 공간적인 연장을 지니고 있다는 면에서는 아무런 차이가 없기 때문이다.

들이는 토마스로서는 당연히 사물들과 개념들에 대한 비교를 통해서 한 명칭의 유비적인 사용에 대해 분석할 수 있다. 그러나 엄격하게 말하면 유비는 사물의 유비나 이해된 개념의 유비가 아니라 사용된 한 명칭의 유비다. 이것은 토마스가 즐겨 사용하는 'A가 x와 y에 대해서 일의적으로, 다의적으로, 유비적으로 서술된다'는 형식이나, "많은 것에 대해 유비적으로 말해지는 모든 명칭에서는 필연적으로 그 모든 것은 하나에 관련되어 말해져야 한다. 그러므로 그 하나는 모든 정의(*definitio*)에 들어 있어야 한다"(I, 13, 6)는 개념 규정에 의해서 확인될 수 있다.

2) 토마스의 형이상학적, 신학적 관심

그러나 동시에 토마스의 본래 목적은 이 언어철학적인 유비 문제를 더 개발하거나 체계화시키려는 데 있지 않았다는 사실에도 주의해야만 한다. 자주 아리스토텔레스가 중요 개념의 일반적인 언어 분석으로부터 형이상학적인 연구를 시작하듯이, 토마스는 이미 사용되었던 개념의 부적절한 해석을 수정하기 위한 보조 수단이나 계속되는 신학적인 토론을 위한 출발점으로서 유비를 사용하고 있다.

이와 같은 신학적 토론에서는 본질적인 존재나 분유적인 존재가 한 완전성을 소유하고 있는 방식, 인과의 법칙 또는 피조물이 하느님께 대해 지니고 있는 불완전한 유사성 등과 같은 형이상학적이고 신학적인 요소가 도입되고 있다. 토마스가 실천적으로 유비 개념을 적용할 때를 살펴보면, 이런 요소가 그 분량과 토론 안에서 차지하고 있는 중요성 면에서 언어철학적인 요소들보다 우선하고 있다. 그러나 우리는 유비적인 사용의 전제 내지 부가 설명으로 사용되고 있는 이러한 형이상학적인 요소들을, 본래적으로 언어철학적인 문제인 유비와 혼동하지 말아야 한다. 더 나아가 형이상학적, 철학적인 의도가 중심을 이루고 있는 토마스의 작품을 바탕으로 해서 본래 언어철학적인 유비 이론을 재구성하려는 시도는 그 논증 목적과 맥락에 대한 충분한 고려가 선행되어야 하며, 이것이 제대로 이루어지지 않고 이루어진 결과는 그 정당성이 매우 의심스럽다.

3) 토마스의 개방성

끝으로 I, 13, 5와 Ver 2, 11 사이에 존재하는 것처럼 보이는 모순은 우리에게 중요한 정보를 제공해준다. I, 13, 5에 나오는 '많은 것의 하나에 대한 유비'와 '하나의 다른 것에 대한 유비'의 구분이나 Ver 2, 11에 나오는 '비례'와 '비례성의 구분'이 그 위에다 토마스의 유비 이론 전체를 세울 수 있는 든든한 기초로 절대화되어서는 안 된다는 것이다. 오히려 그것들은 어떤 특정한 토론 맥락에서 항상 계속되는 수정 시도 내지 제한과 함께 하느님께 대한 진술에서 사용될 수 있는 도구다. 토마스가 유비를 사용하는 경우들로부터 명확해진 것처럼 그가 유비라는 개념으로 도달하고자 하는 목표는 무엇보다도 인간의 언어의 한계를 주목하게 하고, 하느님께 부과되는 명칭들의 부적합한 사용이나 해석을 통해서 생겨날 수 있는 위험을 피하는 것이다.

토마스의 전 작품을 통해서 유비 개념을 체계적인 틀에 집어넣으려고 하는 시도가 존재하지 않는다는 것이 명확하게 보여주듯이, 그에게는 실천적인 적용 가능성이 거창한 체계보다도 훨씬 더 중요하다는 것에 주목해야만 한다. 예를 들면 하느님께 대해서 적합한 언어를 찾으려는 그의 목적에는 우선 일의성과 다의성을 부정함으로써 얻어지는 두 극단의 배제와 '선차적 내지 후차적 표시'에 대한 언급만으로도 충분하다.

바로 이러한 단순한 출발점은 사람들이 그것을 맥락과 논증 목적에 따라서 쉽게 변형시킬 수 있기 때문에 장점을 가지고 있다. 우리도 토마스를 올바르게 이해하기 위해서 그가 사용하지 않은 유비 이론을 반드시 재구성할 필요는 없다. 도리어 토마스가 유비라는 개념을 매우 큰 개방성을 가지고 사용하고 있음을 전제하고 해당 맥락을 고려하면서 각각의 경우에 맞는 올바른 개념 규정을 찾아냄으로써, 그를 올바로 이해할 수 있을 것이다.

□ 인용 및 약어표

1. 토마스 아퀴나스의 저작들(약어표)

I, I-II, II-II, III	신학대전(제1부, 제2부 1권, 제2부 2권, 제3부).
CG	Summa contra Gentiles(대이교도대전, 철학대전).
CompTheol	Compendium Theologiae(신학개요).
deT	Super librum Boethii de Trinitate expositio(보에티우스의 삼위일체론 주해).
De ente	De ente et essentia(유와 본질에 대하여).
Eth	In Aristotelis libros Ethicorum expositio(아리스토텔레스의 니코마코스 윤리학 주해).
Met	In Aristotelis libros Metaphysicorum expositio(아리스토텔레스의 형이상학 주해).
PA	In Aristotelis libros Posteriorum analyticorum

	expositio(아리스토텔레스의 분석론 후서 주해).
Periher	In Aristotelis libros Perihermeneias expositio(아리스토텔레스의 해석론 주해).
Pot	Quaestiones disputate de potentia(능력론 혹은 하느님의 능력에 대한 [정기]문제 토론).
Quodl	Quaestiones Quodlibetales(임의(자유)문제 토론집).
Sent	Scriptum super libros Sententiarum(페트루스 롬바르두스의 명제집 주해).
Ver	Quaestiones disputate de veritate(진리론).

2. 자주 인용된 작품들의 약어표

Cat	아리스토텔레스의 『명제론』(Aristoteles Latinus I, 1-5, Categoriae vel Praedicamenta ed. L. Minio-Paluello.)
Ar-Periher	아리스토텔레스의 해석론, 보에티우스 번역(Aristoteles Latinus II, 1-2, *De interpretatione vel Periermenias*, ed. L. Minio-Paluello and G. Verbeke (Bruges / Paris 1965).
Ar-Met	아리스토텔레스의 『형이상학』(Aristoteles : Metaphysik : griechis-deutsch ; Neubearbeitung der Übersetzung von Hermann Bonitz / mit Einl. u. Kommentar hrsg. von H. Seidl. Hamburg : Meiner, ^{3}1989. Lat. Text von Marietti-Ausgabe).
NE	아리스토텔레스의 『니코마코스 윤리학』(Aristoteles : Nikomachische Ethik. Übersetzt und kommentiert

von F. Dirlmeier. Berlin : Akademie. [9]1991. Lat. Text von Marietti-Ausgabe).

Introd.	Wilhelm von Shyreswood : *Introductiones in Logicam*. Einführung in die Logik, Textkritisch herausgegeben, übersetzt, eingeleitet und kommentiert von Hartmut Brands und Christoph Kann. Hamburg : Meiner, 1995.
LM	Rijk, Lammert M. De : *Logica Modernorum* : A Contribution to the History of Early Terminist Logic. (Assen, : Van Gorcum & Co., 1962-7);
	LM I : On the twelfth Century Theories of Fallacy (1962);
	LM II-1 : The Origin and Early Development of the Theory of Supposition (1967) ;
	LM II-2 : Texts and Indices (1967).
SLamb.	Lamberto, d'Auxerre : *Logica*, (Summa Lamberti) a cura di F. Alessio. Florence, 1971.
Tract.	Petrus Hispanus Portugalensis : *Tractatus*. Called Afterwards Summulae logicales, L. M. de Rijk (Hg.). Assen : Van Gorcum, 1972.

3. 기타 약어들

ad 1	첫 번째 반대 의견에 대한 대답
c	본문(Corpus articuli)
obj.	반대 의견(objectio)
q.	문제(Quaestio)

s.c. 반론(Sed contra)

본문에서 토마스 아퀴나스의 『신학대전』이 인용되었을 경우에는 토마스 아퀴나스, 『신학대전(1 & 2)』, (I부 1~12문 ; 13~19문), 정의채 옮김, 바오로딸출판사, 1985 & 1993의 번역을 이용하였다. 논증의 명확성을 위해 변경시킨 부분은 < > 안에 담았다. 그 외 저작에서의 인용은 필자의 번역이다.

□ 참고 문헌

박승찬, 「유비 개념 발전에 관한 역사적 고찰 ― 토마스 아퀴나스 유비 이론 입문」, 『가톨릭 신학과 사상』 26 (1998 / 겨울), 139-165쪽.

박승찬, 「유비 개념의 신학적 적용 ― 토마스 아퀴나스 『신학대전』 I부 제13문제를 중심으로」, 『가톨릭 신학과 사상』 28 (1999 / 여름), 181-208쪽.

Algazel

1965 Logica Algazelis I, ed. Lohr. In : Traditio XXI, 223-290.

Ashworth, E. J.

1991a "Signification and Modes of Signifying in Thirteenth-Century Logic : A Preface to Aquinas on Analogy", *Medieval Philosophy and Theology* 1, 39-67.

1991b "A Thirteenth-Century Interpretation of Aristotle on Equivocation and Analogy", *Canadian*

Journal of Philosophy (Supplementary Volume 17), 85-101.

1992 "Analogy and Equivocation in Thirteenth-Century Logic: A New Approach to Aquinas", *Mediaeval Studies*, 94-135.

Bochenski, I. M.

1956 *Formale Logik*, Orbis Academicus. Freiburg / München. Textauswahl mit Kommentar.

Cajetan-Thomas de Vio

1987 *De nominum analogia. L'Analogie des Noms.* Texte Latin et Traduction Annotee (Zweiter Teil von Pinchard 1987, 111-166).

Jacobi, Klaus

1993a (Hrsg.) *Argumentationstheorie. Scholastische Forschungen zu den logischen und semantischen Regeln korrekten Folgerns.* Leiden / New York / Köln : E. J. Brill.

Klubertanz, George P.

1960 *St. Thomas Aquinas on Analogy. A Textual Analysis and Semantic Synthesis.* Chicago: Loyola Univ. Press.

Kluxen, Wolfgang

1971 "Analogie I", *Historisches Wörterbuch der Philosophie*, Bd.1, 214-227.

Lambert von Auxerre

1970 *Logica, (Summa Lamberti)* a cura di F. Alessio. Publicazioni della facoltà di lettere e filosopia dell'università di Milano LV, sezione a cur dell'istituto di storia della filosofia no. 18. Firenze : La nouva Italia. (Florence 1971).

Lohr, Charles H.

1980 "Analogia", *Lexikon des Mittelalters*, Bd. I. München / Zürich, Sp. 569-570.

Lyttkens, Hampus

1952 *The Analogy between God and the World. An Investigation of its Background and Interpretation of its Use by Thomas of Aquino.* Uppsala : Almqvist & Wiksell.

Manser, Gallius M. / Wyser, P.

1949 *Das Wesen des Thomismus.* 3. Aufl. (11931) Freiburg i. Schw. : Paulus.

Manthey, F.

1937 *Die Sprachphilosophie des hl. Thomas von Aquin und ihre Anwendungen auf Probleme der Theologie.* Paderborn : Ferdinand Schöningh.

McInerny, Ralph M.

1961 *The Logic of Analogy.* The Hague : Martinus Nijhoff.

1968 *Studies in Analogy.* The Hague : Martinus Nijhoff.

1986 *Being and Predication : Thomistic interpretations.* Washington : The Catholic Univ. of America Press.

Mondin, Battista

1968 *The Principle of Analogy in Protestant and*

Catholic Theology. Second Edition, Revised and enriched with a detailed bibliography. The Hague : Martinus Nijhoff.

Müller, Klaus

1983 *Thomas von Aquins Theorie und Praxis der Analogie : der Streit um das rechte Vorurteil und die Analyse einer aufschlußreichen Diskrepanz in der Summa theologiae*. Frankfurt a.M. / Bern / New York : P. Lang.

Owen, G. E. L.

1986 *Logic, Science and Dialectic : Collected Papers in Greek Philosophy*. London : Duckworth.

Park, Seung-Chan

1999 *Die Rezeption der mittelalterlichen Sprachphilosophie in der Theologie des Thomas von Aquin : Mit Besonderer Berücksichtigung der Analogie*, Leiden / Boston / Köln : Brill.

Petrus Hispanus (Portugalensis)

1972 *Tractatus. Called Afterwards Summulae logicales*. First Critical Edition from the Manuscripts with an Introduction by L. M. de Rijk. Assen : Van Gorcum.

Puntel, L. B.

1969 *Analogie und Geschichtlichkeit. Philosophiegeschichtlich-Kritischer Versuch über das Grundproblem der Metaphysik*. Freiburg / Basel / Wien : Herder.

Rijk, L. M. de

1962 *Logica Modernorum*, Vol. I. (약어표 참조)

1967 *Logica Modernorum*, Vol. II. (약어표 참조)

1972 "Einleitung" zu : Petrus Hispanus : *Tractatus*. (약어표 참조)

Ross, James F.

1970 "Analogy as a Rule of meaning for religious language", in A. Kenny, (ed.) : *A Collection of Critical Essays*. London, 93-138.

Schönberger, Rolf

1981 *Nomina divina. Zur theologischen Semantik bei Thomas von Aquin*. Frankfurt a.M. / Bern : P. Lang.

Schramm, M. / Kranz, M.

1989 "Proportion", *Historisches Wörterbuch der Philosophie*, Bd. 7, 1482-1495.

Teuwsen, Rudolf

1988 *Familienähnlichkeit und Analogie. Zur Semantik genereller Termini bei Wittgenstein und Thomas von Aquin*. Freiburg / München : Alber. (Symposion 84).

칸트에게서의 의지의 자유*

백 종 현(서울대 철학과 교수)

1. '자유'의 문제성과 의지 자유의 문제

일상적인 용어법에서 '자유'는 대개 어떤 것으로부터의 해방이나 독립을 뜻한다. 그러나 '스스로 말미암음'이라는 '자유(自由)'의 근원적 의미를 새길 때, 그것은 어떤 사태를 최초로 야기함, "제일의 원동자(原動者)"(A451=B480)[1]를 뜻한다. 이제 우리가 우리가 실제 생활하고 있는 자연 세계 안에서 '자유'를

* 이 글은 글쓴이의 책 『칸트 <실천이성비판> 논고』(성천문화재단, 1995)의 "III. 칸트에서 자유의 이념과 도덕 원리"를 새로운 제목 아래서 고쳐 쓴 후, 그리스도교 철학연구소의 발표회에서 토론에 부쳤던 것이다.

1) 칸트 원저술의 인용에서, 『순수이성비판』은 서명 제시 없이 본문 중 ( )에, 관례대로 제1판(1781)은 부호 A 다음에, 제2판(1787)은 부호 B 다음에 면수를 밝히고, 여타의 저술은 『 』이나 「 」 안에 저술 명을(필요한 경우 축약해서) 밝힌 후, " : " 다음에 베를린 학술원 版(Akademie-Ausgabe)의 卷數를 로마숫자로, 바로 이어서 면 수는 부호 "-" 다음에 로마숫자 혹은 아라비아숫자로 제시한다.

문제 삼을 경우, 그러니까 그것은 자연적 사태 발생의 최초의 원인을 지시한다.

자연을 경험과학적으로 관찰할 때, 발생하는 모든 것은 원인을 갖는다. 자연 세계에 대한 경험과학적 관찰 자체가 "원인 없이는 아무것도 없다", "무에서는 아무것도 생기지 않는다"는 생성의 충분근거율에 준거해서 이루어진다. 경험과학적 사건들이 상호 연관되어 있다고 고찰되는 한, 그 사건들의 계열에서 한 경험과학적 사태 내지 존재자의 원인은 또 다른 경험과학적 사태 내지 존재자로 간주된다. 그러므로 자연 내의 사건에서 그것의 원인은 반드시 경험과학적 의미에서 '있었던' 것 내지는 '있는' 것을 지시하며, 그 원인이 있었던 또는 있는 것, 즉 존재자인 한 그 원인 역시 그것의 원인을 가져야만 한다(A532=B560 참조). 그래서 우리가 생성과 존재의 충분근거율에 충실히 따르는 한, 원인 계열은 무한히 계속될 뿐 문자 그대로의 '최초의 원인', 즉 자유란 자연 가운데서 찾아질 수가 없다. 이런 이해에서 칸트도 '자유'를 "문제성 있는 개념"(A339=B397)이라 말한다.

철학자 내지 과학자들이 세계[우주]의 운동 변화에 관심을 가진 이래, 이 운동 변화를 설명하기 위해 최초의 운동자, 부동의 원동자를 생각하기에 이르렀지만, 그 생각은 — 비록 "자기로부터(a se) 생겨나는"이라고 표현된다 할지라도, 실제에서는 — 무엇으로부터도 생겨나지 않은, 즉 원인이 없는, 존재자가 적어도 하나 있다는 것을 함축하며, 따라서 그것은 초논리적일 뿐만 아니라 자연 가운데서 만날 수 없는, 따라서 초경험적인 것, 요컨대 '초월적'인 어떤 것을 상정하는 것이다. — 이런 이해에서 문자 그대로의 '자유(自由)', 곧 자기 원인(causa sui) 또는 자기로부터의 존재자(ens a se)는 과연 신(神)에게나 어울리는 술어라 해야 할 터다. — 그러므로 칸트는, 만약 어떤 현상 계열의 "절대적 자발성"(A446=B474)으로서 자유가 생각될 수 있다면, 그것은 이를테면 "초월적 이념(transzendentale Idee)"(A448=B476)이라고 본다.

그 자신 또다시 다른 어떤 원인을 가져야만 하는 자연적 사건 계열의 원인과는 달리, 만약 궁극적 원인으로서의 자유, 즉 초월적 의미에서의 자유가 그럼에도 불구하고 어느 점에서인가 의의를 갖는다면, — 그리고 가질 수밖에 없는데 — 그것은 인간의 도덕 실천적 행위의 의미 해석에서일 것이다. 인간의 도덕 실천적 행위에 대해 귀책성(歸責性. Imputabilität)을 말할 수 있다면, 인간의 도덕적 실천 행위는 한갓 기계적인 연관 작용이어서는 안 되고 자유로부터의 행동으로서, 즉 그 행위의 원동자인 의지, 달리 표현해 실천 이성이 자유로워야 할 것이니 말이다.

여기서부터 우리의 논의는 시작된다. 자유롭다고 말할 수밖에 없는 의지는 다름아닌 인간의 의지이고, 그런데 인간은 자연 안에 존재하기 때문이다.

자연 밖에 어떤 존재자가 — 가령 신과 같은 초월적 존재자가 — 자유롭다고 한다면, 일차적인 문제는 '자연 밖에 존재자가 있다'가 무엇을 뜻하는가, 도대체 그것이 의미가 있는 말인가일 것이고, 그런 존재자가 자유롭다는 것은 부차적 문제가 될 것이다. 그런데 어떤 것이 자연 안에 존재하면서도 자유롭다 한다면, 문제는 곧바로 그 '자유로움'이라는 것이 어떻게, 보편적으로 납득되는 자연의 필연적 인과성과 양립할 수 있는가로 옮겨진다(A536=B564 참조).

자연 안의 한 존재자로서 인간과 그 인간의 의지는 자연의 인과 법칙에 따라 무엇을 지향하거나 회피할 터이고, 따라서 소위 '의지' 작용의 결과도 앞서 있는 "감성계의 한 상태"에서 "규칙적으로 뒤따라 나온" 상태일 것이다. 그런데 우리가 자유를 근원적 의미에서 이해한다면, 이미 앞서 말했듯이, 그것은 "한 상태를 자신으로부터 시작하는 능력"(A532=B560)이다. 한 상태를 스스로 개시한다 함은 그 상태에 앞서서 그 상태를 유발하는 어떤 다른 상태도 감성계(자연계) 안에 '있지' 않았고, 그러니까 어떤 자연적 '원인'도 있지 아니했는데, 어떤 상태가 자연계 안에 비로소 발생함을 의미한다. 칸트가 『순수이성비판』의 "초월적 분석론"에서 입증하려고 애썼고 스스로 입증했다고 믿는 바는, 자연계는 예외 없이 인과 법칙에 따라 규정되며, 이때의 인과 법칙이란 물리-화학적인 필연적 계기(繼起) 관계뿐만 아니라, 심리-생물학적인 필연적 계기 관계까지도 포함한다. 그러니까 칸트는 인간의 자연적인 심리적 성향에 따른 행위도 자연의 인과적 법칙에 따른 행위로 본다. 그러므로 행위에서 의지가 자유롭다 함은 "완전한 자발성"(A548=B576)을 뜻하며, 이로부터 자연 안에 어떤 사건이 발생함을 의미한다. 그리고 이것은 자연의 법칙성, 즉 자연 안에서 발생하는 사건의 원인은 오로지 자연 안에 있을 수밖에 없다는 존재 생성의 충분근거율에 어긋난다.

바로 이 어긋남으로 인해 도덕[당위]의 '세계'와 자연[존재]의 세계의 구별이 있고, 자연적 존재자인 인간이 이 도덕의 '세계'에도 동시에 속함으로써 인격적 존재일 수 있으며, 인간은 인격적 존재로서만 그 자체로 '목적'이며 존엄하다고 말할 수 있다고 칸트는 생각한다.

칸트의 도덕철학은, 인간이 어떻게 어떤 의미에서 인격적 존재자며, 어떤 경우에 스스로 존엄하다고 말할 수 있는가를 밝히며, 이 해명은 문제성 있는 개념인 '자유'와 인간의 도덕 실천적 행위의 관계 천착에 기초하고 있다. 인간의 인간다움 곧 인격성은 그의 도덕적 능력에 근거하고, 이 도덕적 능력은 그의 순수한 실천 이성, 즉 순수 의지의 자유의 힘에서 기인하므로, 순수 의지의 자유야말로 인간의 인격적 존재자임을 가능하게 하는 것이다. 이제부터 이 맥락을 따라가면서, 칸트에게서 의지의 자유가 함축하는 바를 풀어내보자.

2. 자연의 필연성과 자유의 원인성의 양립 가능성

세계가 오로지 자연으로, 즉 존재자의 총체로만 이해된다면 그 세계 안에 '자유'가 있을 자리는 없다. 그렇기에 '자유'는 이 자연 세계를 초월해 있는 이념이라고 말한 것이다. 그럼에도 인간의 '도덕 실천적' 행위는 이 자유의 바탕 위에서만 가능하다. 도덕적 실천이란 마땅히 있어야만 할 것을, 그러니까 아직 있지 않은 것을 자신으로부터 있게끔 하는 것을 말하기 때문이다.

예컨대 인격자이고 인격자일 수 있는 인간은 누구나 존엄하고 그 점에서 평등하므로, 가령 불평등한 현실 사회는 마땅히 평등한 사회로 바뀌어야만 하고, 그래서 많은 사람들은 그런 사회를 지향하며 실천한다. 구성원들이 완전히 평등한 사회, 그것은 이상이며, 우리의 실천 행위는 이 이상의 실현을 지향한다. 실천 행위란 아직 현실이 아니지만, 마땅히 현실이 되어야 할 것을 현실화하는 활동인 것이다. 그러므로 실천은 인간의 가치 지향적인 행위다.

누군가는, 날씨가 차가워지면 은행나무 잎이 떨어지는데, 이것은 이전에 있지 않던 것이 있게 된 것이므로, 이 현상도 차가운 날씨의 '실천'에 의해 이루어진 것이라고 말하고 싶어할지 모르겠다. 그렇게 해서 인간의 소위 '가치 지향적' 행위나 자연에서의 발생 사건은 '실천'이라는 점에서 똑같다고 말하고 싶어할지도 모르겠다. 누군가가 만약 그렇게 말하고 싶어한다면, 그것은 사태의 차이를 충분히 살피지 못하고 있기 때문이라고 지적할 수밖에 없다. 자연의 발생 사건에 대해서도 굳이 '실천'이라고 말하는 것을 허용할 경우에도, 자연의 발생이라는 '실천'과 인간 행위라는 실천 사이에는, 붙여진 말이 같음에도 불구하고 근본적인 차이가 있고, 이 차이에 자유 개념의 단초가 있음이 주목되어야 한다. 차가운 날씨가 자신의 뜻[의지]에 따라 은행나무 잎을 떨어뜨릴 수도 있고 떨어뜨리지 않을 수도 있는 것은 아니지만, 인간은 자신의 뜻[의지]에 따라 평등한 사회를 (비교적 근사하게나마) 구현할 수도 있고 구현하지 않을 수도 있는 것이다.

이런 구별에 대해서 또 누군가는, 평등한 사회를 지향하는 행위를 수행하는 자는 시간 · 공간상에서 생명을 유지해가고 있는 개개인들이며, 사람을 개인들의 면에서 관찰할 때, 어떤 사람은 평등 사회를 위해서, 반면에 어떤 사람은 그렇지 않은 사회 형성을 위해서 행위하는데, 그런 행위들의 이유를 살펴보면 그럴 수밖에 없는 정황이 있고, 이 정황이 어떤 이로 하여금 그런 행위를 야기하게 하므로 소위 '자유'에 의한 행위란 있지 않다고 생각할지도 모르겠다. 이런 '생각'에 대해서 우리가 할 수 있는 일은, 가치 지향적 행위에 대해서는 가치 평가가 가능하며, 따라서 평등한 사회를 구현하는 방향으로 나아가는 행위는 올바른, 선한 행위라 하고, 그렇지 않을 경우의 행위에 대해서는 올바르지 않다고 평가하는 것이 의미가 없는가 하고 묻고, 이런 가치 평가의 준거가 되는 선(善)의 의미를 설명하는 일이다.

자연 세계의 인과 법칙에 지배받지 않는 인간의 행위가 사실로 있고, 이런 행위의 궁극 원인은 인간의 순수한 의지의 자유라는 것이 칸트의 파악이며, 이런 자유의 힘으로 인해 인간에게서의 인격성, 인간 생활에서의 도덕성은 그 유의미성을 얻는다는 것이 칸트의 기본적인 생각이다. 물론 이때에 순수한 의지의 자유를 가진 것으로 이해되는 인간은 더 이상 한낱 자연 존재자가 아니다. 모든 자연 존재자들의 존재 근거로서의 '초월적 주관[의식](personalitas transcendentalis)'이 자연 세계의 일부를 이루는 존재자가 아니듯이[2] '도덕적 주체[인격체](personalitas moralis)'로서 파악되는 인간도 자연 세계에 속하는 '감성적' 존재자가 아니라 "오성적으로만 표상 가능한(intelligibel)"[3] 것이다.

인간이 도덕적 주체로서 감각 세계를 초월해 있을 수 있다면, 그것은 그의 의지가 "감성의 충동에 의한 강요로부터 독립"할 수 있으므로 그렇다. 인간의 의지도 감성에 영향을 받고, 그런 한에서 '감수(感受)적 의향(arbitrium sensitivum)'이기는 하지만, 그러나 오로지 감성의 동인(動因)에 의해서만 촉발되는 '동물적 의향(arbitrium brutum)'과는 달리 인간의 의지는, "감성

2) 글쓴이의 다른 책 『존재와 진리 — 칸트 "순수이성비판"의 근본 문제』(철학과현실사, 2000), 제4장 제4절 참조.

3) 여기서 칸트철학의 용어 'intellektuel(知性的)'과 'intelligibel(悟性的)'의 의미를 구별해두는 것이 좋겠다. '지성적'이라는 형용사는 '인식'을 수식해주는 말로, 따라서 '지성적 인식'이란 '지성에 의한 인식'을 뜻하고, 칸트에게서 모든 경험적 인식은 감각 인상을 재료로 한 지성에 의한 인식이므로, '지성적' 인식은 그러니까 감각 세계에 관한 것이기도 하다. 반면에 '오성적'은 '대상'을 수식해주는 말이며, 그러므로 예컨대 '오성적 대상'이란 '지성에 의해서만 표상 가능한 것'으로, 그것은 인간의 감각적 직관을 통해서는 결코 표상될 수 없는 것, 바꿔 말해, 감각을 매개로 하지 않는 직관 능력이 있다면 — 가령 신적(神的)인 — 그런 직관에 의해서나 포착될 수 있는 것을 말한다(『형이상학 서설』 §34, 주 : IV-316 참조). 그런데 우리 인간에게는 그런 직관 능력이 없으므로, '오성적인 것'은 존재하는 것이 아니라 오로지 지성을 통해 **생각 가능한 것**일 따름이다.

이 그것의 행위를 결정하지는 않는", 즉 "감성적 충동에서 독립해서 스스로 결정할 수 있는" "자유로운" 것이다(A534=B562, XVIII-257 이하 : 조각글 5618 · 조각글 5619 참조).

이 '자유'는 자연의 필연적 인과 계열을 벗어나 있는, 따라서 시간 · 공간상의 존재자의 술어(述語)가 아닌 '이념'이며, 이런 뜻에서 초월적 이념이다. 그러나 초월적 이념으로서의 자유는 아직 있지 않은, 있어야 할 것을 지향하는 의지 — 곧 실천 이성 — 가 행위함에서 선(善)이라는 선험적 이상(idea)에 정향(定向)할 수 있는 근원적 힘으로 파악된다. 이상이라는 것은 단지 이성의 이념으로서 자연 중에 있는 존재자는 아니지만, 그러나 그것은 우리 인간이 도덕적으로 행위함에서 준거하는 본(本)이다.[4] 그러니까 그것은 시공적 존재자가 아니라는 점에서는 초월적 이념이지만, 행위의 척도가 된다는 점에서는 실천적 이념이다.

우리의 행위가 이 실천적 이념으로부터 유래하는 규칙에 따라 수행될 때, 그 행위 자체는 자연 안에서 일어난다. 그러나 자연 안에서 일어나는 것은 예외 없이 모두 자연의 법칙에 규정받는다는 것이 칸트의 이론 철학이다. 그렇다면 우리의 행위는 반드시 자연의 법칙에 따라 일어난다. 그러므로 문제는 자연의 법칙에 따라 규정받는 인간의 행위가 어떻게 또한 동시에 이념적 법칙에 따라서 일어날 수 있는가, 시각을 바꿔 말해 그것이

4) 이 점에서 칸트는 자신의 '이념(Idee)'이라는 개념이 적어도 한 뜻에서 플라톤의 '이데아(idea)' 개념으로부터 유래함을 비교적 자세하게 설명한다(A313 = B370-A320=B377 참조). 칸트는 감각적 사물들의 원형이라는 의미에서의 '이데아'의 뜻은 납득하지 않지만 행위의 이상, 즉 "행위와 그 행위의 대상들의 작용인"(A317=B374), 말하자면 "인간 행위의 원형으로서 마음속에" 자리잡고서 인간 행위를 규정하고 평가하는 데 척도가 되는 '이데아'의 뜻은 자신이 발전적으로 계승하고 있다고 생각한다.

어떻게 동시에 자유의 원인으로부터도 비롯한 것일 수 있는가 하는 점이다(A536=B564 참조). 아니, 자연의 법칙은 "불가침의 규칙"이므로, 자유의 원인성이란 자연 안에서는 전혀 고려될 여지가 없는 것, 완전히 배제되어야만 하는 것인가 하는 점이다.

자유의 원인성은 자연에 나타난 것, 즉 현상이 아니다. 그것은 오성적으로 표상되는 원인이다. 그럼에도 이런 원인으로부터 도덕 행위에 의해 자연 가운데 한 현상이 나타난다. 그때 그 현상은 다름아닌 자연 현상인 만큼 물론 자연적 조건들의 계열 가운데에 있다. 그러니까 그것은 당연히 자연의 필연성에 따라 일어난 결과라고 관찰된다. 그런데 그것은 동시에 오성적 원인에 의한 결과라고 간주될 수도 있다는 것이 칸트의 도덕철학적 반성이다(A537=B565 참조).

한 예로, 붐비는 전철에 탄 어떤 청년이 서 있는 노인에게 앉아 있던 좌석을 양보한 경우를 생각해보자. 그 청년도 그 자리에 막 앉았던 참이며 그 전에 반 시간이나 서 있었기 때문에 몹시 다리가 아프던 차라, 마음의 경향대로라면 그냥 눌러 앉아 있고 싶었다. 그런데 그의 이성이 그에게 "너는 사람이고, 게다가 젊은 사람이며, 젊은 사람으로서 너는 마땅히 노약자에게 좌석을 양보해야 한다"고 말했고, 그의 "이성의 말"(A548=B576)에 따라 그는 행동하였다. 그의 행동은 자연 안에서 일어난 한 사태다. 그는 전차의 좌석에서 몸을 일으켜 세웠고 넘어지지 않기 위해 손잡이를 잡으면서 "할아버지, 여기 앉으십시오"라고 혀놀림을 통해 말하였다. 몸을 일으켜 세우고 좌석을 양보하는 행동거지는 모두 자연물인 신체에 의해 수행되며, 두 다리가 균형을 이루어야 서게 되고, 혀가 공기를 쳐야 발음이 된다. 그러나 그의 '이성의 말'은 결코 어떤 혀놀림이나 시간·공간상에 존재하는 것이 아니다. 그것은 귀로 들을 수 있는 소리가 아니다. 그럼에도 그것은 그 양보 행위를 일으킨 원인이다. 이 '이성의 말'은 감각적으로 표상되고 포착될 수 있는 것이 아니며, 오로지 지성을 통해서만 표상될 수 있는 오성적인 것이다.

이른바 '오성적 원인'으로서의 '이성의 말'이라는 것도 두뇌세포의 운동으로서 설명할 수 있으며, 그렇게 설명되어야 한다고 누군가는 말할는지 모르겠다. 가령 그 청년은 전철 안에 서 있는 노인을 육안을 통해 보았고, 이 감각 내용이 두뇌에 전달되었으며, 그런 정보를 입수한 두뇌가 그에 대한 조처로서 이전부터 축적되어 있던 사회 예절이라는 정보 기제(機制)에 따라 몸을 일으켜 세우고 양보의 말을 하게 한 것이라고. 이런 반론이 있을 것 같으면, 칸트는 '사회의 예절'이라는 정보 내용이 근원적으로 어떻게 마련된 것인가를 물을 것이다. 예절이라는 것은 도덕의 현출 방식이므로, 도덕의 원천을 궁극적으로 자연현상 안에서 찾을 수 있을 때만 저런 반론은 근거를 가질 것이니 말이다.

그러면 도대체 도덕은 어떤 성격의 것인가? 도덕은 당위(Sollen)의 성격을 갖는다. 그렇다면 우리는 어디에서 당위의 개념을 얻어 가지고 있는가?

인간이 이제까지 이러저러하게 행위해왔다는 사실로부터, 따라서 인간은 이러저러하게 행위해야만 한다는 당위가 추론될 수는 없다(A318 이하=B375). 인류의 역사나 심리학 혹은 윤리현상에 관한 사회학의 연구 결과에서 어떤 도덕이 도출되지는 않는다. "인간의 자연적 본성은, '나는 무엇을 행해야만 하는가'라는 물음에 대하여 명료한 답을 주지 못하기"[5] 때문이다.

우리의 지성은, 자연 안에 무엇이 있으며, 무엇이 있었으며,

---

5) G. Krüger, *Philosophie und Moral in der Kantischen Kritik* (1931), S.58.

무엇이 있을 것인가를 인식한다. 그러나 무엇이 마땅히 있어야만 하는가는 인식의 대상이 아니다. 10층 옥상에서 던진 돌은 어제도 아래로 떨어졌고, 지금도 떨어지고 있으며, 내일도 떨어질 것이다. 그 낙하는 자연 법칙상 필연적인 사실이다. 그러나 그 낙하 운동이 당위는 아니다. 자연에서의 발생은 자연 필연적인 것이다. 그것은 발생하지 않을 수가 없는 것이다. 반면에 당위는 마땅히 실행되어야 하는 것이지만, 그러나 실행되지 않을 수도 있다. 아니 보다 흔히는 실행되지 않는다. 그 경우 다만 도덕적인 귀책(歸責)이 있을 뿐이다. 사람들로 붐비는 전철 안에서 건장한 청년이 허약한 노인에게 좌석을 양보하는 것은 자연의 필연적 규칙에 따른 것이 아니다. 만약 그렇다면, 그 양보 행위는, 그렇게 하지 않을래야 않을 수 없는, — 혹은 확률적으로 일정한 비율에 따르는 — 물체로서의 신체의 운동에 지나지 않는다. 그러나 많은 청년들이 실제로 그러하듯이 그 청년 역시 좌석을 양보하지 않을 수도 있다.[6] 그럴 경우 다른 많은 청년들의 행위와 더불어 그 청년의 행위도 도덕적 관점에서 올바르다고 평가받지 못할 뿐이다.

"요즈음엔 대부분의 (아니, 다른 모든) 청년들은 노약자에게 좌석을 양보하지 않는다. 따라서 그 청년도 그 경우 마땅히 좌석을 양보해서는 안 된다"는 추론이 정당할 수 없듯이 "대부분의 (아니, 다른 모든) 청년들은 노약자에게 좌석을 양보한다. 따라서 그 청년도 그 경우 마땅히 좌석을 양보해야 한다"는 추

6) 어떤 이는, 그 청년의 타인에 대한 좌석 양보 여부가 그의 의지에 달렸다 해서 그것이 바로 그의 의지가 자유롭다거나, 저런 선택적 행위의 근거가 자유 의지 안에 있음을 말하는 것은 아니라고 생각할지도 모르겠다. 선택 의지라는 것은 어떤 심리적 상태에 제약받을 수 있는 것으로 생각되니 말이다. 그러나 이런 생각이 옳을 경우에는, 도덕성이란 무엇인가가 더 깊이 숙고되어야 한다.

론도 타당하지 않다. 다른 많은 사람들이 잘못 생각한다 해서 나의 잘못된 생각이 당연한 것으로 정당화되지도 않고, 다른 많은 사람들이 의롭지 않게 행위한다 해서 나의 의롭지 않은 행위가 정당화되지도 않으며, 다른 사람들이 진리를 인식하고 선을 행하니까 나도 그렇게 해야만 하는 것이 아니다. 진리의 개념이 그러하듯이,[7] 선의 개념도 사실로부터 도출되는 것이 아니라 오히려 사실들에 선행한다. 선은, 이 세상의 어느 누구가 그것을 행한 적이 없다 해도 선이다. 그래서 우리는 "역사상 진정으로 선한 사람은 한 사람도 없다"고 의미 있게 말할 수가 있다.

당위는 어떤 자연적 근거로부터도 설명될 수 없다. 제 아무리 많은 자연적 근거나 감각적 자극들이 나로 하여금 무엇을 의욕(Wollen)케 한다고 하더라도 "이런 것들은 결코 당위를 산출할 수 없다"(A548=B576). 오히려 이성이 말하는 당위가 의욕의 척도와 목표, 뿐만 아니라 금지와 권위를 세운다(같은 곳). 즉, 당위는 선험적인 것이다. 그리고 도덕은 당위를 말하는 이성의 질서에 기초하는 것이지 경험의 축적이나 대다수 사람들의 행태 혹은 관행으로부터 얻어진 정보 내용이 아니다.

도덕의 문제에서 "이성은 경험적으로 주어지는 근거에 굴복하지 않고, 현상 중에서 나타나는 사물들의 질서를 추종하지 않으며, 완전히 자발적으로 이념들에 따라 자기 자신의 질서를 만들고, 이 질서에 경험적 조건들이 맞춰지도록 하며, 이념들에 따라 이성은 심지어 발생하지도 않았고 어쩌면 발생하지도 않을 행위들까지 필연적이라고 천명하는데, 이때 이 모든 행위들에 대해 이성은 자기가 그것들의 원인성을 가질 수 있음을 전

7) 글쓴이의 다른 책 『哲學論說』의 한 논고(82-110면) "진리의 의미와 소재" 참조.

제한다. 왜냐 하면 그렇지 않다면 이성은 경험에서의 결과들을 자신의 이념들로부터 기대하지 않을 것이기 때문이다"(A548=B576).

자연 중에서 다른 존재자들과 교섭하며 행위하는 인간은 물리적으로도 생리적으로도 심리적으로도 관찰될 수 있다. 그리고 그런 관찰을 통해서 경험된 인간의 행위들은 자연의 인과고리를 이어가는 사건들이다. 그러나 그 가운데 실천적 행위들은 — 우리가 화제로 삼고 있는 도덕적 행위들뿐만 아니라 창조적 노동 행위들도 — 인간 이성의 영향을 동시에 입고 있는 것이며, 이 이념이 이성의 순전한 자발성의 산물인 한, 자연 현상으로 나타나는 실천적 행위들의 적어도 한 원인은 순수한 실천 이성, 곧 순수 의지의 자유성이다.

이제, 실천하는 이성의 자유로 인해서 그것이 가능하다고 칸트가 제시하는 도덕 원칙의 의미를 새겨보면, 인간에서 의지의 '자유'가 갖는 의의가 더 분명하게 드러날 것이다.

3. 자유와 도덕 원칙

1) 선한 것 자체로서 선의지

도덕은 선의 표상이다. 그렇다면 그 자체로 선한 것은 무엇인가?

> "이 세계에서 또는 이 세계 밖에서까지라도 무제한적으로 선하다도 생각될 수 있는 것은 오로지 선의지뿐이다"(『도덕형이상학 정초』: IV-393).

칸트는 이렇게 단언한다. 여기서 '선의지'는 옳은 행위를 오로지 그것이 옳다는 이유에서 택하는 의지를 말한다. 그것은 행위의 결과를 고려하는 마음이나 또는 자연스런 마음의 경향성에 따라 옳은 행위를 지향하는 의지가 아니라, 단적으로 어떤 행위가 옳다는 바로 그 이유만으로 그 행위를 택하는 의지다. 그러므로 이 의지 작용에는 어떤 것이 '옳다', 무엇이 '선하다'는 판단이 선행해야 하고, '옳음'과 '선함'은 결코 경험으로부터는 얻을 수 없는 순수 이성의 이념이므로, 선의지는 오직 이성적 존재자만이 가질 수 있는 것으로서 다름아닌 순수한 이성적 존재자의 실천을 지향하는 이성, 곧 '순수실천이성'이다(『도덕형이상학 정초』: IV-412 참조).

그러나 선의지는 이성적 존재자로서 인간에게 자연적[선천적] 소질로 있는 것은 아니다. 선의지가 인간의 자연적 소질이라면 인간은 자연적으로 선하도록 정해져 있다는 뜻이고, 이러하다면 우리 인간에게 더 이상 악행이라든지 '당위'의 문제는 없다. 도덕의 문제는, 인간은 스스로 자신을 선하게도 만들고 악하게도 만들기 때문에 생기는 것이다. 인간이 "선하게 혹은 보다 선하게 되기 위해서는 초자연적 [자기 활동적] 협력이 필요하다"(『이성의 한계 안에서의 종교』: VI-44)고 전제되어야 한다. 자연의 사물들은, 그리고 자연의 사물들 가운데 하나인 인간은 한편으로는 자연의 법칙에 따라 운동 변화한다. 그러나 인격으로서의 인간은 다른 한편으로는 자기 자신의 자발성의 표상인 선의 표상에 따라 행위한다. 그래서 칸트는 자연사(自然史)가 "신의 작품"이라면 인간사(人間史)는 "자유의 역사"로서 "인간의 작품"(『인간 역사』: VIII-115)이라고 말한다.

선의지는 그러니까 자연 발생적으로 생겨나는 것이 아니다. 그것은 도덕적 이념의 실천이 이성적 존재자의 '의무'라고 납득하는 데서 생긴다. 도덕은 당위이므로 '~하라!'는 '명령'으로 나타나며, 그것도 무조건적으로 복종하지 않을 수 없는, 그것에 준거해서 행위해야만 하는 필연적 실천 명령으로 다가온다. 그렇기 때문에 이 명령은 이성적 존재자에게는 '실천 법칙'이다. '법칙', 즉 준수하지 않을 수 없는 것이다.

선의지만이 그 자체로 선한 것이라 함은, 결국 "의무로부터"의 행위만이 "진정한 도덕적 가치"를 가지며(『도덕형이상학 정초』: IV-399 참조), 의무로부터의 행위란 도덕적 실천 법칙을 그 행위의 표준으로, 준칙(準則)으로, 다시 말하면 "욕구의 원리"(『도덕형이상학 정초』: IV-400)로 삼는 행위를 말한다. "의무란 법칙에 대한 존경으로 말미암은 행위의 필연성"(같은 곳)이며, 도덕의 가치는 곧 이런 "의지의 원리" 안에 있다. "최고의 무조건적 선", "우리가 도덕적이라고 부르는, 탁월한 선을 이루는 것은 다름아닌 법칙의 표상 자체며, 이 법칙의 표상은, 예견되는 결과가 아니라 바로 이 법칙의 표상 자신이 의지의 규정근거라는 점에서, 확실히 오직 이성적 존재자에게서만 생긴다." 그러므로 "탁월한 선은, 법칙의 표상에 따라 행위하는 인격 자체에 이미 현재하는 것이며, [대개의 사람들, 특히 공리주의자들이 그렇게 생각하듯이,] 행위의 결과로부터 비로소 기대될 수 있는 것이 아니다"(『도덕형이상학 정초』: IV-401) 선은 이미 그리고 오로지 행위의 동기 가운데 있는 것으로 행위의 결과에서 비로소 나타나는 것이 아니다.

2) 순수실천이성의 원칙

"우리는 순수한 이론적 원칙들을 [자명한 것으로] 의식하듯이, 그와 똑같이 순수 실천 법칙에 대해서도 의식할 수 있다"(『실천이성비판』 : V-30).

선의 이념을 가진 이성적 존재자는 선험적으로 도덕 법칙을 의식하며, 이런 도덕 법칙들의 최고 원칙은 다음과 같이 정식화된다.[8)]

> "너의 의지의 준칙이 항상 동시에 보편적 법칙 수립의 원리로서 타당할 수 있도록, 그렇게 행위하라"(『실천이성비판』, §7 : V-30).

> "너의 준칙이 보편적 법칙이 될 것을 네가 동시에 의욕할 수 있는, 오직 그런 준칙에 따라서만 행위하라"(『도덕형이상학 정초』 : IV-421).

칸트가 다소간 다르게 표현한, 그러나 동일한 도덕 이념을 담고 있는 이 명령은, 이성이 선을 지향하는 의지에게 부여하는 모든 도덕 법칙들이 기초해야 할 원칙이다.

도덕적 명령이 실천 법칙이 될 수 있기 위해서는 보편성과 필연성을 가져야만 한다. 어떤 것이 보편적이려면 언제 누구에게나 타당해야 하며, 필연적이려면 무조건적으로 타당해야만 한다. 이 명령은 실천 행위로 나아가려는 이성이 자신에게 선험적으로 무조건적으로 부과하는 규범이며, 그러므로 그것은 이성의 "자율(Autonomie)"(『실천이성비판』 §8 : V-33)로서 단정적인 "정언적 명령(kategorischer Imperativ)"(『도덕형이상학 정초』 : IV-421)이다. 이 명령 내용이 선을 지향하는 모든 실

---

8) 도덕 법칙의 최고 원칙을 칸트는 여러 가지 표현을 빌어 정식화한다. 여기서는 『실천이성비판』과 『도덕형이상학 정초』에 보이는 두 개의 정형만을 예거한다. 다섯 가지 정식화에 관한 해설은 Paton, *The Categorical Imperative*, p.129 이하 참조.

천 행위들이 준수해야 할 도덕 법칙의 "형식"으로 보편성과 필연성을 가짐은 자명하다는 뜻에서 칸트는 이것을 "순수 실천 이성의 원칙"이라고 부르고, 또한 "순수 이성의 유일한 사실(Faktum)"(『실천이성비판』: V-31)이라고도 부른다.

순수 실천 이성의 원칙을 '사실'이라고 부를 수 있는 것은, 이론 이성에게 모순율과 같은 형식 논리의 원칙 — 칸트 용어대로 표현하면, 순수 이론 이성의 분석적 원칙 — 이 자명하듯이, 그것이 실천 이성에게는 자명한 것이기 때문이다. "자명한 사실"이란 보편 타당하고 필수적인 것이긴 하지만, 그렇다고 그것이 누구에게나 항상 인지된다거나 모든 사람이 언제나 — 인식에서든 행위에서든 — 그것을 준수함을 함의하고 있는 것은 아니다. 모든 형식적 인식에서 그것의 '참[眞]'의 원리로서 모순율이 기능하고 있지만 모순율을 인지하지 못하는 사람이 많듯이, 모든 실천 행위에서 그것의 '참[善]'됨의 원리로서 저 원칙이 기능하지만 이것을 인지하지 못하고 또 준수하지 못하는 사람도 많이 있을 수 있다. 또한 논리적 원칙을 잘 인지하고 있는 사람, 예컨대 논리학자라고 해서 항상 논리적으로 사고하는 것은 아니듯이 실천 이성의 원칙을 '사실'로서 납득하고 있는 사람, 예컨대 윤리학자가 항상 도덕적으로 행위하는 것은 아니다. '이성의 사실'은 사람들의 그것에 대한 인지나 준수와 상관없이 자신의 자명성으로 인하여 자명한 것이다.

그 자신 다른 어떤 것으로부터 증명되지 않는 이성의 사실로서의 모순율에 모든 형식적 인식들이 기초함으로써 그것의 진리성을 보증받듯이, 모든 실천 행위는 이성의 사실로서의 이 "실천 이성의 기본율"에 준거해서만 그것의 '선함'을 평가받을 수 있다. 이 실천 이성의 기본율은 바로 '선'이라는 개념의 근거점이다. 선의 개념은 "도덕 법칙에 앞서" 있는 것이 아니라, 바로 "도덕 법칙에 의해서 그리고 도덕 법칙을 통해서"(『실천이성비판』: V-63) 있는 것이다.

그러므로 선 개념 자체이기도 한 이 실천 이성의 원칙은 모든 도덕 법칙이 갖추어야 할 보편적 형식이다. 그것이 '형식'이기 때문에 실질적으로는 아무런 도덕적 규정이 되지 못하는 것이 아니라 — 많은 사람들이 칸트 도덕철학을 "형식주의"라고 평할 때 이렇게 잘못 생각하지만, — 바로 '형식'이기 때문에 모든 도덕의 '내용(실질)'을 규정한다. 형식이란 다름아닌 내용의 틀이니 말이다.

구체적인 행위를 예로 들어 이 실천 원칙이 선의 형식으로, 즉 척도로 어떻게 기능하는가 살펴보자.

칸트 자신이 들고 있는 한 예로, 어떤 사람이 재판에서 위증을 하면 옆 사람이 죽고 위증을 안 하면 그 자신이 죽도록 되어 있을 때, 그 사람이 "사형을 당하더라도 위증하지는 않겠다"고 의욕하고 그것을 실천하면, 우리는 그를 의(義)롭다 하고 선하다고 평한다(『실천이성비판』: V-30 참조). 무슨 근거에서인가?

또 다른 예로, 가령 10명의 서로 낯선 사람들이 함께 조난을 당해 열흘을 굶었는데, 그 중 한 사람이 밥 한 그릇을 발견했고 나머지 사람들이 눈치채지 못하게 그것을 혼자서 먹을 수도 있는 여건을 가졌으며 다시 언제 먹을 만한 것을 발견하게 될지 전혀 예측할 수 없는 상황에서, 그 밥을 발견한 사람은 그 자신도 이미 죽을 것같이 배고팠고 그래서 생리적 욕구대로라면 그 밥을 혼자서 조금씩 먹고 싶었음에도 불구하고, "내가 마침내 굶어 죽게 된다고 하더라도 이 음식은 저 아홉 사람들과 나눠 먹는 것이 인간의 도리다"라고 생각해서 그렇게 실천했을 경우를 생각해보자. 이성적 존재자만이 할 수 있는 이 선행의 원인은 무엇일까?

이런 예들에서, 위증은 하지 않았으되 그 까닭이, 어차피 위증해봐야 언젠가는 발각될 것이라는 우려에서 위증하지 않았다거나, 독식(獨食)하지 않은 심리적 배경에, 만약 그 상황에서 다른 사람들에게 밥을 나눠주지 않는다면, 다른 모든 사람들은 필시 굶어 죽을 것이고 그렇게 되면 혼자 남게 되는 것이 몹시 겁이 나서거나 혹은 만약 다른 사람이 먹을 것을 발견했을 때, 자기가 그렇게 했을 것처럼, 자기에게 나눠주지 않을 경우엔 낭패라는 역지사지(易地思之)의 '현명한' 사려가 있어서 밥을 나눠 먹은 것이라면, 이런 행위들은, 칸트에 따르면, 선행은 아니다.[9] 선행은 어떤 결과를 고려하는 마음이나 자연적인 마음의 쏠림 혹은 결과적인 이해(利害)의 타산에서 나온 행위가 아니라 도덕의 이념 그 자체에 대한 존경에서 나온 행위만을 지칭한다.

칸트에 따르면, 선행은 이타(利他)나 대의(大義) 혹은 공존공영을 '위해서' 하는 행위라기보다는 어떤 행위를 그렇게 하는 것이 옳기 때문이라는 오직 그 이유 때문에 하는 행위다. 도덕은 우리 모두에게 혹은 다수의 사람들에게 이(利)롭기 때문에 가치가 있는 것이 아니라, 그 자체가 가치 있는 것이다. 많은 경우에 이로움이나 유용함은 한갓 감성적인 욕구 충족에 대응하는 것이다.[10] 감성적 욕구 충족에 상응하는 명령은, 모든 경험

---

9) 이런 예들을 상정해놓고 보면, 칸트의 "실천이성의 원칙"은 『大學』의 "絜矩之道"와 그 취지가 같다. 다만 '絜矩之道'의 적용에는 주의를 요하는데, 왜냐 하면, "所惡於上 *毋以使下* 所惡於下 *毋以事上* 所惡於前 *毋以先后* 所惡於后 *毋以從前* 所惡於右 *毋以交左* 所惡於左 *毋以交於右*"(『大學』 傳文 "釋治國平天下")의 예문에서 보듯이 絜矩之道는 모든 易地思之·推己及人, 예컨대 심리적 경향이나 이해 관계의 상황에도 적용될 수 있기 때문이다. 그래서 공자는 '忠恕의 道'를 덧붙여 말한다(『論語』 "里仁篇"). '다른 사람과 마음을 같이함(如心)'은 '스스로 중심(中心)을 잡음'을 전제로 해야 법도(法道)에 맞다는 뜻이겠다. 『中庸』의 '時中'도 이것을 말함일 것이다.

으로부터의 교훈이 그러하듯이, 능한 처세의 훈(訓)은 될지 모르나 보편적 도덕 법칙이 되지는 못한다. 도덕은 처세의 기술이 아니라 인격의 표현이다. 선은 감성적 욕구를 충족시켜주기 때문에 좋은 것이 아니라 그 자체가 좋은 것이다. 이 '선'의 관념으로부터 비로소 '좋음', '가치' 등의 개념이 유래한다. 그렇기 때문에 도덕 법칙은 정언적, 즉 단정적 명령으로 이성적 존재자에게 다가온다. 가언적인, 즉 어떤 전제하에서 발해지는 명령은 필연성이 없다. 명령을 받은 자가 그 전제를 납득하지 않으면, 그 명령은 명령으로서 효력이 없기 때문이다. "언젠가 이웃에 도움을 청하게 될 때를 생각해서 항상 이웃에 친절하라" 따위의 가언적 처세훈들은 도덕적 선의 표현이 될 수 없다. 선은 인격적 주체의 가치이고, 그렇기 때문에 그 자체가 목적이지 무엇을 위한 수단이 아니다. 또한 사람으로서 사람은 인격적 주체이고, 주체란 문자 그대로 무엇을 위한 수단으로 취급될 수 없는 그 자체가 목적인 것이다.

3) 인격성과 자유

어떤 행위가 진정으로 도덕적이기 위해서는 도덕 법칙에 대한 존경이 유일하고도 의심할 여지없이 그 행위의 동기여야 한

---

10) 오늘날 터무니없게도 진리를 유용성으로 규정하는 사람들이 있는가 하면, 선(善)조차도 이(利)와 혼동하는 사람들이 많다. 선은 이에 앞서는 가치며, 따라서 정의(正義)도 이(利)의 평등한 분배나 소유보다 앞서는 가치다. 먼 옛날 사람도 이 양자를 구별할 줄은 알았다. 예컨대 "孟子見梁惠王, 王曰叟不遠千里而來 亦將有以利吾國乎, 孟子對曰 王何必曰利 亦有仁義而已矣"(『孟子』 "梁惠王章句" 上一) 참조. 진리나 선은, 도대체가 참다움은, 유용함이나 이로움과는 다르며, 어떤 것이 유용하거나 이롭기 때문에 참인 것이 아니라, 어떤 것이 참다우면 대개의 사람들에게는 유용하기도 하고 이롭기도 한 것뿐이다.

다. 그리고 이와 같은 도덕적 동기는 의지의 자유로움에서만 가능하다. 인격적 주체는 "무엇을 해야 한다(sollen)고 의식하기 때문에 자기는 무엇을 할 수 있다(können)고 판단하며, 도덕 법칙이 아니었더라면 그에게 알려지지 않은 채로 있었을 자유를 자신 안에서 인식한다"(『실천이성비판』: V-30). 인간은 무엇을 하고 있고 할 수 있기 때문에 그것을 해야만 하는 것이 아니라, 그것은 인간으로서 마땅히 해야 하는 것이기 때문에 그것을 할 수 있다. 인간이 마땅히 행해야 할 것은 도덕 법칙을 통해 표상되는 바, 이 도덕 법칙의 현존은 인간이 어떠한 상황에서도, 그러니까 어떠한 자연적 조건에도 구애받음이 없이, 그것에 따라 행위할 수 있는 힘, 곧 자유 의지를 가지고 있음을 지시한다. 우리 인간 안에 도덕 법칙이 있다는 사실이야말로 우리가 우리 인간 의지의 자유로움을 인식할 수 있는 근거(ratio cognoscendi)다(『실천이성비판』: V-4 참조).

"의지의 법칙에의 자유로운 복종 의식, 그것도 오직 자신의 이성에 의해 모든 경향성을 이겨낼 불가피한 강제와 결합되어 있는 의식은 법칙에의 존경이다"(『실천이성비판』: V-80). 이 도덕 "법칙에 따른, 경향성으로부터의 모든 규정 원인들을 배제한 객관적인 실천 행위가 의무"(같은 곳)다. 그렇기 때문에 의무는 개념상 "실천적 강제"를 포함한다. 즉, 싫어도 행위토록 시킨다. 자연적 존재자로서의 인간이 선 아닌 다른 것을 욕구하기 때문에, 바로 그 때문에 그는 선을 행해야만 한다(『도덕형이상학 정초』: IV-444 참조). 자기 마음이 자연히 그렇게 내켜서 하는 행위라면 그것을 우리는 당위라고 하지 않는다. 당위는 강요된 행위를 말함이고 그런 뜻에서 필연적이되, 그러나 이 강제는 밖으로부터의 것이 아니라 자신에 대한 자신의 강제, 즉 "자기 강제"(『실천이성비판』: V-83)다. 그렇기 때문에 도덕은 밖으로부터 강제된 규칙, 즉 자연 법칙이 아니라 자신으로부터의, 즉 자유로운 자기 강제의 규칙, 이를테면 자율(自律)이다. 이 자율의 힘에 인격성은 기반한다.

인간으로 하여금 감성계의 일부로서의 자신을 넘어서게 하고, 지성만이 생각해낼 수 있는 질서에 인간을 결합시키고, "전 자연의 기계적 관계에서 자유롭고 독립적이게 만들고, 동시에 특유의, 즉 자기 자신의 이성에 의해 제시된 순수한 실천 법칙에 자신을 복종시키는 인간 존재자의 능력이 인격성이다"(『실천이성비판』: V-86 이하).

인간의 의지가 자유롭다는 것은 실천 이성이 인격적이라는 말과 같다. 의지가 자유롭다는 것은 다름아니라 "도덕 법칙이 직접적으로 의지를 규정한다"(『실천이성비판』: V-71)는 뜻이기 때문이다. 하나의 이념적 법칙이 어떻게 의지를 직접적으로 규정할 수 있는가, 바꿔 말하면 인간에게 어떻게 자유 의지가 가능한가는 "인간 이성에게는 풀 수 없는 하나의 문제"(『실천이성비판』: V-72)이지만,[11] 도덕 법칙이 직접적으로 의지를

---

11) 자유 의지가 가능함이 "풀 수 없는 문제"라 함은, 그러니까 자유 의지가 가능하다는 것이 의심스럽다는 뜻이 아니라, 자유 의지가 가능하다는 이 '사실'은 자명하지만, 이 사실이 있게 된 근거를 우리 인간으로서는 더 이상 학문적으로 추구할 수 없다는 뜻이다.

칸트는 그의 이론 철학에서도 공간·시간이 직관의 형식으로 그리고 순수 지성 개념들이 사고의 형식으로 기능함은 '사실'이지만, 직관의 형식이 왜 하필 공간·시간 둘뿐인지, 범주로서의 순수 지성 개념이 왜 4종 12개뿐인지, 이에 대한 "근거는 더 이상 제시할 수 없다"고 말한다(B145 이하 참조).

이런 칸트의 말은, 그의 현안 문제는, 도덕 행위의 가능 근거와 (자연적) 대상 인식의 가능 근거를 밝히는 일이므로, 다시 이 근거의 근거를 묻는 작업에까지는 나아가지 않겠다는 철학 작업의 제한을 함축하는데, 그것은 이 근거의 근거 또 이 근거의 근거의 근거의 문제를 파고들 때는 불가피하게 학문적 인식의 차원을 벗어날 — 그래서 어떤 특정한 신앙에 근거해서 신의 섭리를 끌어들일 — 가능성이 큼을 염두에 두었기 때문으로 보인다.

규정한다는 것은 명백한 '사실'이고, 그리고 "바로 이것이 모든 도덕성의 본질"(같은 곳)이다.

의지가 도덕 법칙에 의해 규정받는다, 같은 말이지만, 의지가 자유롭다 함은 두 의미에서 이해될 수 있다.

첫째, 소극적인 의미에서 도덕적 가치를 지향하는 의지는 어떤 감성적 충동에도 영향받음이 없으며, 도덕 법칙에 어긋나는 어떠한 자연적 경향성도 배제하고, 오로지 도덕 법칙에만 규정받는다는 것을 뜻한다. 사람은 누구나 "배고프면 배불리 먹고 싶고, 추우면 따뜻함을 찾고 싶고, 피로하면 쉬고 싶어한다."[12] 그러나 '사람'은 옆에 누군가가 자신보다 더 배고파하면 먹을 것 앞에서도 자신의 배고픔을 참고, 옆에 누군가가 추워하면 난로 앞에서도 자신의 추위를 참을 수 있다. 모든 자연적인 경향성은 — 이것의 충족에서 사람들은 행복을 느끼거니와 — 이기적이고 자기 추구적이다. 이기적 마음은 자기 사랑으로서, 무엇에도 우선하는 자기 자신에 대한 호의(好意)이거나 자기 만족이다. 순수한 실천 이성은 이런 자연적이고도 도덕 법칙에 앞서서 우리 안에서 생겨나는 자기 사랑이나 자기 만족을 단절시키고, 이런 경향성을 도덕 법칙과 합치하도록 제한한다.[13]

둘째, 도덕 법칙에 의한 의지 규정은 또한 적극적 의미를 갖는다. "자유의 형식으로서의 도덕 법칙은 우리 마음 안에 있는 경향성에 대항하여 이기적인 자기 사랑이나 자기 만족을 제어하며, 그럼으로써 ”존경의 대상“이 된다(『실천이성비판』: V-73 참조) 도덕 법칙의 의지 규정, 그것은 도덕 법칙에 대한 순수한 존경심, 곧 선의지다.

---

12) 『荀子柬譯』, 梁啓雄 편, 香港: 太平書局, 1964, 329面("性惡篇").
13) 성악(性惡)을 논하는 순자(荀子)조차도 "禮者 節之準也"(『荀子柬譯』, 187面, "致士篇")라고 생각하지 않았던가!

의지가 자유롭기 때문에 인간은 이성적 생명체로서 살아갈 수 있도록 자연이 배려해준 여러 소질들을, 풍운(風雲)이나 화초(花草)나 금수(禽獸)에서는 볼 수 없는, 악(惡)의 방향으로 사용할 수도 있지만,[14] 동시에 이 의지의 "자유는 도덕 법칙을 존재하게 하는 근거(ratio essendi)"다(『실천이성비판』: V-4).

인간으로 하여금 자연적 사물의 질서를 넘어서게 하는 이 도덕 법칙은 그 자체로 "신성"하다(『실천이성비판』: V-87 참조). 그러니까 "인간은 충분히 신성하지는 못하지만, 그의 인격 안의 인간성은 신성하지 않을 수 없다"(같은 곳). 도덕 법칙이 자유로부터의 법칙, 즉 자율성인 한 이 도덕 법칙의 주체인 인간, 즉 인격도 신성하다. 그래서 이 자율성이야말로 "인간과 이성적 존재자의 존엄성의 근거"(『도덕형이상학 정초』: IV-436)라고 칸트는 말한다.

그 자체로 존엄한 인간은, 그리고 이성적 존재자는 "목적 자체"다(『실천이성비판』: V-87). 인간은 이런저런 용도에 따라 그 가치가 인정되기도 하고 안 되기도 하는 '물건', 즉 무엇을 위한 "수단"이 아니라 그 자체로서 가치를 갖는 '인격', 즉 "목적"으로서 생각되어야 한다(『도덕형이상학 정초』: IV-428 참조). 칸트에 따르면, 그러므로 "순수 실천 이성의 원칙"으로부터 다음과 같은 객관적으로 타당한 실천 명령이 나온다.

"너 자신의 인격에서나 다른 모든 사람의 인격에서 인간(성)을 목적으로서[대하고], 결코 한낱 수단으로서 사용치 않도록 행위하라"(『도덕형이상학 정초』: IV-429).

---

14) 칸트는 심지어 사람들이 도덕 법칙을 의식하면서도 빈번히 이 도덕 법칙에 어긋나게 행위함을 염두에 두고서, "인간은 본성상 악하다[악질이다]"(『이성의 한계 내에서의 종교』: VI-32, XIX-202: 조각글 6906 참조)고 말하기도 한다.

자연 사물을 규정하는 존재 범주들 가운데 가장 기초적인 것이 "실체"이듯이,[15] 인간의 실천 행위를 규정하는 "자유의 범주들"(『실천이성비판』: V-66) 가운데 가장 기초적인 것은 '인격'이다. 인간의 도덕 실천적 행위는 기본적으로 인격으로서의 인간의 인격으로서의 인간에 대한 행위다. 그리고 '우리' 인간이 인간으로서 존엄한 한, '나'의 '너'에 대한 행위는 언제나 인격적이어야 한다.

인격적 행위만이 도덕적, 즉 당위적이기 때문에 그것은 인간이 도달해야만 할 이성의 필연적 요구[要請]다. 어떤 사람이 행위할 때 "마음 내키는 대로 따라도 법도에 어긋나지 않는다(從心所慾不踰矩)"[16]면, 그를 우리는 성인(聖人)이라 부를 것이다. 마찬가지로 실천 행위 "의지가 도덕 법칙에 완전히 합치함"(『실천이성비판』: V-122)은 "신성성(神聖性)"이라고 불려야 할 것이고, 감성계에 살고 있는 인간이 이런 신성성에 '현실적으로' 도달한다고 볼 수는 없겠지만 그렇다 하더라도, 아니 바로 그러하기 때문에 그런 "완전한 합치를 향한 무한한 전진"(같은 곳) 가운데에서 우리는 인격성을 본다.

인간이 현실적으로 '신적' 존재자라면, 그의 행위는 항상 의지의 자율에 따를 터다. 그렇다면 거기에는 당위가, 따라서 도덕도 없을 것이다. 인간은 감성적 욕구를 동시에 가지고 살아가는 시공상의 존재자이기 때문에, 바로 그 때문에 그에게는 당위가, 자신이 스스로에게 강제적으로라도 부과하는 정언적 명령이, 도덕 법칙이 있는 것이다(『도덕형이상학 정초』: IV-454 참조). 이것이 도덕 법칙이 그리고 자율의 원인성이 인간의 행위에서 가능한 이유이고, '인간'에게서 갖는 의의다. 인간은

15) 글쓴이의 다른 책 『존재와 진리』 제5장 제3절 참조.
16) 『論語』, "爲政" 二.

항상 “도덕 법칙을 따르는” 존재자는 아니지만, 스스로를 “도덕 법칙 아래에” 세움으로써 인간이 되고 인격적 존재자가 된다(『판단력비판』 : V-448 이하 참조).

행위란 책임성의 규칙 아래에서 수행되는 행동을 말하며, 그러므로 행위의 주체는 의지의 자유에 따라 행동하는 자다. 행위자는 그러한 행동을 통하여 그 행동의 결과를 “일으킨 자”로 간주되며, 그 결과는 그 행위자가 책임져야 한다. “아무런 책임능력이 없는 사물을 물건이라고 한다”(『도덕형이상학』 : VI-223)면, “자기 행위에 대해서 책임질 수 있는 주체가 인격이다”(같은 곳). 그러므로 도덕적 인격성은 다름아닌 도덕 법칙들 아래에 있는 이성적 존재자의 자유(성)며, 인격(자)는 다름아닌 자기 자신이 자신에게 제시한 그 법칙들에 복종하는 자다.

이성적 존재자로서의 인간은 자율적으로 도덕 법칙을 준수함으로써 그러니까 인격이 된다. 인격으로서의 인간은 그러므로 도덕 법칙의 명령 내용을 그의 의무로 갖는다.

□ 참고 문헌

I. Kant, *Kants gesammelte Schriften*, Bde. 1-29, Berlin, 1902~1983.

우리말 제목을 사용한 원저명 :

『순수이성비판』 : *Kritik der reinen Vernunft*

『실천이성비판』 : *Kritik der praktischen Vernunft*

『판단력비판』 : *Kritik der Urteilskraft*

『형이상학서설』 : *Prolegomena zu einer jeden künftigen Metaphysik, die als Wissenschaft wird*

auftreten können
『도덕형이상학 정초』: *Grundlegung zur Metaphysik der Sitten*
『도덕형이상학』: *Metaphysik der Sitten*
『이성의 한계 내에서의 종교』: *Religion innerhalb der Grenzen der bloßen Vernunft*
『인간 역사』: *Mutmaßlicher Anfang der Menschengeschichte*

H. B. Acton, *Kant's Moral Philosophy, London*, 1970.
J. E. Atwell, *Ends and Principles in Kant's Moral Thought*, Dordrecht, 1986.
L. W. Beck, *A Commentary on Kant's Critique of Practical Reason*, Chicago / London, 1960.
R. Bittner / K. Cramer(Hrsg.), *Materialien zu Kants Kritik der praktischen Vernunft*, Frankfurt / M., 1975.
M. Gregor, *Laws of Freedom. A Study of Kant's Method of Applying the Categorical Imperative in the Metaphysik der Sitten*, Oxford, 1963.
W. Heubuelt, *Die Gewissenslehre Kants in ihrer Endform von 1797*, Bonn, 1980.
G. Krüger, *Philosophie und Moral in der Kantischen Kritik (1931)*, Tübingen, 1967.
H. J. Paton, *The Categorical Imperative, London*, 1947.
G. Prauss, *Kant über Freiheit als Autonomie*, Frankfurt / M., 1983.
H. Sachsse, *Kausalität-Gesetzlichkeit-Wahrscheinlichkeit*, Darmstadt, 1979.

J. Schmucker, *Die Ursprünge der Ethik Kants in seinen vorkritischen Schriften und Reflexionen*, Meisenheim, 1961.

U. Steinvorth, *Freiheitstheorien in der Philosophie der Neuzeit*, Darmstadt, 1987.

R. L. Sullivan, *Immanuel Kant's Moral Theory*, Cambridge & New York, 1989.

大學章句, 論語集註, 孟子集註, 中庸章句, 수록 : 『經書』, 成均館大學校 大東文化硏究院, 1968.

『荀子柬譯』, 梁啓雄 編, 香港 : 太平書局, 1964.

백종현, 『칸트 <실천이성비판> 논고』, 성천문화재단, 1995.

______, 『哲學論說究 — 대화하는 이성』, 철학과현실사, 1999.

______, 『존재와 진리 — 칸트 "순수이성비판"의 근본 문제』, 철학과현실사, 2000.

제 IV 장

자유주의의 전망과 한계

자유주의의 건재 : 공동체주의와의 논쟁 이후

박 정 순(연세대 철학과 교수)

1. 서 론 :
<자유주의 대 공동체주의 논쟁>의 자유주의적 해법

보편적 자유와 권리, 신분적 평등, 박애, 다원주의적 관용, 입헌적 제한 정부, 가치관에 대한 국가의 중립성, 법치주의 그리고 계몽주의적 합리성을 기치로 들고 나온 자유주의는 엄청난 "해방의 힘(liberating force)"을 가지고 근대의 지배적 이념으로 자리잡아왔다.[1] 이러한 해방의 힘은 잔인성과 무지몽매와 미신, 신분적 구속과 불관용, 자의적 정부의 횡포로부터 인간을 구해냄으로써, 특권을 가진 인간에 대한, 궁극적으로는 인간 자신에 대한 인간의 승리를 구가하는 근대적 개인을 역사의 중심 무대로 등장시킨다. 인간 사회와 공동체는 이제 그 억압적 굴레를 벗어던지고, 그러한 근대적 개인들의 자유와 평등의 실현

1) Arblaster, 1984, p.347.

을 위한 부차적인 현실적 장치로서 새롭고도 제한된 의미만을 부여받게 되었다.[2]

이러한 자유주의에 관한 현대적 유형으로서의 롤즈의 『정의론』은 정치적 경제적 자유와 권리의 확보라는 고전적 자유주의의 유산과 공정한 기회 균등과 분배적 정의의 실현이라는 두 이질적 요소를 공정한 선택 상황을 가정하는 사회계약론적 관점에서 종합함으로써 자유주의적 복지 국가에 대한 철학적 정당화를 이룩한다.[3] 따라서 그의 정의론은 그 동안 자유주의의 지배적인 철학적 근거로서 행세하던 공리주의의 약점, 즉 전체 복지라는 미명 아래 소수자 인권 침해의 가능성을 극복하고 자유주의 정치철학의 한 전형을 이룬다. 이러한 전형은 "신칸트적 좌파 자유주의" 혹은 권리 준거적인 "칸트적인 의무론적 자유주의"로 명명된다.[4] 그러나 롤즈의 이러한 신칸트적 좌파 자유주의는 1970~1980년대에 영미에서 신고전적 자유주의와 보수주의의 연합 세력에 의한 반격을 받게 된다. 특히 노직은 롤즈의 분배적 평등주의가 개인의 권리와 자유를 침해한다고 반대하면서 자유지상주의적 최소국가론을 전개한다.[5] 반면에 드워킨은, 자유주의 정치가 자유와 평등 간에 독특한 균형을 찾는 일이라고 보는 상식적 견해를 거부하고, 자유의 이념보다는 평등의 이념이 더 중요하다고 천명한다.[6] 그러나 이러한 공리주의, 롤즈, 노직, 드워킨 사이에서 전개된 자유주의 논쟁은 자유와 평등의 실현이라는 자유주의의 "목적이 아니고 그 수단"에 대한 내부 논쟁이므로,[7] 롤즈에 의해서 창출된 "자유주의의

---

2) Kymlicka, 1993, p.366.
3) Rawls, 1971.
4) Bell, 1993, p.2. Mouffe, 1988, p.195.
5) Nozick, 1975.
6) Dworkin, 1978, p.115. 자세한 입장은 1977 참조.

새로운 유형(a new liberal paradigm)"은 자유주의 철학의 보편적 모형으로 인정되기에 이른다.[8]

롤즈에 의해서 주도된 이러한 자유주의의 새로운 유형은 노직, 드워킨, 거워스, 액커만, 고티에, 라즈, 킴리카, 라모어, 갈스톤 등을 통해 다양하게 발전하게 된다.[9] 그러나 자유주의는 1980년대와 1990년대에 걸쳐서 맥킨타이어, 샌델, 테일러, 왈처, 웅거, 바버, 벨라, 에치오니 등 공동체주의자들로부터 다양한 비판을 받게 된다.[10] 공동체주의자들은 이데올로기 좌우파와 보수주의와 급진주의를 망라함으로써 전통적인 좌우 이데올로기의 대립보다 매우 복잡한 양상으로 전개되어 <자유주의 대 공동체주의 논쟁>의 전모를 파악하기 어렵게 하고 있지만, 공동체주의자들의 비판은 대체로 다음과 같은 여덟 가지의 관점에서 요약된다.[11]

첫째, 자유주의는 가족 혹은 지역 공동체를 경시 또는 무시함으로써 인간의 가치 있는 삶에 대한 중요하고도 대체할 수 없는 구성 요소인 공동체를 손상한다. 둘째, 자유주의는 정치적 결합을 단순히 도구적인 가치만을 가진 것으로 과소평가함으로써 정치적 공동체에 대한 적극적인 참여가 인간의 가치 있는 삶에 대해서 갖는 중요성을 망각한다. 셋째, 자유주의는 자유로운 개인적 계약이나 선택의 결과가 아닌 가족에 대한 의무, 공

---

7) Ball and Dagger, 1995, p.88.
8) Fishkin, 1984, p.755.
9) Gerwirth, 1978 ; Ackerman, 1980 ; Gauthier, 1986 ; Raz, 1986 ; Kymlicka, 1989 ; Larmore, 1987 ; Galston, 1991.
10) MacIntyre, 1984, 1988, 1990 ; 맥킨타이어 1984 번역은 이진우, 1997 참조. Sandel, 1982, 1996 ; Taylor, 1985, 1989b, 1991, 1992 ; Walzer, 1983, Unger, 1975 ; Barber, 1984 ; Bellah et al., 1985 ; Etzioni, 1993.
11) Buchanan, 1989 ; Kymlicka, 1988 ; Shapiro, 1995. 자세한 논의는 황경식, 1995와 졸고 1993 참조.

동체와 국가를 유지하려는 헌신 등 개인적 사회적 덕목들에 대한 적절한 설명을 제공할 수 없거나 그러한 설명과 양립할 수 없다. 넷째, 자유주의는 자율성을 가지고 있다고 상정하는 개인적 자아가 선택의 대상이 아닌 공동체적 삶과 가치를 수용하며 그러한 방식으로 자아가 형성된다는 것을 인식하지 못함으로써 자아에 대한 불완전한 개념을 가지고 있다. 다섯째, 자유주의는 정의(正義)가 공동체의 보다 고차적인 덕목들이 붕괴된 상황에서만 필요하거나 또는 기껏해야 교정적인 덕목에 불과하다는 것을 인식하지 못함으로써 정의를 사회 제도의 제일 덕목이라고 잘못 간주하고 있다. 여섯째, 자유주의는 다양한 개인의 가치관에 대해서는 반완전주의적 중립성을 유지하고 정의의 원칙을 통한 절차주의적인 통괄만이 도덕과 국가의 우선적 임무라고 생각하는 편협한 권리 중심적인 의무론적 도덕 체계와 국가관을 가지고 있다. 일곱째, 자유주의는 개인적 권리의 보장과 정의 원칙의 실현을 모든 사회를 평가할 수 있는 보편적인 정당화 기준으로 제시함으로써 한 사회와 공동체가 가지고 있는 특수적이고 다원적인 역사적 상황을 무시한다. 여덟째, 자유주의적 개인주의 문화는 공동체적 귀속의 상실과 가치의 상대성으로 말미암아 삶의 지표와 근본과 사회적 통합성을 상실한다. 따라서 고립적이고 파편적 개인, 이기심의 만연, 이혼율의 증가, 정치적 무관심, 나르시시즘, 상업주의적이고 감각주의적 탐닉의 만연, 폭력적인 대중 문화, 마약의 범람 등 다양한 도덕적 실패를 노정한다.

공동체주의의 이러한 혹독한 비판은 자유주의의 철학적 정체성과 그 이론적 현실적 건실성에 대한 심각한 의문을 제기하게 만든다. 이제 자유주의자들은 "자신들 스스로 자유주의에 대해서 심사숙고"하고, "자유주의와 도덕적 삶"의 관계를 재조명하기에 이른다.[12] 본 논문은 공동체주의의 자유주의 비판에 대해서 자유주의자들이 어떻게 대응하고 있는가에 초점을 맞출 것이다. 우리는 제2절에서 공동체주의의 자유주의 비판에 대해서 자유주의자들이 어떻게 대응하고 있는가를 다음과 같은 다섯 가지 관점으로 재정리하여 고찰할 것이다. 즉, 자유주의의 자아관, 자유주의적 개인주의와 사회관, 반완전주의와 중립성, 자유주의적 보편주의 그리고 자유주의와 현대 사회 문제의 관점이다. 제3절은 자유주의자들이 공동체주의에 대해서 직접적으로 전개하는 역공을 논할 것이다. 여기에는 공동체주의자들의 공동체 개념의 모호성과 공동체 구성의 현실적 한계와 아울러 공동체주의의 전체주의적 함축성과 방법론적 딜레마가 지적될 것이다. 그리고 공동체주의자들이 결코 자유주의를 넘어설 수 없는 이유도 제시될 것이다.

이러한 일련의 논의를 통해서 우리는 공동체주의의 도전에 대한 자유주의의 대응을 우호적으로 평가하려고 한다. 즉, 자유주의는 공동체주의의 도전을 물리칠 현실적 이론적 역량을 가지고 있으므로 자유주의의 건재를 입증하려고 한다. 그러나 자유주의 철학과 현실적 정치 체제로서의 자유주의의 괴리는 언제나 존재하고 있으며, 우리는 자유주의가 공동체주의의 도전을 물리쳤다고 해서 만사형통이라고 주장할 수는 없다. 따라서 우리의 궁극적인 과제는 21세기를 맞이하는 시점에서 자유주의 정치철학과 현실적 정치 체제로서의 자유주의의 현재적 위상을 고찰하는 일이다. 이러한 고찰을 통해서 우리는 최선의 자유주의는 어떠한 유형인가를 평가할 수 있을 것이며, 그러한 평가를 통해서 자유주의의 현재 과제와 미래 전망을 제시하려고 한다.

---

12) Damico, 1986 ; Rosenbaum, 1989.

2. 공동체주의의 비판과 자유주의의 대응

1) 자유주의적 자아관

공동체주의자들, 특히 맥킨타이어, 샌델 그리고 테일러는 자유주의적 자아관의 박약성과 방법론적 오류를 지적한다. 롤즈에 의해서 상정된 자유주의적 자아는 목적에 선행하고 또 구분되기 때문에 그러한 목적을 평가하고 교정할 수 있는 역량을 가진 독립적이고 자율적인 존재로 나타난다.[13] 그러나 이러한 자유주의적 자아관은 자아의 정체성이 공동체의 도덕적 전통과 상황 속에서 발견되는, 즉 우리가 결코 자의로 선택할 수 없는 목적에 의해서 구성적으로 결부되어 있다는 사실을 무시하는 추상적이고 완전히 유리된 자아이거나 무연고적인 자아며, 또한 고립적인 원자론적 자아라고 비판된다.[14] 이러한 자유주의적 자아관은 자아가 결코 목적과 유리될 수 없기 때문에 박약하고 공허할 뿐만 아니라, 자아의 정체성에 대한 구성적 목적을 인정하지 않으므로 존재론적 오류에 근거하고 있는 형이상학적 자아관이라는 것이다.[15]

이러한 비판에 대해서 자유주의자들은 두 가지 방식으로 대응한다. 첫째로, 자유주의자들은 공동체주의자들이 자유주의적 자아관의 적용 범위를 오해하고 있다고 반박한다. 즉, 자유주의적 자아관은 오직 공공적인 정치의 영역에 적용되기 위한 것으로서 존재론적이거나 형이상학적인 것이 아니라는 것이다. 롤

---

13) Rawls, 1971, p.560.
14) MacIntyre, 1984, p.32 ; Sandel, 1982, p.87, 1984b, p.82 ; Taylor, 1985 ; 1989b.
15) 특히 Sandel, 1982, p.19.

즈와 라모어의 정치적 자유주의에 입각한 주장에 따르면, 도덕적 주체가 자신의 가치관을 추구하고 변경하고 평가하는 고차적인 관심을 가진다고 가정하는 것은 가치관에 대한 합의가 없는 다원적이고 민주적인 서구 사회의 전통과 정치적 문화에 내재하는 자유롭고 평등한 시민이라는 직관적 신념을 대변한 것이다.[16] 자기 자신의 구체적인 가치관과 사회적 위치가 무지의 장막으로 가려진 롤즈의 "원초적 입장"에 나타난 자유로운 선택 주체라는 개념은 결코 인간의 본질이 그의 최종적인 사회적 목적과 사회적 귀속, 그리고 개인적 성격을 포함한 우연적 속성들에 우선하거나 독립적이라는 주장하는 어떤 형이상학적 자아 개념에 의거하지 않는다는 것이다. 물론 롤즈는 정치적 영역이 아닌 사적인 영역에서 개인들이 구성적 목적과 포괄적 가치관을 가질 수 있다는 것을 인정한다.[17]

둘째로, 킴리카와 마세도는 공동체주의들의 비판은 자유주의적 자아관의 자율성에 대한 오해에 기인하고 있다고 대응한다.[18] 자유주의자들은 우리가 **모든** 목적을 선택하거나 변경할 수 있는 자율성을 가진다고 주장하는 것은 아니다. 그러나 우리는 적어도 어떤 **특정한** 목적과 사회적 역할에 대해서 언제나 비판적 숙고와 선택을 할 수 있다. 이러한 숙고와 선택은 언제나 선택될 수 없는 구성적 목적의 배경 속에서 전개되며, 우리는 이러한 한도에서 우리의 성격과 사회를 점진적으로 우리가 원하는 방식대로 만들어 나아갈 수 있다. 이것이 바로 '정황적 자율성'이다. 이러한 킴리카와 마세도의 주장은 공동체주의자들을 딜레마 속에 봉착시킨다.[19] 즉, 공동체주의자들의 구성적

---

16) Rawls, 1985, pp.238-239 ; 1993, p.27 ; Larmore, 1987, p.128.
17) Rawls, 1971, pp.136-137 ; 1988, p.256 ; 1993, p.176, p.195 ; Mulhall and Swift, 1992, p.199.
18) Kymlicka, 1989 ; Macedo, 1991.

자아관은 우리가 언제나 특정한 목적에 대해서 숙고하고 선택할 수 있기 때문에 오류이거나, 아니면 우리가 언제나 선택할 수 없는 구성적 목적의 한계 속에서 숙고하고 선택할 수 있다는 적절한 주장으로 귀착한다. 그런데 이것은 우리가 지닌 목적 중 어떤 것을 비판하고 변경하는 도덕적 역량의 행사를 강조하는 자유주의의 견해와 양립 가능하다. 공동체주의자들은 딜레마의 두 번째 뿔을 결코 피할 수가 없으며, 그것을 잡을 수밖에 없을 것이다. 왜냐 하면 맥킨타이어, 샌델, 테일러 모두는 자아의 정체성과 공동체적인 구성적 결부를 논하면서 그것이 "부분적"으로만 그러하다는 것은 명백히 밝히고 있기 때문이다.[20]

2) 자유주의적 개인주의와 공동체 개념

공동체주의자들은 자유주의적 자아관과 관련해서 자유주의적 개인주의와 공동체 개념을 비판한다.[21] 첫째, 공동체주의자들은 자유주의가 개인과 공동체 사이의 관계를 순전히 개인주의적이고 도구적인 관계로만 파악한다고 비판한다. 즉, 자유주의가 개인의 이익과 권리를 공동체적 가치보다 우선시키는 것은 공동선의 정치를 손상시키며, 개인들 사이의 계약론적 관계를 통해서 사회 구조가 정당화된다고 보는 것은 공동체를 부차적이고 도구적으로만 파악한다고 비판한다.[22] 둘째, 공동체주의자들은 자유주의는 도구적 가치만을 중시함으로써 개인들에게 가장 중요한 것이 한 사회와 공동체와 전통의 일원이 되는 구성원 자격이라는 것과 또한 그것이 본질적 가치를 가진다는

19) Shapiro, 1995, p.146.
20) MacIntyre, 1984, p.220 ; Sandel, 1982, p.150 ; Taylor, 1985, p.209.
21) O'Hagen, 1988.
22) MacIntyre, 1984, pp.221-222 ; Sandel, 1982, p.148.

것을 망각한다.[23] 이러한 두 가지 비판과 아울러 공동체주의자들은 자유주의자들이 찬양하고 있는 자율성의 가치도 사실은 비판적 사고 역량을 중시하는 사회적 전통을 전제하고 있다는 사실을 지적한다.[24] 첫째 비판에 대해서 자유주의자들은 두 가지 방식으로 대응한다. 첫째, 롤즈는 『정의론』에서 원용했던 합리적 선택 이론적 정당화를 포기한다. 이제 롤즈는 정의론이 순전히 합리적이고 상호 무관심한 개인들의 계약적 합리성(the rational)을 통해서만 정당화되는 것이 아니라고 본다. 보다 중요한 것은 계약 당사자들이 사회를 공정한 사회적 협동체로 간주하고 그 제약 조건을 반영하는 합당성(the reasonable)을 가지고 있다는 사실이다. 더 나아가서 롤즈는 사회 정의에 의해서 규제되는 자유주의 사회는 하나의 정치적 공동체로서 시민성과 관용과 같은 공정한 사회적 덕목, 선의 추구를 제약하는 공정성과 같은 사회적 덕목과 가치를 요구한다고 밝힌다.[25] 자유주의자들은 이러한 관점에서 자율성의 덕목도 순전히 개인주의적인 것은 아니며 그것은 일련의 의미 있는 사회적 선택 대안들의 집합을 전제하고 있고 이러한 집합은 다양한 선택이 가능한 사회적 역사적 제도의 존재를 또다시 전제한다고 시인한다.[26] 둘째, 뷰캐넌을 위시한 자유주의자들은 개인적 권리의 우선성을 강조하는 것은 공동체주의적 방식보다 오히려 공동체와 공동체의 가치를 더 잘 보존하고 증진시킬 수 있다고 주장한다. 즉, 자유주의가 종교, 사상, 표현 결사의 자유에 대한 권리를 공동체에 귀속시키지 않고 개인에게 귀속시키는 이유는 새로운 공동체의 결성이나 기존의 공동체가 변경되는 때는

23) MacIntyre, 1984, p.33 ; Walzer, 1983, p.63, p.303.
24) Taylor, 1989b.
25) Rawls, 1985, p.224 ; 1993, p.194.
26) Raz, 1986, Ch.14. Autonomy and Pluralism.

개인이나 소수자의 믿음이나 행동으로부터 유래하는 경우가 비일비재하기 때문이다. 물론 현존 공동체를 보존하는 데는 공동체에 권리를 귀속하는 것이 더 나을 수도 있다. 그러나 공동체의 평화적 변천과 자의적인 정치적 권력으로부터 소수자 집단을 보호하기 위해서는 개인에게 권리와 자율성을 귀속하는 것이 더 타당하다. 물론 이러한 뷰캐넌의 주장은 개인에의 권리 귀속이 결코 사회의 원자화와 파편화에 이르지 않는다는 밀(Mill)의 자유주의적 신념에 근거하고 있다.[27]

그러나 이러한 자유주의자들의 반응도 공동체의 구성원 자격이 가장 중요한 본질적 가치를 가진다는 두 번째 비판에 대해서 충분한 반론이 되지 않는다. 킴리카를 위시한 자유주의자들은 이러한 비판에 대해서 간접적으로 답변한다. 즉, 자유주의적 개인주의는 존재론적인 관점에서의 반사회적 개인주의(asocial individualism)가 아니라 가치와 의무의 원천은 개인과 그 개인의 선택과 선호라는 관점에서의 도덕적 개인주의(moral individualism)라는 것이다.[28] 이러한 도덕적 개인주의는 사람들이 가장 중요하게 생각하는 가치가 어떤 특정한 공동체의 구성원 자격이라는 공동체주의의 주장과 최소한 양립 가능하다. 킴리카는 이러한 관점에서 자유주의자들은 문화적 구성원 자격이 개인들에게 기본적인 사회적 가치임을 인식해야만 한다고 강조한다.[29] 단, 킴리카는 뷰캐넌과 마찬가지로 개인들이 그러한 구성원 자격과 공동체적 결부를 자유롭게 형성하고 수정할 수 있는 한에서 그러하다는 단서를 붙인다. 다른 자유주의자는 어떤 한 공동체의 도덕적 건전성은 그 구성원이 독립적인 권리의 담지자

27) Buchanan, 1989, pp.856-865.
28) Thigpen and Downing, 1987.
29) Kymlicka, 1989, pp.162-182 ; 1993, p.376.

라는 것을 인식하는 정도에 달려 있다고 주장한다.[30] 또 다른 자유주의자는 이러한 도덕적 개인주의는 공동체주의자들도 암묵적으로 가정할 수밖에 없다고 주장한다. 즉, 권위주의적 독재정부로부터 개인들을 보호하기를 원하는 공동체주의자들은 도덕적 개인주의와 인권을 공동체적 가치의 사회적 공유와 참여민주주의적 제도 속에 반영하지 않을 수 없다.[31] 자유주의자들이 공동체주의자들의 공동체 개념과 그 전체주의적 함축성에 대해서 펼치는 역공은 다음 장에서 논의할 것이다.

3) 자유주의의 중립성과 반완전주의

자유주의와 공동체주의 논쟁에서 가장 복잡한 문제가 있다면 그것은 자유주의의 반완전주의와 중립성 논제다. 왜냐 하면 이 논쟁은 자유주의와 공동체주의자들 사이의 논쟁일 뿐만 아니라 자유주의의 자기 정체성과 정당화 방식에 대한 자유주의자들 사이의 논쟁을 포함하고 있기 때문이다. 자유주의 도덕철학과 정치철학은 '선에 대한 정당성의 우선성' 혹은 '공동선에 대한 정의의 우선성'을 주장하는 의무론적 자유주의를 취하고 있다. 이러한 의무론적 자유주의는 한 사회를 규제하는 정의의 원칙은 어떤 특정한 가치관과 삶의 방식을 반영해서는 안 된다는 공정한 중립성의 요구와 이러한 중립성의 요구는 어떤 특정한 가치관과 삶의 방식의 탁월성을 주장하는 완전주의와는 양립할 수 없다는 것을 전제한다. 이러한 반완전주의적 중립성은 근대 민주 사회를 서로 상충하는 양립 불가능한 다양한 가치관이 혼재하는 다원주의적 사회라고 보는 자유주의의 기본적 정

---

30) Tomasi, 1990.
31) Thigpen and Downing, 1987.

치사회학에 근거하고 있다. 이러한 반완전주의적 중립성은 자유주의 도덕 및 정치철학적 체계와 국가관을 동시에 규정하고 있다.[32]

공동체주의자들은 이러한 반완전주의적 중립성은 위선적이며 모순적이라고 주장한다. 자유주의자들은 자유주의적 제도와 규범이 다양한 삶의 방식을 모두 포괄하는 듯한 불편부당성을 과장하고 있다는 것이다.[33] 결국 자유주의적 중립성 자체는 결국 자유주의적인 삶을 옹호하게 되는 명백한 모순을 피할 수 없다는 것이다. 그런데 문제를 더욱 복잡하게 하는 것은 공동체주의자들뿐만 아니라 소위 '완전주의적 자유주의자(perfectionist liberal)'들인 갈스톤, 라즈, 마세도 등도 이러한 비판에 동조하고 나선다는 것이다. 완전주의적 자유주의자들은 자유주의 사회에는 일련의 독특한 자유주의적 덕목의 집합으로 이루어진 공유된 도덕 체계가 존재하고 있다고 주장한다.[34]

롤즈는 정치적 자유주의도 자유롭고 평등한 인간들 사이의 사회적 협동이라는 실질적 가치관을 가지고 있기 때문에 완전히 순수한 절차적 중립성을 주장할 수 없다는 것을 인정한다. 정치적 자유주의는 따라서 "효과나 영향의 중립성"을 확보할 수 없지만 그래도 인류 역사상 다른 어떠한 사상들보다도 "목적의 중립성"은 달성했다고 주장한다.[35] 그리고 롤즈의 강조에 따르면, 정치적 자유주의가 가치관들 사이의 공통적 기반과 중립성을 추구하지만 여전히 어떤 형태의 도덕적 성격의 우월성과 일정한 도덕적 덕목들을 권장한다는 것은 중요하다. 즉, 공

---

32) Rawls, 1993, pp.36-38 ; Dworkin, 1978 ; p.127 ; Kymlicka, 1989, p.76 ; Waldron, 1987, p.145.
33) Sandel, 1984a, p.3. 자유주의 쪽에서의 고찰은 Rosenbaum, 1989, p.7.
34) Galston, 1982, 1991 ; Raz, 1986 ; Macedo, 1991.
35) Rawls, 1993, p.193.

정성으로서의 정의는 특정한 정치적 덕목들, "시민성"과 "관용"의 덕목과 같은 "사회적 협동"의 덕목, 선의 추구를 제약하는 "합당성"과 "공정성"과 같은 덕목들을 요구한다는 것이다. 그러나 롤즈는 여전히 이러한 덕목들을 정치적 정의관 속에 유입시키는 것이 포괄적 교의 위주의 완전주의 국가에 이르지 않는다고 주장한다. 롤즈는 가치 통합적이고 완전주의적인 공동체주의의 포괄적인 가치관은 결코 다원주의적 사회에는 적합하지 않다고 지적한다. 이러한 포괄적 가치관을 사회적으로 유지하는 것은 오직 국가 권력의 억압적 사용을 통하는 길밖에 없다.[36] 롤즈의 이러한 중립성과 반완전주의는 그의 정치적 정의관의 정당화 방법론과 밀접하게 연관된다. 그는 정치적 정의관이 근대적 다원주의 사회에서 '합당한 다양한 포괄적 가치관과 삶의 양식들' 사이의 중첩적 합의를 통해서 도출된다는 점에서 정당화된다고 주장한다.[37] 완전주의적 자유주의는 국가완전주의로 나아가게 될 경우 개인의 자율성과 충돌의 여지가 있다. 따라서 국가완전주의는 개인의 자율성을 보호하고, 보다 가치 있는 삶에 대한 반성적 판단 능력을 배양시키고, 사적 영역에서의 개인의 완전한 삶의 추구에 대한 제한적 간접적 지원을 통한 온건한 완전주의로서 롤즈의 정치적 자유주의를 보완하는 정도에 그쳐야 한다.[38]

4) 자유주의적 보편주의

자유주의자들에 의하면 통상적으로 정의의 원칙은 보편적으

---

36) Rawls, 1993, p.194 ; p.37.
37) Rawls, 1987 ; 1993, pp.133-167. 롤즈의 정치적 자유주의에 대한 전반적 논의는 졸고 1998 참조.
38) 장동진, 1995.

로 혹은 범문화적으로 적용될 수 있다. 또한 자유주의자들은 어떤 특정한 전통과 문화에서 추상된 보편적 관점을 통해서 규범적 판단과 사회 제도를 평가할 수 있다고 주장한다. 롤즈가 공정한 원초적 입장을 통해서 보편적 정의 원칙의 도출하려는 것이 그 단적인 예다.[39] 공동체주의자들은 그러한 보편적인 정의의 원칙과 추상적 관점이 존재한다는 것을 비판한다. 왈처는 특히 분배적 정의의 문제에 주목하고, 사회적 가치는 특정한 사회에서 그러한 사회적 가치가 가지는 공유된 사회적 의미에 가장 충실하게 분배되어야 한다고 주장한다. 따라서 정의의 원칙은 모든 사회적 가치들에 일률적으로 적용되는 것이 아니고 그러한 사회적 가치들의 각 영역에 타당한 다원적인 원칙들로 구성된다는 것이다.[40] 맥킨타이어도 모든 도덕적 정치적 논의는 특정한 공동체적 전통 속에서 사회적 관행과 개인의 설화적 질서를 배경으로 이루어지므로 보편적인 도덕적 관점이나 원칙은 없다고 주장한다.[41] 롤즈의 정치적 자유주의는 이러한 공동체주의자들의 비판에 대한 답변으로 생각될 수 있다. 롤즈는 정치적 자유주의는 서구 자유민주주의 사회의 공공적인 정치문화에 내재한 근본적인 직관적 관념들을 통해서 구성된다고 주장함으로써 "특수한 역사적 상황에 관계없이 모든 사회에 적합한 정의관을 발견하려고 노력하지 않는다"는 것을 분명히 한다.[42]

여기서 우리가 주목해야 할 논의는 롤즈의 『정의론』이 『정치적 자유주의』 이전에 충분히 공동체주의적 요소를 포함하고 있다는 "강한 자유주의론"이다. 강한 자유주의론의 요점은 자

39) Rawls, 1971, Sec. 4. The Original Position and Justification.

40) Walzer, 1983, pp.8-9.

41) MacIntyre, 1984, pp.31-32, p.222.

42) Rawls, 1980, p.518 ; 1993, pp.13-14.

유주의가 공동체주의적 가치를 앞세우지 않지만, 개인들의 "마음의 습관에 대한 비밀스러운 동정"을 통해 실질적으로 근대사회가 필요한 만큼의 공동체주의적 요소를 간직하고 있다는 것이다.[43] 첫째, 강한 자유주의론에 의하면, 롤즈의 자유주의는 이미 자유주의가 공동체주의적 요소를 포함할 수 있는 최대한을 포함하고 있다. 즉, 경제적 효율성을 해치고 않고 최소 수혜자의 복지를 최대로 향상시킬 수 있는 사회적 연대를 롤즈는 "차등의 원칙"을 통해서 구현하고 있다. 강한 자유주의론을 주장하는 사람들은 롤즈가 자유와 평등과 함께 "박애"를 중요시하며, 모든 개인들의 자질을 하나의 "사회적 자산"으로 간주한 것과 질서정연한 자유 사회를 "사회적 연합들의 연합"으로 간주한 것에 주목한다.[44] 둘째, 강한 자유주의론에 의하면, 공정한 기회 균등에 대한 사회적 보장을 자유주의가 강조하지만 또한 역으로 복지 수혜자 집단이 수동적 비노동 인구로 전락하는 것을 방지하기 위해, 자유주의는 개인들이 스스로 책임을 지는 능동적인 인간이라는 노동과 직업 윤리를 창출한다. 이러한 노동과 직업 윤리는 적자생존이라는 '사회적 다윈주의(Social Darwinism)'를 배경으로 자유주의 국가에서의 윤리적 통합과 안정성에 기여한다. 셋째, 강한 자유주의론에 따르면, 자유주의는 단순히 개인주의가 아니라 국가의 역할과 관련된 정치적 강령이다. 자유주의는 자유주의적 세계 체제와 민족자결주의를 통해 실질적으로는 국민국가를 위한 맹목적인 국수주의(chauvinism)를 조장해왔다는 것이다. 이러한 국수주의는 국가에 대한 시민의 애국심과 충성심을 당연히 요청하게 된다. 이러한 강한 자유주의론의 결론은 자유주의가 '비밀공동체주의'로 공동체주의적

43) Fach and Procacci, 1988, p.34.
44) Rawls, 1971, p.303, p.155, p.101, p.527.

강화 없이도 "충분히 강력하게" 자유주의 사회의 통합성과 사회적 연대를 구성할 만큼 공동체주의적이라는 것이다.[45] 그러나 이러한 강한 자유주의론은 자유주의가 공동체적 요소를 유지하면서 사실은 자유주의의 본질적 요소를 포기했다는 뼈아픈 역사와 현실을 말해주기도 한다.

5) 자유주의와 현대 사회의 문제

공동체주의자들은 자유주의가 그 이론적 철학적 오류로 말미암아 바람직하지 못한 정치적 결과를 가져올 뿐만 아니라, 자유주의적 개인주의 사회에서 여러 가지 사회적 문제들을 야기하고 증폭시키고 있다고 비판의 범위를 확장한다. 공동체주의자들은 자유주의적 개인주의 문화는 가치의 상대성으로 말미암아 삶의 지표와 근본과 공동체적 통합성을 상실하게 된다고 비판한다. 따라서 자유주의적 개인주의 사회는 고립적이고 파편적이고 고독한 개인, 방종과 이기심의 만연, 초개인주의적 환상과 도피주의와 나르시시즘, 이혼율의 증가와 가족의 해체, 정치적 무관심과 수동성, 상업주의적이고 감각주의적 탐닉의 만연, 폭력적인 대중 문화, 마약의 범람, 범죄율의 증가 등 다양한 도덕적 실패를 노정한다는 것이다.[46]

맥킨타이어의 『덕의 상실』에서 전개된 비판은 자유주의에 국한되고 있는 것은 아니다. 오히려 그것은 근대 이후의 모든 도덕철학과 정치철학을 포괄하는 근대성 자체에 대한 질타다.[47] 맥킨타이어는 우선 현대 사회의 도덕적 상황을 심각한 위기로 진

45) Fach and Procacci, 1988, p.48.
46) Bell, 1993, p.11. Shapiro, 1995, p.151.
47) MacIntyre, 1984, p.34, p.255.

단한다. 즉, 현대 사회는 통약 불가능한 전제들과 상이한 대안적 신념 체계들로 말미암아 도덕적 불일치에 대한 어떠한 합리적 해결도 가능하지 않는 심각한 상대주의적 무질서 속에 있다. 그는 비록 롤즈를 비롯한 현대의 자유주의 도덕철학자들이 도덕의 공평무사하고도 객관적인 합리적 근거를 제공하는 것을 목표로 삼고 있기는 하지만, 그러한 근거에 대해서 그들 사이에 어떠한 합의도 이룩하지 못하고 있다는 것을 지적한다. 따라서 자유주의 도덕철학은 결국 정의주의(情意主義/emotivism)를 극복할 수 없다는 것이다. 정의주의는 모든 도덕 판단이 개인적 선호, 태도 혹은 감정의 표현에 불과하는 것이다. 현대 사회와 문화는 정의주의로 말미암아 자기 자신의 감정과 태도에 대한 표현과 타인의 감정과 태도에 대한 조작이라는 이중성으로 점철된다. 현대 사회와 문화는 그러한 개인적 자의성과 공공적 조작성으로 말미암아 개인과 사회의 도덕적 통합이 해체되고 조작성과 비조작성에 대한 윤리적 구분이 상실되는 도덕적 위기를 맞는다는 것이다.48)

맥킨타이어가 이렇게 근대성과 계몽주의를 일방적으로 매도하고 자유주의적 개인주의를 그것의 필연적 산물로 간주하는 데 반해서, 테일러는 근대 문화가 한계와 가능성 모두를 가지고 있다고 본다.49) 근대 개인주의는 본래성 혹은 진정성(authenticity)이라는 이상을 가지고 있는데, 그것은 내면적 자아와의 도덕적 대면과 자아 실현, 그리고 주체적 결정의 자유를 의미한다.50) 그러나 근대 개인주의 문화는 자아 중심적이고 그 원자론적 형태로 말미암아 그러한 본래성의 이상을 살리지 못하고 있다.

---

48) MacIntyre, 1984, pp.6-10 ; p.21 ; p.12 ; p.73.
49) Taylor, 1992.
50) 테일러에 대한 논의는 이진우, 1998 참조.

따라서 원자론적이고 자아 중심적인 개인주의는 삶의 의미 지평의 상실과 도덕적 차원의 질적인 하락을 불러왔다는 것이다. 테일러는 오직 공동체적 유대의 복원을 통해서만 그러한 "근대성의 병폐"를 치유할 수 있다고 주장한다.[51] 참여민주주의적 공동체주의자인 바버는 주로 자유민주주의 시민의 정치적 무력감과 수동성의 문제를 지적한다.[52] 벨라는 주로 개인주의 문화의 나르시시즘적 성격을 비판하고 있다.[53]

현대 사회 문제와 관련해서 자유주의자들은 대체로 다음과 같은 세 가지 반응을 보인다. 첫째, 자유주의자들은 일단 근대성의 모든 문제를 자유주의 혼자 짊어지는 것에 못마땅해하고 분노한다. 즉, 현대 사회의 문제는 자본주의, 대중 사회와 조작적 문화, 과학 기술, 세속화, 종교적 광신주의, 지역 이기주의, 민족적 갈등, 낭만주의적 미학 등 다양한 원천으로부터 발생할 수 있는데, 자유주의를 유독 지목하는 것은 공정하지 못한 것이다. 둘째, 자유주의자들은 공동체주의자들이 한탄한 자유주의적 개인주의의 다양한 문화적 현상은 병폐로 볼 수만은 없고 근대 다원주의 사회에서 피할 수 없는 현실적 귀결이라고 답변한다. 롤즈는 서로 상충하고 불가 통약적인 가치관들이 편재한다는 "다원주의적 사실"은 종교 개혁 이후 관용의 정신으로부터 출발한 자유주의가 기본적으로 인정할 수밖에 없는 근대 사회의 "영속적 특색"으로서 파국(disaster)이 아니라 자유 민주 사회의 자연적 결과로 본다.[54] 따라서 다원주의적 사실은 맥킨타이어가 생각하는 것처럼 도덕적 위기와 무질서로 볼 수만은 없다. 셋째, 자유주의자들은 공동체주의자들의 정책 대안과 현

---

51) Taylor, 1991.
52) Barber, 1984.
53) Bellah et al. 1985.
54) Rawls, 1993, p.xxiv, pp.36-38.

실적 치유책이 명백히 제시되지 않고 있다는 점에서 대부분 그러한 비판들을 무시한다.[55] 그러나 최근에 벨과 에치오니는 다양한 정책적 대안을 제시하고 있고, 공동체주의자들은 <공동체주의 강령>을 선포하고 자신의 저널을 만들면서 현실적 정책 대안 제시를 위해서 동분서주하고 있는 것이 사실이다.[56] 벨과 에치오니는 개인의 권리에 대한 제한을 부과하고 공동체적 가치를 증진하는 정부의 조치를 요구한다. 또한 그들은 올바른 성격 형성을 위한 국방의 의무 수행을 주창한다. 에치오니는 국민 생활을 적게 침해하면서도 공중 보건과 안전을 증진할 수 있는 조치로 음주 측정 장소 설치, 마약 검사, 전국민 ID 카드, 엄격한 총기 규제, 장기간의 가족 휴가를 제안한다. 벨은 "공동체 옹호를 위한 정치적 조치"로 기존의 건축 양식을 무시한 건축에 대한 지역적 거부권, 동일 산업 공동체에 대한 보호, 생산 위주의 경제, 위협을 받고 있는 언어 공동체에 대한 정치적 원조, 엄격한 이혼법, 협동심 배양의 교육을 제시한다.[57] 그러나 자유주의자들은 이러한 일련의 정책들은 엄청난 사회적 비용과 낭비를 유발할 수 있고, 개인의 자유를 축소하고, 개인의 부담과 고통을 가중시키고, 사적 영역에 국가의 간섭을 가중시켜 국가의 중립성을 해치게 된다는 점에서 선뜻 응하지 않고 있다.[58]

55) Shapiro, 1995, p.152.
56) The Responsive Communitarian Platform, 1991 참조.
57) Etzioni, 1993 ; Bell, 1993, pp.12-13.
58) Kymlicka, 1993, pp.369-370.

3. 자유주의의 공동체주의 역공 : 낭만적 노스탤지어의 딜레마

자유주의자들은 공동체주의의 자유주의에 대한 비판에 방어적으로 대응할 뿐만 아니라 공동체주의 자체에 대해서 역공을 퍼붓고 있다. 자유주의자들은 백 번 양보해서 자유주의에 문제가 있다고 동의하더라도 공동체주의의 대안은 더 나쁜 결과를 가져온다고 반격한다. 우선 자유주의자들은 공동체주의자들이 "자유주의에 대한 공격에 너무나 많은 시간을 소비하고 정작 대안을 명료화하고 구체적으로 옹호하는 데는 거의 무관심하다"고 불평한다.[59] 이러한 관점에서 오킨은 <자유주의 대 공동체주의 논쟁>은 '고스트 스토리'인 측면도 있다고 지적한다. 자유주의적 페미니스트인 그녀는 공동체주의는 결코 현실적 대안을 통해서 자신의 모습을 명백히 밝히지 못했기 때문에, 자유주의를 배회하는 유령에 불과하다고 조롱한다.[60] 우리는 자유주의자들의 이러한 역공을 공동체 개념, 전체주의적 함축성과 공동체주의의 딜레마, 그리고 공동체주의자들이 절대로 자유주의를 극복하지 못하는 이유의 세 가지 관점에서 고찰할 것이다.

1) 공동체 개념의 모호성과 공동체 구성의 현실적 한계

자유주의자들은 공동체주의자들이 스스로 강조하는 것처럼 그들이 꿈꾸는 공동체가 현대 사회에서 "돌이킬 수 없이 사라진(irrevocably lost)" 것이고 근대 자유주의적 철학과 관행이

59) Herzog, 1986, p.473.
60) Okin, 1989b, p.46.

그러한 상실을 야기시켰다고 한다면, 우리는 공동체를 어떻게 재건할 수 있을 것인가?[61] 공동체주의자들은 맥킨타이어와 샌델처럼 흔히 지방적 (중간적 혹은 탈중앙화된) 공동체나, 샌델이나 테일러처럼 공화주의적 공동체 혹은 왈처처럼 국가적 정치 공동체를 언급한다.[62] 그러나 어떠한 공동체주의자도 그러한 공동체가 현재 존재하는 공동체와의 관계, 그리고 그러한 공동체의 창출과 유지를 위한 조건과 방식에 관한 직접적인 설명을 제공하지 않고 있다. 공동체주의자들은 또한 그러한 지방 공동체가 국가에 대해서 갖는 관계에 대해서도 거의 논의하지 않고 있으며, 또한 기존의 지방 공동체들 사이의 갈등과 기존 공동체와 신설 공동체 사이의 갈등을 어떻게 해결할 것인가에 대해서도 논의하지 않고 있다.[63] 맥킨타이어가 제시하고 있는 현실적 처방이라는 것도 "우리의 시민성과 지적, 도덕적 삶이 이미 우리에게 도래하고 있는 새로운 암흑기를 헤치며 지속할 수 있도록 지방적 형태의 공동체를 구성하는 것이 현 단계에서 중요한 것이다"라고 한다면 팽배하고 있는 지역 공동체적 이기주의와 공동체들 사이의 다양한 갈등은 어떻게 해소할 것인가?[64] 샌델은 "공동선의 정치"를 말하고 바버는 "강한 참여민주주의"를 말하고 있는데, 이것은 정치 공동체를 중시하는 것이다.[65] 따라서 공동체주의는 공공적인 정치 영역을 확장하려고 하고, 자유주의적 개인주의는 그것을 축소하려는 것처럼 보인다.[66] 여기에 관련해서 로젠바움은 공동체주의자들이 정치 공동

61) MacIntyre, 1984, p.222.
62) MacIntyre, 1984, p.220 ; Sandel, 1982, p.179, 1996 ; Taylor, 1986, p.63 ; Walzer, 1983, p.28.
63) Hirsch, 1986, p.433.
64) MacIntyre, 1984, p.263.
65) Sandel, 1982, p.183 ; Barber, 1984.
66) Avineri and De-Shalit, 1992, pp.7-8.

체와 일반 공동체를 전혀 구분하지 않고 있다고 비판한다.[67]

공동체주의자들 중에서 오직 웅거만이 공동체 구성에 관련된 딜레마를 솔직히 인정하고 있다. 그는 그러한 딜레마를 "공동체주의 정치학의 딜레마"로 보고 다음과 같이 구성한다 : 수직적 통합 대 수평적 통합, 조정자로서의 국가 대 공동체로서의 국가, 기존 공동체 대 신생 공동체, 집단 응집력 대 비판적 교육, 집단내 관계 대 집단간 관계, 사회의 구조 대 정치의 과정 ; 특수성의 정치학 대 보편성의 정치학 등이 그것들이다.[68] 사회과학의 관점에서 공동체주의의 딜레마를 가장 심도 있게 논의한 샌더스는 여러 가지 하위적 딜레마를 형성하고 있는 총 5개의 일반적 딜레마를 말하고 있다 : 지역적 공동체 대 비지역적 공동체, 법률적 공동체 대 자연적 공동체, 사회적 관계의 포괄적 영역 대 선택적 영역, 명시적인 이론적 구조 대 묵시적인 이론적 구조, 서술적인 배경적 요소 대 상호 작용적인 배경적 요소.[69] 물론 우리는 여기서 자유주의적 공동체론이 이러한 문제를 다 해결할 수 있다고 주장하는 것은 아니다. '자유와 평등의 구현체'로서의 자유주의 공동체론도 이러한 문제를 처리하지 않으면 안 된다. 그러나 이러한 딜레마의 해결에 대한 이론적 실천적 부담은 현재로서는 공동체주의자들이 더 짊어져야 한다.

2) 공동체주의의 규범적 방법론적 난점 : 공동체주의의 딜레마 봉착

자유주의자들의 공동체주의에 대한 역공 중 가장 신나는 부

67) Rosenbaum, 1987, p.154.
68) Unger, 1975, p.289. 웅거 자신의 해결책은 결국 여기에 부재하지만 모든 곳에 편재하는 초월적 내재자인 신(*Deus absconditus*)에 의존하는 것이다.
69) Sanders, 1973, Ch.VI. Dilemmas within Community Sociology 참조.

분은 공동체주의가 독재주의, 전체주의, 권위주의, 보수주의, 다수결 횡포의 함축성을 지니고 있다는 규범적 비판일 것이다. 그것은 공동체주의가 자아의 공동체적인 구성적 결부와 귀속, 개인의 사회적 역할 강조, 가치에 대한 공유된 이해와 통합을 바탕으로 "공동선의 정치"를 주장하고 있기 때문이다. 공동체주의는 그러한 사회의 실현을 위해서 가능한 동질적인 사회를 만들려고 할 것이며, 완전주의적 가치를 강요하고, 사적 영역과 공적 영역의 통합을 시도할 것이며, 사회적 갈등을 무시하고,[70] 소수자의 권리와 자유를 억압하고, 개인의 자율성과 다원주의적 관용을 해치게 될 가능성이 비일비재할 것이라고 자유주의자들은 우려한다.[71]

자유주의자들은 공동체주의에 대한 규범적 비판과 아울러 공동체주의에 대한 방법론적 난제를 들고 나온다. 자유주의자들은 공동체의 상실과 그에 따른 자유주의의 문책은 공동체주의자들이 간과하기 쉬운 딜레마를 숨기고 있다고 갈파한다. 만약 공동체주의자들이 주장하는 것처럼, 자유주의적 개인주의의 만연이 공동체의 상실을 불러왔다면, 자유주의는 현대 사회에 대한 정확한 이론적 반영이라고 할 수 있다. 모든 공동체주의자들이 주장하는 것처럼, 자유주의적 개인주의 정치철학과 자유주의적 개인주의 문화와 관행은 상호 보강 관계를 유지해왔다. 그런데 만약 공동체주의자들이 공동체 재건의 가능성을 확보하기 위해서 자아의 구성적 결부와 함께 현대 사회의 이면에 암묵적으로 존재하는 공동체의 맥락을 주장한다면, 자유주의는 자아와 현대 사회에 관한 정확한 이론적 반영은 아니다. 이 경우 공동체 상실에 대한 자유주의의 문책은 불가능한 것이 된다.

---

70) Damico, 1986, p.3.
71) Gutmann, 1985, pp.318-12, Hampton, 1997, p.187. Hirsh, 1986, p.424..

테일러는 자유주의적 개인주의 사회의 심층 구조는 사실상 공동체주의적이라는 주장을 편다.[72] 공동체주의의 이상과 같은 상이한 두 가지 주장의 집합들, 즉 공동체의 상실과 공동체의 암묵적 존속, 그리고 현대 사회에 관한 정확한 이론적 반영과 부정확한 이론적 반영으로서의 자유주의는 모두 옳을 수 없다. 공동체주의자 왈처는 고통스럽게도 이러한 공동체주의의 역리를 인정하지 않을 수 없다고 고백한다.[73] 인그램은 영미 공동체주의자들 전체가 이러한 역리에 오락가락하고 있다고 폭로한다.[74]

자유주의자들의 공동체주의 방법론에 대한 질타는 여기에 그치지 않는다. 공동체주의는 방법론적으로 볼 때 보수주의와 상대주의를 함축하며, 따라서 "단순 공동체주의자의 딜레마"와 "해석학적 순환"이라는 보다 정교한 철학적 방법론상의 난제에 직면하게 된다. 또한 그러한 난제는 공동체주의적 방법론으로 해결될 수 없는 사실도 아울러 지적된다. "단순 공동체주의자의 딜레마(simple communitarian dilemma)"는 만약 가치에 대한 사회적 의미가 현재 공동체가 가지고 있는 분배적 관행과 제도에 의거하고 있다면, 그러한 사회적 의미는 보수적인 것으로 비판적 원칙으로 작동할 수 없다. 만약 가치에 대한 사회적 의미가 공동체의 현재 관행과 제도에 의거하지 않고 그러한 의미를 통해서 관행과 제도를 비판할 수 있다면, 그러한 가치가 정당하다는 것을 공동체주의적 가치론에 의해서 어떻게 알 수 있는가?[75] 왈처와 맥킨타이어의 경우 가치의 사회적 의미와 전통에 대한 상충된 해석들이 존재할 경우, 이데올로기적 허위

72) Taylor, 1985, p.200 ; 1989b.
73) Walzer, 1990, p.7.
74) Ingram, 1995, p.107.
75) Cohen, 1986, pp.463-464.

의식을 배제하고 진정한 해석만을 추려내서 평가하는 기준은 "해석학적 악순환(vicious hermeneutical circle)"을 피할 수 없다. 다양한 해석들은 오직 총체적인 해석틀 안에서만 의미를 갖고 평가될 수 있지만, 그러한 총체적인 해석틀은 다시 다양한 해석들에 의거하고 않고서는 산출될 수 없기 때문이다.[76]

3) 공동체주의자들의 본색 : 어쩔 수 없는 근대주의자와 자유주의자

마치 마르크스가 말년에 자신은 마르크스주의자가 아니라고 했듯이, 공동체주의자들도 자신들이 공동체주의자라는 것을 흔쾌히 인정하지 않고 있다. 그 이유는 영미 상황에서 자유주의의 집단적 무의식이 주는 융(Jung)식의 원형적 억압일 것이다. 그 억압의 근원은 사적인 영역에서 가족과 같은 공동체는 삭막한 이 세계에서의 유일한 안식처이지만, 공적 영역에서의 공동체주의는 대중들에게는 그 어원적 친근성 때문에 공산주의로 오해를 받을 수 있기도 하고, 또한 나치즘과 파시즘 등 전체주의로부터의 공포가 아직 완전히 가시지 않았다는 사실이다. 공동체주의자 에치오니와 완전주의적 자유주의자인 갈스톤 등이 주도하여 공포한 <공동체주의 강령>에 주요한 철학적 공동체주의자인 맥킨타이어, 샌델, 테일러, 왈처 등이 서명하지 않고 있다는 점에서도 잘 드러난다.[77] 맥킨타이어는 자신이 서명하지 않은 이유를 이렇게 말한다 : "소문과는 반대로, 나는 결코

76) Bellamy, 1992, p.242.

77) 여기서 바버는 도덕 교육 분야만 빼고 조건부로 서명한다. 여기에는 후쿠야마(Fukuyama), 피시킨(Fishkin) 등 많은 자유주의자들도 서명한다. 주 56 참조.

공동체주의자가 아니고 또 공동체주의자인 적도 없다. 내 판단으로는 어떤 다른 나라와 마찬가지로 미국에서의 근대화의 진보에 따른 정치적, 경제적, 도덕적 구조는 과거의 다양한 역사적 시기에 이룩되었던 찬양할 만한 그러나 언제나 불완전한 행태로 존재했던 정치적 공동체 유형들 중 그 어떤 것도 실현될 가능성을 배제한다. 나는 또한 근대 사회를 공동체주의적 방식으로 체계적으로 재구성하려는 시도는 언제나 비효율적일 뿐만 아니라 파국을 몰고 올 것이라고 생각한다."[78] 이러한 맥킨타이어의 솔직한 고백을 통해 본다면, 맥킨타이어는 어쩔 수 없이 가치 다원주의적 자유주의자나 근대주의자(a modernist malgré lui)가 되어야 할 것이라는 라모어의 주장은 옳았다.[79]

샌델의 입장은 롤즈의 무연고적 자아관과 상호 연대를 요구하는 '최소 수혜자의 기대치를 최대로 하라'는 차등 원칙과의 비일관성을 지적할 뿐이지 결코 자유주의를 정면으로 반대하지 않는다.[80] 그래서 샌델의 비판은 자유주의 내부 비판이라고 분류되기도 한다.[81] 그러나 샌델은 자신의 최근의 저작 『민주주의의 불만』(1996)에서 공화주의적 공공 철학을 들고 나온다. 그러나 여기서 샌델은 "공화주의의 정치가 보장이 없는 위험한 정치"일 수 있다는 점을 인정한다.[82] 공화주의적 전통은 노예제, 여성의 참정권 배제, 유산 계층에 유리한 선거권 제도, 이민자들에 대한 차별 등과 관련하여 비판의 대상이 된다는 것을 인정한다. 그렇다고 한다면, 그러한 인정은 과연 자유주의적 관점이 아니고 공화주의 자체에서 나올 수 있는가?

---

78) MacIntyre, 1991, p.9. Bell, 1993, p.17에서 재인용.
79) Larmore, 1987, p.36, Selznick, 1987, p.447.
80) Sandel, 1984b, p.28.
81) Frazer and Lacey, 1993, p.113.
82) Sandel, 1996, p.321.

테일러는 이미 우리가 지적한 것처럼 근대 자유주의적 개인주의는 본래성의 윤리라는 이상이 있다는 것을 인정하고 그것을 공동체주의적으로 보완하려는 제한적인 의도만을 가진다. 또한 테일러는 자신을 공동체주의자라고 생각하지도 않으며, 자신의 자아관이 존재론적으로 볼 때 흔히 생각하듯이 "총체론적 집단주의(holist collectivism)"가 아니라 "총체론적 개인주의(holist individualism)"임을 밝힌다. 그는 물론 노직의 원자론적 개인주의(atomist individualism)를 거부한다. 이러한 관점에서 테일러는 롤즈의 정의론, 특히 "사회적 연합체들의 연합으로서의 공동체"의 개념을 지지한다. 다만 테일러는 롤즈의 차등 원칙을 보다 아리스토텔레스적인 방식으로 보완하려고 시도하면서 자유주의적 복지 국가를 옹호한다.[83] 왈처는 비록 자유주의의 방법론적 기초인 개인주의, 도덕적 보편주의, 권리 준거적 의무론, 가치 중립성을 거부하지만, 자유주의의 전통적 이념인 자유와 평등이 사회적 가치들의 공유된 이해에 근거한 공동체주의 정의론을 통해서 진정으로 실현될 수 있다고 주장하는 점에서 자유주의에 친화적이다. 왈처는 "자유주의를 그것의 기본 강령으로부터 급속하게 퇴각하는 자유주의자들로부터 옹호하는 것이 중요하다"고 생각한다. 또한 자신의 공동체주의는 "전근대적인 혹은 반자유주의적 공동체가 도래할 것을 기다리는" 반동적인 공동체주의는 아니며, "자유주의(혹은 사회민주주의) 정치 속에서 화합"될 수 있는 유형의 공동체주의라고 밝힌다. 그리고 그는 공동체주의는 자유주의에 대한 "재발적 교정"이지 전면적인 대체는 아니라고 지적한다.[84] 바버는 가치

---

83) 테일러는 자신을 공동체주의 진영에 소속시키지 않는다. Taylor, 1989a, p.160 ; 롤즈 관련 사항은 Taylor, 1986, p.57 참조.
84) Walzer, 1980, p.302 ; 1990, p.15, p.7, p.22.

통합론적 공동체주의자를 “사이비 공동체주의자”로 비하하고 자신은 자유민주주의를 참여민주주의적인 방식으로 보강하려는 제한적 의도만을 가지고 있다고 밝힌다. 바버는 자유주의를 민주주의적 불충분성 때문에 비판하는 것이 결코 자유주의와 자유주의 철학을 공격하는 것을 의미하지 않는다고 강조한다.[85]

4. 결론 : 논쟁의 자유주의적 종식과 자유주의의 미래

“자유주의의 자화상은 통상적으로 있는 그대로가 아니라 미화되어서 그려져 온 것이 사실이다.”[86] 공동체주의자들의 최대 공헌은 자유주의자들로 하여금 자유주의에 대한 솔직한 자화상을 그리도록 도와준 것이다. 그래서 공동체주의는 “자유주의 이후(post-liberalism)”의 철학일지언정, 결코 “자유주의 사후(a postmortem-liberalism)”의 철학일 수는 없다.[87] 공동체주의가 자유주의 이후의 철학이라는 의미는 “공동체주의가 민주주의적 관행이 확립된 자유주의 전통 속에서 발전되어 왔으며, 또한 공동체의 가치가 어떤 교정이 필요할 정도로 하락하도록 놔두는 자유주의 문화 속에서 발전되어 왔다”는 것이다.[88] 그러한 교정은 자유주의 속에서 이루어져야 하며, 그러한 교정이 자유주의 문화 자체를 위협한다는 것은 어불성설이다. 공동체를 들고 온다고 해서 ‘만병통치약(nostrum)’이 되는 것은 아니다.

우리는 <자유주의 대 공동체주의 논쟁>을 자유주의적 자아관, 자유주의적 개인주의와 사회관, 중립성과 반완전주의, 보편

85) Barber, 1984, p.120, p.xi.
86) Arblaster, 1984, p.347.
87) Philips, 1993, p.9.
88) Daly, 1994, p.xiii.

주의 그리고 자유주의와 현대 사회 문제라는 다섯 가지의 쟁점으로 정리하여 고찰하였다. 우선 우리는 각 쟁점별로 공동체주의자들의 자유주의에 대한 공동체주의자들의 비판을 소개하고 이러한 비판에 대한 자유주의자들의 대응을 후속 논쟁들과 연관시키면서 고찰했다. (1) 자유주의적 자아관은 공동체주의자들이 생각하듯이 순전히 무연고적 무귀속적 자아로서의 존재론적 원자론이 아니다. 자유주의적 자아관은 가치관에 대한 합의가 없는 다원주의 사회에서의 자유롭고 평등한 시민의 관점이라는 롤즈의 정치적 자유주의의 자아관을 대변한 것이다. 이러한 자아관은 사적인 영역에서 공동체적 결부와 귀속을 인정한다. 그러나 자유주의적 자아관은 공동체적 결부와 구속도 개인의 처한 사회적 정황의 제약 아래서 비판되고 변경될 수 있다고 개인의 자율성을 여전히 강조한다. (2) 자유주의적 개인주의와 공동체 개념은 공동체주의자들이 비판하듯이 순전히 자기 이익 추구를 지상 목적으로 하는 원자적 개인들의 피상적인 협동 관계인 도구적 사회가 아니다. 자유주의적 개인주의는 반사회적 개인주의가 아니라 가치와 의무와 책임의 원천은 개인에게 있다는 도덕적 개인주의다. 그러한 자유주의적 개인은 자기 이익 추구의 제약을 위한 공정한 사회적 협동 체계를 수용함과 동시에 집회와 결사의 자유와 권리를 통해서 다양한 공동체를 형성하고 번성시킬 수 있다. (3) 자유주의의 중립성과 반완전주의는 공동체들이 비판하듯이 자유주의적 개인주의만을 조장하는 위선성과 편협성만을 위한 것은 아니다. 자유주의의 중립성과 반완전주의는 근대 다원주의 사회에서의 도덕과 정치 체계에 대한 피할 수 없는 제약 조건으로 보지 않으면 안 된다. 비록 자유주의적 중립성을 강조하는 롤즈의 정치적 자유주의는 효과나 영향의 중립성을 확보할 수 없지만, 어느 사회 체제보다도 목적의 중립성을 달성시켰다고 본다. 그러나 완전주의적 자유주의자들은 공동체주의자들의 비판에 부분적으로 동조하고 가치 있는 삶의 증진을 위해서 국가가 그러한 삶이 가능한 공동체와 배경 조건을 지원해야 한다고 생각한다. 그러나 이러한 완전주의적 자유주의자들의 주장은 국가 완전주의로 나아갈 경우 개인의 자율성과 충돌되므로, 중립적 자유주의의 한계 안에서 간접적인 지원책이 되어야만 한다. (4) 자유주의적 보편주의는 공동체주의자들이 비판하듯이 역사적 공동체가 처한 특수성과 다원성을 무시하는 추상적이고 비현실적인 관점이 아니다. 자유주의적 보편주의는 서구 자유민주주의 사회의 공공적인 정치 문화와 전통에 내재한 근본적인 직관적 신념들을 배경으로 구성된 것이다. 그러나 이러한 출발점도 공동체주의자들이 빠지기 쉬운 상대주의적이고 보수주의적인 관점을 극복하기 위해서는 최소한의 공정성과 불편부당성을 보장하는 비판적인 입각지를 갖지 않으면 안 된다. 롤즈의 정치적 자유주의는 이러한 인식 아래 다양한 포괄적인 도덕적 종교적 철학적 교의들 사이에서 중첩적 합의를 추구하는 보편적인 관점으로 이해될 수 있다.[89] 따라서 롤즈의 정치적 자유주의는 공동체주의보다도 더 공동체주의적이 될 수 있다는 해석도 가능하다.[90] (5) 자유주의적 개인주의 문화가 현대 사회 문제에 대한 전적인 책임을 져야 한다는 공동체주의자들의 비판은 지나친 것으로 밝혀졌으며, 그러한 문제에 대한 공동체주의적 해결도 현실적 역량을 결여하고 있는 것으로 나타났다.

공동체주의자들의 비판에 대해서 자유주의자들은 이상과 같은 방어적 대응과 자유주의에 대한 적극적 재구성을 시도함과

89) Rawls, 1989.
90) Mulhal and Swift, 1992, p.201.

아울러 공동체주의자들에게 다양한 직접적인 역공을 가한다. 자유주의자들은 대체로 자유주의가 가진 문제점을 인정하기는 하지만, 공동체주의적 대안은 더 참혹한 결과일 것이라고 응수한다. 우선 공동체주의는 공동체 개념과 공동체 구성의 현실적 방안에 관련된 신뢰할 만한 대안을 결코 제시한 적이 없다는 사실이 지적된다. 설령 공동체주의적 대안이 명료화된다고 해도 그것은 현대 사회에서는 부적절한 낭만주의적 노스탤지어에 불과하거나, 롤즈의 정치적 자유주의가 밝힌 것처럼 근대 다원 민주사회에서는 부적절한 포괄적인 도덕적 교설의 하나로서 충분한 사회적 합의를 이끌어낼 수 없다. 이어서 자유주의자들은 공동체주의가 규범적으로도 방법론적으로도 다양한 딜레마에 봉착하여 헤어날 수 없음을 지적한다. 공동체주의는 공동선의 정치를 주장함으로써 전체주의, 보수주의 혹은 다수결 횡포의 함축성을 지닌다. 그러나 공동체주의는 자유주의에 의존하고 않고서는 이러한 함축성에서 벗어날 수 없다. 방법론적으로 볼 때 공동체주의는 공동체의 관행과 가치와 전통에 도덕적 준거를 두고 있는 한, 건전한 사회 비판을 수행할 수 없는 보수주의적이고도 상대주의적 입장에서 헤어나지 못한다. 이러한 방법론적 딜레마는 보다 정교한 철학적 방법론상의 딜레마인 '단순 공동체주의자의 딜레마'와 '해석학적 악순환'으로 재구성되었다. 특히 자유주의 이론과 자유주의 사회의 관계에 대한 공동체주의자들의 모순된 두 가지 비판과 주장, 즉 공동체의 상실과 원자적 개인과 공동체의 암묵적 존속과 자아 정체성의 구성적 결부 그리고 그에 상응해서 전개된, 현대 사회에 대한 정확한 이론적 반영과 부정확한 이론적 반영으로서의 자유주의에 대한 비판은 동시에 옳을 수 없다는 것이 지적되었다. 또한 우리는 공동체주의자들이 자유주의를 정면으로 부정할 수 없는 다양한 이유들도 제시하였다. 공동체주의자들의 비판에 대한 자유주의자들의 대응과 그들의 자유주의의 적극적 재구성 노력과 아울러 공동체주의에 대한 역공을 종합적으로 평가한 결과, 자유주의는 공동체주의의 도전을 물리칠 만한 이론적 현실적 역량을 가지고 있으므로 아직 건재하다고 결론을 내려도 좋을 것 같다.

아마도 공동체주의에 대한 가장 강하고도 솔직한 반론은 "강한 자유주의론"일 것이다. 강한 자유주의론이 '양심 선언'한 것처럼 자유주의는 민족국가에 대한 강력한 현실적 강령으로 작용해온 "비밀공동체주의"인지도 모른다.[91] 그러나 그것은 자유주의가 자신의 본질을 왜곡하는 방식으로 혹은 보수주의적 방식으로 공동체주의를 실현했다는 자가당착에 빠진다. 이러한 자가당착은 "자유주의자는 사회주의자들이 대부분 많은 시간 그러했던 것처럼 자신이 이름으로 탄생된 현실에 대해서 거의 수치스러워 할 필요가 없다"고 안도할 수 없음을 보여준다.[92] 그러나 우리는 "자유주의가 자신의 도덕적 이상을 실현하는 데 실패해왔다는 비판을 감수하면서도 그러한 실패가 논리적이거나 불가피하다는 것을 받아들이지 않을 수 있다."[93] 이미 왈처가 말한 것처럼, "우리는 자유주의를 자신의 기본 강령으로부터 급속히 퇴각하는 자유주의자들로부터 옹호하는 것이 중요하다."[94] 공동체주의자들은 까놓고 말은 안 하지만 "자유주의의 최선"이 자유주의자들에게만 내맡기기에는 너무나 좋다는 것을 느꼈을 것이 틀림없다. 자유주의에 대한 비판자들은 "자신들이 자유주의를 파괴하게 될 것인지 혹은 완성시키게 될 것

91) Fach and Procacci, 1988, p.35.
92) Arblaster, 1984, p.347.
93) Rosenbaum, 1989, p.10
94) Walzer, 1980, p.302.

인지를 근본적으로 모른다." 비록 우리는 "자유주의가 그 자체로 충분하지 않다는 것을 인정하지만, 최선의 자유주의를 계속적으로 필요로 한다."[95]

자유주의 철학의 역사는 끊임없는 도전과 응전의 연속이다. 자유주의는 자기의 영원한 동지를 철저히 간수하면서도 일시적 적들과 동침하여 동지로 포용하는 이론적 실천적 역동성을 입증한 바 있다. 자유주의는 합리주의, 경험주의, 혁명, 관료 제도, 계몽주의, 낭만주의, 자유방임 경제, 국가주의, 민주주의, 복지국가를 자신의 동지로 가져왔다. 공동체주의는 드러나지는 않았지만 이미 그 동지였으며 이제 곧 한 줌도 안 되는 최후의 저항자들을 물리치고 동지로 포섭할 것이다. 자유주의는 그 해방성과 역동성과 포용성을 아직도 간직하고 있다. 자유주의의 자기 정체성을 찾기 위한 "험난한 오디세이의 여정"은 지금도 끝나지 않았다.[96] 자유주의의 미래는 보장된 합의와 경직된 이데올로그들로 인한 '역사의 종언'이 가져올 '우울과 권태'가 아니라 인류의 번영을 위한 심각하면서도 흥미진진한 지적 탐구와 사회적 실험으로 계속될 것이다.

□참고 문헌

박정순, 1993, 「자유주의 대 공동체주의 논쟁의 방법론적 쟁점」, 『철학연구』, 제33집, pp.33-62.

———, 1998, 「정치적 자유주의의 철학적 기초.」, 『철학연구』, 제42집, pp.276-305.

95) Arblaster, 1984, p.348 ; p.349.
96) Young, 1996.

알래스데어 맥킨타이어, 1997, 이진우 역, 『덕의 상실』, 서울 : 문예출판사.

이진우, 1998, 「공동체주의의 철학적 변형」, 『철학연구』, 제42집, pp.244-271.

장동진, 1995, 「완전주의 : 자유주의적 해석」, 『한국정치학회보』, 제29집 4호, pp.115-134.

황경식, 1995, 「자유주의와 공동체주의」, 『개방 사회의 사회 윤리』, 서울 : 철학과현실사, pp.170-264.

Ackerman, Bruce A. 1980, *Social Justice in the Liberal State*. New Haven : Yale University Press.

Arblaster, Anthony. 1984, *The Rise & Decline of Western Liberalism*. Oxford : Basil Blackwell.

Avineri, Solomon. and Avner De-Shalit. ed. 1992, *Communitarianism and Individualism*. Oxford University Press. "Introduction". pp.1-11.

Ball, Terence and Richard Dagger, 1995, *Political Ideologies and the Democratic Ideal*. New York : Harper and Collins.

Barber, Benjamin. 1984, *Strong Democracy : Participatory Politics for a New Age*. Berkeley : University of California Press.

Bell, Daniel. 1993, *Communitarianism and Its Critics*. 1993, Oxford : Clarendon Press.

Bellah, Robert. *et al*. 1985, *Habits of Heart*. New York : Harper & Row.

Bellamy, Richard. 1992, *Liberalism and Modern Society*. Oxford : Polity Press.

Buchanan, Allen. 1989, "Assessing the Communitarian Critique of Liberalism." *Ethics*, vol.99, pp.852-882.

Cohen, Joshua. 1986, "Book Review of Walzer's *Spheres of Justice*." *The Journal of Philosophy*, vol.83, pp.457-468.

Daly, Markate. 1994, *Communitarianism : A New Public Ethics*. Belmont : Wadsworth Publishing Co.

Damico, Alfonso. ed. 1986, *Liberals on Liberalism*. Totowa : Rowman & Littlefield.

Dworkin, Ronald. 1977, *Taking Rights Seriously*. Cambridge : Harvard University Press.

_______. 1978, "Liberalism." Stuart Hampshire. ed. *Public & Private Morality*. Cambridge : Cambridge University Press. pp.113-143.

Etzioni, Amitai. 1993, *The Spirit of Community*. New York : Simon and Schuster.

Fach, Wolfgang and Giovanna Procacci. 1988, "Strong Liberalism." *Telos*, vol.76, pp.33-49.

Fishkin, James S. 1984, "Defending Equality : A View From The Cave." *Michigan Law Review*. vol.82. pp.755-760.

Frazer, Elizabeth and Nicola Lacey. 1993, *The Politics of Community*. Toronto : Toronto University Press.

Galston, William. 1982, "Defending Liberalism", *The American Political Science Review*, vol.76. pp.621-629.

_______. 1991, *Liberal Purposes : Goods, Virtues, and Diversity in the Liberal State*. Cambridge : Cambridge University Press.

Gauthier, David. 1986, *Morals By Agreement*. Oxford : Clarendon

Press.

Gewirth, Alan. 1978, *Reason and Morality*. Chicago : University of Chicago Press.

Gutmann, Amy. 1985, "Communitarian Critics of Liberalism." *Philosophy & Public Affairs*, vol.14, pp.308-321.

Hampton, Jean. 1997, *Political Philosophy*. Oxford : Westview Press.

Herzog, Don. 1986, "Some Questions for Republicans." *Political Theory*, vol.14, pp.473-93.

Hirsch, H. N. 1986, "The Threnody of Liberalism : Constitutional Liberty and the Renewal of Community." *Political Theory*, vol.14, pp.423-449.

Ingram, David. 1995, *Reason, History, & Politics*. Albany : State University of New York Press.

Kymlicka, Will. 1988, "Liberalism and Communitarianism." *Canadian Journal of Philosophy*, vol.18, pp.181-203.

_______. 1989, *Liberalism, Community and Culture*. Oxford : Clarendon Press.

_______. 1993, "Community." Robert E. Goodin and Phililp Pettit. ed. *A Companion to Political Philosophy*. Oxford : Basil Blackwell. pp.366-377.

Larmore, Charles E. 1987, *Patterns of Moral Complexity*. Cambridge : Cambridge University Press.

Macedo, Stephen. 1991, *Liberal Virtues*. Oxford : Clarendon Press.

MacIntyre, Alasdair. 1984, *After Virtue*. 2nd edn. Notre Dame : University of Notre Dame Press. 1st edn. 1981.

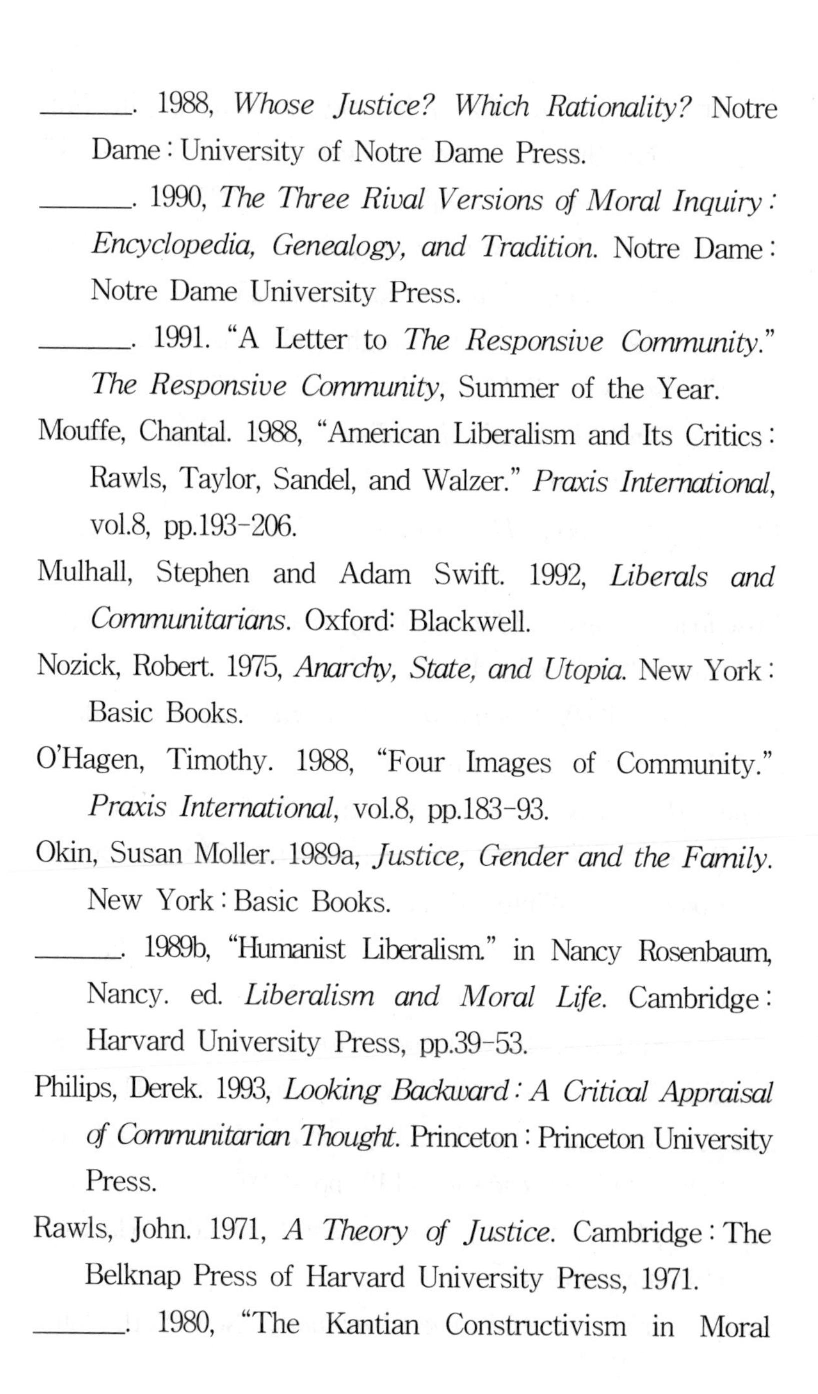

______. 1988, *Whose Justice? Which Rationality?* Notre Dame : University of Notre Dame Press.

______. 1990, *The Three Rival Versions of Moral Inquiry : Encyclopedia, Genealogy, and Tradition*. Notre Dame : Notre Dame University Press.

______. 1991. "A Letter to *The Responsive Community*." *The Responsive Community*, Summer of the Year.

Mouffe, Chantal. 1988, "American Liberalism and Its Critics : Rawls, Taylor, Sandel, and Walzer." *Praxis International*, vol.8, pp.193-206.

Mulhall, Stephen and Adam Swift. 1992, *Liberals and Communitarians*. Oxford: Blackwell.

Nozick, Robert. 1975, *Anarchy, State, and Utopia*. New York : Basic Books.

O'Hagen, Timothy. 1988, "Four Images of Community." *Praxis International*, vol.8, pp.183-93.

Okin, Susan Moller. 1989a, *Justice, Gender and the Family*. New York : Basic Books.

______. 1989b, "Humanist Liberalism." in Nancy Rosenbaum, Nancy. ed. *Liberalism and Moral Life*. Cambridge : Harvard University Press, pp.39-53.

Philips, Derek. 1993, *Looking Backward : A Critical Appraisal of Communitarian Thought*. Princeton : Princeton University Press.

Rawls, John. 1971, *A Theory of Justice*. Cambridge : The Belknap Press of Harvard University Press, 1971.

______. 1980, "The Kantian Constructivism in Moral

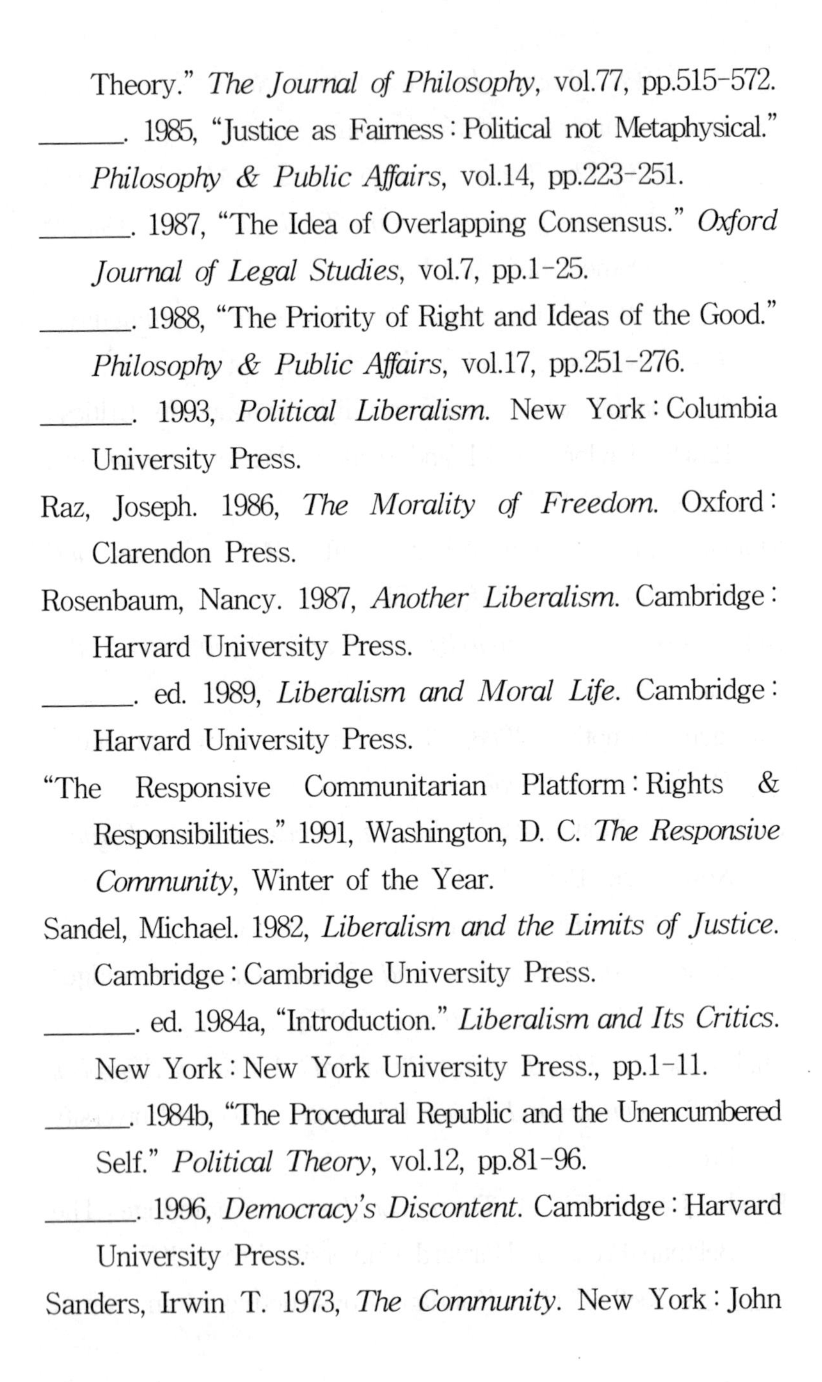
Theory." *The Journal of Philosophy*, vol.77, pp.515-572.

______. 1985, "Justice as Fairness : Political not Metaphysical." *Philosophy & Public Affairs*, vol.14, pp.223-251.

______. 1987, "The Idea of Overlapping Consensus." *Oxford Journal of Legal Studies*, vol.7, pp.1-25.

______. 1988, "The Priority of Right and Ideas of the Good." *Philosophy & Public Affairs*, vol.17, pp.251-276.

______. 1993, *Political Liberalism*. New York : Columbia University Press.

Raz, Joseph. 1986, *The Morality of Freedom*. Oxford : Clarendon Press.

Rosenbaum, Nancy. 1987, *Another Liberalism*. Cambridge : Harvard University Press.

______. ed. 1989, *Liberalism and Moral Life*. Cambridge : Harvard University Press.

"The Responsive Communitarian Platform : Rights & Responsibilities." 1991, Washington, D. C. *The Responsive Community*, Winter of the Year.

Sandel, Michael. 1982, *Liberalism and the Limits of Justice*. Cambridge : Cambridge University Press.

______. ed. 1984a, "Introduction." *Liberalism and Its Critics*. New York : New York University Press., pp.1-11.

______. 1984b, "The Procedural Republic and the Unencumbered Self." *Political Theory*, vol.12, pp.81-96.

______. 1996, *Democracy's Discontent*. Cambridge : Harvard University Press.

Sanders, Irwin T. 1973, *The Community*. New York : John

Wiley & Sons, 1973 ; 3rd edn.

Selznick, Philip. 1987, "The Idea of a Communitarian Morality." *California Law Review*, vol.75, pp.445-463.

Shapiro, Daniel. 1995, "Liberalism and Communitarianism." *Philosophical Books*. vol.36. pp.145-155.

Tam, Henry. 1998, *Communitarianism*. New York : New York University Press.

Taylor, Charles. 1985, "Atomism." in his *Philosophy and the Human Sciences : Philosophical Papers* 2. Cambridge University Press, pp.187-210.

______. 1986. "The Nature and Scope of Distributive Justice." in Frank S. Lucash, ed., *Justice and Equality Here and Now*. Ithaca : Cornell University Press, pp.34-67.

______. 1989a, "Cross Purposes : The Liberal-Communitarian Debate." in Nancy Rosenbaum, ed. *Liberalism and the Moral Life*. Cambridge : Harvard University Press, 1985., pp.159-182.

______. 1989b, *Sources of Self*. Cambridge : Harvard University Press.

______. 1991, *The Malaise of Modernity*. Concord : Anansi.

______. 1992, *The Ethics of Authenticity*. Cambridge : Harvard University Press.

Thigpen, Robert B. and Lyle A. Downing. 1987, "Liberalism and the Communitarian Critique." *American Journal of Political Science*, vol.31, pp.637-655.

Tomasi, John. 1990, "Individual Rights and Community Virtues." *Ethics*, vol.101, pp.521-537.

Unger, Roberto Mangabeira. 1975, *Knowledge and Politics.* New York : The Free Press.

Waldron, Jeremy. 1987, "Theoretical Foundations of Liberalism." *The Philosophical Quarterly*, vol.37, pp.127-150.

Walzer, Michael. 1980, *Radical Principles.* New York : Basic Books.

______. 1983, *Spheres of Justice : A Defense of Pluralism and Equality.* New York: Basic Books.

______. 1990, "The Communitarian Critique of Liberalism." *Political Theory*, vol.18. pp.6-23.

Young, James. 1996, *Reconsidering American Liberalism : The Troubled Odyssey of the Liberal Idea.* Boulder : Westview Press.

자유주의와 유학(儒學)의 양립 가능성에 관한 시론(試論)

문 병 도(광주교육대 윤리교육과 교수)

1. 서 론

최근 현대 서양과 한국에서 동양철학 또는 비교철학을 연구하는 학자들은 유학과 자유주의를 비교하는 논문들을 속속 내놓고 있다. 이들의 주요 논지는 유학과 자유주의는 매우 이질적인 사유 체계라는 전제하에서, 양자의 차이점을 드러내는 데 그 초점을 맞추고 있다. 유학과 자유주의(liberalism)는 근대 서구와 고대 중국이라고 하는 매우 이질적인 문화 전통 속에서 발전되었기에, 이러한 이념 체계에 영향을 받으며 성장된 사회는 각기 다른 사회 질서, 정치 제도, 도덕률, 문화, 개념 체계를 갖게 된다는 것은 너무나 당연한 상식이라고 하겠다.

그 차이점으로 열거되는 것으로는 첫째, 자유주의가 상정하고 있는 인간은 공동체의 질서와 도덕 체계가 개인에게 부과하는 부담과 간섭으로부터 벗어나, 자유롭게 스스로의 삶을 선택하는 고립된 절대 개인(individual)인 반면, 유학이 상정하는 인간은 공동체의 연결망 속에서 타인과 함께 존재하는 관계적 존재라는 것이다. 그러므로 유교적 인간은 가족을 기본 단위로 하는 공동체의 전통, 질서 그리고 도덕 체계를 의심 없이 받아들이고 살아가는 존재이지, 이를 벗어나서 스스로 선택하는 절대 개인이 아니라는 것이다. 자유주의를 비판하는 입장에서는 자유주의적 인간관은 공동체로부터 분리되어 아무런 사회적 내용도 가지고 있지 않은 '유령적 자아'라고 비판한다. 둘째, 이의 당연한 결과로서, 자유주의에서는 개인, 자유, 권리 등의 개념이 중심 축을 이루고, 유학에서는 가족, 관계, 덕 등의 개념이 중심을 차지한다는 것이다.

필자는 이러한 논의들이 자유주의와 유학의 일반적 특징을 이해하는 데 상당한 기여를 하고 있다는 것을 인정하지만, 이 두 흐름을 서로 공유하는 바가 없는 대립적 이분 구도로 파악할 필요는 없다고 생각된다. 자유주의가 현실에 잘못 적용되어질 때 나타나는 이기적이고도 방종한 인간의 행태들과 같은 말류 현상 때문에 비판을 받고 있긴 하지만, 자유주의의 이상 속에는 거부하기 힘든 가치가 존재한다고 생각된다. '추상적' 또는 '유령적' 개인이라고 비판받고 있긴 하지만, 이러한 그림 속에서 자유주의자들이 확보하고자 하는 것은 '인간의 존엄성'과 타인에 대한 '동등한 고려(equal concern)' 또는 '공평성(impartiality)'이라고 할 수 있다. 자유주의의 심층 구조 속에 깔려 있는 이러한 요소들은 옳고 그름을 가리기 위한 도덕적 논증의 전제 또는 근거점을 확보하는 데 필수불가결한 요소라고 생각된다.

따라서 자유주의가 자라온 서양의 역사적 맥락, 현실적 적용으로서의 제도 그리고 다소간의 부작용, 오해의 소지가 많은 절대적 개인의 그림 등의 부수적 측면을 접어두고, 그 심층 구조 속의 이념에 초점을 맞춘다면, 이는 정확히 유학의 서(恕)의 원칙 또는 도덕 판단 방법론이 함축하는 바며, 이로 인해 유학의 핵심과 자유주의의 이상은 만날 수 있게 된다고 생각된다.

본 논문은 유학과 자유주의는 '동등한 고려'와 '공평성'을 그 심층 구조에서 공유한다는 측면에서 유학과 자유주의는 양립 가능하며, 이러한 이념은 사실상 넓은 의미에서 공리주의적 윤리 이론과 내용에서 동일하다는 것을 논증해보고자 한다.

2. 자유주의의 함의

자유주의가 추구하는 가장 중요한 가치는 두말할 나위도 없이 '자유'다. 일상적으로 '나는 X를 할 자유가 있다'는 말은 '아무런 구속 없이, 내가 원하는 X를 할 수 있다'는 것을 의미한다. '자유'의 대상으로서의 X에는 하기를 원하는 무엇이든지 포함할 수 있다. 다른 말로 해서 X의 내용은 '개인의 이익'으로 표현될 수 있다. 한편, 자유주의는 이러한 자유가 특정한 사람에게만 있는 것이 아니라 누구에게나 있다고 주장한다. 즉, 자유주의는 인간은 누구나 자기가 원하는 바를 선택할 수 있는 자유가 있다고 주장한다. 이런 점에서 자유주의는 각각의 인간에 대해 동등한 고려(equal consideration)를 할 것을 요구한다.

한편, 자유주의는 남의 자유 또는 이익을 침해하지 않는 한 개인의 자유를 제한하는 것은 옳지 않다고 본다. 즉, 남의 자유를 침해하지 않는 한, 자신이 원하는 바를 추구하는 것은 그 내용이 무엇이든 정당화된다는 것이다. 각 개인의 자유를 동등하게(equally) 중시하는 자유주의의 입장에서 이는 너무나 당연한 주장이라 할 수 있다. 문제는 이러한 불간섭 원칙(Principle of non-interference)을 타당한 것으로 받아들인다 하더라도, 현실에서 각자의 자유는 모두 만족될 수 없고 때로는 충돌할 수밖에 없다는 것이다. 이런 상황에서 일방(一方)의 자유는 침해될 수밖에 없다. 예를 들면, 주차할 수 있는 공간이 하나밖에 없는데 두 사람이 모두 주차하기를 원할 때, 쌍방에 대해 동등하게 각자 원하는 바를 할 수 있는 자유가 주어질 경우 한 사람의 자유는 침해될 수밖에 없다. 그렇다면 누구의 자유가 제한되는 것이 자유주의적 관점에서 정당화되는가 하는 문제가 제기될 수 있다. 적어도 불간섭의 원칙이 이런 문제에 대한 답을 제시할 수 없다는 것은 명백하다. 왜냐 하면 불간섭의 원칙이 말하는 바는 남의 자유가 침해되지 않는 한 개인의 자유는 허용되어야 한다는 것인데, 이런 경우는 일방의 자유가 허용되기 위해서는 타방의 자유가 침해될 수밖에 없는 경우이기 때문이다. 그러므로 누가 양보하는 것이 옳은지를 가릴 타당한 방법이 없다면 자유주의는 난관에 봉착하지 않을 수 없다.

이상에서 자유주의가 주장하는 바는 첫째, 자신이 원하는 바를 구속 없이 추구할 수 있는 자유가 누구에게나 있으며, 둘째, 자유주의는 각 개인의 자유, 즉 개인의 욕구, 이익에 대해 동등한 비중을 두어야 한다는 것이다. 셋째, 남의 자유를 침해하지 않는 한 개인의 자유가 제한 없이 추구되는 것은 정당화된다는 것이다.

이상의 자유주의적 요구 조건을 원시 유학은 어떻게 만족시킬 수 있으며, 또한 자유주의의 난점으로 지적되었던 바와 같이 자유의 충돌시 무엇이 옳은지를 가릴 수 있는 합리적 방법을 어떻게 유학은 제시할 수 있는지를 아래에서 논의해보고자 한다. 그 가능성은 바로 공맹의 서(恕)의 도덕 판단 방법론에 있다고 생각된다.

3. 서(恕)와 황금률에 대한 대립된 두 입장

공자는 자신의 도는 하나의 원칙으로 일관되어 있다고 했다. 그 원칙을 공자는 기소불욕, 물시어인(己所不欲, 勿施於人)이라고 표현하고 있다. 이는 인(仁)을 실현하는 방법이라고 또한 공자는 말하고 있다. 이 말을 글자 그대로 번역하면 "남이 나에게 해주기를 바라지 않는 바를 남에게 행하지 말라"가 된다. 맹자도 이 서(恕)를 실천하는 것은 인(仁)을 이루는 가장 가까운 길이라 했다.

James Legge와 같은 기독교 선교사나 공자를 옹호해보려는 몇 분들은 이 서(恕)의 방법론이 기독교의 황금률(黃金律), 즉 "남이 나에게 해주기를 바라는 바를 남에게 행하라"는 것과는 부정적 표현이라는 의미에서 차이가 있으며, 선교사들은 서(恕)의 방법을 기독교의 황금률에 대비시켜 은율(銀律. Silver Rule)이라 부르며 황금률이 우월하며, 공자를 옹호해보려는 분들은 공자의 서의 방법론이 우월하다고 주장한다. 그러나 이 분들의 주장은 별로 설득력이 없다. 왜냐 하면 부정적 표현은 긍정적 표현으로 바꾸어 표현될 수 있고, 긍정적 표현은 부정적 표현으로 바뀔 수 있고, 또한 황금률이든 서(恕)의 방법론이든 글자 그대로 적용하면 많은 불합리한 결과를 발생시키기 때문이다.

이를 좀더 자세히 설명해보기로 하자. 일견하기에는, 두 원칙 사이에는 현저한 차이점이 있는 것처럼도 보인다. 즉, 긍정적(적극적) 황금률은 행위자로 하여금 어떤 옳은 행위를 남에게 적극적으로 수행할 것을 명하는 것처럼 보이는 반면, 부정적(소극적) 황금률(the Silver Rule. 恕)은 단순히 행위자로 하여금 단순히 어떤 옳지 못한 행위를 하지 말 것을 명령하는 것처럼 보일 수 있다. 예를 들면, 어린아이가 우물에 빠지려 하는 것을 우리가 보았을 때, 긍정적 황금률은 어린아이를 구할 것을 명하는 반면, 부정적 황금률은 단지 어린아이를 우물 속으로 차넣지 말 것을 명령하는 것 같다. 이러한 예는 왜 기독교 선교사들이 긍정적 황금률이 부정적 황금률보다 우월하다고 믿었는지에 대한 이유를 설명해줄 수 있을 것 같다.

무엇보다 먼저 우리는 하나의 예를 통해 기독교 선교사들의 입장이 유지되기 어려움을 보여줄 수 있다. 어린아이가 물에 빠지려는 케이스를 고려해보기로 하자. 우리가 "내가 도움을 필요로 할 때 남이 나를 돕는 것을 원한다면, 남이 도움을 필요로 할 때 나는 남을 마땅히 도와야 한다"고 긍정적 황금률에 근거해서 하나의 격률을 세운다면, 긍정적 황금률은 어린아이를 구하라고 우리에게 지시할 수 있다. 마찬가지로, 위의 격률을 부정적으로 표현해서, "만약 내가 도움을 필요로 할 때 남이 도움을 거부하는 것을 바라지 않는다면, 남이 도움을 필요로 할 때 이를 거부해서는 안 된다"고 재구성하면 부정적 황금률 역시 어린아이를 구할 것을 우리에게 지시할 수 있다.[1] 그러므로 부정적 황금률 역시 행위자로 하여금 적극적으로 행동하도록 지시할 수 있다. 그렇다면 기독교 선교사들의 우월성 주장은 매우 의심스러운 것으로 판명된다.

그러면 서(恕)의 방법론 또는 원칙과 황금률이 글자 그대로 적용되면 어떠한 불합리한 결과를 발생시키는지 먼저 살펴보기로 하자.

첫째, 고기를 즐겨먹는 내가 채식주의자인 불교 스님을 초청해서 파티를 연다고 가정해보자. 이때 서(恕)의 원칙을 그대로

---

1) Marcus G. Singer, "The Golden Rule", *Philosophy*, vol. 38, no. 146 (Oct. 1963), pp.305-306.

적용시키면 불합리한 결과가 발생하게 된다. 즉, 내가 파티에 초청을 받아 간다면 남이 나에게 고기를 대접해주기를 바랄 것이다. 그러면 황금률은 스님께 고기를 대접할 것을 명한다. 즉, 나와 남의 입맛 내지 욕구가 틀릴 때, 황금률은 우리의 도덕적 상식과 잘 맞아 들어가지 않는다. 그래서 버나드 쇼(George Bernard Shaw)는 "남이 너에게 해주기를 바라는 대로 남에게 행하지 말라. 남들은 다른 기호를 갖고 있을지를 모른다"고 말하고 있다. 이는 서(恕)의 원칙에서도 마찬가지다. 즉, "남이 나에게 채식을 주는 것을 바라지 않기 때문에, 채식을 스님에게 주어서는 안 된다"고 부정적으로 말한다면 이 역시 매우 잘못된 판단임은 마찬가지다. 버나드 쇼가 만약 부정적 황금률을 알았다면, "남이 너에게 해주기를 바라지 않는 행위를 남에게 하라. 남들은 다른 기호를 가졌을 수 있다"고 말했을 것이다.

행위자의 욕구나 기호가 다른 사람과 비슷한 경우에서조차 두 원칙은 역시 불합리한 결과를 산출할 수 있다. 나는 배고파 죽을 지경이고, 다른 한 사람은 먹고는 싶지만 그렇게 배고프지는 않은 상황을 가정해보자. 단지 하나의 햄버거만 있고, 그 사람이 나에게 햄버거를 양보해주기를 바란다고 또한 가정해보자. 이 경우에서 긍정적 황금률은 햄버거를 남에게 양보할 것을 지시하게 된다. 왜냐 하면 남이 나에게 해주기를 바라는 바를 마땅히 남에게 해야하기 때문이다. 부정적 황금률 역시 동일한 결과를 산출할 수 있다. 즉, 내가 햄버거를 먹는 것을 남이 방해하는 것을 원치 않는다면, 다른 사람이 햄버거를 먹는 것을 방해해서는 안 된다는 것이 부정적 황금률이 지시하는 바이기 때문이다. 욕구의 충돌이 있는 매 상황에서 항상 남에게 양보할 것을 황금률이 지시한다면, 이는 대단히 불합리하다 아니할 수 없다.

4. 서(恕)와 보편화 가능성 그리고 형식적 정의(Formal Justice)

이런 엉뚱한 결론을 피하기 위해서는 서(恕)의 원칙과 황금률의 정확한 의미를 포착해볼 필요가 있다. 그 키(key)는 '己所不欲'의 '欲'(원하다)을 새롭게 이해해보는 데 있다고 생각된다. 이를 위해서 한 가지 예를 들 필요가 있다. 재판관이 도둑을 재판할 때 황금률을 적용한다고 가정해보자. 그러면 그 재판관은 자신이 도둑의 입장이 되어 재판을 받는다면 남이 어떻게 해주기를 바랄지 상상해볼 것을 서의 원칙은 요구한다. 그러면 죄를 지었기에 감옥에 가는 것이 도덕적으로 옳지만, 감옥에 가는 것은 매우 고통스러운 일이기에 남(재판관)이 벌을 내리는 것을 원치 않을 것이다. 그러면 서의 원칙은 그 재판관으로 하여금 도둑을 감옥에 보내지 않을 것을 명한다. 왜냐 하면 남이 나에게 해주기를 바라지 않는 것을 해서는 안 되기 때문이다. 그러면 모든 범죄인들은 서의 원칙의 덕택으로 감옥에서 모두 풀려 나오게 될 것이다. 이는 분명히 공자가 의미하는 바는 아닐 것이다.

이러한 불합리한 결과가 생기는 근본적인 이유는 남이 나에게 해주기를 바라는 행위를 남에게 하는 것이 도덕적으로 옳지 않은 경우가 있기 때문이다. 이러한 불합리한 결과는 서의 원칙을 재해석함으로써 피할 수 있다고 생각된다. 우리가 "남이 나에게 어떠한 행위를 해주기를 바란다"고 말할 때, 최소한 두 가지 다른 동기가 있는 것 같다. 하나는 도덕적 고려와는 무관하게 단지 내가 원하니까 또는 나에게 이익이 되기 때문에 남이 나에게 해주기를 바라는 경우가 있을 수 있다. 두 번째로는 그 행위가 도덕적으로 옳기 때문에, 다시 말해 그 사람이 나에게 그렇게 하는 것이 마땅하기 때문에 "남이 나에게 해주기를 바란다"고 말할 수 있는 경우가 있을 수 있다. 공자나 맹자가 의도하는 바는 바로 후자의 경우라고 볼 수 있다. 그래서 서의 원칙은 아래와 같이 재해석될 수 있다.

> "만약 자신이 당하는 사람의 입장에 섰을 때, 남이 자신에게 마땅히 해야 한다는 이유에서 해주기를 바랄 수 없는 행위를 남에게 하지 말라."

서(恕)의 원칙에 대한 이러한 해석은 위에서 든 재판관과 도둑의 예에서의 불합리한 결과를 피할 수 있다. 즉, 만약 재판관이 서의 원칙을 따른다면, 그는 자신이 도둑의 입장에 있다면 남이 자신에게 도덕적으로 무엇을 마땅히 해주기를 바랄지 상상해볼 필요가 있다. 그러면 자신이 감옥에 가는 것이 도덕적으로 마땅하다는 이유에서, 재판관이 그를 감옥에 보내주기를 바랄 것이다. 그러므로 자신을 풀어주는 것은 남이 그에게 마땅히 해주기를 바랄 수 있는 바가 아니다. 그러므로, 공자의 서의 원칙은 재판관에게 도둑을 풀어주지 말도록 지시할 수 있다. 이는 재판관이 마땅히 도둑을 감옥에 보내야 한다는 것을 의미한다.

이러한 부정적 형식의 함의는 "만약 네가 남의 입장에 섰을 때, 남이 자신에게 마땅히 해야 하기 때문에 남이 해주기를 바라는 행위를 남에게 하라"고 하는 긍정적 형식의 그것과 내용에서 사실상 일치한다는 것을 발견할 수 있다. 한쪽은 다른 쪽을 함축한다. 즉, 옳지 않다는 이유에서 남이 자신에게 해주기를 바라지 않는 행위를 남에게 해서는 안 된다면, 이는 사실상 옳다는 이유에서 남이 자신에게 해주기를 바라는 행위를 남에게 하라는 것을 의미한다고 하겠다. 이는 왜 공자가 『논어』에서 빈번히 적극적으로 우리가 무엇을 마땅히 해야 할지를 가르치며, 왜 『중용』에서 서의 원칙은 부정적으로 표현하면서, 이의 구체적 예에서는 긍정적으로 표현하는지를 설명해줄 수 있다. 공자는 말하기를,

> 남이 너에게 도덕적으로 마땅히 해야 한다는 이유에서, 남이 너에게 해주기를 바랄 수 없는 행위를 남에게 행하지 마라. …… 나의 자식이 마땅히 해주기를 바라는 바에 따라 부모를 섬기는 것을 나는 아직 이루지 못했다. 나의 신하가 마땅히 해주기를 바라는 바에 따라 임금을 섬기는 것을 나는 아직 이루지 못했다. …… 동생이 마땅히 해주기를 바라는 바에 따라 형을 섬기는 것을 나는 아직 이루지 못했다.[2)]
>
> 施諸己而不願 亦勿施於人. …… 所求乎子, 以事父, 未能也. 所求乎臣, 以事君, 未能也. …… 所求乎弟, 以事兄, 未能也.

기독교의 황금률 역시 『공인판 성경(*the Authorized Version of the Bible*)』에서는 이러한 긍정적 형식으로 서술되어 있다. 즉, 비록 『신역 영어 성경(*The New English Bible*)』은 "남에게 대접을 받고자 하는 대로 너희도 남을 대접하라"고 애매하게 서술하고 있지만, 『공인판 성경』은 "남이 너에게 마땅히 해야 한다고 네가 바라는 바에 따라, 너 역시 남에게 그렇게 행하라"고 황금률을 서술하고 있다.[3)] 『공인판 성경』의 이 정식은

---

2) 『中庸』, 13장.

3) 『신역 영어 성경』의 원문은 "Treat others as you would like them to treat you"이며, 『공인판 성경』의 원문은 "As ye would (or wish) that men *should* do to you"이다. R. M. Hare, "Euthanasia : A Christian View", in his *Essays on Religion and Education* (Oxford : Oxford University Press,

공자의 서의 원칙의 중심 취지와 상통하고 있다 하겠다. 그래서 황금률과 서의 원칙은 그 내용에서 사실상 일치한다는 것을 알 수 있다.

위와 같이 해석된 공자의 서의 원칙은, 우리 사회 안의 대부분의 사람들이 공유하는 도덕 신념을 갖고 있다는 일반적 가정하에서, 불합리한 결과를 피하는 데 많은 장점을 가지고 있다. 다시 말해, 이러한 전제하에서 상대방의 입장에 섰다고 가정했을 때, 도덕과 무관한 의미의 욕구는 보통 사리(私利)를 추구하는 경향이 있는 반면, 우리의 성실한 도덕 판단은 상식적인 도덕 신념과 잘 조화를 이룬다. 그러므로 일상적인 경우에서는, 이전의 해석과는 달리 서에 대한 우리의 새로운 해석을 따를 때 관습적인 도덕 신념으로부터 벗어나는 일은 현저히 줄어든다.

그러나 서의 원칙 또는 황금률의 의미는 보다 더 발전될 필요가 있다. 왜 우리는 서의 원칙을 따라야 하는가? 하는 보다 근본적인 질문에도 답변해야 하고, 이 서의 원칙이 각자의 입맛 내지는 욕구가 틀리는 경우 또는 다른 사람의 입장에 섰을 때 나에게 무엇이 마땅히 행해져야 하는지 직관적으로 답이 안 나올 때 같은 복잡한 상황을 어떻게 다룰 수 있는지 등에 대해서도 답변해야 하기 때문이다.

새로 해석한 서의 원칙에서, 공자의 의도가 정확히 어디에 있는지 보다 자세히 검토해보기로 하자. 갑(甲)은 을(乙)로부터 돈을 빌렸고, 을은 또한 병(丙)으로부터 돈을 빌렸고, 갑이 빚을 을에게 갚지 않는다고 가정해보자. 을은 갑으로 하여금 빚을 갚게 하기 위해 어떻게 하는 것이 옳은지를 생각해볼 수 있다. 으슥한 곳에 데리고 가서 몇 대 때리고나서 갚지 않으면 더

1992), pp.73-74 참조.

혼을 내겠다고 으름장을 놓는 것이 옳다는 생각으로 기울어진다고 가정해보자. 그러나 채권자와 채무자 관계로서의 갑과 을의 관계는 을과 병의 관계와 정확히 일치한다. 그러므로 을이 서의 원칙을 따른다면, 갑을 때리고 협박하기 전에 생각을 해볼 필요가 있다. 즉, 만약 자신이 병에게 돈을 갚지 않으면, 병이 자신을 때리고 협박하는 것이 옳기에 이를 자신에게 해주기를 (도덕적 의미에서) 바랄 수 있는지를 자문해보아야 한다. 만약 병이 그렇게 해주기를 (도덕적 의미에서) 바랄 수 없다면, 서의 원칙은 을이 갑을 때리고 협박해서는 안 된다는 것을 명령한다.[4] 즉, 서의 원칙이 지시하는 바는 입장을 바꾸어서 당하는 사람의 입장에 섰을 때도 나의 행위를 옳다고 말할 수 있는지 생각해보라는 것이다.

그러면 왜 우리는 서의 원칙을 지켜야 하는가? 다시 말해 왜 우리는 서의 원칙을 어겨서는 안 되는가 하는 근본적인 질문을 던져볼 수 있다. 칸트는 이 질문의 답변을 위해 많은 빛을 던져준다. 칸트는 정언 명령(the Categorical Imperative)의 제1원칙을 "나의 격률이 보편 법칙이 되어야 한다고 의욕할 수 있는 방식에 따라 행동하는 것을 제외한 다른 방식으로는 행동해서는 안 된다"[5]고 표현하고 있다. 이 정식은 대체로 도덕 판단은 보

---

4) R. M. Hare, *Freedom and Reason* (Oxford : Oxford University Press, 1963), pp.90-91을 참조. 필자는 공자의 恕의 원칙을 명료화하는 데에, 헤어의 보편화가능성(universalizability)에 대한 설명으로부터 많은 도움을 받았다.
5) Immanuel Kant, *Groundwork of the Metaphysics of Morals*(『도덕형이상학의 기초』, 이하에서는 *Gr*로서 略記한다), BA38n=413n. (페이지 번호는 차례대로 *The Moral Law* (London : Hutchinson, 1948)의 제목이 붙은 H. J. Paton의 번역본의 각 페이지 여백에 매겨진 초판본과 Royal Prussian Academy 판본의 페이지 번호를 가리킨다.) 원문은 다음과 같다. "I ought never to act except in such a way that I can also will that my maxim should become a universal law."

편화가 가능해야 한다는 것을 의미하는 것으로서 해석된다.

해어(R. M. Hare)는 이를 다음과 같이 설명하고 있다 : "만약 내가 어떤 행위를 어떤 사람에게 마땅히 해야 한다(ought to do)고 말한다면, 이는 만약 내가 정확히 그의 상황에 있다면 똑같은 행위가 마땅히 나에게 행해져야 한다는 것을 함축하게 된다."[6] 칸트에 의하면, 만약 우리가 이 원칙을 어기면, 우리는 의지의 모순을 스스로 발견하게 된다고 하였다.[7] 해어는 왜 모순이 되는지를 보다 자세히 그리고 명료하게 다음과 같이 설명하고 있다.

> '일시적이거나 지속적이거나 간에 모든 그의 개인적인 심리적 특성들을 포함해서, 그 사람은 나와 똑같은 상황에 처해 있다. 그러나 그 사람은 그 행위를 마땅히 해야 하지만, 나는 해서는 안 된다'고 말하는 사람은 '마땅히 해야 한다(ought)'는 말에 그 의미를 부여하는 논리적 규칙을 어기고 있다는 것을 우리는 안다. 이는 마치 '서가의 모든 책들은 푸르다. 그러나 하나는 푸르지 않다'고 말하는 사람은 '모든', '~않다', '~이다' 등의 말에 그 의미를 부여하는 논리적 규칙을 어기고 있음을 우리가 알고 있는 것과 같다.[8]

해어는 '보편화 가능성(the universalizability)'은 도덕 언어들—특히 '마땅히 해야 한다(ought)'는 말—의 논리적인 특성이라고 주장한다.[9] 해어는 또한 보편화 가능성의 논리적 규칙은

---

6) R. M. Hare, *Moral Thinking : Its Levels, Method, and Point* (Oxford : Clarendon Press, 1981), p.108.

7) Immanuel Kant, *Gr*, BA58=424.

8) R. M. Hare, "Rights, Utility, and Universalization : Reply to J. L. Mackie", in his *Essays on Political Morality* (Oxford : Oxford University Press, 1989), p.86.

9) 해어에 의하면, 보편화 가능성은 기술적 판단(descriptive judgment)에도 역시 적용된다고 한다. 예를 들면, 해어는 말하기를, "만약 내가 어떤 물건을

도덕적 직관(moral intuition)이 아니라 언어적 직관(linguistic intuition)에 의해 입증된다고 말한다.[10] 이 두 가지 직관의 차이점은, 도덕적 직관은 우리가 마땅히 해야 하는 것에 대한 어떤 구체적인 내용을 가지고 있는 반면, 언어적 직관은 그러한 내용을 갖고 있지 않다는 것이다.

보편화 가능성에 대한 이러한 해석이 칸트가 정언 명령(the Categorical Imperative)에서 표현하고자 했던 내용의 명료한 표현이라면, 이는 공자의 서의 원칙의 함의와 잘 조화를 이룬다.[11] 위에서 다룬 채권자와 채무자의 예에서, 만약 병이 자신(을)을 마땅히 때리고 협박해주기를 (도덕적 의미에서) 바라지

붉다고 말하면, 이는 그와 유사한 어떤 것들에 대해서도 내가 붉다고 말하겠다는 것을 함축한다. 그리고 만약 내가 어떤 것이 좋은 X라고 말하면, 그와 유사한 어떤 것에 대해서도 좋다고 말하겠다는 것을 함축한다"(R. M. Hare, *Freedom and Reason*, p.15). '마땅히 해야한다(ought)'는 말의 또 다른 논리적 특성은, 해어에 의하면 규정성 (prescriptivity)이다. 즉, 가치 판단은 행위 또는 선택을 지시하는 명령을 포함한다. 해어에 의하면, 어떤 사람이 "나는 X를 마땅히 해야 한다"는 판단을 가치 판단으로 사용하는지 아닌지를 알기 위한 테스트는 "그 사람은 만약 자신이 그 판단에 동의하면, '내가 X를 하게 해주시오'라는 명령에 역시 자신이 동의하여야 한다는 것을 인지하고 있는가 없는가?"를 물어보는 것이라고 했다(R. M. Hare, *The Language of Morals* (Oxford : Clarendon Press, 1952), pp.168-169). 이는 "너는 어떠한 행위를 마땅히 해야 한다. 그러나 하지 마라!"고 어떤 사람이 말한다면 우리에게 대단히 이상하게 들린다는 사실로부터 확인된다(W. D. Hudson, *Modern Moral Philosophy*, 2nd edn. (London : Macmillan Education Ltd., 1983), p.402).

10) R. M. Hare, "Rights, Utility, and Universalization : Reply to J. L. Mackie", in his *Essays on Political Morality* (Oxford : Oxford University Press, 1989), p.86.

11) 사실에서, 칸트는 황금률을 보잘것없는 것으로 보았다. 그러나 칸트가 비판하고 있는 황금률은 앞 절에서 우리가 본 바의 지나치게 소박한 해석을 가리킨다 할 수 있다. 한편, 칸트가 황금률을 "너에게 행해지기를 바라지 않는 행위를 남에게 하지 말라"고 부정적 형식으로 정식화하고 있다는 점은 매우 흥미롭다. Immanuel Kant, *Gr*, BA68n=430n을 참조.

않으면서, 자신은 갑을 협박하고 때리는 것이 옳다고 말한다면, 그 스스로 모순에 처하게 된다. 그러므로 서의 원칙은 이 상황에서 을이 갑을 때리고 협박해서는 안 된다는 것을 명하게 된다. 또한 『중용』에서 "동생이 나에게 마땅히 해주기를 (도덕적 의미에서) 바라는 바에 따라 형을 대하라"는 공자의 언급에서, 형과 나의 관계는 나와 동생과의 관계와 아주 유사하다는 가정하에서, 내가 만약 "동생이 나에게 마땅히 X를 해주기를 (도덕적 의미에서) 바라지만, 내가 형에게 X를 하는 것은 옳지 않다"고 말하면 나는 모순에 빠지게 된다.

아마도 공자는 서의 원칙을 어기는 것은 도덕 언어의 논리적 규칙을 어기는 것이라는 데까지 생각이 미치지 못했을지도 모른다. 그는 아마 서의 원칙을 어기는 것은 직관적으로 불합리하다고 생각했을지도 모른다. 어떻든 일생에 걸친 힘든 도덕적 사고와 실천을 통해 공자가 도달한 서의 원칙의 핵심은 도덕 언어의 논리적 규칙인 '보편화 가능성'에 의해 명료하게 표현될 수 있다. 그러므로 서의 원칙은 정언 명령(the Categorical Imperative)의 제1정식을 포괄할 수 있다. 이로 인해 서의 원칙이 특정 상황에서 일상적인 도덕 신념에 위배되는 행위를 지시할 수 있는 예를 누가 만들어내어 비판한다 하더라도 원칙 자체의 정당성은 이에 상관없이 보장될 수 있다고 할 수 있다.

다음으로, 서의 원칙의 함의는 또한 남에 대한 동등한 고려(equal concern)를 의미하는 형식적 정의(正義. formal justice)를 포함한다. 나 자신을 다른 사람의 입장에 놓을 것을 지시하는 서의 원칙은 남을 마치 나인 것처럼 간주할 것을 요구한다. 즉, 자신과 남에 대한 공평한(impartial) 또는 동등한 고려는 서의 원칙이 필연적으로 요구하는 조건이라 할 수 있다. 이는 형식적 정의의 요구 조건이기도 하다.

"사해(四海)내의 모든 사람이 모두 형제다"[12]는 『논어』의 유명한 문구는 가족에 대한 사랑이 보편적 사랑으로 확장되는 것을 보여준다. 이상적인 가족 관계 속에서 사람들은 가족 구성원을 마친 자신처럼 사랑한다는 것을 가정한다면, 이 언급의 함의는 모든 다른 사람을 마치 나인 것처럼 간주하여 공평하고 동등하게 고려해야 한다는 것이다. 송대(宋代)의 이학자(理學者)들 역시 다양한 방식으로 공평무사해야 함을 주장했다. 주돈이(周敦頤 : 1017~1073)는 "성인의 도(道)는 남을 완전히 공평하게 대하는 것이다."[13] 그리고 "그 자신에 대해 공평한 사람은 남에 대해서도 공평하다. 자신에 대해서는 편파적이면서 남에 대해서는 공평할 수 있는 사람이 있다는 말을 나는 아직 듣지 못했다"[14]고 말하고 있다. 장재(張載 : 1020~1077) 또한 "자신의 마음을 확충하는 사람은 우주 안의 모든 생명체를 동등하게 대우할 수 있다."[15] 그리고 "모든 사람이 나의 형제 자매요 모든 사물이 나의 동료다"[16]라고 말하고 있다. 유학(儒學)에서 가족의 사랑은 인간에 대한 사랑의 모델로서 간주되며, 바로 이런 이유로 해서 가족애는 옹호된다.[17] 그렇지 않다면, 유가(儒家)의 가족애에 대한 옹호는 족벌주의(nepotism)의 혐의로부터 벗어나기가 어렵다.[18]

---

12) 『論語』, 12/5.
13) Homer H. Dubs, "The Development of Altruism in Confucianism", *Philosophy East and West*, vol. 1, no. 1 (1951), p.53에서 인용.
14) *Ibid.*
15) *Ibid.*
16) 朱熹 및 呂祖謙 編, Wing-tsit Chan (陳榮捷) 譯, 『近思錄(*Reflections on Things at Hand: The Neo-Confucian Anthology*)』 (New York : Columbia University Press, 1967) p.77에서 인용.
17) Robert E. Allison, op. cit., p.176.
18) 恕의 원칙을 公平無私 또는 나와 남에 대해 동등한 고려를 해야 한다는 의미로서 이해할 때, 이것이 儒家의 差等愛와 어떻게 양립 가능한지의 문제

남을 마치 나인 것처럼 대우하라는 형식적 정의는 정언 명령의 제2정식에 대한 칸트 자신의 설명 중의 하나와 아주 잘 조화된다. 칸트는 제2정식을 "네 자신에서건 또는 남에서건, 인간성을 단지 수단으로서가 아니라 항상 동시에 목적으로서 대하는 방식에 따라 행동하라"[19]고 표현하고 있다. 난점은 "목적으로서 대하라"는 칸트의 말이 무엇을 의미하는가 하는 데 놓여 있다. 이에 대한 칸트의 네 번째 설명은 이 구절이 무엇을 의미하는 가와 함께, 어떻게 정언 명령의 제2정식이 제1정식 및 서(恕)의 원칙과 연결이 되는지에 대해 보다 명료한 설명을 제공하는 것 같다. 칸트는 말하기를,

> 넷째, 남에 대한 가상한 의무를 고려하는 데에서 모든 사람이 추구하는 자연스러운 목적은 그들 자신의 행복이라는 것이다. 이제 만약 각자가 다른 사람의 행복을 위해 아무것도 기여하지 않고, 그러나 동시에 고의적으로 그들의 행복을 손상시키는 것을 삼간다면 인류는 의심의 여지없이 존속되기는 할 것이다. 그러나 각자가, 그럴 수 있는 능력이 있는 한, **남들의 목적을 촉진시키기 위해서 노력하지 않는다면, 이는 인간을 목적 그 자체로서 간주하는 데 적극적이지 않고 단지 소극적으로 동의하는** 것이다. 왜냐 하면 그 자체로서 목적인 어떤 사람의 목적들은, 만약 이 개념이 나에게서 충분한 의미를 갖고 있다면, 가능한 한 또한 나의 목적이 되어야 하기 때문이다[20][고딕은 필자가 부가하였음].

가 제기될 수 있다. 이 문제의 해결은 본 논문의 범위를 넘어섬으로, 다음 기회에 독립된 논문에서 어떻게 두 입장이 모순 없이 양립 가능한지에 대한 필자의 견해를 밝히고자 한다.

19) Immanuel Kant, *Gr*, BA66=429. "Act in such a way that you always treat humanity, whether in your own person or in the person of any other, never simply as a means, but always at the same time as an end."

20) Ibid., BA69=430. "Fourth, as regards meritorious duties to others, the natural end which all men seek is their own happiness. Now humanity

이 문구에서, 칸트는 남을 목적 그 자체로서 대해야 한다는 정언 명령의 요구를 만족시키기 위해서는 각자는 가능한 한 '남의 목적'을 '자신의 목적'으로 대해야 한다고 말하고 있다. '목적'은 사람들이 자연스럽게 추구하는 '행복'이라고 또한 칸트는 설명하고 있다. 결국, 정언 명법의 제2정식에서 칸트가 의도하는 바는 우리는 다른 사람의 행복, 즉 다른 사람의 목적, 이익, 욕구 혹은 자유를 마치 나의 것인 것처럼 대해야 한다는 것이다. 이는 자유의 내용으로서의 나의 욕구(preference)와 남의 욕구에 대해 동등한 무게를 주고, 동등하게 존중해야 한다는 것을 의미한다.[21]

이제 우리는 어떻게 정언 명령의 제1정식과 제2정식이 서로 정합적으로 연결되며, 어떻게 공맹의 서(恕)의 원칙에 함축되는지를 이해할 수 있다.[22] 그러므로 유가, 기독교 그리고 칸트는 그들의 도덕적 사고의 틀 안에서 서로 공유할 수 있는 중요한 생각을 갖고 있다는 것을 알 수 있다.

이상의 논의로부터 서(恕)의 원칙은 자유주의의 요구 조건을

---

could no doubt subsist if everybody contributed nothing to the happiness of others but at the same time refrained from deliberately impairing their happiness. This is, however, merely to *agree negatively and not positively with humanity as an end in itself unless every one endeavors also, so far as in him lies, to further the ends of others*. For the ends of a subject who is an end in himself must, if this conception is to have its full effect in me, be also, as far as possible, *my* ends"(이탤릭은 필자가 부가하였음).

21) R. M. Hare, "Could Kant Have been A Utilitarian?", *Utilitas*, Vol. 5, No. 1 (May, 1993), pp.4-5.

22) "인간을 목적으로 대하라"는 구절에 대한 서로 틀린 이해에 따라, 칸트의 정언 명령의 제2정식에 대한 다양한 해석들이 있다. 이러한 바람직스럽지 못한 현상은 제2정식에 대한 칸트 자신의 네 가지 예 자체가 일관된 해석을 하는 데 큰 어려움을 제기한다는 사실에 기인한다. 필자의 주장은 단지 위에서 우리가 언급한 칸트의 네 번째 설명에 기초하고 있다는 것을 밝힌다.

함축하고 있다는 것을 알 수 있다. 즉, 서의 원칙이 요구하는 것은 우리의 도덕 판단은 반드시 보편화가 가능하여야 하며, 이는 또한 나와 남의 원하는 바, 즉 (도덕과 무관한) 욕구에 대해 동등한 무게를 두어야 한다는 것을 논리적으로 함축한다는 것이다. 도덕 판단이 이러한 조건을 어기면 논리적 모순을 범하게 된다. 이러한 조건은 도덕 언어의 논리적 요청이다. 이때 중요한 것은 각자의 원하는 바의 내용에는 논리적으로 아무런 제한이 없다. 그러므로 우리는 각자 원하는 바를 추구할 수 있는 자유가 있다는 것이 전제된다. 이는 정확히 자유주의가 주장하는 첫 번째 조건을 만족시킨다. 또한 서(恕)의 원칙이 요구하는 논리적 요청에 따라 도덕적 존재로서의 내가 도덕적 선택(활동)을 할 때는 각자가 원하는 바 또는 이익을 추구할 수 있는 쌍방의 자유에 대해 반드시 동등한 비중을 두게 된다. 이는 자유주의자가 요청하는 두 번째 조건을 만족시킨다.

이하에서 서(恕)의 원칙이 어떻게 남의 자유를 침해하지 않는 한 개인의 자유가 제한 없이 추구되는 것은 정당하다는 자유주의의 세 번째 조건을 만족시킬 수 있으며, 자유주의의 난점으로 지적되었던 바와 같이, 자유의 충돌시 무엇이 옳은지를 가릴 수 있는 합리적 방법을 제시할 수 있는지 논의해보고자 한다.

5. 서(恕)와 공리주의

먼저, 우리가 아까 얘기했던 입맛이 틀린 채식주의 스님의 경우를 서(恕)의 원칙은 어떻게 해결할 것인지를 따져볼 필요가 있다. 서의 원칙을 우리는 다음과 같이 규정하였다. 즉, “만약 네가 당하는 사람의 입장에 처해 있다고 생각했을 때, 도덕적으로 옳지 않기 때문에, 남이 너에게 해주기를 바랄 수 없는 행위를 남에게 행하지 말라"는 것이었다. 그런데 당하는 사람의 입장에 서본다고 했을 때, 입장 또는 상황은 사람의 성격, 욕구, 동기 등을 포함하는 말이다. 그렇지 않으면 서의 원칙을 어긴다고 해서 모순에 빠지지는 않는다. 왜냐 하면 각자의 입맛이나 욕구가 틀려지면 상황도 틀려지기 때문이다. 다시 말해, 나의 쌍둥이 아들 중의 하나가 자전거를 아주 좋아하기 때문에 생일 선물로 자전거를 사주어야 마땅하다고 내가 판단했다 해서, 아무리 다른 상황이 똑같다고 해도 다른 아들이 자전거를 싫어하면 똑같은 것을 사주어야 한다는 결론은 나오지 않는다. 이는 다른 입맛 또는 욕구는 상황을 틀리게 만들기 때문이다. 그러므로 버나드 쇼의 반론은 우리가 해석한 바의 공맹의 서의 원칙이나 칸트의 정언 명법에는 적용되지 않는다.

그러므로 우리가 서의 원칙을 정확히 따른다면, 우리의 욕구가 아닌 남의 욕구를 가지고 남의 처지에 우리 자신을 놓아야 한다. 남의 입장에 서는 것을 이런 식으로 해석하면, 틀린 욕구의 문제는 부분적으로 해결될 수 있다. 즉, 내가 스님을 저녁 식사에 초대한다면, 나는 스님의 입맛을 가지고 스님의 처지에 서서, 남이 나를 어떻게 마땅히 대접해주기를 바라는지를 자문해보아야 한다.

만약 다른 사람의 욕구 혹은 원하는 바를 추구할 자유를 마치 자신의 것으로 간주하면 나의 자유, 욕구, 이익과 충돌하지 않는 한, 우리는 남이 원하는 바를 성취할 수 있도록 도와야 한다. 즉, 남의 자유가 실현될 수 있도록 도와야 한다. 칸트는 위에서 인용한 문구에서 실제로 이 점을 주장하고 있다.

이제 만약 각자가 다른 사람의 행복을 위해 아무것도 기여하지 않고, 그러나 동시에 고의적으로 그들의 행복을 손상시키는 것을 삼간다면 인류는 의심의 여지없이 존속되기는 할 것이다. 그러나 각자가, 그럴 수 있는 능력이 있는 한, **남들의 목적을 촉진시키기 위해서 노력하지 않는다면, 이는 인간을 목적 그 자체로서 간주하는 데 적극적이지 않고 단지 소극적으로 동의**하는 것이다[23][고딕은 필자가 부가하였음].

공자 역시 남들의 욕구 또는 자유를 그들이 달성할 수 있도록 도와야 한다고 주창하고 있다. 공자는 말하기를,

(제반 덕성을 잘 계발한) 인자한 사람은 자신이 서고 싶으면 남이 서는 것을 도와주고, 자신이 이루고 싶으면 남이 이루도록 도와준다.[24]

夫仁者 己欲立而立人, 己欲達而達人.

이 점을 스님의 경우를 통해서 좀더 자세히 논해보기로 하자. 스님의 욕구를 갖고 그의 처지에 우리 자신을 놓으면, 그 스님이 채식을 먹고자 하는 강한 욕구를 갖고 있음을 우리는 확인할 수 있다. 그의 욕구를 마치 나의 욕구인 것처럼 간주하고 또한 고려할 다른 요소가 없기 때문에, 나는 그 스님에게 채식을 대접하는 것이 마땅하다는 생각으로 기울어진다. 다음, 내가 스님의 입장에 있다면, 초청인이 나에게 마땅히 채식을 대접해주기를 (도덕적 의미에서) 바랄 수 있는지를 물어보아야 한다. 다른 고려 사항이 없기에, 초청인이 나에게 마땅히 채식을 대접

23) Immanuel Kant, *Gr*, BA69=430.
24) 『論語』, 6/28.

해주기를 망설임 없이 바랄 수 있다. 그렇다면 초청인인 나는 내가 원하는 고기 음식을 준비하는 것에 덧붙여 스님이 선호하는 채식을 마땅히 준비하여야 한다고 판단할 수 있다. 그래서 우리는 서의 원칙에 따라서, 우리의 욕구와 남의 틀린 욕구를 동시에 만족시킬 수 있는 행위가 옳다고 선택할 수 있게 된다. 그러므로 서의 원칙에 따를 때, 자유주의의 세 번째 요구 조건인 남의 자유를 침해하지 않는 한 각개인의 자유는 구속받지 않고 추구되어야 한다는 조건은 서의 원칙에 의해 만족된다.

좀더 어려운 경우는 나와 남의 욕구가 동시에 만족될 수 없는 경우, 즉 각자가 원하는 바를 추구할 자유가 충돌하는 경우에 있다. 위의 스님 경우는 양쪽 입장을 모두 만족시킬 수 있는 행위를 내가 취할 수 있는 행복한 경우다. 예를 들어보기로 하자. 나와 다른 사람이 방안에서 TV를 본다고 가정해보자. 문제는, 지루함을 달래기 위해 나는 코미디를 보기를 원하고 또 한 사람은 자기 가족이 탄 기차가 큰 사고를 냈다는 소식을 들었기 때문에 뉴스를 보고자 한다. 그런데 뉴스를 보는 것은 나에게 상당히 지루하다고 생각된다. 이 경우 서의 원칙은 무엇을 하라고 명하는가를 따져보자.

내가 다른 사람의 입장에 가본다면 그와 나의 욕구가 틀리다는 것을 확인하게 된다. 만약 TV가 다른 방에 한 대 더 있다면, 나는 망설이지 않고 서의 원칙이 지시하는 바대로 쌍방의 충돌하는 욕구 내지는 자유를 모두 만족시킬 수 있는 대안을 즐겁게 선택할 수 있을 것이다. 즉, 나는 코미디를 보고, 너는 뉴스를 보는 것이 옳다고 판단할 수 있을 것이다. 문제는 이러한 만족스러운 해결책이 이 상황에서는 없다는 것이다. 그러면 어떻게 해야 하나?

앞에서 얘기했지만, 서의 원칙은 남을 마치 나인 것처럼 간주해야 한다고 했다. 다시 말해 남의 욕구를 마치 나의 욕구인 것처럼 생각해야 한다는 것이다. 그러므로 내가 서의 원칙을 따른다면, 두 개의 충돌하는 욕구, 즉 코미디를 보고자 하는 욕구와 뉴스를 보고자 하는 욕구를 모두 나의 욕구로 간주해야 한다는 것이다. 그러면 만약 내가 이 두 개의 충돌하는 욕구를 모두 갖고 있다면 어떻게 해야 하는가?

맹자는 이에 대해 명확한 해결책을 제시해주고 있다. 맹자는 말하기를 "생선도 내가 원하는 것이고, 곰 발바닥도 내가 원하는 것이다. 만약 내가 모두를 가질 수 없다면 나는 곰 발바닥을 가질 것이다. 왜냐 하면 내가 더 원하는 것이기에." 맹자는 동시에 얻을 수 없는 두 개의 (도덕과 무관하게) 바람직한 물건이 있을 때, 우리는 자신이 보다 더 강력히 바라는 물건을 선택한다고 했다. 이러한 사실은 사실 너무나 명백하다고 할 수 있다.

이제 우리는 자유의 충돌, 즉 동시에 만족될 수 없는 충돌하는 욕구를 갖고 있을 때 나는 무엇을 선호할 것인가에 관한 질문에 대해 답변할 수 있다. 즉, 나는 보다 강력한 욕구를 선호하리라는 것은 의심의 여지가 없다. TV 채널의 경우로 돌아가서, 만약 내가 상대방의 욕구를 가지고 그의 입장에 서서, 상대방의 욕구를 마치 나 자신의 욕구인 것처럼 간주하면, 뉴스를 보는 것과 코미디를 보려는 두 개의 충돌하는 나의 욕구를 갖는 셈이 된다. 그러면 나는 코미디가 아닌 뉴스를 보는 것을 선택하려 할 것이다. 왜냐 하면 후자가 더 강하게 욕구되기 때문이다. 결과적으로 나는 TV 채널을 상대방에게 마땅히 양보하여야 하며, 상대방이 뉴스를 보는 것이 옳다고 도덕 판단을 내릴 수 있다. 왜냐 하면 만약 내가 상대방의 상황에 처해 있다면, 남이 자신에게 마땅히 해주기를 (도덕적 의미에서) 바랄 수 있기 때문이다.

한편, 상황이 역전되더라도 그 결과는 똑같다. 즉, 내가 뉴스를 보고자 하고 상대방이 코미디를 보고자 하는 경우에서도, 상대방이 나에게 마땅히 TV 채널을 양보하여야 하며, 내가 뉴스를 보는 것이 마땅하다고 도덕 판단을 내릴 수 있다. 왜냐 하면 만약 상대방의 입장에 섰다고 상상했을 때도, 두 개의 충돌하는 욕구를 자신의 욕구인 것처럼 간주하면 채널을 양보하는 것이 옳다고 도덕 판단을 내릴 수 있기 때문이다. 그러므로 쌍방의 도덕 판단의 내용이 정확히 같기 때문에, 쌍방은 뉴스를 보는 것이 옳다고 서로 완전한 합의에 도달할 수 있다.

이리하여 우리가 해석한 바의 서의 원칙 혹은 정언 명법의 두 가지 정식[25]의 배합에 기초한 도덕적 사고의 과정을 정확히 따르면, 여러 대안 중에서 자유의 내용으로서의 전체 욕구(total preference)를 극대화하는 대안을 마땅히 선택해야 한다는 일종의 공리주의(utilitarianism)에 귀착하게 된다.[26] 다시 말해 공리

25) 엄격히 말해서, 정언 명법의 두 가지 정식의 함의는 틀리다고 할 수 있다. 첫째 정식은 도덕 언어의 논리적 성질로서의 보편화 가능성(universalizability)의 원리를 표현하고 있고, 둘째 정식은 자유의 내용으로서의 남의 욕구, 기호, 목적을 마치 나의 것인 것처럼 간주할 것을 지시하는 형식적 정의(formal justice)의 원칙이다. 제1정식은, 그 자체만으로는, 실질적 내용을 갖고있는 어떠한 도덕 판단도 산출할 수 없다. 무엇이 옳은 행위인지를 결정하기 위해서는, 우리의 행위에 의해 영향받는 사람들이 무엇을 선호하는 지를 검토해야만 한다. 한편, 우리가 해석한 제2정식은 사실의 문제로서의 남의 기호(preference)를 대하는 데에서 지켜야 할 형식적 조건을 부과한다. 이 두 형식적 요구 조건의 결합은 '욕구공리주의(preference utilitarianism)'를 산출한다. 칸트는 제1정식을 '기술적인 명법(technical imperative)'이라 부르고, 제2정식을 '실천적 명법(practical imperative)'이라 부르고 있다(*Gr*, BA44=416-417). 그러나 또 다른 곳에서, 칸트는 제1정식이 가장 근본적인 것이라고 주장하긴 하지만, 정언 명령의 각 정식들은 다른 모든 정식들을 포함한다고 말하고 있다(*Gr*, BA79-84=436-438). 정언 명령의 용어에 대한 이러한 포괄적 용법은 여태까지 정언 명법의 제1, 제2정식을 포함하는 것으로서 우리가 해석한 공맹의 恕의 원칙의 함의와 내용에서 일치한다.

주의자들이 내세우는 공리주의 원칙(the principle of utility)은 없지만, 서의 원칙과 우리가 해석한 바의 정언 명령에 따르는 도덕적 사고는 도덕적 선택(moral decision)의 방법에서 공리주의와 그 내용에서 일치한다. 그러나 이는 벤담식의 '쾌락 공리주의(hedonistic utilitarianism)'일 필요는 없다. 이는 각 개인의 욕구(preference) 혹은 목적(end)에 대해 동등한 비중을 두고, 행위자의 선택에 의하여 영향받는 사람들 전체의 욕구를 극대화하는 행위를 선택할 것을 지시하는 일종의 '욕구 공리주의(preference utilitarianism)'라고 할 수 있다. '욕구(preference)'의 개념은 '쾌락(pleasure)' 또는 '행복(happiness)'의 개념을 포괄하지만, 그 역은 성립하지 않는다. 이러한 의미에서 '욕구 공리주의'는 '공리(utility)'에 대한 매우 '다원적(pluralistic)' 함의에 기반하고 있다고 할 수 있다.

이상에서 논의한 쌍방간에 적용되는 도덕적 선택의 방법은 다자간의 경우로 쉽게 확장될 수 있다. 나는 하드 록(hard-rock) 음악 애호가로서 헬스 클럽에서 다른 두 사람과 함께 운동을 하고 있다고 상상해보자. 만약 다른 두 사람도 나처럼 열렬한 하드 록 음악 애호가라면, 나는 즐겁게 록 음악을 크게 틀

---

26) 칸트는 '최상의 목적(the supreme end)'은 바로 '전인류의 행복(the happiness of all mankind)'이라는 것을 분명히 언급하고 있다. 칸트는 "반대로, 이는 용기를 갖고 열심히 일하는 사람들로 하여금 **최상의 목적, 즉 전인류의 행복**을 염두에 두는 것을 잊지 않게 하고, 전반적인 질서와 조화 그리고 진실로 과학 공동체의 번영을 보장하는 검열을 통해서 존엄과 권위를 그것에게 준다"고 말하고 있다[고딕은 필자가 부가하였음]. "On the contrary this gives it dignity and authority, through that censorship which secures general order and harmony, and indeed the well-being of the scientific commonwealth, preventing those who labour courageously and fruitfully on its behalf from losing sight of *the supreme end, the happiness of all mankind.*" Immanuel Kant, *Immanuel Kant's Critique of Pure Reason*, trans. Norman Kemp Smith (London : Macmillan, 1933), p.665.

수 있을 것이다. 이 경우, 세 사람의 전체 욕구의 만족은 극대화될 수 있다. 그러나 만약 다른 두 사람이 조용한 가운데서 운동을 하고 싶어하고 그 두 사람의 욕구의 총합이 내가 하드 록 음악을 듣고자 하는 욕구보다 더 강력하다면, 서의 원칙과 정언 명령은 내가 음악을 트는 것이 옳지 않다는 것을 지시하게 된다.

이상의 논의로부터, 우리는 서의 원칙은 자유의 충돌 문제에 대한 합리적 해결의 열쇠를 제공해준다는 것을 말할 수 있다. 즉, 각 개인은 각자 (도덕과 무관하게) 원하는 바를 할 수 있는 자유가 있다는 것을 받아들였을 때, 이러한 자유가 모두 만족될 수 없을 때 어떤 자유가 유보되는 것이 옳은가에 대해 공리주의적 해결의 방식을 제공한다는 것이다. 이런 의미에서 유학은 칸트적 자유주의와 양립 가능하며, 동시에 공리주의적 자유주의와 양립 가능하다는 것을 말할 수 있다. 왜냐 하면 우리가 해석한 칸트의 정언 명법과 공리주의는 서로 조화를 이룰 수 있기 때문이다.[27)]

---

27) 필자는 칸트의 *Gr*이 일관되게 공리주의를 지지하는 것으로 해석될 수 있다고 여기서 주장하는 것이 아님을 분명히 밝혀두고자 한다. 사실상 칸트는 공리주의와 상반되는 듯한 주장을 빈번히 하고 있다. 예를 들면, 칸트는 "그래서 행위의 도덕적 가치는 이로부터 예상되어지는 결과에 의존하지 않는다. 그러므로, 예상되는 결과에서 행위의 동기를 빌어올 필요가 있는 어떠한 행위의 원칙에도 역시 의존하지 않는다"고 말하고 있다(*Gr*, BA15=401). 그리고 정언 명법을 도덕 문제에 적용한 칸트의 네 가지 예 중에서 나머지 두 예는 공리주의적 해석과 잘 어울리는 반면, 자살과 재능을 썩히는 것에 대한 비판의 경우는 공리주의와 조화되지 않는 것 같다 (R. M. Hare, "Could Kant Have been A Utilitarian", pp.3-8을 참조). 더욱이 칸트는 가끔 정언 명법을 '실천적 선험종합(practical synthetic *a priori*)' 명제라고 언급한다 (BA 50=420). 그러나 뒤에 가서 칸트는 정언 명법의 함의를 설명하는 Gr의 첫 번째 두 장은 "단순히 분석적 (merely analytic)"이라고 또한 말하고 있다 (BA 96=445). 이러한 애매성은 확실히 칸트를 일관되게 해석하는 데 큰 어려움을 야기 시킨다. 이로 인해 칸트는 다양한 해석의 여지를 남겨두고 있다. 왜 이러한 불일치가 일어나게 되는지 그리고 무엇이 칸트의 진정한 입장인지를 검

칸트는 단지 도덕적 사고의 '형식'에 관해 말하고 있는 반면 공리주의는 그 '내용'에 관해 말하고 있다. 이는 하나의 동전의 양 측면을 이야기하는 것과 같다.

6. 결 론

이상의 분석으로부터, 서(恕)의 원칙의 근본적 함의는 일종의 공리주의적 도덕 선택 방법론이며, 이는 자유주의의 요구조건을 만족시키면서 자유의 충돌 문제를 이론적으로 해결해 줄 수 있는 원칙이라는 것을 말할 수 있다. 이런 의미에서 유학은 공리주의적 자유주의와 양립 가능함을 알 수 있다.

한편, 공맹(孔孟)은 무엇이 옳은지를 알기 위해 매 사건마다 공리주의적 잣대에 의거해 판단하라고 말하고 있지는 않다. 사회 제도와 관습적 도덕률의 총체로서의 예(禮)가 보여주는 유교 사회의 모습은 공동체주의나 덕 윤리에 어울리는 모습을 보여준다. 그렇다면 어떻게 서(恕)의 원칙이 보여주는 공리주의적 자유주의의 모습과 예(禮)에서 나타나는 공동체주의적 모습

토하는 것은 본 논문의 범위를 벗어난다.

여기서 필자는 단지 정언 명법에 대한 몇 가지 중요한 증거들은 칸트에 대한 공리주의적 해석을 지지해준다는 온건한 주장을 하고있다. 간단히 말해서 칸트는 공리주의적 요소를 갖고 있다는 것이다. 이러한 양립 가능성의 주장은 새로운 것은 아니다. 고전적 공리주의자인 J. S. Mill은 정언 명법의 요구조건은 공리주의 원칙에 의해 만족된다고 이미 주장한 바 있다 (J. S. Mill, *Utilitarianism* (Indianapolis : Hachett Publishing Co, 1979), p.51). 중국의 전통에서 볼 때, 孔孟뿐만 아니라 묵자 역시 칸트의 형식적 正義(정언 명법의 제2정식)와 공리주의 원칙을 훌륭하게 조화시키고 있다. 이에 대해서는 拙稿, 「兼愛와 差等愛 그리고 儒墨 윤리설의 同異」, 『中國學報』, 제41집 (2000년 8월), 436-448쪽을 참조.

이 조화될 수 있는가 하는 심각한 문제가 제기될 수 있다. 이 문제에 대해 필자가 갖고있는 기본 입장의 윤곽은 대략 다음과 같다. 즉, 공맹(孔孟)은 각 개인들이 최대의 자유, 즉 원하는 바를 최대로 충족시킬 수 있는 질서 잡힌 사회는 바로 가족을 모델로 하는 사회라고 생각했다는 것이다. 이러한 사회는 바로 공동체주의가 주창하는 관계망으로 얽힌 사회며, 덕 중심적 윤리에 의해 움직이는 사회라는 것이다. 그러므로 자유주의와 공동체주의는 유가 안에서는 충돌되는 것이 아니라 상호 보완적으로 조화되고 있다. 즉, 왜 공동체주의적 사회 내지는 삶을 살아야 하는가에 대한 궁극적 정당화를 위해서는 공리주의적 자유주의의 원칙을 필요로 하고, 이러한 공리주의적 자유주의의 원칙이 현실적으로 가장 잘 구현된 윤리와 사회는 바로 전통에 기반한 가족주의적 공동체 사회며 덕 윤리라는 것이다. 이에 대한 자세한 논의는 다음 기회로 넘기기로 한다.

■ 필자 소개(가나다 순)

□ 김용환

연세대 철학과 학부와 대학원을 졸업했으며, 영국 웨일즈대에서 철학 박사 학위를 받았다. 영국 에딘버러대 철학과 연구교수로 있었으며, 현재 한남대 철학과 교수로 재직중이다. 영국 경험론 철학자를 중심으로 사회철학과 서양 근세 철학사를 강의하고 있다. 주요 저서로는 『관용과 열린 사회』(1997, 철학과현실사), 『홉스의 사회 · 정치철학』(1999, 철학과현실사)이 있으며, 역서로는 D. D. 라파엘의 『정치철학의 문제들』(1987, 서광사)가 있다.

□ 김현태

가톨릭대 및 동 대학원 졸업한 뒤, 로마 교황청립 안토니안대에서 서양철학을 전공하여 박사 학위를 취득하였으며, 현재 인천 가톨릭대 교수로 서양철학을 강의하고 있다. 주요 저서로는 『데카르트와 후설 비교론』(로마 안토니아눔, 1988), 『둔스 스코투스의 철학 사상』(가톨릭대 출판부, 1994) 등이 있고, 역서로는 『인간을 위한 미래 건설』(분노출판사, 1990), 『프란치스칸 휴머니즘과 현대 사상』(가톨릭대 출판부, 1992) 등이 있다.

□ 남경희

서울대 철학과 문학사, 문학 석사며 미국 텍사스대 대학원 철학과에서 철학 박사 학위를 받았으며, 현재는 이화여대 철학과 교수로 있다. 주요 저서로는 『주체, 외세, 이념 — 한국 현대 국가 건설기의 사상적 인식』(이화여대 출판부, 1995), 『이성과 정치존재론』(문학과 지성사, 1997) 등이 있고, 역서로는 『아나키에서 유토피아로』(문학과 지성사, 1983), 『종교에서 철학으로』(이화여대 출판부, 1995) 등이 있다.

□ 문병도

연세대 중어중문학과를 졸업하고 국립대만대 문과대학 철학과에서 철학 석사 학위를, 하와이주립대 문과대학 철학과에서 철학 박사 학위를 받았으며, 현재 광주교육대 윤리교육과 조교수로 있다. 주요 논문으로는 「맹자 도덕철학 연구」(1996, 박사 학위 논문)가 있으며, 전공 및 관심 분야로는 중국 및 한국 유가철학 일반, 비교철학, 윤리학 등이다.

□ 박병준

가톨릭대를 졸업하고 오스트리아 인스브룩대에서 철학 석사 학위를, 리첸시앗 이탈리아 로마 그레고리안대에서 철학 박사 학위를 받았으며, 현재 서강대 철학과 조교수다. 저서로는 『인간학과 존재론』(1999, 박사 학위 논문)이 있으며, 주요 논문으로는 「해석학과 존재론」(『문화와 해석학』, 해석학 연구 제7집,

2000) 등이 있다.

□ 박승찬
독일 프라이브르크대에서 신학 석사와 박사 학위를 취득했으며, 현재 가톨릭대와 서울대에서 중세 철학을 강의하고 있다. 「스콜라철학 융성기의 언어철학」, 「유비 개념 발전에 대한 역사적 고찰」, 「토마스 아퀴나스의 『신학대전』에 나타난 신앙과 이성」 등 중세 철학과 토마스 아퀴나스에 관한 다수의 논문을 발표했으며, 『토마스 아퀴나스에 의한 중세 언어철학의 신학적 수용 : 유비(類比. analogia)를 중심으로』를 네덜란드 브릴(Brill) 출판사에서 출간했다.

□ 박정순
연세대 철학과를 졸업하고 동 대학원에서 석사 학위를 받은 뒤 미국 에머리대에서 철학 박사 학위를 받았으며, 현재 연세대 철학과 교수로 있으면서 영미 사회철학 및 윤리학을 전공하고 있다. 저서로는 『계약론적 자유주의 윤리와 합리적 선택 이론』(New York, 1992)이 있고, 역서로는 R. 아벨의 『인간은 만물의 척도인가』가 있으며, 주요 논문으로는 「자유주의 정의론의 철학적 오디세이」, 「자유주의 대 공동체주의 논쟁」, 「감정의 윤리학적 애로」, 「호모 에코노미쿠스 생살부」 등이 있다.

□ 백종현
서울대 철학과에서 학사, 석사 과정을 마친 후 독일 프라이부르크대에서 철학 박사 학위를 받았으며, 현재 서울대 철학과 교수 및 한국칸트학회 회장으로 활동하고 있다. 저서로는 『칸트 "실천이성비판" 논고』(성천문화재단, 1995), 『독일철학과 20

세기 한국의 철학』(철학과현실사, 1999), 『존재와 진리 — 칸트 "순수이성비판"의 근본 문제』(철학과현실사, 2000) 등이 있고, 역서로는 『칸트 비판철학의 형성 과정과 체계』(서광사, 1992)가 있다.

□ 유호종

서울대 국어교육과를 졸업하고 서울대 철학과에서 석사 및 박사 과정을 마친 뒤, 서울대와 세무대, 수원여대, 순천향대에서 강의했거나 강의하고 있으며, 현재는 연세대 보건대학원 의료법윤리학과에서 연구강사로 재직중이다. 저서로는 『떠남 혹은 없어짐 — 죽음의 철학적 의미』가 있으며, 주요 논문으로는 「가치 판단 방법의 정당화에 대한 연구」, 「도덕적 비난과 형벌의 정당화 — 도덕적 책임 문제를 중심으로」 등이 있다..

□ 최신한

계명대 영문과를 졸업하고 연세대 대학원 철학과에서 석사 학위를 받은 뒤, 독일 튀빙겐대에서 철학 박사 학위를 받았으며, 현재는 한남대 철학과 교수이자 국제헤겔연맹과 국제슐라이어마허학회 정회원으로 있다. 주요 저서로는 『매개적 자기 의식과 직접적 자기 의식』(Frankurt / M, 1991), 『헤겔철학과 종교적 이념』(한들, 1997), 『독백의 철학에서 대화의 철학으로』(문예, 2001) 등이 있고, 역서로는 『인간적 자유의 본질, 철학과 종교』, 『해석학과 비평』 등이 있다.

□ 최용철

고려대 철학과와 동 대학원을 졸업(철학 박사)한 뒤, 고려대와 강원대 강사를 거쳐 현재 전북대 윤리교육과 교수로 있으며,

미국 버클리대와 캐나다 토론토대 철학과 연구교수를 역임하였다. 주요 저서로는 『현대 사회와 윤리』(공저, 서광사, 1989), 『현대 철학과 사회』(공저, 서광사, 1992) 등이 있으며, 역서로는 『자유 의지와 결정론』(서광사, 1980), 『인간 행위의 탐구』(자작나무, 1994) 등이 있다.

현대 사회와 자유

초판 1쇄 인쇄 / 2001년 5월 25일
초판 1쇄 발행 / 2001년 5월 30일

●

엮은이 / 그리스도교철학연구소
펴낸이 / 전 춘 호
펴낸곳 / 철학과현실사
서울특별시 서초구 양재동 338의 10호
전화 579-5908~9

●

등록일자 / 1987년 12월 15일(등록번호 / 제1-583호)

●

ISBN 89-7775-338-4 03160

값 15,000원